文都法考

2022年
国家统一法律职业资格考试

客观题
行政法题库

黄文涛 ◎ 编著

零基础开始学习
简单易懂的行政法！

黄文涛

中国政法大学出版社

2022 · 北京

图书在版编目（CIP）数据

2022 年国家统一法律职业资格考试客观题行政法题库/黄文涛编著.—北京：中国政法大学出版社，2022.3

ISBN 978-7-5764-0386-2

Ⅰ.①2… Ⅱ.①黄… Ⅲ.①行政法－中国－资格考试－习题集 Ⅳ.①D922.1-44

中国版本图书馆 CIP 数据核字(2022)第 042738 号

出 版 者　　中国政法大学出版社

地　　址　　北京市海淀区西土城路 25 号

邮寄地址　　北京 100088 信箱 8034 分箱　邮编 100088

网　　址　　http://www.cuplpress.com（网络实名：中国政法大学出版社）

电　　话　　010-58908285(总编室) 58908433 (编辑部) 58908334(邮购部)

承　　印　　固安华明印业有限公司

开　　本　　787mm×1092mm　1/16

印　　张　　18.25

字　　数　　430 千字

版　　次　　2022 年 3 月第 1 版

印　　次　　2022 年 3 月第 1 次印刷

定　　价　　59.00 元

前　言

对于备战法律职业资格考试的考生来说，做题的重要性不言而喻。题目分为真题和模拟题，其中真题不但能够使考生了解法考的出题方式，而且能够从中发现法考出题的规律。不过由于法考时代的改革，已经不公布考试真题，这就对考生利用真题进行复习造成了许多不便。为了帮助考生克服这一困难，我根据法考时代的这一变化编写了这本行政法客观题题库卷。

本书分为三编，第一编从近年的行政法客观真题中精选了典型真题，其中包含未公布真题的回忆版。这部分真题依据行政法的考点体系进行了汇总编排，以便考生能够从中掌握各个考点出题的方式与规律。第二编则从其他年份的真题进行精选，按照正式考试时的格式编排，并依据法考时代的特点进行了修订，方便考生进行全真训练。第三编是我精心编写的100道行政法客观模拟金题，作为考生复习练手使用。

考生可以先练习第一编的客观真题，熟悉各个考点的出题方式与规律后，再练习第二编的客观真题，熟悉正式考试时的出题形式。这两编的所有真题都根据最新的法律法规进行了解析的全新编写，如果本书出版后有最新的法律法规颁布，我将会把修订的内容公布在【新浪微博@黄文涛的行政法】上，请考生关注。在练完真题后可以练习100道客观模拟金题，以便验证自己的真实水平。

建议考生将本书的题目按照以下方法练习：

第一步是在复习初期（可在收听我的《行政法宝典》基础系统精讲课程之后），考生先将这些真题在不看答案和解析的前提下做一遍，然后对照答案和解析，看看自己能得多少分。对于绝大多数考生来说，这一遍的得分会很低。但得分低是很正常的，考生不要纠结于分数，而是要通过这一遍的练习，对行政法的出题方式有个感性认识，做到心中有数。同时也结合真题对之前学习的行政法知识进行回顾复习。

第二步是在复习中期（可在收听我的《行政法小绿皮（冲刺背诵版）》考点系统精讲课程之后），考生再将本书中的真题做一遍。这一遍练习的主要目的是检验中期复习的效果，并找到自身知识体系中的盲点，进行补充与巩固。

第三步是在做完以上两遍真题后，就可以开始练习本书中的100道模拟客观金题。此时练习有一个技巧，就是考生做完题目后，要以每一道题目为圆心向外扩展，将这道题目所涉及到的所有知识点都串联复习，最好是配合我的最新版《行政法小绿皮（冲刺背诵版）》进行学习。这里的重点是"所有知识点"，也就是与题目的每一个选项可能有关的所有知识点都要进行复习，这就将题目作为串联知识点的针线，通过题目来加深对知识点的记忆。

经过以上三步骤的练习，相信考生对于行政法的题目就会很熟悉，并且也通过练题复习了相关的知识点。从以往的考生经验看，这对于通过正式考试会深有裨益。如果在复习中遇到问题，欢迎考生到【新浪微博@黄文涛的行政法】置顶帖留言，我将及时回复。

踏踏实实学习、轻轻松松过关！

黄文涛

2022 年初

目　录

第一编 精选分类行政法客观真题库

说明：本编的题目精选了最近几年的行政法客观真题，按照考点区域分类编写，以便考生能够快速了解不同考点区域出题的方式，把握出题的规律。

一、行政法基本原则

（2020 回忆版）1. 肖某通过出让方式获得一块土地并修建厂房从事农产品加工，后区政府为修建高铁需要将该厂房予以拆迁，区政府依法及时给予肖某补偿金，这体现了哪项基本原则？

A. 高效便民　　　B. 程序正当　　　C. 诚实守信　　　D. 权责一致

【考点】 行政法的基本原则

【黄文涛解析】 诚实守信原则包含了信赖利益保护子原则，这一子原则是指行政机关不得违法改变已经生效的行政决定，否则要给予受损害的社会主体行政赔偿。如果行政机关是依法改变已经生效的行政决定，则应对受损害的社会主体行政补偿。本题中，肖某合法的获取了土地的使用权并修建厂房，对土地的使用享有信赖利益。区政府出于公共利益的需要（修建高铁）将其厂房拆迁，使肖某无法继续使用土地，这属于信赖利益的损失。出于信赖利益保护子原则的要求，区政府依法应当补偿其信赖利益的损失，补偿金就是这种补偿行为的体现。

综上，本题的正确答案是 C。

扫码听课

（2019 回忆版）2. 甲在某地有一栋自住的楼房，后来当地政府要在该地区修建高铁站，于是决定对甲的楼房予以征收并依法给予其适当的补偿。由此体现了下列哪一行政法基本原则？

A. 权责一致原则　　　　　　　B. 合理行政原则

C. 诚实信用原则　　　　　　　D. 程序正当原则

【考点】 行政法的基本原则

【黄文涛解析】 A 选项、B 选项、D 选项不当选，C 选项当选。诚实信用原则中包含的信赖利益保护子原则要求非因法定事由并经法定程序，行政机关不得撤销、变更已经生效的行政决定。因国家利益、公共利益或者其他法定事由需要撤回或者变更行政决定的，应当依照法定权限和程序进行，并对行政管理相对人由此而受到的财产损失依法予以补偿。政府因建设规划需要征收张某的楼房，并给予补偿，即属于依法改变之前对甲作出的颁发产权证的行政行为，符合信赖利益保护的要求，体现了诚实信用原则。

综上，本题的正确答案是 C。

扫码听课

（2019 回忆版）3. 下列不是比例原则的具体要求的选项是？

A. 行政机关应当采取符合法律目的的有关措施

B. 行政机关应当根据现行有效的法律规定采取相应措施

C. 听取当事人的陈述、申辩意见是行政机关采取措施时应当做到的

扫码听课

D. 在行政目的可以实现的前提下，行政机关所采取措施应对当事人权益损害最小

【考点】行政法的基本原则

【黄文涛解析】A 选项不当选，D 选项不当选。比例原则是合理行政原则所包含的子原则，它要求行政机关实施行政行为的手段与目的之间要契合比例。具体而言，比例原则有三方面的要求：合目的性——指行政机关实施行政裁量权所采取的具体措施必须符合法律目的；适当性——指行政机关所选择的具体行政措施和手段应当为法律所必需，实施结果与措施和手段之间存在着正当性；损害最小——指行政机关在可以采用多种方式实现某一行政目的的情况下，应当采用对当事人权益损害最小的方式。A 选项体现了合目的性的要求，D 选项体现了损害最小的要求。

B 选项当选，它体现的是法律对行政机关有规定的，行政机关不能超越法律的规定，属于合法行政原则中的法律优先子原则。

C 选项当选，它体现的是程序正当原则中公众参与子原则的要求，即行政机关作出重要规定或者决定，应当听取公民、法人和其他组织的意见。特别是作出对公民、法人和其他组织不利的决定，要听取其陈述和申辩意见。

综上，本题的正确答案是 BC。

（2018 回忆版）4. 权责统一是依法行政的必然要求，下列说法正确的有哪些？

A. 权责统一原则要求行政机关的职权应与其承担的职责相适应，没有无责任的权力，也没有无权力的责任

B. 行政诉讼一审应注重解决事实认定和法律适用，二审应注重解决法律争议

C. 立法在赋予有关行政机关必要职权的同时，也要规定其行使职权的条件、程序和应承担的责任

D. 为了保证行政权力的行使始终在法律的轨道上进行，必须加强对行政权力行使的监督

【考点】行政法的基本原则

【黄文涛解析】权责统一原则包括了行政效能与行政责任两方面的内容，前者要求行政机关依法履行经济、社会和文化事务管理职能时，应由法律、法规赋予其相应的强制性执法手段，保证政令有效。后者要求行政机关违法或者不当行使职权，应当依法承担法律责任。权责统一的基本要求是行政权力和法律责任的统一，即执法有保障、有权必有责、用权受监督、违法受追究、侵权须赔偿。由此可见 A 选项、C 选项、D 选项都当选，B 选项的审级制度与权责统一无关，不当选。

综上，本题的正确答案为 ACD。

（2015/2/43）5. 行政机关公开的信息应当准确，是下列哪一项行政法原则的要求？

A. 合理行政　　B. 高效便民　　C. 诚实守信　　D. 程序正当

【考点】诚实守信原则

【黄文涛解析】诚实守信原则是行政法六大基本原则之一，它包含了两个子原则：第一是行政信息真实原则，要求行政机关对外公布的信息要确保其全面

性、准确性和真实性；第二是信赖利益保护原则，要求行政机关作出的已经生效决定，非因法定事由并经法定程序，不得予以撤销或者变更。本题考的就是第一个子原则，行政机关公开的信息应当准确属于诚实守信原则的子原则。

综上，本题的正确答案为 C。

二、行政组织法

（2020 回忆版） 1. 国家医疗保障局为国务院直属机构，下列说法错误的是？

A. 主管某项专门业务，具有独立的行政管理职能

B. 有权制定规章

C. 在业务上接受国家卫生健康委员会的管理

D. 要成立法规司，由国务院批准

【考点】 中央行政机关的职能和设置程序

【黄文涛解析】 A 选项不当选。《国务院行政机构设置和编制管理条例》第 6 条第 4 款规定："国务院直属机构主管国务院的某项专门业务，具有独立的行政管理职能。"可见国务院的直属机关的职能是主管某项专门业务。

B 选项不当选。《立法法》第 80 条第 1 款规定："国务院各部、委员会、中国人民银行、审计署和具有行政管理职能的直属机构，可以根据法律和国务院的行政法规、决定、命令，在本部门的权限范围内，制定规章。"可见国务院的直属机构依法有权制定部门规章。

C 选项当选。国家医疗保障局是国务院直属机构，直接由国务院领导。

D 选项不当选。《国务院行政机构设置和编制管理条例》第 14 条第 1 款规定："国务院行政机构的司级内设机构的增设、撤销或者合并，经国务院机构编制管理机关审核方案，报国务院批准。"可见国务院下属机构的司级内设机构的设置程序是由国务院编制管理机关审核方案，国务院批准。

综上，本题的正确答案是 C。

（2019 回忆版） 2. 甲省乙市政府下属的建设规划局、环境保护局准备合并成立为规划与自然资源局，批准机关是谁？

A. 国务院　　　　　　　　　　B. 甲省政府

C. 乙市政府　　　　　　　　　D. 乙市人大常委会

【考点】 地方行政机关的设置程序

【黄文涛解析】 A 选项、C 选项、D 选项不当选，B 选项当选。《地方各级人民政府机构设置和编制管理条例》第 9 条规定："地方各级人民政府行政机构的设立、撤销、合并或者变更规格、名称，由本级人民政府提出方案，经上一级人民政府机构编制管理机关审核后，报上一级人民政府批准；其中，县级以上地方各级人民政府行政机构的设立、撤销或者合并，还应当依法报本级人民代表大会常务委员会备案。"可见应当由乙市政府的上一级政府作为批准机关。

综上，本题的正确答案为 B。

（2018 回忆版） 3. 海关总署为国务院的直属机构，关于其设立和编制管理，下列哪些选项是错误的？

A. 它的设立由全国人大或者全国人大常委会决定

B. 它有权制定规章

C. 它可以自行设立司级和处级内设机构

D. 它的编制增加应由国务院机构编制管理机关最终决定

【考点】中央行政机关的设置程序、权限、编制管理

【黄文涛解析】A选项当选。根据《国务院行政机构设置和编制管理条例》第8条规定："国务院直属机构、国务院办事机构和国务院组成部门管理的国家行政机构的设立、撤销或者合并由国务院机构编制管理机关提出方案，报国务院决定。"可见，作为直属机构的海关总署的设立应当由国务院决定，而非全国人大或常委会决定。

B选项不当选。根据《立法法》第80条第1款规定："国务院各部、委员会、中国人民银行、审计署和具有行政管理职能的直属机构，可以根据法律和国务院的行政法规、决定、命令，在本部门的权限范围内，制定规章。"可见，海关总署作为国务院的直属机构有权制定规章。

C选项当选。根据《国务院行政机构设置和编制管理条例》第14条规定："国务院行政机构的司级内设机构的增设、撤销或者合并，经国务院机构编制管理机关审核方案，报国务院批准。国务院行政机构的处级内设机构的设立、撤销或者合并，由国务院行政机构根据国家有关规定决定，按年度报国务院机构编制管理机关备案。"可见，海关总署的司级内设机构的设立应当由国务院来决定，只有处级内设机构的设立可以由海关总署自行决定。

D选项当选。根据《国务院行政机构设置和编制管理条例》第19条规定："国务院行政机构增加或者减少编制，由国务院机构编制管理机关审核方案，报国务院批准。"可见，作为国务院直属机构的海关总署编制的增加由国务院最终决定，而非国务院编制管理机关决定。

综上，本题的正确答案为ACD。

（2017/2/43）4. 关于国务院行政机构设置和编制管理的说法，下列哪一选项是正确的？

A. 国务院议事协调机构的撤销经由国务院常务会议讨论通过后，由国务院总理提交国务院全体会议讨论决定

B. 国务院行政机构增设司级内设机构，由国务院机构编制管理机关提出方案，报国务院决定

C. 国务院议事协调机构的编制根据工作需要单独确定

D. 国务院行政机构的编制在国务院行政机构设立时确定

【考点】中央行政机关的设置程序和编制管理

【黄文涛解析】A选项不当选。《国务院行政机构设置和编制管理条例》第11条规定："国务院议事协调机构的设立、撤销或者合并，由国务院机构编制管理机关提出方案，报国务院决定。"可见国务院议事协调机构的撤销程序是由国务院机构编制管理机关提出方案，报国务院决定。

B选项不当选。《国务院行政机构设置和编制管理条例》第14条第1款规定："国务院行政机构的司级内设机构的增设、撤销或者合并，经国务院机构编制管理机关审核方案，报国务院批准。"可见国务院司级内设机构的设置程序是由国务院机构编制管理机关审核方案，而非提出方案。

C选项不当选。《国务院行政机构设置和编制管理条例》第20条规定："国

扫码听课

务院议事协调机构不单独确定编制，所需要的编制由承担具体工作的国务院行政机构解决。"可见国务院议事协调机构是不单独确定编制的。

D 选项当选。《国务院行政机构设置和编制管理条例》第 18 条第 1 款规定："国务院行政机构的编制在国务院行政机构设立时确定。"可见 D 选项当选。

综上，本题的正确答案为 D。

三、公务员法

扫码听课

（2020 回忆版） 1. 聘任制公务员实行协议工资制，具体办法由哪个部门规定？

A. 中央公务员主管部门　　　　B. 中央人力资源和社会保障部门

C. 省级公务员主管部门　　　　D. 省级人力资源和社会保障部门

【考点】聘任制公务员

【黄文涛解析】A 选项当选，B 选项、C 选项、D 选项不当选。《公务员法》第 103 条第 3 款规定："聘任制公务员实行协议工资制，具体办法由中央公务员主管部门规定。"可见聘任制公务员的协议工资制的具体办法是由中央公务员主管部门规定。

综上，本题的正确答案为 A。

扫码听课

（2020 回忆版） 2. 下列哪一类人员可以被录用为公务员？

A. 因犯罪受过刑事处罚的　　　　B. 被开除公职的

C. 一年内受过两次行政处罚的　　D. 被依法列为失信联合惩戒对象的

【考点】公务员的录用制度

【黄文涛解析】C 选项当选，A 选项、B 选项、D 选项不当选。《公务员法》第 26 条规定："下列人员不得录用为公务员：（一）因犯罪受过刑事处罚的；（二）被开除中国共产党党籍的；（三）被开除公职的；（四）被依法列为失信联合惩戒对象的；（五）有法律规定不得录用为公务员的其他情形的。"可见如果受到行政处罚，仍然可以被录用为公务员。

综上，本题的正确答案是 C。

（2020 回忆版） 3. 关于公务员的交流制度，下列说法错误的是？

A. 国有企业、高等院校和科研院所以及其他不参照本法管理的事业单位中从事公务的人员，可以调入机关担任领导职务或者四级调研员以上及其他相当层次的职级

B. 国家实行公务员交流制度，交流的方式包括调任、转任

C. 公务员应当服从机关的交流决定

扫码听课

D. 对省部级正职以下的领导成员可以有计划、有重点地实行跨地区、跨部门转任

【考点】公务员的交流制度

【黄文涛解析】A 选项不当选。《公务员法》第 70 条第 1 款规定："国有企业、高等院校和科研院所以及其他不参照本法管理的事业单位中从事公务的人员，可以调入机关担任领导职务或者四级调研员以上及其他相当层次的职级。"可见 A 选项的表述是正确的。

B 选项不当选。《公务员法》第 69 条规定："国家实行公务员交流制度。公

务员可以在公务员和参照本法管理的工作人员队伍内部交流，也可以与国有企业和不参照本法管理的事业单位中从事公务的人员交流。交流的方式包括调任、转任。"可见我国的公务员交流制度只包括调任、转任两种形式。

C 选项不当选。《公务员法》第 73 条第 1 款规定："公务员应当服从机关的交流决定。"

D 选项当选。《公务员法》第 71 条第 2 款规定："对省部级正职以下的领导成员应当有计划、有重点地实行跨地区、跨部门转任。"可见对省部级正职以下的领导成员"应当"进行转任，而非"可以"进行转任。

综上，本题的正确答案是 D。

（2018 回忆版）4. 甲为某市领导，在一起火灾事故的处理中出现问题，造成社会上强烈的反响。由此甲受到行政处分，并引咎辞去领导职务。关于引咎辞职，下列说法正确的是？

A. 是追究刑事责任的必经程序　　　B. 是行政处分

C. 是行政问责　　　D. 甲不再具有公务员身份

【考点】 公务员引咎辞职制度

【黄文涛解析】 A 选项不当选。我国《公务员法》没有规定引咎辞职是追究刑事责任的必经程序，而只是对公务员的内部行政行为。

B 选项不当选。《公务员法》第 62 条规定："处分分为：警告、记过、记大过、降级、撤职、开除。"可见法定的行政处分种类只有这六种，并不包括引咎辞职。

C 选项当选。《公务员法》第 87 条第 3 款规定："领导成员因工作严重失误、失职造成重大损失或者恶劣社会影响的，或者对重大事故负有领导责任的，应当引咎辞去领导职务。"可见具有领导职务的公务员引咎辞职是承担领导责任的表现形式，属于行政问责。

D 选项不当选。引咎辞职只是辞去领导职务，并没有退出公务员队伍，法定任免机关仍然可以依法给予其他职务或职级。

综上，本案的正确答案是 C。

（2017/2/44）5. 某县工商局科员李某因旷工被给予警告处分。关于李某的处分，下列哪一说法是正确的？

A. 处分决定可以口头方式通知李某

B. 处分决定自作出之日起生效

C. 受处分期间为 12 个月

D. 李某在受处分期间不得晋升工资档次

【考点】 公务员的行政处分

【黄文涛解析】 A 选项不当选。《公务员法》第 63 条第 3 款规定："处分决定机关认为对公务员应当给予处分的，应当在规定的期限内，按照管理权限和规定的程序作出处分决定。处分决定应当以书面形式通知公务员本人。"可见行政处分决定应当以书面形式而非口头形式通知当事人。

B 选项当选。《行政机关公务员处分条例》第 46 条规定："处分决定、解除处分决定自作出之日起生效。"可见对公务员的行政处分是自作出之日起生效的。

C 选项不当选。《公务员法》第 64 条第 2 款规定："受处分的期间为：警告，

扫码听课

扫码听课

六个月；记过，十二个月；记大过，十八个月；降级、撤职，二十四个月。"可见警告处分的处分期为6个月而非12个月。

D选项不当选。《公务员法》第64条第1款规定："公务员在受处分期间不得晋升职务、职级和级别，其中受记过、记大过、降级、撤职处分的，不得晋升工资档次。"可见在警告处分期间可以晋升工资档次。

综上，本题的正确答案是B。

（2017/2/76）6. 根据《公务员法》规定，经省级以上公务员主管部门批准，机关根据工作需要可以对下列哪些职位实行聘任制？

A. 涉及国家秘密的职位
B. 专业性较强的职位
C. 辅助性职位
D. 机关急需的职位

【考点】公务员的聘任

【黄文涛解析】A选项不当选、B选项当选、C选项当选、D选项不当选。《公务员法》第100条规定："机关根据工作需要，经省级以上公务员主管部门批准，可以对专业性较强的职位和辅助性职位实行聘任制。前款所列职位涉及国家秘密的，不实行聘任制。"可见只有专业性较强的职位和辅助性职位可以实行聘任制。

扫码听课

综上，本题的正确答案是BC。

（2015/2/76）7. 关于公务员的辞职和辞退，下列哪些说法是正确的？

A. 重要公务尚未处理完毕的公务员，不得辞去公职
B. 领导成员对重大事故负有领导责任的，应引咎辞去公职
C. 对患病且在规定的医疗期内的公务员，不得辞退
D. 被辞退的公务员，可根据国家有关规定享受失业保险

【考点】公务员的辞职和辞退

【黄文涛解析】A选项不当选。《公务员法》第86条第3项规定："公务员有下列情形之一的，不得辞去公职："……（三）重要公务尚未处理完毕，且须由本人继续处理的；"可见A选项缺少了"且须由本人继续处理的"这一要件，故不当选。

扫码听课

B选项不当选。《公务员法》第87条第3款规定："领导成员因工作严重失误、失职造成重大损失或者恶劣社会影响的，或者对重大事故负有领导责任的，应当引咎辞去领导职务。"可见B选项错在引咎辞去"公职"，应当是引咎辞去"领导职务"。

C选项当选。《公务员法》第89条第2项规定："对有下列情形之一的公务员，不得辞退：……（二）患病或者负伤，在规定的医疗期内的。"

D选项当选。《公务员法》第90条第2款规定："被辞退的公务员，可以领取辞退费或者根据国家有关规定享受失业保险。"

综上，本题的正确答案是CD。

四、抽象行政行为

（2020回忆版）1.《外国人来华登记管理办法》1991年7月13日国务院批准，1991年8月29日国家体育运动委员会发布实施，该《管理办法》属于哪一性质文件？

扫码听课

A. 部门规章　　　　　　　　B. 部委制定的其他规范性文件
C. 国务院发布的决定和命令　　D. 行政法规

【考点】 行政法规的种类

【黄文涛解析】A选项、B选项、C选项不当选，D选项当选。根据最高人民法院2004年《关于审理行政案件适用法律规范问题的座谈会纪要》第一部分中的规定："考虑建国后我国立法程序的沿革情况，现行有效的行政法规有以下三种类型：一是国务院制定并公布的行政法规；二是立法法施行以前，按照当时有效的行政法规制定程序，经国务院批准、由国务院部门公布的行政法规。但在立法法施行以后，经国务院批准、由国务院部门公布的规范性文件，不再属于行政法规；三是在清理行政法规时由国务院确认的其他行政法规。"国家体育委员会（现为国家体育总局）属于国务院部门，《外国人来华登记管理办法》是在2000年《立法法》施行之前由国务院批准、国家体育委员会公布的法律文件，就是依据当时生效的《行政法规制定程序条例》制定，因此属于行政法规。

综上，本题的正确答案为D。

（2020 回忆版）2. 农业农村部准备制定一部调整农业政策的重要规章，下列选项错误的是？

A. 应当按照规定及时报告同级党委（党组）

B. 可以委托中国农业大学起草

C. 法制机构可以将未附调研报告的规章送审稿退回起草单位

D. 公布后30日内，由农业农村部办公厅向有关机关备案

【考点】 规章的制定程序

【黄文涛解析】A选项不当选。《规章制定程序条例》第4条规定："制定政治方面法律的配套规章，应当按照有关规定及时报告党中央或者同级党委（党组）。制定重大经济社会方面的规章，应当按照有关规定及时报告同级党委（党组）。"

B选项不当选。《规章制定程序条例》第15条第3款规定："起草专业性较强的规章，可以吸收相关领域的专家参与起草工作，或者委托有关专家、教学科研单位，社会组织起草。"

C选项不当选。《规章制定程序条例》第20条规定："规章送审稿有下列情形之一的，法制机构可以缓办或者退回起草单位：（一）制定规章的基本条件尚不成熟或者发生重大变化的；（二）有关机构或者部门对规章送审稿规定的主要制度存在较大争议，起草单位未与有关机构或者部门充分协商的；（三）未按照本条例有关规定公开征求意见的；（四）上报送审稿不符合本条例第十八条规定的。"

D选项当选。《规章制定程序条例》第34条规定："规章应当自公布之日起30日内，由法制机构依照立法法和法规规章备案条例的规定向有关机关备案。"可见规章应由制定机关的法制机构报请有权机关备案，而不能由制定机关的办公厅报请备案。

综上，本题的正确答案是D。

（2020 回忆版）3. 为落实《广告法》，国务院准备制定一部规范广告代言人代言行为的行政法规。关于该行政法规的制定程序，下列说法错误的是？

扫码听课

扫码听课

A. 应按规定及时报告党中央

B. 原则上起草部门应将法规草案及其说明等向社会公开征求意见且不少于 30 日

C. 法规草案由国务院常务会议审议或者由国务院审批

D. 法规在公布后的 30 日内由国务院办公厅报全国人大常委会备案

【考点】行政法规的制定程序

【黄文涛解析】A 选项当选。《行政法规制定程序条例》第 4 条规定："制定政治方面法律的配套行政法规，应当按照有关规定及时报告党中央。制定经济、文化、社会、生态文明等方面重大体制和重大政策调整的重要行政法规，应当将行政法规草案或者行政法规草案涉及的重大问题按照有关规定及时报告党中央。"可见只有制定政治方面法律的配套行政法规或者经济、文化、社会、生态文明等方面重大体制和重大政策调整的重要行政法规才需要及时报告党中央。本题中制定的行政法规是关于广告代言人代言行为的，并不属于以上两种情形，所以不需要报告党中央。

B 选项不当选。《行政法规制定程序条例》第 13 条第 2 款规定："起草行政法规，起草部门应当将行政法规草案及其说明等向社会公布，征求意见，但是经国务院决定不公布的除外。向社会公布征求意见的期限一般不少于 30 日。"

C 选项不当选。《行政法规制定程序条例》第 26 条规定："行政法规草案由国务院常务会议审议，或者由国务院审批。国务院常务会议审议行政法规草案时，由国务院法制机构或者起草部门作说明。"

D 选项不当选。《行政法规制定程序条例》第 30 条规定："行政法规在公布后的 30 日内由国务院办公厅报全国人民代表大会常务委员会备案。"

综上，本题的正确答案是 A。

(2019 回忆版) 4. 国务院在 2019 年 2 月印发了《关于在市场监管领域全面推行部门联合"双随机，一公开"监管的意见》。下列选项表述正确的是？

A. 该意见不能成为行政诉讼附带审查的对象

B. 部门规章不得以该意见为依据进行制定

C. 该意见属于国务院制定的行政法规

D. 法院审理行政诉讼案件进行法律适用时可参照适用该意见

【考点】抽象行政行为

【黄文涛解析】A 选项当选。国务院发布的这一《意见》属于国务院发布的决定、命令，根据《行政诉讼法》第 53 条规定："公民、法人或者其他组织认为行政行为所依据的国务院部门和地方人民政府及其部门制定的规范性文件不合法，在对行政行为提起诉讼时，可以一并请求对该规范性文件进行审查。"可见行政诉讼中的附带审查只是针对国务院部门和地方各级政府及部门制定的规范性文件，对于国务院制定的决定、命令不能进行附带审查。

B 选项不当选。《立法法》第 80 条第 2 款规定："部门规章规定的事项应当属于执行法律或者国务院的行政法规、决定、命令的事项。……"可见国务院的决定、命令属于部门规章制定的依据。

C 选项不当选。国务院制定必须依据《行政法规制定程序条例》规定的程序进行，并且《行政法规制定程序条例》第 5 条第 1 款规定："行政法规的名称一

大咖点拨区

扫码听课

大咖点拨区

扫码听课

扫码听课

般称'条例'，也可以称'规定''办法'等。国务院根据全国人民代表大会及其常务委员会的授权决定制定的行政法规，称'暂行条例'或者'暂行规定'。可见行政法规的名称不能是"意见"，因此该《意见》不属于行政法规。

D选项不当选。《行政诉讼法》第63条第3款规定："人民法院审理行政案件，参照规章。"同时《最高人民法院关于适用〈中华人民共和国民事诉讼法〉的解释》第100条第2款规定："人民法院审理行政案件，可以在裁判文书中引用合法有效的规章及其他规范性文件。"可见法院在行政诉讼中参照适用的对象应该是规章，而非行政规范性文件。

综上，本题的正确答案为A。

(2018回忆版) 5. 2018年2月国务院常务会议通过《快递暂行条例》，经国务院总理签署后，该条例应当在下列哪些载体上刊载？

A. 国务院公报
B. 中国政府法制信息网
C. 全国范围的报纸
D. 全国人大常委会公报

【考点】行政法规制定程序

【黄文涛解析】A选项、B选项、C选项当选，D选项不当选。根据《行政法规制定程序条例》第28条规定："行政法规签署公布后，及时在国务院公报和中国政府法制信息网以及在全国范围内发行的报纸上刊载。国务院法制机构应当及时汇编出版行政法规的国家正式版本。在国务院公报上刊登的行政法规文本为标准文本。"《快递暂行条例》属于国务院制定的行政法规，依法应当在国务院公报和中国政府法制信息网以及在全国范围内发行的报纸上刊载。

综上，本题的正确答案为ABC。

(2017/2/45) 6. 关于行政法规的立项，下列哪一说法是正确的？

A. 省政府认为需要制定行政法规的，可于每年年初编制国务院年度立法工作计划前向国务院报请立项

B. 国务院法制机构根据有关部门报送的立项申请汇总研究，确定国务院年度立法工作计划

C. 列入国务院年度立法工作计划的行政法规项目应适应改革、发展、稳定的需要

D. 国务院年度立法工作计划一旦确定不得调整

【考点】行政法规的制定程序

【黄文涛解析】A选项不当选。《行政法规制定程序条例》第8条第1款规定："国务院有关部门认为需要制定行政法规的，应当于国务院编制年度立法工作计划前，向国务院报请立项。"可见制定行政法规的报请立项主体应该是国务院有关部门，而非省政府。

B选项不当选。《行政法规制定程序条例》第9条第1款规定："国务院法制机构应当根据国家总体工作部署，对行政法规立项申请和公开征集的行政法规制定项目建议进行评估论证，突出重点，统筹兼顾，拟订国务院年度立法工作计划，报党中央、国务院批准后向社会公布。"可见国务院的年度立法工作计划应该由国务院法制机构拟定，而非确定。确定年度立法工作计划的主体应该是国务院，而非国务院法制机构。

C选项当选。《行政法规制定程序条例》第9条第2款规定："列入国务院年

度立法工作计划的行政法规项目应当符合下列要求：（一）贯彻落实党的路线方针政策和决策部署，适应改革、发展、稳定的需要；……"可见 C 选项的表述正确，当选。

D 选项不当选。《行政法规制定程序条例》第 10 条第 3 款规定："国务院年度立法工作计划在执行中可以根据实际情况予以调整。"可见国务院的年度立法工作计划并非确定后不能调整，而是可以依据实际情况进行调整。

综上，本题的正确答案为 C。

（2017/2/77）7. 关于规章的起草和审查，下列哪些说法是正确的？

A. 起草规章可邀请专家参加，但不能委托专家起草

B. 起草单位就规章起草举行听证会，应制作笔录，如实记录发言人的主要观点和理由

C. 起草规章应广泛听取有关机关、组织和公民的意见

D. 如制定规章的基本条件不成熟，法制机构应将规章送审稿退回起草单位

【考点】 规章的制定程序

【黄文涛解析】 A 选项不当选。《规章制定程序条例》第 15 条第 3 款规定："起草专业性较强的规章，可以吸收相关领域的专家参与起草工作，或者委托有关专家、教学科研单位、社会组织起草。"可见起草规章可以委托专家起草。

B 选项当选。《规章制定程序条例》第 16 条第 2 款规定："起草的规章涉及重大利益调整或者存在重大意见分歧，对公民、法人或者其他组织的权利义务有较大影响，人民群众普遍关注，需要进行听证的，起草单位应当举行听证会听取意见。听证会依照下列程序组织：……（二）参加听证会的有关机关、组织和公民对起草的规章，有权提问和发表意见；"可见起草单位就规章起草举行听证会时依法应制作笔录，如实记录发言人的主要观点和理由。

C 选项当选。《规章制定程序条例》第 15 条第 1 款规定："起草规章，应当深入调查研究，总结实践经验，广泛听取有关机关、组织和公民的意见。听取意见可以采取书面征求意见、座谈会、论证会、听证会等多种形式。"可见起草规章依法应当广泛听取有关机关、组织和公民的意见。

D 选项不当选。《规章制定程序条例》第 20 条规定："规章送审稿有下列情形之一的，法制机构可以缓办或者退回起草单位：（一）制定规章的基本条件尚不成熟或者发生重大变化的；"可见当制定规章的基本条件不成熟时，法制机构除了可以将规章送审稿退回起草单位，还可以缓办。

综上，本题的正确答案为 BC。

（2016/2/77）8. 某省会城市的市政府拟制定限制电动自行车通行的规章。关于此规章的制定，下列哪些说法是正确的？

A. 应先列入市政府年度规章制定工作计划中，未列入不得制定

B. 起草该规章应广泛听取有关机关、组织和公民的意见

C. 此规章送审稿的说明应对制定规章的必要性、规定的主要措施和有关方面的意见等情况作出说明

D. 市政府法制机构认为制定此规章基本条件尚不成熟，可将规章送审稿退回起草单位

【考点】 规章制定程序

【黄文涛解析】 A 选项不当选。《规章制定程序条例》第 13 条第 2 款规定："年度规章制定工作计划在执行中，可以根据实际情况予以调整，对拟增加的规章项目应当进行补充论证。"可见，年度规章制定工作计划中没有列入的规章项目可以根据实际情况进行调整，而并非未列入就不得制定。

B 选项当选。《规章制定程序条例》第 15 条第 1 款规定："起草规章，应当深入调查研究，总结实践经验，广泛听取有关机关、组织和公民的意见。听取意见可以采取书面征求意见、座谈会、论证会、听证会等多种形式。"可见起草该规章应广泛听取有关机关、组织和公民的意见。

C 选项当选。《规章制定程序条例》第 18 条第 3 款规定："规章送审稿的说明应当对制定规章的必要性、规定的主要措施、有关方面的意见及其协调处理情况等作出说明。"

D 选项当选。《规章制定程序条例》第 20 条规定："规章送审稿有下列情形之一的，法制机构可以缓办或者退回起草单位：（一）制定规章的基本条件尚不成熟或者发生重大变化的；……"可见在市政府法制办认为制定规章的基本条件不成熟时，可以将规章送审稿退还给起草单位。

综上，本题的正确答案为 BCD。

（2016/2/100）9. 行政法规条文本身需进一步明确界限或作出补充规定的，应对行政法规进行解释。关于行政法规的解释，下列说法正确的是？

A. 解释权属于国务院

B. 解释行政法规的程序，适用行政法规制定程序

C. 解释可由国务院授权国务院有关部门公布

D. 行政法规的解释与行政法规具有同等效力

【考点】 行政法规的解释

【黄文涛解析】 A 选项当选。《行政法规制定程序条例》第 31 条第 1 款规定："行政法规有下列情形之一的，由国务院解释：（一）行政法规的规定需要进一步明确具体含义的；（二）行政法规制定后出现新的情况，需要明确适用行政法规依据的。"不过本题考试时的 2016 年该条例还没有修订，修订前的《行政法规制定程序条例》第 31 条第 1 款规定："行政法规条文本身需要进一步明确界限或者作出补充规定的，由国务院解释。"依据考试时的法条本选项当选。

B 选项不当选，C 选项当选。《行政法规制定程序条例》第 31 条第 2 款规定："国务院法制机构研究拟订行政法规解释草案，报国务院同意后，由国务院公布或者由国务院授权国务院有关部门公布。"可见解释行政法规的程序是条文中明确规定，与行政法规制定程序不一样。同时解释依法可以由国务院公布，也可以由国务院授权的有关部门公布。

D 选项当选。《行政法规制定程序条例》第 31 条第 3 款规定："行政法规的解释与行政法规具有同等效力。"

综上，本题的正确答案为 ACD。

（2015/2/97）10. 2015 年《立法法》修正后，关于地方政府规章，下列说法正确的是？

A. 某省政府所在地的市针对城乡建设与管理、环境保护、历史文化保护等以外的事项已制定的规章，自动失效

B. 应制定地方性法规但条件尚不成熟的，因行政管理迫切需要，可先制定地方政府规章

C. 没有地方性法规的依据，地方政府规章不得设定减损公民、法人和其他组织权利或者增加其义务的规范

D. 地方政府规章签署公布后，应及时在中国政府法制信息网上刊载

大咖点拨区

【考点】规章的权限与制定程序

【黄文涛解析】A 选项不当选。《立法法》第 82 条第 3 款规定："设区的市、自治州的人民政府根据本条第一款、第二款制定地方政府规章，限于城乡建设与管理、环境保护、历史文化保护等方面的事项。已经制定的地方政府规章，涉及上述事项范围以外的，继续有效。"可见《立法法》修正后，之前对城乡建设与管理、环境保护、历史文化保护等以外的事项已制定的地方政府规章继续有效。

B 选项当选。《立法法》第 82 条第 5 款规定："应当制定地方性法规但条件尚不成熟的，因行政管理迫切需要，可以先制定地方政府规章。规章实施满两年需要继续实施规章所规定的行政措施的，应当提请本级人民代表大会或者其常务委员会制定地方性法规。"故 B 选项当选。

C 选项不当选。《立法法》第 82 条第 6 款规定："没有法律、行政法规、地方性法规的依据，地方政府规章不得设定减损公民、法人和其他组织权利或者增加其义务的规范。"可见 C 选项遗漏了法律、行政法规这两种依据，故不当选。

D 选项当选。《立法法》第 86 条第 2 款规定："地方政府规章签署公布后，及时在本级人民政府公报和中国政府法制信息网以及在本行政区域范围内发行的报纸上刊载。"

综上，本题的正确答案为 BD。

五、具体行政行为

（2020 回忆版）1. 关于具体行政行为的效力，下列说法正确的是？

A. 可撤销的具体行政行为在被撤销之前，当事人应受其约束

B. 具体行政行为废止前给予当事人的利益，在该行为废止后应收回

C. 为某人设定专属权益的行政行为，如此人死亡其效力应终止

D. 对无效具体行政行为，任何人都可以向法院起诉主张其无效

扫码听课

【考点】具体行政行为的效力

【黄文涛解析】A 选项当选。可撤销的具体行政行为在被依法撤销之前推定具有法律效力，而在被依法撤销之后，则追溯到自始无效。

B 选项不当选。具体行政行为的废止是在行政行为不存在违法情形时，依据法定的条件予以废止，并不追溯自始无效，而只是从废止时起无效。所以，具体行政行为废止前给予当事人的利益，在行为废止后并不收回。

C 选项当选。由于行政行为时为特定的主体设定专属权益（如行政许可），因此当特定的主体死亡（如被许可人死亡），则行政行为的法律效力也就随之终止（行政许可的效力随之终止）。

D 选项不当选。《行政诉讼法》第 25 条第 1 款规定："行政行为的相对人以及其他与行政行为有利害关系的公民、法人或者其他组织，有权提起诉讼。"可见，只有具体行政行为的相对人或者与该行政行为具有利害关系的人才有权提起

行政诉讼。

综上，本题的正确答案是AC。

（2020 回忆版）2. 为大力发展本县经济，江南县政府决定在荷花小区建立大型物流园，于是江南县政府发布公告，要求荷花小区居民与县政府协商拆迁安置补偿款事宜，根据补偿标准签订安置补偿协议，并于 60 日内搬离。该公告的法律性质是？

A. 行政协议　　　　　　　　B. 行政指导
C. 单方行政行为　　　　　　D. 行政强制

【考点】具体行政行为性质的判断

【黄文涛解析】A 选项不当选。《最高人民法院关于审理行政协议案件若干问题的规定》第 1 条规定："行政机关为了实现行政管理或者公共服务目标，与公民、法人或者其他组织协商订立的具有行政法上权利义务内容的协议，属于行政诉讼法第十二条第一款第十一项规定的行政协议。"本题中的公告并非县政府与小区居民之间签订的行政协议，而是县政府单方面要求小区居民履行特定的义务。

B 选项不当选。行政指导是指行政机关对各类社会主体做出的劝说、建议、引导行为，不具有对行政相对人的权利义务进行的实际处分性。本题中县政府的公告要求居民签订安置补偿协议并在 60 日内办理，已经对居民的权利产生了实际的影响和处分，不属于行政指导行为。

C 选项当选。县政府的行为属于自身单方意志的体现，所以属于单方行政行为。事实上这一行为符合具体行政行为的四个特性，即单方性、处分性、外部性、特定性，所以属于具体行政行为，也就必然是单方行政行为。

D 选项不当选。《行政强制法》第 2 条规定："本法所称行政强制，包括行政强制措施和行政强制执行。行政强制措施，是指行政机关在行政管理过程中，为制止违法行为、防止证据损毁、避免危害发生、控制危险扩大等情形，依法对公民的人身自由实施暂时性限制，或者对公民、法人或者其他组织的财物实施暂时性控制的行为。行政强制执行，是指行政机关或者行政机关申请人民法院，对不履行行政决定的公民、法人或者其他组织，依法强制履行义务的行为。"可见行政强制措施具有预防性和暂时性两个基本特征，行政强制执行必须是对之前已经生效的行政决定的强制实现，本题中县政府的行为不符合这两种行政强制行为的基本特征。

综上，本题的正确答案是 C。

（2019 回忆版）3. 甲小区位于乙区，某日乙区政府在该小区内公布了下列一则通知：为了进行旧城改造，现决定自通知发布之日起的 3 个月内，甲小区内的所有住户均需从该小区搬离迁往他处，同时各住户依规定与乙区政府签订补偿协议。该通知的性质为下列哪一选项？

A. 行政强制　　　　　　　　B. 单方行政行为
C. 行政协议　　　　　　　　D. 有普遍约束力的规范性文件

【考点】具体行政行为的特性

【黄文涛解析】A 选项、C 选项、D 选项不当选，B 选项当选。乙区政府的这一通知在作出时所针对的对象是甲小区的所有住户，住户的数量在该通知行为作出时是数的清楚的，依据我在上课时总结的具体行政行为与抽象行政行为的区分的关键点，该通知肯定不是抽象行政行为，故 D 选项不当选。同时该通知并非是与甲小区住户签订的补偿协议，而只是要求各个住户与乙区政府签订补偿协议，所以并非行政协议行为，故 C 选项不当选。行政强制行为包括行政强制措施和行政强制执行，前者是预防危害行为或结果发生、扩大的行政行为，是对当事人人身或财产的暂时性限制，该通知并非此类行为。后者是对已经生效的行政决定的强制履行行为，该通知也不符合这一特征，所以该通知不属于行政强制行为，故 A 选项不当选。因此该通知应属于具体行政行为，是由乙区政府单方作出的，对作为特定对象的甲小区居民的权利义务产生实际影响的具体行政行为，故 B 选项当选。

综上，本题的正确答案为 B。

（2017/2/46）4. 行政机关所实施的下列行为中，哪一项属于具体行政行为？

A. 公安交管局在辖区内城市快速路入口处悬挂"危险路段，谨慎驾驶"的横幅

B. 县公安局依照《刑事诉讼法》对李某进行拘留

C. 区政府对王某作出房屋征收决定

D. 因民间纠纷引起的打架斗殴双方经公安派出所调解达成的协议

【考点】 具体行政行为类型的判断

【黄文涛解析】 A 选项不当选。公安交管局的行为属于行政指导，是对社会主体的劝说、建议、规劝与引导，并没有对社会主体的权利义务产生变动的处分，所以不属于具体行政行为。

B 选项不当选。县公安局依照《刑事诉讼法》对李某的拘留行为属于刑事行为，而非行政行为，此时县公安局的身份并非行政主体，而是刑事主体。

C 选项当选。区政府的房屋征收决定属于具体行政行为，因为其符合具体行政行为的四个特征：第一，处分性。房屋征收决定对王某的房屋财产权产生了变动性的强制处分；第二，单方性。房屋征收决定属于区政府单方作出后生效的行为，不需要征得王某的同意；第三，外部性。王某并非区政府的内部工作人员，所以房屋征收决定具有外部性；第四，特定性。房屋征收决定作出时，针对的对象就是王某，其对象具有特定性。综上，区政府房屋征收决定符合具体行政行为的处分性、单方性、外部性和特定性，因此属于具体行政行为。

D 选项不当选。因民间纠纷引起的打架斗殴双方经公安派出所调解达成的协议属于行政调解协议。公安机关对民事纠纷作出的行政调解行为没有对当事人的权利义务发生强制性的变动，因此不属于具体行政行为。

综上，本题的正确答案为 C。

（2016/2/44）5. 为落实淘汰落后产能政策，某区政府发布通告：凡在本通告附件所列名单中的企业两年内关闭。提前关闭或者积极配合的给予一定补贴，逾期不履行的强制关闭。关于通告的性质，下列哪一选项是正确的？

A. 行政规范性文件　　　　　　B. 具体行政行为

C. 行政给付　　　　　　　　　D. 行政强制

【考点】 具体行政行为与抽象行政行为的区分

【黄文涛解析】 A 选项不当选，B 选项当选。行政规范性文件属于抽象行政行

为，抽象行政行为与具体行政行为的主要区别在于行为作出时所针对的对象是否特定。虽然区政府发布的是通告，但是该通告作出时所针对的对象是特定的，也即附件所列名单中的企业，因此该通告应该是具体行政行为。

C选项、D选项不当选。行政给付是一种授益性行政行为，区政府要求企业关闭显然不属于授益性行政行为。同时区政府的通告属于行政命令行为，尚未进入行政强制阶段，不属于行政强制行为。

综上，本题的正确答案为B。

（2015/2/46）6. 某地连续发生数起以低价出售物品引诱当事人至屋内后实施抢劫的事件，当地公安局通过手机短信告知居民保持警惕以免上当受骗。公安局的行为属于下列哪一性质？

A. 履行行政职务的行为　　　　　B. 负担性的行为

C. 准备性行政行为　　　　　　　D. 强制行为

【考点】行政行为的基础理论

【黄文涛解析】A选项当选，B选项、C选项、D选项不当选。负担性的行政行为是行政机关为当事人设定义务或者剥夺权益的行为，本题中公安机关的行为并没有设定居民的新义务，也没有剥夺居民的权益，因此不属于负担性的行为。准备性行政行为是行政机关为最终作出权利义务的安排进行的程序性、阶段性工作行为，本题中公安机关使用手机短信告知的行为并非为了对居民的权利义务进行安排，因此不属于准备性行政行为。同时这种告知行为并没有对公民的权利义务实施强制性的处分，也不属于强制行为。通过排除法可以得出本题的正确答案为A。

六、行政处罚

（2020回忆版）1. 1997年5月，旺旺公司凭借一份虚假验资报告在某省工商局办理了增资的变更登记，此后连续四年通过了工商局的年检。2001年7月，工商局以办理变更登记时提供虚假验资报告为由对旺旺公司作出罚款1万元，责令提交真实验资报告的行政处罚决定。2002年4月，工商局又作出撤销公司变更登记，恢复到变更前状态的决定。2004年6月，工商局又就同一问题作出吊销营业执照的行政处罚决定。关于工商局的行为，下列说法正确的是？

A. 2001年7月工商局的处罚决定违反了行政处罚法关于时效的规定

B. 2002年4月工商局的处罚决定违反了一事不再罚原则

C. 2004年6月工商局的处罚决定是对前两次处罚决定的补充和修改，属于合法的行政行为

D. 对于旺旺公司拒绝纠正自己违法行为的情形，工商局可以违法行为处于持续状态为由作出处罚

【考点】行政处罚的追诉期限；一事不再罚原则

【黄文涛解析】A选项当选。《行政处罚法》第36条第1款规定："违法行为在二年内未被发现的，不再给予行政处罚；涉及公民生命健康安全、金融安全且有危害后果的，上述期限延长至五年。法律另有规定的除外。"可见行政处罚的追诉时效一般是2年，本题中旺旺公司提供虚假验资报告办理变更登记的违法行为被工商局发现时已经超过了2年的时效，所以工商局的处罚违反了行政处罚法

关于时效的规定。

B选项不当选。《行政处罚法》第29条规定："对当事人的同一个违法行为，不得给予两次以上罚款的行政处罚。同一个违法行为违反多个法律规范应当给予罚款处罚的，按照罚款数额高的规定处罚。"可见如果行政处罚违反一事不再罚原则，则必须存在两次以上的行政处罚。本题中，2002年4月工商局撤销公司变更登记的行为并不是行政处罚，而是纠正公司违法行为，所以没有违反一事不再罚原则。

C选项不当选。2004年6月工商局的吊销营业执照属于对旺旺公司同一个违法行为的第二次处罚，违反了一事不再罚原则，故而是违法的行政行为。

D选项不当选。旺旺公司提供虚假验资报告办理增值变更登记的违法行为并不具有持续状态，所以工商局不能以违法行为处于持续状态为由作出处罚。

综上，本题的正确答案是A。

(2018回忆版) 2. 甲因楼上住户乙家里漏水，于是找乙洽谈赔偿事宜。后协商不成甲殴打乙致轻微伤。甲于是被公安局处以行政拘留10日、并处500元罚款，甲不服起诉公安局。下列哪一选项是正确的？

A. 本案调查中，警察经出示工作证件，可以检查甲的住所

B. 对甲的询问查证时间不得超过48小时

C. 行政诉讼中被告公安局局长必须亲自出庭

D. 行政诉讼中若证人丙出庭的，交通、住宿等费用由败诉一方承担

【考点】治安管理处罚程序；行政机关负责人出庭应诉制度；行政诉讼证据规则

【黄文涛解析】A选项不当选。根据《治安管理处罚法》第87条第1款规定："公安机关对与违反治安管理行为有关的场所、物品、人身可以进行检查。检查时，人民警察不得少于二人，并应当出示工作证件和县级以上人民政府公安机关开具的检查证明文件。对确有必要立即进行检查的，人民警察经出示工作证件，可以当场检查，但检查公民住所应当出示县级以上人民政府公安机关开具的检查证明文件。"可见在本案中，警察要检查甲的住所时，必须要出具县级以上人民政府公安机关开具的检查证明文件，仅出示工作证件不符合法定程序。

B选项不当选。根据《治安管理处罚法》第83条规定："对违反治安管理行为人，公安机关传唤后应当及时询问查证，询问查证的时间不得超过八小时；情况复杂，依照本法规定可能适用行政拘留处罚的，询问查证的时间不得超过二十四小时。公安机关应当及时将传唤的原因和处所通知被传唤人家属。"可见在治安处罚中，对相对人询问查证时间一般不超过8小时，可能拘留的不超过24小时。甲在案件中属于被拘留的情形，因此对甲的询问查证时间不得超过24小时，而非48小时。

C选项不当选。根据《最高人民法院关于适用〈中华人民共和国行政诉讼法〉的解释》第128条规定："行政诉讼法第三条第三款规定的行政机关负责人，包括行政机关的正职、副职负责人以及其他参与分管的负责人。行政机关负责人出庭应诉的，可以另行委托一至二名诉讼代理人。行政机关负责人不能出庭的，应当委托行政机关相应的工作人员出庭，不得仅委托律师出庭。"可见在行政诉讼中，被告行政机关的负责人包含了多种主体，而且还可以委托工作人员出庭，

大咖点拨区

扫码听课

大咖点拨区

并非必须由被告公安局局长亲自出庭。

D 选项当选。根据《最高人民法院关于选用〈中华人民共和国行政诉讼法〉的解释》第 40 条规定："人民法院在证人出庭作证前应当告知其如实作证的义务以及作伪证的法律后果。证人因履行出庭作证义务而支出的交通、住宿、就餐等必要费用以及误工损失，由败诉一方当事人承担。"本选项的表述符合该法条的规定，若证人丙出庭的，交通、住宿等费用由败诉一方承担。

综上，本案的正确答案为 D。

（2017/2/79）3. 某公安派出所以李某放任所饲养的烈性犬恐吓张某为由对李某处以 500 元罚款。关于该处罚决定，下列哪些说法是正确的？

A. 公安派出所可以自己名义作出决定

B. 可当场作出处罚决定

C. 应将处罚决定书副本抄送张某

D. 如李某不服处罚决定向法院起诉，应以该派出所所属的公安局为被告

【考点】行政处罚的权限、程序；被告资格的确定

【黄文涛解析】A 选项当选。《治安管理处罚法》第 91 条规定："治安管理处罚由县级以上人民政府公安机关决定；其中警告、五百元以下的罚款可以由公安派出所决定。"可见派出所有权以自己的名义作出 500 元的罚款。

B 选项不当选。《治安管理处罚法》第 100 条规定："违反治安管理行为事实清楚，证据确凿，处警告或者二百元以下罚款的，可以当场作出治安管理处罚决定。"可见只有警告和 200 元以下的罚款才可以当场作出，本题案例中处罚 500 元不能当场作出。

C 选项当选。《治安管理处罚法》第 101 条第 1 款规定："当场作出治安管理处罚决定的，人民警察应当向违反治安管理行为人出示工作证件，并填写处罚决定书。处罚决定书应当当场交付被处罚人；有被侵害人的，并将决定书副本抄送被侵害人。"可见治安处罚决定书的副本应当抄送给被侵害人张某。

D 选项不当选。如 A 选项的解释所述，派出所有权作出 500 元的罚款，当派出所以自己名义作出 500 元罚款时，依据行政主体的基本理论，派出所此时就是行政主体，可以成为行政诉讼的被告。所以如李某不服处罚决定向法院起诉，应以该派出所为被告。

综上，本题的正确答案为 AC。

（2017/2/82）4. 根据相关法律规定，在行政决定作出前，当事人有权就下列哪些情形要求举行听证？

A. 区工商分局决定对个体户王某销售的价值 10 万元的假冒他人商标的服装予以扣押

B. 县公安局以非法种植罂粟为由对陈某处以 3000 元罚款

C. 区环保局责令排放污染物严重的某公司停业整顿

D. 胡某因酒后驾车，被公安交管部门吊销驾驶证

【考点】行政听证程序

【黄文涛解析】A 选项不当选。我国《行政强制法》中并没有规定在实施行政强制措施时的听证程序，区工商分局的扣押决定属于行政强制措施，故 A 选项不当选。

扫码听课

扫码听课

B 选项当选、D 选项当选。《治安管理处罚法》第 98 条规定："公安机关作出吊销许可证以及处二千元以上罚款的治安管理处罚决定前，应当告知违反治安管理行为人有权要求举行听证；违反治安管理行为人要求听证的，公安机关应当及时依法举行听证。"可见公安机关作出 2000 元以上的罚款时，被处罚人有权要求听证，本题案例中公安局作出了 3000 元的罚款，符合法定的条件，故 B 选项当选。同时公安机关作出吊销许可证时，当事人也有权要求听证，故 D 选项当选。

C 选项当选。《行政处罚法》第 63 条规定："行政机关拟作出下列行政处罚决定，应当告知当事人有要求听证的权利，当事人要求听证的，行政机关应当组织听证：……（四）责令停产停业、责令关闭、限制从业；"责令停业整顿属于停产停业的一种形式，可见在行政机关作出责令停业整顿时应当告知当事人有权要求举行听证。有人认为停业整顿是行政强制措施，理由是《环保法》第 60 条规定："企业事业单位和其他生产经营者超过污染物排放标准或者超过重点污染物排放总量控制指标排放污染物的，县级以上人民政府环境保护主管部门可以责令其采取限制生产、停产整治等措施；情节严重的，报经有批准权的人民政府批准，责令停业、关闭。"有人认为在这一条中规定"停产整治"是"措施"而不是处罚。对此应该这样理解，这一法条中规定的是"停产整治"而不是"停业整顿"，"停产整治"可以视为行政强制措施，可以理解为对产生污染的特定生产线要求停产。但是"停业整顿"则应理解为同条规定的"责令停业、关闭"范畴，属于行政处罚，相当于要求整个工厂停工，两者是不一样的。

综上，本题的正确答案为 BCD。

（2016/2/45）5. 李某多次发送淫秽短信、干扰他人正常生活，公安机关经调查拟对李某作出行政拘留 10 日的处罚。关于此处罚决定，下列哪一做法是适当的？

A. 由公安派出所作出　　　　　B. 依当场处罚程序作出

C. 应及时通知李某的家属　　　D. 紧急情况下可以口头方式作出

【考点】 治安处罚的权限与程序

【黄文涛解析】 A 选项不当选。《治安管理处罚法》第 91 条规定："治安管理处罚由县级以上人民政府公安机关决定；其中警告、五百元以下的罚款可以由公安派出所决定。"可见派出所没有作出行政拘留决定的权力。

B 选项不当选。《治安管理处罚法》第 100 条规定："违反治安管理行为事实清楚，证据确凿，处警告或者二百元以下罚款的，可以当场作出治安管理处罚决定。"可见只有警告和 200 元以下的罚款才可能适用当场处罚程序。

C 选项当选。《治安管理处罚法》第 97 条第 1 款规定："公安机关应当向被处罚人宣告治安管理处罚决定书，并当场交付被处罚人；无法当场向被处罚人宣告的，应当在二日内送达被处罚人。决定给予行政拘留处罚的，应当及时通知被处罚人的家属。"可见在作出行政拘留决定后应当及时通知被处罚人李某的家属。

D 选项不当选。《治安管理处罚法》第 96 条第 1 款规定："公安机关作出治安管理处罚决定的，应当制作治安管理处罚决定书。决定书应当载明下列内容：……"可见行政拘留的处罚决定必须书面形式作出，不能口头作出。

综上，本题的正确答案为 C。

（2016/2/80）6. 关于一个行政机关行使有关行政机关的行政许可权和行政处

大咖点拨区

扫码听课

扫码听课

罚权的安排，下列哪些说法是正确的？

A. 涉及行政处罚的，由国务院或者经国务院授权的省、自治区、直辖市政府决定

B. 涉及行政许可的，由经国务院批准的省、自治区、直辖市政府决定

C. 限制人身自由的行政处罚只能由公安机关行使，不得交由其他行政机关行使

D. 由公安机关行使的行政许可，不得交由其他行政机关行使

【考点】集中实施行政处罚权与行政许可权

【黄文涛解析】A选项不当选。《行政处罚法》第18条第2款规定："国务院或者省、自治区、直辖市人民政府可以决定一个行政机关行使有关行政机关的行政处罚权。"根据2021年修订之前的《行政处罚法》，A选项是正确的，但是修订后的法条将"经国务院授权的省、自治区、直辖市政府决定"改为"省、自治区、直辖市政府可以决定"，删除了"经国务院授权"的要求，由此该选项不当选。

B选项当选。《行政许可法》第25条规定："经国务院批准，省、自治区、直辖市人民政府根据精简、统一、效能的原则，可以决定一个行政机关行使有关行政机关的行政许可权。"

C选项不当选。《行政处罚法》第18条第3款规定："限制人身自由的行政处罚权只能由公安机关和法律规定的其他机关行使。"可见，限制人身自由的处罚权还可以由法律规定的其他机关行使。

D选项不当选。《行政许可法》中并无此类限制规定。

综上，本题的正确答案为B。

（2016/2/81）7. 下列哪些行政行为不属于行政处罚？

A. 质监局对甲企业涉嫌冒用他人商品识别代码的产品予以先行登记保存

B. 食品药品监管局责令乙企业召回已上市销售的不符合药品安全标准的药品

C. 环保局对排污超标的丙企业作出责令停产6个月的决定

D. 工商局责令销售不合格产品的丁企业支付消费者3倍赔偿金

【考点】行政行为法律性质的判断

【黄文涛解析】A选项当选。《行政处罚法》第56条规定："行政机关在收集证据时，可以采取抽样取证的方法；在证据可能灭失或者以后难以取得的情况下，经行政机关负责人批准，可以先行登记保存，并应当在七日内及时作出处理决定，在此期间，当事人或者有关人员不得销毁或者转移证据。"可见先行登记保存是在行政处罚之前收集证据的一个步骤，并非行政处罚本身。

B选项当选。《行政处罚法》第2条规定："行政处罚是指行政机关依法对违反行政管理秩序的公民、法人或者其他组织，以减损权益或者增加义务的方式予以惩戒的行为。"乙企业召回有问题的药品属于法理上所谓的第一性法律义务，食品药品监督局责令其召回药品属于要求乙企业履行本应尽的第一性法律义务，并非增加新的义务，这一行政行为并没有减损乙企业的权益或增加它的义务，所以不属于行政处罚，在行政法上这种行为应该属于行政命令行为。

C选项不当选。《行政处罚法》第9条规定："行政处罚的种类：……（四）限制开展生产经营活动、责令停产停业、责令关闭、限制从业；"可见责令停产

扫码听课

停业属于行政处罚的种类。

D 选项当选。工商局的责令行为也属于行政命令行为，并非是对丁企业的惩戒，而是要求丁企业履行法律规定的其本来就应该履行的第一性法律义务，这并没有减损丁企业的权益或增加义务，不符合行政处罚行为的特质，而是应该属于行政命令行为。

综上，本题的正确答案为 ABD。

七、行政许可

扫码听课

（2020 回忆版）1. 食品药品监督管理局向一药店发放药品经营许可证。后接举报称，该药店存在大量非法出售处方药的行为，该局在调查中发现药店的药品经营许可证系提供虚假材料欺骗所得。关于对许可证的处理，该局下列做法正确的是？

A. 撤回　　　　　　　　　　B. 撤销
C. 吊销　　　　　　　　　　D. 待有效期限届满后注销

【考点】行政许可的撤销、撤回、吊销、注销

【黄文涛解析】B 选项当选，A 选项、C 选项、D 选项不当选。《行政许可法》第 69 条第 2 款规定："被许可人以欺骗、贿赂等不正当手段取得行政许可的，应当予以撤销。"本题中药店的药品经营许可证是通过提供虚假材料骗取，属于不正当手段取得的行政许可，依法应当予以撤销。需要注意的是，虽然药店在经营过程中也存在违法行为，但是由于其获取经营许可证的过程中就已经违法，所以此时应撤销行政许可而非吊销行政许可。如果药店是合法取得许可，但是在经营中存在违法行为，则应吊销行政许可。

综上，本题的正确答案是 B。

（2017/2/47）2. 天龙房地产开发有限公司拟兴建天龙金湾小区项目，向市规划局申请办理建设工程规划许可证，并提交了相关材料。下列哪一说法是正确的？

A. 公司应到市规划局办公场所提出申请
B. 公司应对其申请材料实质内容的真实性负责
C. 公司的申请材料不齐全的，市规划局应作出不受理决定
D. 市规划局为公司提供的申请格式文本可收取工本费

【考点】行政许可的程序

扫码听课

【黄文涛解析】A 选项不当选。《行政许可法》第 29 条第 2 款规定："申请人可以委托代理人提出行政许可申请。但是，依法应当由申请人到行政机关办公场所提出行政许可申请的除外。"可见行政许可的申请并非都必须到行政机关的办公场所提出申请。

B 选项当选。《行政许可法》第 31 条规定："申请人申请行政许可，应当如实向行政机关提交有关材料和反映真实情况，并对其申请材料实质内容的真实性负责。行政机关不得要求申请人提交与其申请的行政许可事项无关的技术资料和其他材料。"可见行政许可的申请人依法应当对申请材料实质内容的真实性负责。

C 选项不当选。《行政许可法》第 32 条规定："行政机关对申请人提出的行政许可申请，应当根据下列情况分别作出处理：……（四）申请材料不齐全或者不符合法定形式的，应当当场或者在五日内一次告知申请人需要补正的全部内

容，逾期不告知的，自收到申请材料之日起即为受理；"可见在申请人的申请材料不齐全时，行政机关应当告知申请人需要补正的内容，而非作出不受理决定。

D选项不当选。《行政许可法》第58条第2款规定："行政机关提供行政许可申请书格式文本，不得收费。"可见市规划局为公司提供的申请格式文本依法不能收取工本费。

综上，本题的正确答案为B。

（2017/2/78）3. 下列哪些情形中，行政机关应依法办理行政许可的注销手续？

A. 某企业的产品生产许可证有效期限届满未申请延续的

B. 某企业的旅馆业特种经营许可证被认定为以贿赂手段取得而被撤销的

C. 某房地产开发公司取得的建设工程规划许可证被吊销的

D. 拥有执业医师资格证的王医生死亡的

【考点】 行政许可的注销

【黄文涛解析】 A选项当选。《行政许可法》第70条规定："有下列情形之一的，行政机关应当依法办理有关行政许可的注销手续：（一）行政许可有效期届满未延续的；……"可见当企业的产品生产许可证有效期限届满未申请延续时应当注销该许可。

B选项当选、C选项当选。《行政许可法》第70条规定："有下列情形之一的，行政机关应当依法办理有关行政许可的注销手续：……（四）行政许可依法被撤销、撤回，或者行政许可证件依法被吊销的；"可见当企业的旅馆业特种经营许可证被认定为以贿赂手段取得而被撤销时应当注销该许可，同时当房地产开发公司取得的建设工程规划许可证被吊销时也应当注销该许可。

D选项当选。《行政许可法》第70条规定："有下列情形之一的，行政机关应当依法办理有关行政许可的注销手续：……（二）赋予公民特定资格的行政许可，该公民死亡或者丧失行为能力的；"可见当拥有执业医师资格证的王医生死亡时应当注销该资格证。

综上，本题的正确答案为ABCD。

（2016/2/78）4.《执业医师法》规定，执业医师需依法取得卫生行政主管部门发放的执业医师资格，并经注册后方能执业。关于执业医师资格，下列哪些说法是正确的？

A. 该资格属于直接关系人身健康，需按照技术规范通过检验、检测确定申请人条件的许可

B. 对《执业医师法》规定的取得资格的条件和要求，部门规章不得作出具体规定

C. 卫生行政主管部门组织执业医师资格考试，应公开举行

D. 卫生行政主管部门组织执业医师资格考试，不得组织强制性考前培训

【考点】 行政许可的性质、设定权限与实施程序

【黄文涛解析】 A选项不当选。《行政许可法》第12条规定："下列事项可以设定行政许可：……（四）直接关系公共安全、人身健康、生命财产安全的重要设备、设施、产品、物品，需要按照技术标准、技术规范，通过检验、检测、检疫等方式进行审定的事项；……"可见对于需要按照技术标准、技术规范，通过

检验、检测、检疫等方式进行审定的事项设定行政许可是针对直接关系公共安全、人身健康、生命财产安全的重要设备、设施、产品、物品，而不是针对执业医师资格此类涉及特定人的行政许可。执业医师资格此类许可应当适用同一条文的第（三）项："提供公众服务并且直接关系公共利益的职业、行业，需要确定具备特殊信誉、特殊条件或者特殊技能等资格、资质的事项；"

B选项不当选。《行政许可法》第16条第3款规定："规章可以在上位法设定的行政许可事项范围内，对实施该行政许可作出具体规定。"《执业医师法》作为法律已经设定了执业医师资格的行政许可，部门规章可以在其设定的行政许可事项范围内，对该行政许可作出具体规定。

C选项当选，D选项当选。《行政许可法》第54条第2款规定："公民特定资格的考试依法由行政机关或者行业组织实施，公开举行。行政机关或者行业组织应当事先公布资格考试的报名条件、报考办法、考试科目以及考试大纲。但是，不得组织强制性的资格考试的考前培训，不得指定教材或者其他助考材料。"执业医师资格就属于赋予公民特定资格的考试，依法应当公开举行。同时组织考试的卫生主管部门依法也不得组织强制性的考前培训。

综上，本题的正确答案为CD。

（2016/2/79）5. 关于行政许可的设定权限，下列哪些说法是不正确的？

A. 必要时省政府制定的规章可设定企业的设立登记及其前置性行政许可

B. 地方性法规可设定应由国家统一确定的公民、法人或者其他组织的资格、资质的行政许可

C. 必要时国务院部门可采用发布决定的方式设定临时性行政许可

D. 省政府报国务院批准后可在本区域停止实施行政法规设定的有关经济事务的行政许可

【考点】 行政许可的设定权限

【黄文涛解析】 A选项当选，B选项当选。《行政许可法》第15条第2款规定："地方性法规和省、自治区、直辖市人民政府规章，不得设定应当由国家统一确定的公民、法人或者其他组织的资格、资质的行政许可；不得设定企业或者其他组织的设立登记及其前置性行政许可。其设定的行政许可，不得限制其他地区的个人或者企业到本地区从事生产经营和提供服务，不得限制其他地区的商品进入本地区市场。"可见省级政府规章作为地方性的规范性法律文件，不得设定企业或者其他组织的设立登记及其前置性行政许可。地方性法规也不得设定应当由国家统一确定的公民、法人或者其他组织的资格、资质的行政许可。

C选项当选。《行政许可法》第14条第2款规定："必要时，国务院可以采用发布决定的方式设定行政许可。实施后，除临时性行政许可事项外，国务院应当及时提请全国人民代表大会及其常务委员会制定法律，或者自行制定行政法规。"可见，依法应由国务院而非国务院部门通过发布决定的方式设定许可。

D选项不当选。《行政许可法》第21条规定："省、自治区、直辖市人民政府对行政法规设定的有关经济事务的行政许可，根据本行政区域经济和社会发展情况，认为通过本法第十三条所列方式能够解决的，报国务院批准后，可以在本行政区域内停止实施该行政许可。"

综上，本题的正确答案为ABC。

大咖点拨区

扫码听课

（2015/2/47）6. 食品药品监督管理局向一药店发放药品经营许可证。后接举报称，该药店存在大量非法出售处方药的行为，该局在调查中发现药店的药品经营许可证系提供虚假材料欺骗所得。关于对许可证的处理，该局下列哪一做法是正确的？

A. 撤回　　　　　　　　　　　　B. 撤销

C. 吊销　　　　　　　　　　　　D. 待有效期限届满后注销

【考点】行政许可的撤销、撤回、吊销与注销

【黄文涛解析】A选项、C选项、D选项不当选，B选项当选。在行政许可的监督检查过程中，撤销许可、撤回许可、吊销许可、注销许可四个概念的区分是重点考点。区分的标准很简单：如果是在颁发许可的过程中有违法行为，应当将许可撤销；如果是在实施许可过程中有违法行为，应当将许可吊销；如果在颁发与实施过程中都没有违法行为，因客观因素导致许可不能继续实施，则应该撤回许可；注销许可则是撤回、撤销、吊销许可之后必经的程序。本题中食药监局发现药店在申请许可时提供了虚假材料，这意味着在颁发许可过程中就已经存在违法行为，所以应该是撤销该许可。

综上，本题的正确答案为B。

八、行政强制

（2019回忆版）1. 甲区药监局的执法人员发现一个药店有销售劣药的嫌疑，于是扣押了这个药店出售的药品。对于扣押行为，下列哪一选项说法是错误的？

A. 实施扣押时要保证这个药店的陈述与申辩的权利

B. 甲区药监局的执法人员应当制作现场笔录

C. 扣押决定书和清单应当在扣押时制作并当场交付给这个药店

D. 在药店负责人无法到场的情况下，甲区药监局不得实施扣押行为

【考点】行政强制措施的实施程序

【黄文涛解析】A选项不当选。《行政强制法》第18条规定："行政机关实施行政强制措施应当遵守下列规定：……（六）听取当事人的陈述和申辩；"

B选项不当选。《行政强制法》第18条规定："行政机关实施行政强制措施应当遵守下列规定：……（七）制作现场笔录；"

C选项不当选。《行政强制法》第24条第1款规定："行政机关决定实施查封、扣押的，应当履行本法第十八条规定的程序，制作并当场交付查封、扣押决定书和清单。"

D选项当选。《行政强制法》第18条规定："行政机关实施行政强制措施应当遵守下列规定：……（九）当事人不到场的，邀请见证人到场，由见证人和行政执法人员在现场笔录上签名或者盖章；"可见实施扣押行为当事人并非必须到场。

综上，本题的正确答案是D。

（2018回忆版）2. 下列哪些行为不属于行政强制措施？

A. 市场监督管理局执法人员责令某个食品生产企业停产1年

B. 市场监督管理局执法人员注销了某个企业有效期届满却未申请延续的营业执照

C. 市林业局责令超采伐许可证许可范围采伐树木的甲补种十棵树

D. 公安交管局暂扣违章驾车的乙驾驶执照 6 个月

【考点】 行政行为的法律性质判断

【黄文涛解析】 A 选项当选。根据《行政处罚法》第 9 条规定："行政处罚的种类：……（四）限制开展生产经营活动、责令停产停业、责令关闭、限制从业；"可见《行政处罚法》中规定责令停产停业属于行政处罚，而非行政强制措施。

B 选项当选。市场监管局注销营业执照的行为属于行政许可的注销，行政许可的注销属于行政许可相关的程序行为，不属于行政强制措施。

C 选项当选。市林业局责令超范围采伐树木的孙某种十棵树的行为有两种行为性质的可能性：第一，如果甲超范围采伐了十棵树，则该行为属于行政命令，类似于责令改正；第二，如果甲超范围采伐少于十棵树，则该行为属于行政处罚，因为对甲具有惩罚的性质。但是无论如何都不属于行政强制措施。

D 选项当选。《行政处罚法》第 2 条规定："行政处罚是指行政机关依法对违反行政管理秩序的公民、法人或者其他组织，以减损权益或者增加义务的方式予以惩戒的行为。"公安交管局暂扣违章驾车的乙的驾驶执照 6 个月属于对乙的惩戒性行为，减损了其权益，因此属于行政处罚。这一行为与行政强制措施所应具有的"预防性"性质不同，所以不属于行政强制措施。

综上，本题的正确答案为 ABCD。

(2018 回忆版) 3. 市场监督管理局扣押了一个公司生产的过期鸡肉，下列哪一说法是正确的？

A. 经市场监督管理局负责人批准，执法人员张某可以单独实施扣押

B. 如情况紧急，执法人员张某当场扣押鸡肉的，返回单位后张某应当立即向市场监督管理局负责人报告并补办批准手续

C. 执法人员张某应当佩戴执法记录仪全程记录执法过程

D. 市场监督管理局扣押后，可以委托第三方所有的仓库进行保管

【考点】 行政强制措施的实施程序

【黄文涛解析】 A 选项不当选。根据《行政强制法》第 18 条规定："行政机关实施行政强制措施应当遵守下列规定：……（二）由两名以上行政执法人员实施；……"扣押属于行政强制措施的种类，在实施扣押过程中依法必须由两名以上的执法人员实施，不能由张某单独实施扣押。

B 选项不当选。根据《行政强制法》第 19 条规定："情况紧急，需要当场实施行政强制措施的，行政执法人员应当在二十四小时内向行政机关负责人报告，并补办批准手续。行政机关负责人认为不应当采取行政强制措施的，应当立即解除。"同时，《行政强制法》第 20 条规定："依照法律规定实施限制公民人身自由的行政强制措施，除应当履行本法第十八条规定的程序外，还应当遵守下列规定：……（二）在紧急情况下当场实施行政强制措施的，在返回行政机关后，立即向行政机关负责人报告并补办批准手续；……"可见，在扣押的行政强制措施实施过程中，除了情况紧急时执法人员当场实施限制人身自由需要在回到机关后立即报告并补办批准手续，其他情况都是在 24 小时内报告并补办批准手续。

C 选项不当选。根据《行政强制法》第 18 条规定，执法人员出示执法证件，制作现场笔录就可以实施行政强制措施。可见在法律中并没有强制要求执法人员

大咖点拨区

扫码听课

大咖点拨区

必须佩戴执法记录仪并全程录像。

D选项当选。根据《行政强制法》第26条第2、3款规定："对查封的场所、设施或者财物，行政机关可以委托第三人保管，第三人不得损毁或者擅自转移、处置。因第三人的原因造成的损失，行政机关先行赔付后，有权向第三人追偿。因查封、扣押发生的保管费用由行政机关承担。"可见在本案中，市场监督管理局扣押鸡肉后，可以委托第三人保管这批财物。

综上，本题的正确答案为D。

（2017/2/48）4. 某市质监局发现王某开设的超市销售伪劣商品，遂依据《产品质量法》对发现的伪劣商品实施扣押。关于扣押的实施，下列哪一说法是错误的？

A. 因扣押发生的保管费用由王某承担

B. 应制作现场笔录

C. 应制作并当场交付扣押决定书和扣押清单

D. 不得扣押与违法行为无关的财物

【考点】行政强制措施的实施程序

【黄文涛解析】A选项当选。《行政强制法》第26条第3款规定："因查封、扣押发生的保管费用由行政机关承担。"可见行政强制措施实施过程中的扣押保管费用应该由行政机关承担，而非当事人承担。

B选项不当选。《行政强制法》第18条规定："行政机关实施行政强制措施应当遵守下列规定：……（七）制作现场笔录。"扣押行政强制措施的一种，也必须制作现场笔录。

C选项不当选。《行政强制法》第24条第1款规定："行政机关决定实施查封、扣押的，应当履行本法第十八条规定的程序，制作并当场交付查封、扣押决定书和清单。"可见在扣押时应当制作并当场交付扣押决定书和扣押清单。

D选项不当选。《行政强制法》第23条第1款规定："查封、扣押限于涉案的场所、设施或者财物，不得查封、扣押与违法行为无关的场所、设施或者财物；不得查封、扣押公民个人及其所扶养家属的生活必需品。"可见行政机关在扣押时不得扣押与违法行为无关的财产。

综上，本题的正确答案为A。

（2017/2/80）5. 下列哪些规范无权设定行政强制执行？

A. 法律　　　　　B. 行政法规　　　C. 地方性法规　　D. 部门规章

【考点】行政强制执行的设定权限

【黄文涛解析】A选项不当选、B选项当选、C选项当选、D选项当选。《行政强制法》第13条第1款规定："行政强制执行由法律设定。"可见只有法律有权设定行政强制执行，其他法律文件都无权设定行政强制执行。

综上，本题的正确答案为BCD。

（2017/2/81）6. 林某在河道内修建了"农家乐"休闲旅社，在紧急防汛期，防汛指挥机构认为需要立即清除该建筑物，林某无法清除。对此，下列哪些说法是正确的？

A. 防汛指挥机构可决定立即实施代履行

B. 如林某提起行政诉讼，防汛指挥机构应暂停强制清除

扫码听课

扫码听课

扫码听课

C. 在法定节假日，防汛指挥机构也可强制清除

D. 防汛指挥机构可与林某签订执行协议约定分阶段清除

【考点】代履行的实施程序

【黄文涛解析】A 选项当选。《行政强制法》第 52 条规定："需要立即清除道路、河道、航道或者公共场所的遗洒物、障碍物或者污染物，当事人不能清除的，行政机关可以决定立即实施代履行；当事人不在场的，行政机关应当在事后立即通知当事人，并依法作出处理。"可见在紧急情况下，行政机关可以决定立即实施代履行，本题案例中符合这一条件，所以防汛指挥机构可决定立即实施代履行。

B 选项不当选。《行政强制法》第 52 条这一法条的规定实质上是授予了行政机关在紧急情况下的行政强制执行权，所以在紧急情况下防汛指挥机构依法拥有了行政强制执行权。我在上课时曾总结过具体行政行为强制执行的一个基本规律：有强制执行权的行政机关在诉讼中原则上是不停止执行；无强制执行权的行政机关在诉讼中原则上是要停止执行。因此防汛指挥机构在紧急情况下依据《行政强制法》第 52 条的授权拥有了行政强制执行权，此时即使当事人提起行政诉讼，在诉讼期间也是不停止执行拆除行为。考生可以关注我的新浪微博（@黄文涛的行政法）或到百度网盘（链接：http：//pan.baidu.com/s/1c1P0P7i 密码：5dff）免费下载系统强化阶段讲义和音频，查看和收听其中"具体行政行为 1：基础考点"章节，其中有对行政诉讼过程中具体行政行为是否停止执行问题的详细解说。

C 选项当选。《行政强制法》第 43 条第 1 款规定："行政机关不得在夜间或者法定节假日实施行政强制执行。但是，情况紧急的除外。"可见虽然通常情况下行政机关不得在法定节假日强制执行，但是紧急情况下是除外的。

D 选项不当选。虽然《行政强制法》第 42 条第 1 款规定："实施行政强制执行，行政机关可以在不损害公共利益和他人合法权益的情况下，与当事人达成执行协议。执行协议可以约定分阶段履行；当事人采取补救措施的，可以减免加处的罚款或者滞纳金。"但是这一规定是在通常情况下所适用，在紧急情况下不能适用。有人认为 D 选项当选，因为法律规定可以分阶段履行。但是要注意，本题中已经明确规定了"防汛指挥机构认为需要立即清除该建筑物"，可见此时情况十分紧急，是来不及达成协议的。

综上，本题的正确答案为 AC。

(2016/2/46) 7. 下列哪一行政行为不属于行政强制措施？

A. 审计局封存转移会计凭证的被审计单位的有关资料

B. 公安交通执法大队暂扣酒后驾车的贾某机动车驾驶证 6 个月

C. 税务局扣押某企业价值相当于应纳税款的商品

D. 公安机关对醉酒的王某采取约束性措施至酒醒

【考点】行政强制措施的判断

【黄文涛解析】《行政强制法》第 2 条第 2 款规定："行政强制措施，是指行政机关在行政管理过程中，为制止违法行为、防止证据损毁、避免危害发生、控制危险扩大等情形，依法对公民的人身自由实施暂时性限制，或者对公民、法人或者其他组织的财物实施暂时性控制的行为。"可见行政强制措施最显著的特征

在于它是对人身与财产的暂时性限制，而非最终处分。其行为的目的在于制止违法行为、防止证据损毁、避免危害发生、控制危险扩大等，而非对行政相对人的惩戒。由此：

A 选项不当选。审计局封存有关资料的行为属于对被审计单位财产的暂时扣押，目的是为了防止该单位隐藏或销毁相关的材料，属于行政强制措施行为。

B 选项当选。虽然在行政强制措施的种类中有"扣押"行为，但是本案例中公安交通执法大队暂扣驾驶证的行为属于对贾某的惩戒，其目的在于威慑贾某及相关其他主体不再实施违法行为，因此属于行政处罚，而非行政强制措施。

C 选项不当选。税务局的扣押行为属于对企业财产的暂时性限制，属于行政强制措施。

D 选项不当选。公安机关对王某的约束行为属于对其人身自由的暂时性强制，属于限制人身自由的行政强制措施。

综上，本题的正确答案为 B。

(2016/2/82) 8. 某工商局因陈某擅自设立互联网上网服务营业场所扣押其从事违法经营活动的电脑 15 台，后作出没收被扣电脑的决定。下列哪些说法是正确的？

A. 工商局应制作并当场交付扣押决定书和扣押清单

B. 因扣押电脑数量较多，作出扣押决定前工商局应告知陈某享有要求听证的权利

C. 对扣押的电脑，工商局不得使用

D. 因扣押行为系过程性行政行为，陈某不能单独对扣押行为提起行政诉讼

【考点】行政强制措施的程序

【黄文涛解析】A 选项当选。《行政强制法》第 24 条第 1 款规定："行政机关决定实施查封、扣押的，应当履行本法第十八条规定的程序，制作并当场交付查封、扣押决定书和清单。"

B 选项不当选。《行政强制法》中并没有关于听证程序的规定。

C 选项当选。《行政强制法》第 26 条第 1 款规定："对查封、扣押的场所、设施或者财物，行政机关应当妥善保管，不得使用或者损毁；造成损失的，应当承担赔偿责任。"可见对于被扣押的物品，行政机关不得使用。

D 选项不当选。扣押行为属于行政强制措施，行政强制措施属于具体行政行为，陈某可以单独对扣押的行政强制措施提起行政诉讼。

综上，本题的正确答案为 AC。

(2015/2/49) 9. 在行政强制执行过程中，行政机关依法与甲达成执行协议。事后，甲应当履行协议而不履行，行政机关可采取下列哪一措施？

A. 申请法院强制执行   B. 恢复强制执行

C. 以甲为被告提起民事诉讼   D. 以甲为被告提起行政诉讼

【考点】行政强制执行协议

【黄文涛解析】A 选项、C 选项、D 选项不当选，B 选项当选。《行政强制法》第 42 条第 2 款规定："执行协议应当履行。当事人不履行执行协议的，行政机关应当恢复强制执行。"

综上，本题的正确答案为 B。

（2015/2/77） 10. 对下列哪些拟作出的决定，行政机关应告知当事人有权要求听证？

A. 税务局扣押不缴纳税款的某企业价值 200 万元的商品

B. 交通局吊销某运输公司的道路运输经营许可证

C. 规划局发放的建设用地规划许可证，直接涉及申请人与附近居民之间的重大利益关系

D. 公安局处以张某行政拘留 10 天的处罚

【考点】 行政听证程序

【黄文涛解析】 A 选项不当选。《行政强制法》中并没有规定行政强制措施实施之前需要告知当事人听证的权利，"扣押"属于典型的行政强制措施，故不需要告知当事人听证权利。

B 选项当选。《行政处罚法》第 63 条第 1 款规定："行政机关拟作出下列行政处罚决定，应当告知当事人有要求听证的权利，当事人要求听证的，行政机关应当组织听证：（一）较大数额罚款；（二）没收较大数额违法所得、没收较大价值非法财物；（三）降低资质等级、吊销许可证件；（四）责令停产停业、责令关闭、限制从业；（五）其他较重的行政处罚；（六）法律、法规、规章规定的其他情形。"因此交通局吊销道路运输经营许可证应当告知当事人听证的权利。"

C 选项当选。《行政许可法》第 47 条第 1 款规定："行政许可直接涉及申请人与他人之间重大利益关系的，行政机关在作出行政许可决定前，应当告知申请人、利害关系人享有要求听证的权利；申请人、利害关系人在被告知听证权利之日起五日内提出听证申请的，行政机关应当在二十日内组织听证。"因此规划局发放的建设用地规划许可证如果直接涉及申请人与附近居民之间的重大利益关系，应当告知当事人听证权利。

D 选项不当选。目前《行政处罚法》和《治安管理处罚法》都没有规定行政拘留决定作出之前需要告知被拘留人听证的权利。

综上，本题的正确答案为 BC。

（2015/2/78） 11. 某公安交管局交通大队民警发现王某驾驶的电动三轮车未悬挂号牌，遂作出扣押的强制措施。关于扣押应遵守的程序，下列哪些说法是正确的？

A. 由两名以上交通大队行政执法人员实施扣押

B. 当场告知王某扣押的理由和依据

C. 当场向王某交付扣押决定书

D. 将三轮车及其车上的物品一并扣押，当场交付扣押清单

【考点】 行政强制措施的程序

【黄文涛解析】 A 选项当选，B 选项当选。《行政强制法》第 18 条规定："行政机关实施行政强制措施应当遵守下列规定：……（二）由两名以上行政执法人员实施；……（五）当场告知当事人采取行政强制措施的理由、依据以及当事人依法享有的权利、救济途径；"故 A、B 选项当选。

C 选项当选。《行政强制法》第 24 条第 1 款规定："行政机关决定实施查封、扣押的，应当履行本法第十八条规定的程序，制作并当场交付查封、扣押决定书和清单。"故 C 选项当选。

D 选项不当选。《行政强制法》第 23 条第 1 款规定："查封、扣押限于涉案的场所、设施或者财物，不得查封、扣押与违法行为无关的场所、设施或者财物；"D 选项中车上的物品是与违法行为无关的物品，不能扣押，故 D 选项不当选。

综上，本题的正确答案为 ABC。

九、政府信息公开

（2020 回忆版）1. 乙镇政府向甲县政府递交《乙镇政府关于李家村旧村改造有关问题请示》，村民李某以邮政快递方式向乙镇政府申请公开该请示。乙镇政府以该信息为过程性信息为由拒绝公开，李某申请行政复议。下列说法是正确的？

A. 李某申请信息公开时应说明该请示的公开与自身生产、生活之间的利害关系

B. 乙镇政府收到李某申请的时间以乙镇政府与李某双方确认之日为准

C. 乙镇政府拒绝公开理由合法

D. 李某申请行政复议的期限为 60 日

【考点】 政府信息公开的范围；依申请公开的程序；行政复议的申请期限

【黄文涛解析】 A 选项不当选。《政府信息公开条例》2019 年修订后已经不再要求申请人申请的政府信息与自身生产、生活、科研需要相关。

B 选项不当选。《政府信息公开条例》第 31 条规定："行政机关收到政府信息公开申请的时间，按照下列规定确定：……（二）申请人以邮寄方式提交政府信息公开申请的，以行政机关签收之日为收到申请之日；以平常信函等无需签收的邮寄方式提交政府信息公开申请的，政府信息公开工作机构应当于收到申请的当日与申请人确认，确认之日为收到申请之日；"可见以邮寄方式申请信息公开的，以行政机关签收之日起作为收到申请之日。

C 选项当选。《政府信息公开条例》第 16 条第 2 款规定："行政机关在履行行政管理职能过程中形成的讨论记录、过程稿、磋商信函、请示报告等过程性信息以及行政执法案卷信息，可以不予公开。法律、法规、规章规定上述信息应当公开的，从其规定。"可见《乙镇政府关于李家村旧村改造有关问题请示》属于下级机关向上级机关提出的请示报告，行政机关依法可以不予公开。

D 选项当选。《行政复议法》第 9 条规定："公民、法人或者其他组织认为具体行政行为侵犯其合法权益的，可以自知道该具体行政行为之日起六十日内提出行政复议申请；但是法律规定的申请期限超过六十日的除外。"可见行政复议的一般申请期限为 60 日，李某在本案中的复议申请期限也是 60 日。

综上，本题的正确答案为 CD。

（2020 回忆版）2. 某公司附近居民沈某认为该公司超标排放污水，向区生态环境局申请公开该公司的环境影响评价报告，该局向公司征求意见，公司以涉及商业秘密为由不同意公开，该局遂以公司不同意公开为由作出拒绝公开答复，下列说法正确的是？

A. 如果沈某通过互联网渠道提交申请，以其提交之日为生态环境局收到申请的时间

B. 对生态环境局征求意见，公司如果逾期未提出意见的，视为同意公开

C. 沈某如果对生态环境局的答复不服，应经行政复议后，向法院起诉

D. 生态环境局有权以公共利益的需要为由公开相关信息

【考点】 政府信息公开的程序；政府信息公开的范围

【黄文涛解析】 A选项不当选。《政府信息公开条例》第31条规定："行政机关收到政府信息公开申请的时间，按照下列规定确定：……（三）申请人通过互联网渠道或者政府信息公开工作机构的传真提交政府信息公开申请的，以双方确认之日为收到申请之日。"可见如果申请人通过互联网提交申请，应以双方确认之日作为收到申请之日，而非提交之日。

B选项不当选。《政府信息公开条例》第32条规定："依申请公开的政府信息公开会损害第三方合法权益的，行政机关应当书面征求第三方的意见。第三方应当自收到征求意见书之日起15个工作日内提出意见。第三方逾期未提出意见的，由行政机关依照本条例的规定决定是否公开。第三方不同意公开且有合理理由的，行政机关不予公开。行政机关认为不公开可能对公共利益造成重大影响的，可以决定予以公开，并将决定公开的政府信息内容和理由书面告知第三方。"可见如果第三方逾期未提出意见的，应由行政机关依法决定是否公开，而非视为第三方同意公开。

C选项不当选。《政府信息公开条例》第51条规定："公民、法人或者其他组织认为行政机关在政府信息公开工作中侵犯其合法权益的，可以向上一级行政机关或者政府信息公开工作主管部门投诉、举报，也可以依法申请行政复议或者提起行政诉讼。"可见沈某如果对行政机关的答复不服，可以申请复议，也可以直接提起诉讼，并不属于复议前置的情形。

D选项当选。正如上述B选项的分析，第三方不同意公开但行政机关认为不公开可能对公共利益造成重大影响时，有权决定公开政府信息。

综上，本题的正确答案为D。

（2020 回忆版）3. 6月1日，李某通过省政府公众网络系统向省交通运输厅递交了政府信息公开申请，申请获取客运里程数等政府信息。政府公众网络系统予以确认，并通过短信通知李某确认该政府信息公开申请提交成功。由于省政府政务公众网络系统与省交通运输厅内部办公网物理隔离，需通过网闸以数据"摆渡"方式接入省交通运输厅内部办公网办理。7月28日，省交通运输厅工作人员发现李某提交的政府信息公开申请并作出受理记录。8月4日，省交通运输厅向李某送达《政府信息公开答复》。李某认为省交通运输厅《政府信息公开答复》违法，向法院提起行政诉讼。下列说法正确的是？

A. 省交通运输厅收到政府信息公开申请之日为6月1日

B. 省交通运输厅收到政府信息公开申请之日为7月28日

C. 省交通运输厅未在法定期限对李某申请作出答复

D. 法院应判决确认省交通运输厅《政府信息公开答复》违法

【考点】 政府信息公开的答复期限

【黄文涛解析】 A选项当选、B选项不当选。根据最高人民法院指导案例26号裁判要点的规定："公民、法人或者其他组织通过政府公众网络系统向行政机关提交政府信息公开申请的，如该网络系统未作例外说明，则系统确认申请提交成功的日期应当视为行政机关收到政府信息公开申请之日。行政机关对于该申请

大咖点拨区

扫码听课

的内部处理流程，不能成为行政机关延期处理的理由，逾期作出答复的，应当确认为违法。"本题中，李某6月1日通过互联网提交的政府信息公开申请，已经得到了政府公众网络系统的确认，并得到短信的通知。所以应该以这一天作为行政机关收到政府信息公开申请的日子。

C选项当选。《政府信息公开条例》第33条第2款规定："行政机关不能当场答复的，应当自收到申请之日起20个工作日内予以答复；需要延长答复期限的，应当经政府信息公开工作机构负责人同意并告知申请人，延长的期限最长不得超过20个工作日。"正如以上分析所显示的，省交通运输厅应是在6月1日收到申请，之后最长应在40个工作日内作出答复，但是它却是在8月4日作出答复，已经超出了法定的答复期限。

D选项当选。《行政诉讼法》第74条第2款第1项规定："行政行为有下列情形之一，不需要撤销或者判决履行的，人民法院判决确认违法：（一）行政行为违法，但不具有可撤销内容的；……"本题中，省交通运输厅违法超期作出了答复，但这一行为不具有可撤销的内容，所以法院应作出确认违法判决。

综上，本题的正确答案是ACD。

（2019 回忆版） 4. 甲向一个镇政府66次申请公开该镇农田水利工程信息，镇政府依法予以公开。后甲再次向镇政府申请公开本镇所有领导参与农田水利工程的信息，镇政府认为甲申请公开信息的数量与频次已经明显超过合理范围。下列关于镇政府的做法表述正确的是？

A. 镇政府在甲申请时有权要求其说明理由
B. 镇政府有权要求甲承担信息处理费用
C. 镇政府应不予公开，因为甲不符合申请人条件
D. 镇政府应不予处理，因为甲重复申请公开相同信息

【考点】 政府信息公开

【黄文涛解析】 A选项当选。《政府信息公开条例》第35条规定："申请人申请公开政府信息的数量、频次明显超过合理范围，行政机关可以要求申请人说明理由。行政机关认为申请理由不合理的，告知申请人不予处理；行政机关认为申请理由合理，但是无法在本条例第三十三条规定的期限内答复申请人的，可以确定延迟答复的合理期限并告知申请人。"可见在行政机关认为申请人申请的信息数量与频次超过合理范围时，有权要求申请人说明理由。

B选项当选。《政府信息公开条例》第42条规定："行政机关依申请提供政府信息，不收取费用。但是，申请人申请公开政府信息的数量、频次明显超过合理范围的，行政机关可以收取信息处理费。"可见在行政机关认为申请人申请的信息数量与频次超过合理范围时，有权要求申请人支付信息处理费用。

C选项不当选。《政府信息公开条例》第27条规定："除行政机关主动公开的政府信息外，公民、法人或者其他组织可以向地方各级人民政府、对外以自己名义履行行政管理职能的县级以上人民政府部门（含本条例第十条第二款规定的派出机构、内设机构）申请获取相关政府信息。"可见我国的《政府信息公开条例》中并没有对申请人的资格作出限制，甲符合申请人的条件。

D选项不当选。甲申请的选项并非相同信息，因为其之前申请的是"该镇农田水利工程信息"，之后申请的是"本镇所有领导参与农田水利工程的信息"，两

种信息并非重合。

综上，本题的正确答案为 AB。

（2017/2/97）5. 某环保联合会对某公司提起环境民事公益诉讼，因在诉讼中需要该公司的相关环保资料，遂向县环保局提出申请公开该公司的排污许可证、排污口数量和位置等有关环境信息。申请书中载明了单位名称、住所地、联系人及电话并加盖了公章、获取信息的方式等。县环保局收到申请后，要求环保联合会提供申请人身份的证明材料。环保联合会提供了社会团体登记证复印件。县环保局以申请公开的内容不明确为由拒绝公开，该环保联合会遂提起行政诉讼。关于本案的信息公开申请及其处理，下列说法正确的是？

A. 环保联合会可采用数据电文形式提出信息公开

B. 环保联合会不具有提出此信息公开申请的资格

C. 县环保局有权要求环保联合会提供申请人身份的证明材料

D. 县环保局认为申请内容不明确的，应告知环保联合会作出更改、补充

【考点】 政府信息公开的程序

【黄文涛解析】 A 选项当选。依据 2019 年修订生效的《政府信息公开条例》第 29 条第 1 款规定："公民、法人或者其他组织申请获取政府信息的，应当向行政机关的政府信息公开工作机构提出，并采用包括信件、数据电文在内的书面形式；采用书面形式确有困难的，申请人可以口头提出，由受理该申请的政府信息公开工作机构代为填写政府信息公开申请。"可见政府信息公开的申请人可以采用数据电文形式申请信息公开。

B 选项不当选。《政府信息公开条例》第 27 条规定："除行政机关主动公开的政府信息外，公民、法人或者其他组织可以向地方各级人民政府、对外以自己名义履行行政管理职能的县级以上人民政府部门（含本条例第十条第二款规定的派出机构、内设机构）申请获取相关政府信息。"可见，依据 2019 年修订的《政府信息公开条例》的规定，公民、法人或其他组织有权向行政机关申请公开其所掌握的政府信息，已经不再需要受到"三需要"的限制，因此本题案例中环保联合会符合申请人的条件。

C 选项当选。《政府信息公开条例》第 29 条第 2 款规定："政府信息公开申请应当包括下列内容：（一）申请人的姓名或者名称、身份证明、联系方式；……"可见依据修订后的《政府信息公开条例》，申请政府信息公开时应当提供申请人的身份证明，这与之前的规定不一致，所以本题 C 当选（原先的答案是不当选）。

D 选项当选。《政府信息公开条例》第 30 条规定："政府信息公开申请内容不明确的，行政机关应当给予指导和释明，并自收到申请之日起 7 个工作日内一次性告知申请人作出补正，说明需要补正的事项和合理的补正期限。答复期限自行政机关收到补正的申请之日起计算。申请人无正当理由逾期不补正的，视为放弃申请，行政机关不再处理该政府信息公开申请。"可见县环保局认为申请内容不明确的，应告知环保联合会作出更改、补充。

综上，本题的正确答案为 ACD。

（2016/2/47）6. 甲公司与乙公司发生纠纷向工商局申请公开乙公司的工商登记信息。该局公开了乙公司的名称、注册号、住所、法定代表人等基本信息，但对经营范围、从业人数、注册资本等信息拒绝公开。甲公司向法院起诉，法院受

大咖点拨区

扫码听课

扫码听课

理。关于此事，下列哪一说法是正确的？

A. 甲公司应先向工商局的上一级工商局申请复议，对复议决定不服再向法院起诉

B. 工商局应当对拒绝公开的依据以及履行法定告知和说明理由义务的情况举证

C. 本案审理不适用简易程序

D. 因相关信息不属政府信息，拒绝公开合法

【考点】复议与诉讼的衔接；政府信息公开诉讼的举证责任；行政诉讼简易程序；政府信息公开的范围

【黄文涛解析】A选项不当选。本案不属于复议前置的情形，在法律职业资格考试中，复议前置的情形一般只会考查纳税争议的复议前置和涉及自然资源权属争议的复议前置两种情形。

B选项当选。《最高人民法院关于审理政府信息公开行政案件若干问题的规定》第5条第1款规定："被告拒绝向原告提供政府信息的，应当对拒绝的根据以及履行法定告知和说明理由义务的情况举证。"本案属于典型的被告拒绝向原告公开政府信息的行政诉讼案件，因此被告应当履行相应的举证责任。

C选项不当选。《行政诉讼法》第82条第1款规定："人民法院审理下列第一审行政案件，认为事实清楚、权利义务关系明确、争议不大的，可以适用简易程序：（一）被诉行政行为是依法当场作出的；（二）案件涉及款额二千元以下的；（三）属于政府信息公开案件的。"可见对于政府信息公开案件，只要法院认为事实清楚、权利义务关系明确、争议不大的，就可以适用简易程序。

D选项不当选。2019年修订生效的《政府信息公开条例》第2条规定："本条例所称政府信息，是指行政机关在履行行政管理职能过程中制作或者获取的，以一定形式记录、保存的信息。"可见工商局保存的关于乙公司的经营范围、从业人数、注册资本等信息属于政府信息。

综上，本题的正确答案为B。

扫码听课

（2015/2/50）7. 某环保公益组织以一企业造成环境污染为由提起环境公益诉讼，后因诉讼需要，向县环保局申请公开该企业的环境影响评价报告、排污许可证信息。环保局以该组织无申请资格和该企业在该县有若干个基地，申请内容不明确为由拒绝公开。下列哪一说法是正确的？

A. 该组织提出申请时应出示其负责人的有效身份证明

B. 该组织的申请符合根据自身生产、生活、科研等特殊需要要求，环保局认为其无申请资格不成立

C. 对该组织的申请内容是否明确，环保局的认定和处理是正确的

D. 该组织所申请信息属于依法不应当公开的信息

【考点】政府信息公开的程序、范围

【黄文涛解析】A选项不当选。2019年修订生效的《政府信息公开条例》第29条第2款规定："政府信息公开申请应当包括下列内容：（一）申请人的姓名或者名称、身份证明、联系方式；……"可见依据修订后的《政府信息公开条例》，申请政府信息公开时应当提供申请人的身份证明，这与之前的规定不一致。不过，本题中的申请人是环保公益组织，所以申请时提供的应该是该组织的身份证

明，而非组织负责人的身份证明。

B选项当选。《政府信息公开条例》第27条规定："除行政机关主动公开的政府信息外，公民、法人或者其他组织可以向地方各级人民政府、对外以自己名义履行行政管理职能的县级以上人民政府部门（含本条例第十条第二款规定的派出机构、内设机构）申请获取相关政府信息。"可见依据2019年修订的《条例》，申请人申请政府信息公开已经不需要受到"三需要"的限制，无论其申请的信息是否符合自身"三需要"的范畴，环保公益组织应该具有申请人资格。

C选项不当选。《政府信息公开条例》第30条规定："政府信息公开申请内容不明确的，行政机关应当给予指导和释明，并自收到申请之日起7个工作日内一次性告知申请人作出补正，说明需要补正的事项和合理的补正期限。答复期限自行政机关收到补正的申请之日起计算。申请人无正当理由逾期不补正的，视为放弃申请，行政机关不再处理该政府信息公开申请。"可见即使环保局认为申请的内容不明确，也不能拒绝公开，而应该进行指导和释明，要求环保公益组织补充相应的申请信息。

D选项不当选。《政府信息公开条例》第13条第1款规定："除本条例第十四条、第十五条、第十六条规定的政府信息外，政府信息应当公开。"第14条规定："依法确定为国家秘密的政府信息，法律、行政法规禁止公开的政府信息，以及公开后可能危及国家安全、公共安全、经济安全、社会稳定的政府信息，不予公开。"第15条规定："涉及商业秘密、个人隐私等公开会对第三方合法权益造成损害的政府信息，行政机关不得公开。但是，第三方同意公开或者行政机关认为不公开会对公共利益造成重大影响的，予以公开。"第16条规定："行政机关的内部事务信息，包括人事管理、后勤管理、内部工作流程等方面的信息，可以不予公开。行政机关在履行行政管理职能过程中形成的讨论记录、过程稿、磋商信函、请示报告等过程性信息以及行政执法案卷信息，可以不予公开。法律、法规、规章规定上述信息应当公开的，从其规定。"本题中申请公开的信息是企业的环境影响评价报告、排污许可证信息，这些信息不涉及上述政府信息公开的例外情形，因此属于应当公开的信息。

综上，本题的正确答案为B。

（2015/2/79）8. 沈某向住建委申请公开一企业向该委提交的某危改项目纳入危改范围的意见和申报材料。该委以信息中有企业联系人联系电话和地址等个人隐私为由拒绝公开，沈某起诉，法院受理。下列哪些说法是正确的？

A. 在作出拒绝公开决定前，住建委无需书面征求企业联系人是否同意公开的意见

B. 本案的起诉期限为6个月

C. 住建委应对拒绝公开的根据及履行法定告知和说明理由义务的情况举证

D. 住建委拒绝公开答复合法

【考点】政府信息公开程序；行政诉讼起诉期限；政府信息公开诉讼举证责任

【黄文涛解析】A选项不当选。2019年修订生效的《政府信息公开条例》第32条规定："依申请公开的政府信息公开会损害第三方合法权益的，行政机关应当书面征求第三方的意见。第三方应当自收到征求意见书之日起15个工作日内提

扫码听课

大咖点拨区

出意见。第三方逾期未提出意见的，由行政机关依照本条例的规定决定是否公开。第三方不同意公开且有合理理由的，行政机关不予公开。行政机关认为不公开可能对公共利益造成重大影响的，可以决定予以公开，并将决定公开的政府信息内容和理由书面告知第三方。"可见住建委在作出决定前应当征求企业联系人的意见。

B选项当选。《行政诉讼法》第46条第1款规定："公民、法人或者其他组织直接向人民法院提起诉讼的，应当自知道或者应当知道作出行政行为之日起六个月内提出。法律另有规定的除外。"

C选项当选。《最高人民法院关于审理政府信息公开行政案件若干问题的规定》第5条第1款规定："被告拒绝向原告提供政府信息的，应当对拒绝的根据以及履行法定告知和说明理由义务的情况举证。"

D选项不当选。《政府信息公开条例》第37条规定："申请公开的信息中含有不应当公开或者不属于政府信息的内容，但是能够作区分处理的，行政机关应当向申请人提供可以公开的政府信息内容，并对不予公开的内容说明理由。"沈某向住建委申请公开的是该企业向该委提交的某危改项目纳入危改范围的意见和申报材料，其中涉及个人隐私的企业联系人联系电话和地址完全可以与申请公开的信息本身区分，因此住建委应当公开该信息，只需要将企业联系人联系电话和地址隐去即可。

综上，本题的正确答案为BC。

十、行政复议

（2020回忆版） 1. 某地银保监局以某银行金融机构未按照规定提供报表、报告等资料，依据《银行业监督管理法》对其处以20万元罚款。该机构不服申请行政复议，下列说法正确的是？

A. 如果复议期间银保监局将罚款数额改为10万元，行政复议中止

B. 如果该机构不缴纳罚款，银保监局可以通知其开户银行从其存款中扣缴

C. 如果该机构与银保监局在复议决定作出前自愿达成和解协议，行政复议终止

D. 该机构申请行政复议期限为6个月

【考点】 行政复议的程序；行政强制执行的主体；行政复议中的和解；行政复议的申请期限

【黄文涛解析】 A选项不当选。《行政复议法实施条例》第39条规定："行政复议期间被申请人改变原具体行政行为的，不影响行政复议案件的审理。但是，申请人依法撤回行政复议申请的除外。"可见如果复议期间银保监局改变行政行为的，不影响行政复议案件的审理。

B选项不当选。《行政强制法》第13条规定："行政强制执行由法律设定。法律没有规定行政机关强制执行的，作出行政决定的行政机关应当申请人民法院强制执行。"可见只有法律授权的行政机关才能自己实施强制执行行为，通知银行扣缴存款属于强制执行行为，银保监局没有法律授予的行政强制执行权，所以只能申请法院强制执行，而不能自己通知银行强制扣缴。

C选项当选。《行政复议法实施条例》第42条规定："行政复议期间有下列

情形之一的，行政复议终止：……（四）申请人与被申请人依照本条例第四十条的规定，经行政复议机构准许达成和解的；"同一《条例》第40条规定："公民、法人或者其他组织对行政机关行使法律、法规规定的自由裁量权作出的具体行政行为不服申请行政复议，申请人与被申请人在行政复议决定作出前自愿达成和解的，应当向行政复议机构提交书面和解协议；和解内容不损害社会公共利益和他人合法权益的，行政复议机构应当准许。"可见申请人与被申请人在复议期间自愿达成和解协议属于复议终止的情形。

D选项不当选。《行政复议法》第9条第1款规定："公民、法人或者其他组织认为具体行政行为侵犯其合法权益的，可以自知道该具体行政行为之日起六十日内提出行政复议申请；但是法律规定的申请期限超过六十日的除外。"可见该机构申请行政复议的期限为60日，而不是6个月。

综上，本题的正确答案为C。

（2020 回忆版） 2. 某省甲市乙县工商局以某企业构成不正当竞争为由，决定予以罚款2万元。某企业不服，申请行政复议。有关本案复议机关，下列选项错误的是？

A. 复议机关可以为乙县政府

B. 复议机关可以为甲市工商局

C. 复议机关只能是甲市工商局

D. 如果工商局是国务院批准实行省以下垂直领导的部门，而某省政府对工商部门作出的具体行政行为申请复议的复议机关作出了规定，则依此规定办理

【考点】 行政复议机关的确定

【黄文涛解析】 A选项、B选项不当选，C选项当选。《行政复议法》第12条第1款规定："对县级以上地方各级人民政府工作部门的具体行政行为不服的，由申请人选择，可以向该部门的本级人民政府申请行政复议，也可以向上一级主管部门申请行政复议。"乙县工商局是县政府的工作部门，它的复议机关可以是同级政府——乙县政府，也可以是上一级主管部门——甲市工商局。

D选项不当选。《行政复议法实施条例》第24条规定："申请人对经国务院批准实行省以下垂直领导的部门作出的具体行政行为不服的，可以选择向该部门的本级人民政府或者上一级主管部门申请行政复议；省、自治区、直辖市另有规定的，依照省、自治区、直辖市的规定办理。"可见对于实行省以下垂直领导的政府工作部门，如果省政府另有规定的，从其规定。

综上，本题的正确答案是C。

（2020 回忆版） 3. 方某因与陈某发生冲突，用砖头砸向陈某儿子（9周岁）脚部致其受伤。经法医鉴定构成轻微伤。县公安局决定对方某处以行政拘留10日，方某请求行政复议，以下选项错误的是？

A. 因未成年人受到伤害，对方某应从重处罚

B. 因方某申请行政复议，应暂缓执行拘留决定

C. 方某可以向县政府申请行政复议

D. 陈某为复议第三人

【考点】 治安管理处罚的规则；暂缓拘留的条件；行政复议机关和第三人

【黄文涛解析】 A选项当选。《治安管理处罚法》第20条规定："违反治安管

大咖点拨区

理有下列情形之一的，从重处罚：（一）有较严重后果的；（二）教唆、胁迫、诱骗他人违反治安管理的；（三）对报案人、控告人、举报人、证人打击报复的；（四）六个月内曾受过治安管理处罚的。"可见受害人是未成年人并非法定应当从重处罚的情形。

B选项当选。《治安管理处罚法》第107条规定："被处罚人不服行政拘留处罚决定，申请行政复议、提起行政诉讼的，可以向公安机关提出暂缓执行行政拘留的申请。公安机关认为暂缓执行行政拘留不致发生社会危险的，由被处罚人或者其近亲属提出符合本法第一百零八条规定条件的担保人，或者按每日行政拘留二百元的标准交纳保证金，行政拘留的处罚决定暂缓执行。"可见暂缓执行行政拘留需要满足4个条件（申请复议或诉讼、申请暂缓执行拘留、公安机关认为不会发生社会危险、提供担保人或保证金），仅被处罚人申请复议尚不足以暂缓执行拘留决定。

C选项不当选。《行政复议法》第12条第1款规定："对县级以上地方各级人民政府工作部门的具体行政行为不服的，由申请人选择，可以向该部门的本级人民政府申请行政复议，也可以向上一级主管部门申请行政复议。"县公安局就属于县政府的工作部门，当其作为复议被申请人时，复议机关可以是本级政府（县政府），也可以是上一级主管部门（市公安局）。

D选项不当选。《行政复议法》第10条第3款规定："同申请行政复议的具体行政行为有利害关系的其他公民、法人或者其他组织，可以作为第三人参加行政复议。"方某之所以被公安机关处罚，是因为在与陈某的争执过程中打伤了其儿子，陈某作为法定监护人与公安机关的处罚行为具有利害关系，因此可以作为复议第三人。

综上，本题的正确答案为AB。

（2019 回忆版）4. 甲公司生产过程中滥用市场支配地位，国家市场监管总局认为其违反了《反垄断法》的规定，便处以2.8亿元罚款。甲公司对该处罚决定不服申请复议。下列哪些说法是正确的？

A. 国家市场监管总局为本案复议机关

B. 复议机关审理后可决定变更原处罚行为

C. 国家市场监管总局和甲公司在作出复议决定前可以自愿达成和解协议

D. 这个复议案件中复议机关必须采取听证方式进行审查

【考点】 复议机关的确定、复议决定的类型、复议和解制度、复议的审理程序

扫码听课

【黄文涛解析】 A选项当选。《行政复议法》第14条规定："对国务院部门或者省、自治区、直辖市人民政府的具体行政行为不服的，向作出该具体行政行为的国务院部门或者省、自治区、直辖市人民政府申请行政复议。对行政复议决定不服的，可以向人民法院提起行政诉讼；也可以向国务院申请裁决，国务院依照本法的规定作出最终裁决。"国家市场监管总局属于国务院的直属机构，其复议机关就是自身。

B选项当选。《行政复议法》第28条规定："行政复议机关负责法制工作的机构应当对被申请人作出的具体行政行为进行审查，提出意见，经行政复议机关的负责人同意或者集体讨论通过后，按照下列规定作出行政复议决定：……

（三）具体行政行为有下列情形之一的，决定撤销、变更或者确认该具体行政行为违法；决定撤销或者确认该具体行政行为违法的，可以责令被申请人在一定期限内重新作出具体行政行为：……"可见复议机关在审理案件后有权作出变更原具体行政行为的复议决定。

C选项当选。《行政复议法实施条例》第40条规定："公民、法人或者其他组织对行政机关行使法律、法规规定的自由裁量权作出的具体行政行为不服申请行政复议，申请人与被申请人在行政复议决定作出前自愿达成和解的，应当向行政复议机构提交书面和解协议；和解内容不损害社会公共利益和他人合法权益的，行政复议机构应当准许。"可见在复议过程中，复议申请人与被申请人有权进行和解，本案中复议申请人甲公司和被申请人国家市场机关总局可以自愿达成和解协议。

D选项不当选。《行政复议法实施条例》第33条规定："行政复议机构认为必要时，可以实地调查核实证据；对重大、复杂的案件，申请人提出要求或者行政复议机构认为必要时，可以采取听证的方式审理。"可见在复议中，听证并非必须采取的审查方式。

综上，本题的正确答案为ABC。

（2019 回忆版）5. 甲在佳丽公司工作，某日甲下班驾车途中遭遇车祸当场死亡。佳丽公司便向当地市人社局申请认定工伤，但是市人社局以甲驾车时处于醉酒状态为由决定不予认定为工伤。甲的妻子乙不服市人社局所作决定，向市政府申请行政复议。关于本案，下列哪些说法是正确的？

A. 复议过程中佳丽公司有权委托代理人

B. 甲的妻子乙无权申请行政复议

C. 市人社局作出的工伤决定的性质为行政裁决

D. 如市人社局不予认定工伤的决定不合法，市政府可对此制作行政复议意见书

【考点】行政复议的程序

【黄文涛解析】A选项当选。佳丽公司在行政复议中属于第三人，《行政复议法》第10条第5款规定："申请人、第三人可以委托代理人代为参加行政复议。"可见行政复议第三人可以委托代理人参加复议。

B选项不当选。《行政复议法》第10条第2款规定："有权申请行政复议的公民死亡的，其近亲属可以申请行政复议。有权申请行政复议的公民为无民事行为能力人或者限制民事行为能力人的，其法定代理人可以代为申请行政复议。有权申请行政复议的法人或者其他组织终止的，承受其权利的法人或者其他组织可以申请行政复议。"本案中甲作为有权申请复议的公民死亡后，其近亲属乙依法有权申请行政复议。

C选项不当选。工伤决定是对既定法律事实的一种认定，属于行政确认行为。行政裁决是对平等主体之间民事纠纷的处理，工伤决定不符合其法律特征。

D选项当选。《行政复议法实施条例》第57条第1款规定："行政复议期间行政复议机关发现被申请人或者其他下级行政机关的相关行政行为违法或者需要做好善后工作的，可以制作行政复议意见书。有关机关应当自收到行政复议意见书之日起60日内将纠正相关行政违法行为或者做好善后工作的情况通报行政复议

大咖点拨区

扫码听课

机构。"本案中市政府作为复议机关,有权对被申请人市人社局作出行政复议意见书。

综上,本题的正确答案为 AD。

(2018 回忆版) 6. 甲市乙区卫生局以韩某未取得《医疗机构执业许可证》非法执业为由,对其作出没收违法所得、并处罚款 7000 元的处罚决定。韩某不服申请行政复议。下列哪一说法是正确的?

A. 韩某应当向市卫生局提出复议申请

B. 行政复议期间被申请人区卫生局不得改变被申请复议的行政行为

C. 如果韩某申请复议材料不齐全的,复议机构应自收到该行政复议申请之日起 5 日内书面通知韩某补正

D. 如果本案权利义务关系明确、争议不大的,则可以由 1 名行政复议人员进行案件的审理

【考点】 行政复议机关的确定;行政复议的程序

【黄文涛解析】 A 选项不当选。根据《行政复议法》第 12 条第 1 款规定:"对县级以上地方各级人民政府工作部门的具体行政行为不服的,由申请人选择,可以向该部门的本级人民政府申请行政复议,也可以向上一级主管部门申请行政复议。"本案中的被申请人是乙区卫生局,属于甲市政府的工作部门,所以复议申请人韩某可以向市卫生局或者乙区政府申请行政复议。

B 选项不当选。根据《行政复议法实施条例》第 39 条规定:"行政复议期间被申请人改变原具体行政行为的,不影响行政复议案件的审理。但是,申请人依法撤回行政复议申请的除外。"可见在我国行政复议中,允许被申请人改变自身的行政行为。

C 选项当选。根据《行政复议法实施条例》第 29 条规定:"行政复议申请材料不齐全或者表述不清楚的,行政复议机构可以自收到该行政复议申请之日起 5 日内书面通知申请人补正。补正通知应当载明需要补正的事项和合理的补正期限。无正当理由逾期不补正的,视为申请人放弃行政复议申请。补正申请材料所用时间不计入行政复议审理期限。"可见在行政复议的申请程序中,补正申请材料的期限是收到复议申请之日起 5 日内。

D 选项不当选。根据《行政复议法实施条例》第 32 条规定:"行政复议机构审理行政复议案件,应当由 2 名以上行政复议人员参加。"可见在行政复议中必须由 2 名以上的行政复议人员参加复议。

综上,本题的正确答案为 C。

(2018 回忆版) 7. 下列哪些情形下当事人需要先申请行政复议,才能提起行政诉讼?

A. 某企业对反垄断执法机构作出的禁止经营者集中的决定不服的

B. 江某对某省政府作出的行政行为不服的

C. 某县政府为孙某颁发采矿许可证,刘某认为该行为侵犯了自己享有的采矿权

D. 王某不服某市税务局要求其补缴 3000 元个人所得税决定的

【考点】 复议与诉讼的衔接关系

【黄文涛解析】 A 选项当选。根据《反垄断法》第 53 条规定,对反垄断执法

扫码听课

机构依据同法第 28 条（禁止经营者集中）、第 29 条（限制经营者集中）作出的决定不服的，可以先依法申请行政复议；对行政复议决定不服的，可以依法提起行政诉讼。对反垄断执法机构作出的其他决定不服的，可以依法申请行政复议或者提起行政诉讼。可见企业对反垄断执法机构作出的禁止和限制经营者集中的决定不服的，应当先申请复议，才提起行政诉讼。

B 选项不当选。根据《行政复议法》第 14 条规定："对国务院部门或者省、自治区、直辖市人民政府的具体行政行为不服的，向作出该具体行政行为的国务院部门或者省、自治区、直辖市人民政府申请行政复议。对行政复议决定不服的，可以向人民法院提起行政诉讼；也可以向国务院申请裁决，国务院依照本法的规定作出最终裁决。"可见我国行政复议中对省级政府作出的行政行为不服的，不需要行政复议前置就可以直接提起行政诉讼。

C 选项当选。根据《行政复议法》第 30 条第 1 款规定："公民、法人或者其他组织认为行政机关的具体行政行为侵犯其已经依法取得的土地、矿藏、水流、森林、山岭、草原、荒地、滩涂、海域等自然资源的所有权或者使用权的，应当先申请行政复议；对行政复议决定不服的，可以依法向人民法院提起行政诉讼。"可见当县政府为孙某颁发采矿许可证，刘某认为该行为已经侵犯了自己已有的采矿权时，应当先申请复议，再提起行政诉讼。

D 选项当选。根据《税收征收管理法》第 88 条第 1 款规定："纳税人、扣缴义务人、纳税担保人同税务机关在纳税上发生争议时，必须先依照税务机关的纳税决定缴纳或者解缴税款及滞纳金或者提供相应的担保，然后可以依法申请行政复议；对行政复议决定不服的，可以依法向人民法院起诉。"可见在税收行政执法中，对于是否需要补缴税款（纳税）产生争议的，需要先申请复议，再提起行政诉讼。

综上，本题的正确答案为 ACD。

（2017/2/83）8. 关于行政复议案件的审理和决定，下列哪些说法是正确的？

A. 行政复议期间涉及专门事项需要鉴定的，当事人可自行委托鉴定机构进行鉴定

B. 对重大、复杂的案件，被申请人提出采取听证方式审理的，行政复议机构应采取听证方式审理

C. 申请人在行政复议决定作出前自愿撤回行政复议申请的，经行政复议机构同意，可以撤回

D. 行政复议人员调查取证时应向当事人或者有关人员出示证件

【考点】 行政复议的程序

【黄文涛解析】 A 选项当选。《行政复议法实施条例》第 37 条规定："行政复议期间涉及专门事项需要鉴定的，当事人可以自行委托鉴定机构进行鉴定，也可以申请行政复议机构委托鉴定机构进行鉴定。鉴定费用由当事人承担。鉴定所用时间不计入行政复议审理期限。"可见，行政复议期间涉及专门事项需要鉴定的，当事人可自行委托鉴定机构进行鉴定。

B 选项不当选。《行政复议法实施条例》第 33 条规定："行政复议机构认为必要时，可以实地调查核实证据；对重大、复杂的案件，申请人提出要求或者行政复议机构认为必要时，可以采取听证的方式审理。"可见行政复议中的听证并

大咖点拨区

非必须举行，而是可以由行政复议机关依据具体情况决定是否举行。

C选项当选。《行政复议法实施条例》第38条第1款规定："申请人在行政复议决定作出前自愿撤回行政复议申请的，经行政复议机构同意，可以撤回。"可见C选项表述正确，当选。

D选项当选。《行政复议法实施条例》第34条第2款规定："调查取证时，行政复议人员不得少于2人，并应当向当事人或者有关人员出示证件。被调查单位和人员应当配合行政复议人员的工作，不得拒绝或者阻挠。"可见行政复议人员调查取证时依法应向当事人或者有关人员出示证件。

综上，本题的正确答案为ACD。

（2017/2/84）9. 县食药局认定某公司用超保质期的食品原料生产食品，根据《食品安全法》没收违法生产的食品和违法所得，并处5万元罚款。公司不服申请行政复议。下列哪些说法是正确的？

A. 公司可向市食药局申请行政复议，也可向县政府申请行政复议

B. 公司可委托1至2名代理人参加行政复议

C. 公司提出行政复议申请时错列被申请人的，行政复议机构应告知公司变更被申请人

D. 对县食药局的决定，申请行政复议是向法院起诉的必经前置程序

【考点】 行政复议机关的确定；行政复议的程序；复议与诉讼的衔接

【黄文涛解析】 A选项当选。《行政复议法》第12条第1款规定："对县级以上地方各级人民政府工作部门的具体行政行为不服的，由申请人选择，可以向该部门的本级人民政府申请行政复议，也可以向上一级主管部门申请行政复议。"可见当县食药局作为行政复议被申请人时，应当由它的同级政府或上一级主管部门作为复议机关，也就是县政府或市食药局可以作为复议机关。

B选项当选。《行政复议法实施条例》第10条规定："申请人、第三人可以委托1至2名代理人参加行政复议。……"可见B选项表述正确，当选。

C选项当选。《行政复议法实施条例》第22条规定："申请人提出行政复议申请时错列被申请人的，行政复议机构应当告知申请人变更被申请人。"可见C选项表述正确，当选。

D选项不当选。《食品安全法》中并没有规定对于食药局的处罚决定需要复议前置，故不当选。

综上，本题的正确答案为ABC。

（2016/2/48）10. 某区食品药品监管局以某公司生产经营超过保质期的食品违反《食品安全法》为由，作出处罚决定。公司不服，申请行政复议。关于此案，下列哪一说法是正确的？

A. 申请复议期限为60日

B. 公司不得以电子邮件形式提出复议申请

C. 行政复议机关不能进行调解

D. 公司如在复议决定作出前撤回申请，行政复议中止

【考点】 行政复议的申请期限；行政复议的程序；行政复议的调解；行政复议的中止

【黄文涛解析】 A选项当选。《行政复议法》第9条第1款规定："公民、法

扫码听课

扫码听课

人或者其他组织认为具体行政行为侵犯其合法权益的，可以自知道该具体行政行为之日起六十日内提出行政复议申请；但是法律规定的申请期限超过六十日的除外。"可见一般而言，行政复议的申请期限为 60 日。

B 选项不当选。《行政复议法实施条例》第 18 条规定："申请人书面申请行政复议的，可以采取当面递交、邮寄或者传真等方式提出行政复议申请。有条件的行政复议机构可以接受以电子邮件形式提出的行政复议申请。"可见申请人可以采用电子邮件的形式提出复议申请。

C 选项不当选。《行政复议法实施条例》第 50 条第 1 款规定："有下列情形之一的，行政复议机关可以按照自愿、合法的原则进行调解：（一）公民、法人或者其他组织对行政机关行使法律、法规规定的自由裁量权作出的具体行政行为不服申请行政复议的；（二）当事人之间的行政赔偿或者行政补偿纠纷。"可见如果本案中的公司对行政处罚决定中涉及裁量权的部分不服，可以在复议中进行调解。

D 选项不当选。《行政复议法》第 25 条规定："行政复议决定作出前，申请人要求撤回行政复议申请的，经说明理由，可以撤回；撤回行政复议申请的，行政复议终止。"可见撤回复议申请时，复议应该"终止"而非"中止"。

综上，本题的正确答案为 A。

11. 市工商局认定豪美公司的行为符合《广告法》第 28 条第 2 款第 2 项规定的"商品或者服务有关的允诺等信息与实际情况不符，对购买行为有实质性影响"情形，属发布虚假广告，予以行政处罚。豪美公司向省工商局申请行政复议，省工商局受理。

（2016/2/97）（1）关于此案的复议，下列说法正确的是：
A. 豪美公司委托代理人参加复议，应提交授权委托书
B. 应由 2 名以上行政复议人员参加审理
C. 省工商局应为公司查阅有关材料提供必要条件
D. 如处罚决定认定事实不清，证据不足，省工商局不得作出变更决定

扫码听课

【考点】 行政复议的程序；行政复议的决定

【黄文涛解析】 A 选项当选。《行政复议法实施条例》第 10 条规定："申请人、第三人可以委托 1 至 2 名代理人参加行政复议。申请人、第三人委托代理人的，应当向行政复议机构提交授权委托书。授权委托书应当载明委托事项、权限和期限。公民在特殊情况下无法书面委托的，可以口头委托。口头委托的，行政复议机构应当核实并记录在卷。申请人、第三人解除或者变更委托的，应当书面报告行政复议机构。"

B 选项当选。《行政复议法实施条例》第 32 条规定："行政复议机构审理行政复议案件，应当由 2 名以上行政复议人员参加。"

C 选项当选。《行政复议法实施条例》第 35 条规定："行政复议机关应当为申请人、第三人查阅有关材料提供必要条件。"

D 选项不当选。《行政复议法实施条例》第 47 条规定："具体行政行为有下列情形之一，行政复议机关可以决定变更：……（二）认定事实不清，证据不足，但是经行政复议机关审理查明事实清楚，证据确凿的。"可见在原行政行为认定事实不清、证据不足时，复议机关工商局可以在查明事实、证据确凿的基础

上作出变更决定。

综上，本题的正确答案为 ABC。

（2016/2/98）（2）如省工商局在法定期限内不作出复议决定，下列说法正确的是：

A. 有监督权的行政机关可督促省工商局加以改正

B. 可对省工商局直接负责的主管人员和其他直接负责人员依法给予警告、记过、记大过的行政处分

C. 豪美公司可向法院起诉要求省工商局履行复议职责

D. 豪美公司可针对原处罚决定向法院起诉市工商局

【考点】行政复议的监督

【黄文涛解析】A 选项当选，B 选项当选。《行政复议法实施条例》第 64 条规定："行政复议机关或者行政复议机构不履行行政复议法和本条例规定的行政复议职责，经有权监督的行政机关督促仍不改正的，对直接负责的主管人员和其他直接责任人员依法给予警告、记过、记大过的处分；造成严重后果的，依法给予降级、撤职、开除的处分。"可见对于复议机关不作为的，有监督权的行政机关有权进行督促，如果经过督促仍旧不改的，对直接负责的主管人员和其他直接责任人员可以依法给予行政处分。

C 选项当选，D 选项当选。《行政诉讼法》第 26 条第 3 款规定："复议机关在法定期限内未作出复议决定，公民、法人或者其他组织起诉原行政行为的，作出原行政行为的行政机关是被告；起诉复议机关不作为的，复议机关是被告。"可见对于复议机关的不作为，当事人可以以复议机关为被告提起行政诉讼，也可以以原行政机关作为被告起诉。

综上，本题的正确答案为 ABCD。

（2015/2/80）12. 某区工商分局对一公司未取得出版物经营许可证销售电子出版物 100 套的行为，予以取缔，并罚款 6000 元。该公司向市工商局申请复议。下列哪些说法是正确的？

A. 公司可委托代理人代为参加行政复议

B. 在复议过程中区工商分局不得自行向申请人和其他有关组织或个人收集证据

C. 市工商局应采取开庭审理方式审查此案

D. 如区工商分局的决定明显不当，市工商局应予以撤销

【考点】行政复议的程序；行政复议的决定

【黄文涛解析】A 选项当选。《行政复议法》第 10 条第 5 款规定："申请人、第三人可以委托代理人代为参加行政复议。"

B 选项当选。《行政复议法》第 24 条规定："在行政复议过程中，被申请人不得自行向申请人和其他有关组织或者个人收集证据。"

C 选项不当选。《行政复议法》第 22 条规定："行政复议原则上采取书面审查的办法，但是申请人提出要求或者行政复议机关负责法制工作的机构认为有必要时，可以向有关组织和人员调查情况，听取申请人、被申请人和第三人的意见。"可见市工商局原则上应该采取书面审查的方式。

D 选项不当选。《行政复议法》第 28 条规定："行政复议机关负责法制工作

的机构应当对被申请人作出的具体行政行为进行审查，提出意见，经行政复议机关的负责人同意或者集体讨论通过后，按照下列规定作出行政复议决定：……（三）具体行政行为有下列情形之一的，决定撤销、变更或者确认该具体行政行为违法；决定撤销或者确认该具体行政行为违法的，可以责令被申请人在一定期限内重新作出具体行政行为：……5. 具体行政行为明显不当的。"可见如果区工商分局的决定明显不当，复议机关市工商局可以撤销，也可以变更或者确认违法，而非必须予以撤销。

综上，本题的正确答案为 AB。

十一、行政诉讼的受案范围

（2020 回忆版） 1. 货车司机甲在驾驶货车时超载并闯红灯，被公安交警大队罚款 200 元、记 6 分，同时还注销了甲的驾驶证。下列选项正确的是?

A. 甲有权对罚款 200 元、记 6 分的决定提起行政诉讼

B. 公安交警大队注销甲的驾驶证的行为违法

C. 如果公安交警大队决定暂扣甲的驾驶证六个月，则该决定属于行政处罚

D. 公安交警大队注销甲的驾驶证的行为属于行政强制措施

【考点】行政诉讼受案范围；行政许可的注销；行政处罚的判断

【黄文涛解析】A 选项当选。《行政诉讼法》第 12 条规定："人民法院受理公民、法人或者其他组织提起的下列诉讼：（一）对行政拘留、暂扣或者吊销许可证和执照、责令停产停业、没收违法所得、没收非法财物、罚款、警告等行政处罚不服的；……"本案中公安交警大队作出的罚款 200 元、记 6 分属于对甲的行政处罚行为，属于行政诉讼的受案范围，甲自然有权提起行政诉讼。

B 选项当选。甲超载且闯红灯的行为属于在获得驾驶证这一行政许可之后，在实施行政许可过程中出现的违法行为，根据行政许可的原理，此时应当吊销行政许可（驾驶证），而非注销行政许可（驾驶证）。

C 选项当选。《行政处罚法》第 2 条规定："行政处罚是指行政机关依法对违反行政管理秩序的公民、法人或者其他组织，以减损权益或者增加义务的方式予以惩戒的行为。"暂扣驾驶证六个月属于对甲作出的具有惩戒性的行政行为，依法属于行政处罚。

D 选项不当选。注销属于行政许可过程中的程序，不具有行政强制措施的预防性和暂时性的特征，因此不属于行政强制措施。

综上，本题的正确答案为 ABC。

（2020 回忆版） 2. 下列哪一协议类型不属于行政协议之诉的受案范围?

A. 政府特许经营协议

B. 土地、房屋等征收征用补偿协议

C. 矿业权等国有自然资源使用权出让协议

D. 行政机关之间因公务协助等事由而订立的协议

【考点】行政协议的判断；行政诉讼的受案范围

【黄文涛解析】D 选项当选，A 选项、B 选项、C 选项不当选。最高法院 2020 年《行政协议司法解释》第 2 条规定："公民、法人或者其他组织就下列行政协议提起行政诉讼的，人民法院应当依法受理：（一）政府特许经营协议；（二）土

扫码听课

扫码听课

地、房屋等征收征用补偿协议；（三）矿业权等国有自然资源使用权出让协议；（四）政府投资的保障性住房的租赁、买卖等协议；（五）符合本规定第一条规定的政府与社会资本合作协议；（六）其他行政协议。"同一司法解释第3条规定："因行政机关订立的下列协议提起诉讼的，不属于人民法院行政诉讼的受案范围：（一）行政机关之间因公务协助等事由而订立的协议；（二）行政机关与其工作人员订立的劳动人事协议。"可见，本题选项中只有行政机关之间因公务协助等事由而订立的协议不属于行政协议诉讼的受案范围。

综上，本题的正确答案是D。

（2018 回忆版） 3. 下列不属于行政诉讼受案范围的选项是？

A. 徐某不服县环保局作出的处罚决定申请复议，在法定复议期间内向法院起诉的

B. 张某不服房屋征收部门对其作出的补偿决定，提起行政诉讼

C. 房屋征收部门以刘某不履行房屋征收补偿协议为由提起行政诉讼

D. 王某不服房屋征收部门对其作出的征收决定，提起行政诉讼

【考点】 行政诉讼的受案范围

【黄文涛解析】 A选项当选。根据《最高人民法院关于适用〈中华人民共和国行政诉讼法〉的解释》第57条规定："法律、法规未规定行政复议为提起行政诉讼必经程序，公民、法人或者其他组织既提起诉讼又申请行政复议的，由先立案的机关管辖；同时立案的，由公民、法人或者其他组织选择。公民、法人或者其他组织已经申请行政复议，在法定复议期间内又向人民法院提起诉讼的，人民法院裁定不予立案。"可见，在行政复议期间如果复议申请人向法院起诉，是不属于行政诉讼受案范围的。本案中徐某就是行政复议的申请人，在复议期间起诉不应属于行政诉讼受案范围。

B选项、D选项不当选。根据《行政诉讼法》第12条规定："人民法院受理公民、法人或者其他组织提起的下列诉讼：……（五）对征收、征用决定及其补偿决定不服的；"可见行政征收、补偿决定都属于行政诉讼的受案范围。

C选项当选。根据《行政诉讼法》第12条规定："人民法院受理公民、法人或者其他组织提起的下列诉讼：……（十一）认为行政机关不依法履行、未按照约定履行或者违法变更、解除政府特许经营协议、土地房屋征收补偿协议等协议的；"可见房屋征收补偿协议纠纷属于行政协议纠纷，只能是在行政机关一方存在违反行政协议行为时，由社会主体一方提起行政诉讼，而不能由行政机关一方作为行政诉讼原告起诉。

综上，本题的正确答案是AC。

（2017/2/49） 4. 下列哪一选项属于法院行政诉讼的受案范围？

A. 张某对劳动争议仲裁裁决不服向法院起诉的

B. 某外国人对出入境边检机关实施遣送出境措施不服申请行政复议，对复议决定不服向法院起诉的

C. 财政局工作人员李某对定期考核为不称职不服向法院起诉的

D. 某企业对县政府解除与其签订的政府特许经营协议不服向法院起诉的

【考点】 行政诉讼的受案范围

【黄文涛解析】 A选项不当选。《最高人民法院关于适用〈中华人民共和国行

政诉讼法〉的解释》第1条第2款规定："下列行为不属于人民法院行政诉讼的受案范围：……（二）调解行为以及法律规定的仲裁行为；"劳动争议仲裁就属于劳动法所规定仲裁行为，依法不属于行政诉讼的受案范围。

B选项不当选。《出入境管理法》第64条第1款规定："外国人对依照本法规定对其实施的继续盘问、拘留审查、限制活动范围、遣送出境措施不服的，可以依法申请行政复议，该行政复议决定为最终决定。"可见对于公安机关对外国人作出的遣送出境措施不服申请复议的，复议决定是终局决定，不属于行政诉讼受案范围。虽然《出入境管理法》并没有列入法律职业资格考试的必读法条，但是该法中规定的复议终局行为属于传统的法律职业资格考试重点。

C选项不当选。《行政诉讼法》第13条规定："人民法院不受理公民、法人或者其他组织对下列事项提起的诉讼：……（三）行政机关对行政机关工作人员的奖惩、任免等决定；"对公务员定期考核为不称职的决定属于行政机关对内部工作人员作出的内部行政行为，不属于行政诉讼的受案范围。

D选项当选。《行政诉讼法》第12条规定："人民法院受理公民、法人或者其他组织提起的下列诉讼：……（十一）认为行政机关不依法履行、未按照约定履行或者违法变更、解除政府特许经营协议、土地房屋征收补偿协议等协议的；"某县政府解除与企业签订的政府特许经营协议属于行政协议纠纷，依法属于行政诉讼的受案范围。

综上，本题的正确答案为D。

（2016/2/83）5. 对于下列起诉，哪些不属于行政诉讼受案范围？

A. 某公司与县政府签订天然气特许经营协议，双方发生纠纷后该公司以县政府不依法履行协议向法院起诉

B. 环保局干部孙某对定期考核被定为不称职向法院起诉

C. 李某与房屋征收主管部门签订国有土地上的房屋征收补偿安置协议，后李某不履行协议，房屋征收主管部门向法院起诉

D. 县政府发布全县征地补偿安置标准的文件，村民万某以文件确定的补偿标准过低为由向法院起诉

【考点】行政诉讼的受案范围

【黄文涛解析】A选项不当选。《行政诉讼法》第12条规定："人民法院受理公民、法人或者其他组织提起的下列诉讼：……（十一）认为行政机关不依法履行、未按照约定履行或者违法变更、解除政府特许经营协议、土地房屋征收补偿协议等协议的；"某公司与县政府签订天然气特许经营协议属于本条所规定的行政协议，发生的争议属于行政诉讼的受案范围。

B选项当选。《行政诉讼法》第13条规定："人民法院不受理公民、法人或者其他组织对下列事项提起的诉讼：……（三）行政机关对行政机关工作人员的奖惩、任免等决定；"同时《最高人民法院关于适用〈中华人民共和国行政诉讼法〉的解释》第2条第3款规定："行政诉讼法第十三条第三项规定的"对行政机关工作人员的奖惩、任免等决定"，是指行政机关作出的涉及行政机关工作人员公务员权利义务的决定。"环保局对干部孙某的定期考核属于内部行政行为，考核定为不称职涉及到了孙某的权利义务，孙某不服依据《公务员法》的规定只能提起申诉，而不属于行政诉讼的受案范围。

大咖点拨区

扫码听课

C选项当选。《行政诉讼法》第12条规定："人民法院受理公民、法人或者其他组织提起的下列诉讼：……（十一）认为行政机关不依法履行、未按照约定履行或者违法变更、解除政府特许经营协议、土地房屋征收补偿协议等协议的；"本选项与A选项虽然都是行政协议类型争议，但是与A选项不同的是本案中是相对人这方不履行行政协议，此时行政机关不能提起行政诉讼，可以通过行政强制执行的方式要求相对人履行行政协议。

D选项当选。县政府发布全县征地补偿安置标准的文件属于针对不特定对象作出的抽象行政行为，依据《行政诉讼法》第13条规定："人民法院不受理公民、法人或者其他组织对下列事项提起的诉讼：……（二）行政法规、规章或者行政机关制定、发布的具有普遍约束力的决定、命令；"万某对该文件不服起诉，属于对于行政机关制定的具有普遍约束力的决定、命令起诉，不属于行政诉讼的受案范围。

综上，本题的正确答案为BCD。

（2015/2/98）6. 下列选项属于行政诉讼受案范围的是？

A. 方某在妻子失踪后向公安局报案要求立案侦查，遭拒绝后向法院起诉确认公安局的行为违法

B. 区房管局以王某不履行双方签订的房屋征收补偿协议为由向法院起诉

C. 某企业以工商局滥用行政权力限制竞争为由向法院起诉

D. 黄某不服市政府发布的征收土地补偿费标准直接向法院起诉

【考点】行政诉讼的受案范围

【黄文涛解析】A选项不当选。《最高人民法院关于适用〈中华人民共和国行政诉讼法〉的解释》第1条第2款规定："下列行为不属于人民法院行政诉讼的受案范围：（一）公安、国家安全等机关依照刑事诉讼法的明确授权实施的行为；"本题中公安机关的立案侦查行为属于《刑事诉讼法》授权公安机关的权力，属于刑事司法行为，因此不属于行政诉讼的受案范围。

B选项不当选。《行政诉讼法》第12条规定："人民法院受理公民、法人或者其他组织提起的下列诉讼：……（十一）认为行政机关不依法履行、未按照约定履行或者违法变更、解除政府特许经营协议、土地房屋征收补偿协议等协议的；"同时，《行政诉讼法》第2条第1款规定："公民、法人或者其他组织认为行政机关和行政机关工作人员的行政行为侵犯其合法权益，有权依照本法向人民法院提起诉讼。"可见行政协议类争议属于行政诉讼受案范围，但是必须是行政协议的相对人一方提起行政诉讼才可以，如果是行政机关一方则不能提起行政诉讼，可以通过行政强制行为要求相对人一方履行行政协议确定的义务。

C选项当选。《行政诉讼法》第12条规定："人民法院受理公民、法人或者其他组织提起的下列诉讼：……（八）认为行政机关滥用行政权力排除或者限制竞争的；"本案中某企业以工商局滥用其行政权力限制竞争为由向法院起诉，属于行政诉讼的受案范围。

D选项不当选。《行政诉讼法》第13条规定："人民法院不受理公民、法人或者其他组织对下列事项提起的诉讼：……（二）行政法规、规章或者行政机关制定、发布的具有普遍约束力的决定、命令；"本案中的征收土地补偿费标准就属于行政机关制定发布的具有普遍约束力的决定、命令，黄某不服市政府发布的征

收土地补偿费标准直接向法院起诉，不属于行政诉讼法的受案范围。需要注意的是，在 2015 年修订生效的《行政诉讼法》第 53 条规定了法院可以对被诉行政行为所依据的规范性文件进行附带审查，这一规定并不代表原告可以直接起诉该规范性文件。

综上，本题的正确答案为 C。

十二、行政诉讼的参与主体

（2020 回忆版） 1. 根据我国的相关规定，科学研究项目的行政审批需先将申请材料提交省科技厅进行初步审查，然后由省科技厅上报科技部批准。据此以下说法正确的是？

A. 如果省科技厅不同意上报科技部，提起诉讼被告是省科技厅和科技部

B. 如果科技部审核之后不批准，需经复议后才能提起诉讼

C. 科技部不批准后，省科技厅对当事人作出拒绝许可的决定，当事人提起行政复议的，复议机关应是科技部

D. 科技部不批准，省科技厅对当事人作出拒绝许可的决定，当事人提起诉讼的，被告应是科技部

【考点】 行政许可案件中的被告确定；复议前置；经批准行政行为的复议机关和被告确定

【黄文涛解析】 A 选项不当选。《最高人民法院关于审理行政许可案件若干问题的规定》第 4 条规定："……行政许可依法须经下级行政机关或者管理公共事务的组织初步审查并上报，当事人对不予初步审查或者不予上报不服提起诉讼的，以下级行政机关或者管理公共事务的组织为被告。"可见对于省科技厅初步审查后不予上报的决定，当事人应当以省科技厅为被告。

B 选项不当选。此种情形不属于复议前置的情形。

C 选项当选。《行政复议法实施条例》第 13 条规定："下级行政机关依照法律、法规、规章规定，经上级行政机关批准作出具体行政行为的，批准机关为被申请人。"可见在经批准后实施的行政行为中，复议被申请人应该是批准机关，也就是科技部。同时根据《行政复议法》第 14 条规定："对国务院部门或者省、自治区、直辖市人民政府的具体行政行为不服的，向作出该具体行政行为的国务院部门或者省、自治区、直辖市人民政府申请行政复议。对行政复议决定不服的，可以向人民法院提起行政诉讼；也可以向国务院申请裁决，国务院依照本法的规定作出最终裁决。"科技部属于国务院的部门，当其作为复议被申请人时，复议机关应是自身。

D 选项不当选。《最高人民法院关于适用〈中华人民共和国行政诉讼法〉的解释》第 19 条规定："当事人不服经上级行政机关批准的行政行为，向人民法院提起诉讼的，以在对外发生法律效力的文书上署名的机关为被告。"可见在经批准实施的行政行为中，行政诉讼的被告应是在对外发生法律效力的法律文书上署名的机关，而非批准机关。

综上，本题的正确答案为 C。

（2020 回忆版） 2. 甲市自然资源局拟收回一块国有土地使用权，向市政府申请批准，市政府作出了同意收回的批复。但是甲市自然资源局没有根据批复作出

收回决定，而是直接将批复交给市土地储备中心实施。据此以下表述正确的是？

A. 利害关系人对收回行为不服申请复议，复议机关是市政府

B. 利害关系人有权对市政府的批复行为提起行政诉讼

C. 利害关系人起诉应以市政府为被告

D. 市政府的批复行为一般属于行政处罚

【考点】行政诉讼的被告；行政复议机关确定

【黄文涛解析】A选项不当选。《行政复议法实施条例》第13条规定："下级行政机关依照法律、法规、规章规定，经上级行政机关批准作出具体行政行为的，批准机关为被申请人。"本案中市政府是收回行为的批准机关，因此应是行政复议的被申请人，则复议机关应是省政府。

B选项当选。根据最高法院第22号行政指导案例的裁判要点："地方人民政府对其所属行政管理部门的请示作出的批复，一般属于内部行政行为，不可对此提起诉讼。但行政管理部门直接将该批复付诸实施并对行政相对人的权利义务产生了实际影响，行政相对人对该批复不服提起诉讼的，人民法院应当依法受理。"本案中市自然资源局没有作出收回决定，而是将市政府的批复直接付诸实施，因此利害关系人有权起诉市政府的批复行为。

C选项当选。根据B选项的解析，利害关系人有权对市政府的批复提起行政诉讼，则行政诉讼的被告应是市政府。

D选项不当选。根据上述指导案例的裁判要点，批复行为一般属于内部行政行为。只有在特殊情况下对外部主体直接产生了权利义务影响时，才属于具体行政行为，且并非是对行政相对人的惩戒性行政行为，因此不属于行政处罚。

综上，本题的正确答案为BC。

（2020 回忆版）3. 某公司未经规划许可在高速公路附近建广告牌，甲县政府发现后对该公司作出《责令限期拆除通知书》，要求其拆除。该公司收到《通知书》后没有拆除广告牌，于是甲县政府依据《城乡规划法》的规定责成广告牌所在地的乙镇政府拆除广告牌，乙镇政府作出拆除决定后强制拆除了广告牌。该公司不服强制拆除行为，以甲县政府为被告提起行政诉讼，请求法院确认强制拆除行为违法并判决被告赔偿损失50万元。下列选项正确的是？

A. 法院应追加乙镇政府为被告

B. 法院应通知乙镇政府以第三人身份参加诉讼

C. 法院应对原告请求确认强拆行为违法和要求赔偿50万的两个诉讼请求分别立案、合并审理

D. 法院应告知原告变更乙镇政府为被告，如果原告不同意则裁定驳回起诉

【考点】行政诉讼的被告；行政诉讼一并提起赔偿请求的程序；行政诉讼变更被告的程序

【黄文涛解析】A选项不当选、B选项不当选。最高人民法院2021年《关于正确确定县级以上地方人民政府行政诉讼被告资格若干问题的规定》第2条规定："县级以上地方人民政府根据城乡规划法的规定，责成有关职能部门对违法建筑实施强制拆除，公民、法人或者其他组织不服强制拆除行为提起诉讼，人民法院应当根据行政诉讼法第二十六条第一款的规定，以作出强制拆除决定的行政机关为被告；没有强制拆除决定书的，以具体实施强制拆除行为的职能部门为被

扫码听课

告。"本案中甲县政府责成乙镇政府强拆广告牌，乙镇政府也作出了强制拆除决定并实施强拆，所以应当以乙镇政府作为行政诉讼被告。

C 选项不当选。最高人民法院 1997 年《关于审理行政赔偿案件若干问题的规定》第 28 条规定："当事人在提起行政诉讼的同时一并提出行政赔偿请求，或者因具体行政行为和与行使行政职权有关的其他行为侵权造成损害一并提出行政赔偿请求的，人民法院应当分别立案，根据具体情况可以合并审理，也可以单独审理。"本案就属于原告在提起行政诉讼的同时一并提出行政赔偿请求，法院应当分别立案，但既可以合并审理，也可以单独审理，而非必须合并审理。

D 选项当选。最高人民法院 2018 年《行政诉讼法司法解释》第 26 条第 1 款规定："原告所起诉的被告不适格，人民法院应当告知原告变更被告；原告不同意变更的，裁定驳回起诉。"根据上述 A、B 选项的分析可知，本案中的被告应是乙镇政府，原告起诉甲县政府属于被告不适格，因此法院应告知其变更被告，如果不同意则裁定驳回起诉。

综上，本题的正确答案为 D。

（2020 回忆版）4. 李某在甲地修建了一栋别墅，在不动产登记簿上登记地址为乙地。后经县政府查明，李某的别墅违法占道，限期李某自行拆除。到期李某并未拆除，于是县政府对李某别墅进行了强拆。李某不服，向市政府申请复议。市政府认为县政府的行为合法，作了维持决定。李某不服，提起诉讼。下列说法正确的是？

A. 李某起诉，县政府所在地和市政府所在地的法院都有管辖权

B. 李某起诉，甲地法院有管辖权

C. 李某起诉，本案应由中级人民法院管辖

D. 李某起诉，乙地法院有管辖权

【考点】 行政诉讼的管辖

【黄文涛解析】 C 选项、D 选项当选，A 选项、B 选项不当选。

本题首先确定级别管辖。《最高人民法院关于适用〈中华人民共和国行政诉讼法〉的解释》第 134 条第 3 款规定："复议机关作共同被告的案件，以作出原行政行为的行政机关确定案件的级别管辖。"本案属于复议维持案件，被告是县政府与市政府作为共同被告，所以此时应以县政府来确定案件的级别管辖。而《行政诉讼法》第 15 条规定："中级人民法院管辖下列第一审行政案件：（一）对国务院部门或者县级以上地方人民政府所作的行政行为提起诉讼的案件；……"可见以县政府作为被告的案件由中级人民法院管辖。由此推导出本案的级别管辖法院是中级人民法院。

其次确定地域管辖。《行政诉讼法》第 20 条规定："因不动产提起的行政诉讼，由不动产所在地人民法院管辖。"同时最高法院 2018 年《行政诉讼司法解释》第 9 条规定："行政诉讼法第二十条规定的'因不动产提起的行政诉讼'是指因行政行为导致不动产物权变动而提起的诉讼。不动产已登记的，以不动产登记簿记载的所在地为不动产所在地；不动产未登记的，以不动产实际所在地为不动产所在地。"本案被诉行政行为属于强制拆除不动产的行为，属于导致不动产物权变动的行为，依法应属于不动产所在地法院专属管辖的案件，且应以不动产登记簿记载的所在地作为不动产所在地。虽然本案也经过了复议，但是由于不动

产所在地是专属管辖，所以不能按照经复议案件来确定地域管辖法院。由此推导出本案的地域管辖法院是不动产登记簿上登记地址、也就是乙地的法院具有管辖权。

最后，将以上两步推导结论合并，可以推导出本案中乙地的中级人民法院具有管辖权。

综上，本题的正确答案是 CD。

（2020 回忆版）5. 关于行政诉讼中的被告，下列说法错误的是？

A. 当事人对村民委员会或者居民委员会依据法律、法规、规章的授权履行行政管理职责的行为不服提起诉讼的，以村民委员会或者居民委员会为被告

B. 当事人对高等学校等事业单位以及律师协会、注册会计师协会等行业协会依据法律、法规、规章的授权实施的行政行为不服提起诉讼的，以该事业单位、行业协会为被告

C. 市、县级人民政府确定的房屋征收部门组织实施房屋征收与补偿工作过程中作出行政行为，被征收人不服提起诉讼的，以人民政府为被告

D. 行政机关被撤销或者职权变更，没有继续行使其职权的行政机关的，以其所属的人民政府为被告

【考点】 行政诉讼的被告资格

【黄文涛解析】 A 选项不当选。《最高人民法院关于适用〈中华人民共和国行政诉讼法〉的解释》第 24 条第 1 款规定："当事人对村民委员会或者居民委员会依据法律、法规、规章的授权履行行政管理职责的行为不服提起诉讼的，以村民委员会或者居民委员会为被告。"可见村民委员会或者居民委员会依据授权实施行为时，可以成为行政诉讼的被告。

B 选项不当选。《最高人民法院关于适用〈中华人民共和国行政诉讼法〉的解释》第 24 条第 3 款规定："当事人对高等学校等事业单位以及律师协会、注册会计师协会等行业协会依据法律、法规、规章的授权实施的行政行为不服提起诉讼的，以该事业单位、行业协会为被告。"可见事业单位、行业协会依据授权实施行为时，可以成为行政诉讼的被告。

C 选项当选。《最高人民法院关于适用〈中华人民共和国行政诉讼法〉的解释》第 25 条第 1 款规定："市、县级人民政府确定的房屋征收部门组织实施房屋征收与补偿工作过程中作出行政行为，被征收人不服提起诉讼的，以房屋征收部门为被告。"可见此时应该以房屋征收部门作为行政诉讼的被告。

D 选项不当选。《最高人民法院关于适用〈中华人民共和国行政诉讼法〉的解释》第 23 条规定："行政机关被撤销或者职权变更，没有继续行使其职权的行政机关的，以其所属的人民政府为被告；实行垂直领导的，以垂直领导的上一级行政机关为被告。"可见行政机关被撤销或者职权变更，没有继续行使其职权的行政机关的，确实应以其所属的人民政府为被告。

综上，本题的正确答案是 C。

（2019 回忆版）6. 甲是乙区综合执法局的执法队员，拆除该区一栋违法建筑时与附近居民乙发生冲突。乙区公安分局以甲在执法过程中殴打乙为由，对甲作出行政拘留以及罚款的处罚决定。甲向乙区政府申请复议，乙区政府复议审查后认为甲的行为系执行公务行为，于是作出复议决定撤销原乙区公安分局的处罚决

定。受害人乙不服复议决定向法院提起行政诉讼。下列哪些说法是正确的？

  A. 乙区政府是本案的适格被告

  B. 由于甲是公务员，因此无权起诉乙区公安分局对其作出的处罚决定

  C. 本案审理的焦点之一在于判断甲的行为是否属于执行公务

  D. 甲有权以第三人的身份参与本案诉讼程序

【考点】行政诉讼的被告、审查对象、第三人

【黄文涛解析】A选项当选。《行政诉讼法》第26条第2款规定："经复议的案件，复议机关决定维持原行政行为的，作出原行政行为的行政机关和复议机关是共同被告；复议机关改变原行政行为的，复议机关是被告。"可见复议机关改变原行政行为后被告是复议机关，本案中乙区政府撤销了乙区公安局的处罚决定，属于改变原行政行为，则其属于适格的被告。

  B选项不当选。本案中甲是行政处罚的相对人，其公务员身份并不能阻碍其作为原告起诉行政处罚决定。

  C选项不当选。行政诉讼的审查对象是被诉行政行为的合法性，本案中被诉公安机关对甲处罚行为的合法性与甲是否执行公务无关，因此即使是执行公务也不能对居民乙进行殴打。

  D选项当选。《行政诉讼法》第29条第1款规定："公民、法人或者其他组织同被诉行政行为有利害关系但没有提起诉讼，或者同案件处理结果有利害关系的，可以作为第三人申请参加诉讼，或者由人民法院通知参加诉讼。"本案中乙起诉后，如果法院判决其胜诉，则甲有可能会被再次处罚，因此其与案件处理结果有利害关系，可以作为第三人参加审理。

  综上，本案的正确答案为AD。

（2019 回忆版）7. 甲在一个电信公司办理手机卡时被收取办卡费50元，后甲认为该收费行为违法向物价局举报，要求物价局责令电信公司退还50元办卡费。物价局答复说："省通信局和省发改委联合下发一个《批复》中规定，SIM卡的收费标准为入网费50元/张。"甲认为这一答复并未解决自己的实际问题，向法院提起诉讼，并要求一并审查这个批复。下列说法正确的是？

  A. 甲具有提起行政诉讼的原告资格

  B. 法院如果认为该批复违法，应当向省人大常委会提出司法建议

  C. 省通信局和省发改委可就其联合制定的批复向法院申请出庭陈述意见

  D. 物价局的答复实际上是对于当事人提出的信访事项作出的复查行为

【考点】行政诉讼原告资格、附带审查规范性文件制度

【黄文涛解析】A选项当选。《行政诉讼法》第25条第1款规定："行政行为的相对人以及其他与行政行为有利害关系的公民、法人或者其他组织，有权提起诉讼。"同时《最高人民法院关于适用〈中华人民共和国行政诉讼法〉的解释》第12条规定："有下列情形之一的，属于行政诉讼法第二十五条第一款规定的"与行政行为有利害关系……（五）为维护自身合法权益向行政机关投诉，具有处理投诉职责的行政机关作出或者未作出处理的；"可见甲为维护自身合法权益向物价局举报，物价局作出的答复答非所问时，甲有权作为原告提起行政诉讼。

  B选项不当选。《最高人民法院关于适用〈中华人民共和国行政诉讼法〉的解释》第149条第2款规定："规范性文件不合法的，人民法院可以在裁判生效

之日起三个月内，向规范性文件制定机关提出修改或者废止该规范性文件的司法建议。"可见法院应该向规范性文件的制定机关提出司法建议，本案中省人大常委会并非被审查的规范性文件的制定机关。

C选项当选。《最高人民法院关于适用〈中华人民共和国行政诉讼法〉的解释》第147条第2款规定："制定机关申请出庭陈述意见的，人民法院应当准许。"可见作为《批复》制定机关的省通信局和省发改委可以向法院申请出庭陈述意见。

D选项不当选。甲的行为属于投诉举报，并非申请信访，所以以物价局的答复行为不属于信访事项的复查行为。

综上，本题的正确答案为AC

（2018回忆版）8. 某药厂以本厂过期药品作为主原料，更改生产日期和批号生产出售。甲市市场监督管理局以该厂违反《药品管理法》第49条第1款关于违法生产药品规定，决定没收药品并处罚款20万元。药厂不服向甲市政府申请复议，甲市政府依《药品管理法》第49条第3款关于生产劣药行为的规定，复议维持处罚决定，药厂不服复议决定起诉。关于本案的被告和管辖，下列说法哪一个是正确的？

A. 被告为甲市场监督管理局　　　B. 被告为甲市政府

C. 药厂的起诉期限为6个月　　　D. 基层法院对此案有管辖权

【考点】行政诉讼的被告资格、起诉期限、管辖法院

【黄文涛解析】A选项不当选、B选项不当选。根据《行政诉讼法》第26条第2款规定："经复议的案件，复议机关决定维持原行政行为的，作出原行政行为的行政机关和复议机关是共同被告；复议机关改变原行政行为的，复议机关是被告。"同时，根据《最高人民法院关于适用〈中华人民共和国行政诉讼法〉的解释》第22条规定："行政诉讼法第二十六条第二款规定的'复议机关改变原行政行为'，是指复议机关改变原行政行为的处理结果。复议机关改变原行政行为所认定的主要事实和证据、改变原行政行为所适用的规范依据，但未改变原行政行为处理结果的，视为复议机关维持原行政行为。复议机关确认原行政行为无效，属于改变原行政行为。复议机关确认原行政行为违法，属于改变原行政行为，但复议机关以违反法定程序为由确认原行政行为违法的除外。"在本案中，复议机关虽然改变了原行政行为所适用的规范依据，但是却没有改变原行政行为处理结果，而是维持了原行政行为，属于复议维持案件，因此应该以原行政机关和复议机关作为共同被告，也即应该以甲市市场监督管理局和甲市政府作为本案的共同被告。

C选项不当选。根据《行政诉讼法》第45条规定："公民、法人或者其他组织不服复议决定的，可以在收到复议决定书之日起十五日内向人民法院提起诉讼。复议机关逾期不作决定的，申请人可以在复议期满之日起十五日内向人民法院提起诉讼。法律另有规定的除外。"在本案中，药厂就是在复议机关作出复议决定之后提起行政诉讼，因此应当适用15日的起诉期限规定，而非6个月的起诉期限。

D选项当选。根据《最高人民法院关于适用〈中华人民共和国行政诉讼法〉的解释》第134条第3款规定："复议机关作共同被告的案件，以作出原行政行

为的行政机关确定案件的级别管辖。"同时，根据《行政诉讼法》第 18 条第 1 款规定："行政案件由最初作出行政行为的行政机关所在地人民法院管辖。经复议的案件，也可以由复议机关所在地人民法院管辖。"在本案中，在级别管辖方面，依据上述答案的分析，原机关甲市市场监督管理局和复议机关甲市政府应该是本案的共同被告，所以依法应该根据原行政机关甲市市场监督管理局的法律性质来确定级别管辖法院。它作为普通的被告，级别管辖法院应该是基层法院。在地域管辖方面，由于本案属于经复议的案件，依法应该由原机关所在地的法院和复议机关所在地的法院管辖，也就是由甲市市场监督管理局和甲市政府所在地的法院管辖本案。将级别管辖的结论和地域管辖的结论合并，可见本案应该由甲市市场监督管理局和甲市政府所在地的基层法院管辖。

综上，本案的正确答案是 D。

（2017/2/98）9. 某环保联合会对某公司提起环境民事公益诉讼，因在诉讼中需要该公司的相关环保资料，遂向县环保局提出申请公开该公司的排污许可证、排污口数量和位置等有关环境信息。申请书中载明了单位名称、住所地、联系人及电话并加盖了公章、获取信息的方式等。县环保局收到申请后，要求环保联合会提供申请人身份的证明材料。环保联合会提供了社会团体登记证复印件。县环保局以申请公开的内容不明确为由拒绝公开，该环保联合会遂提起行政诉讼。关于本案的起诉，下列说法正确的是？

A. 本案由县环保局所在地法院或者环保联合会所在地的法院管辖

B. 起诉期限为 6 个月

C. 如法院当场不能判定起诉是否符合条件的，应接受起诉状，出具注明收到日期的书面凭证，并在 7 日内决定是否立案

D. 如法院当场不能判定起诉是否符合条件，经 7 日内仍不能作出判断的，应裁定暂缓立案

【考点】行政诉讼的管辖法院、起诉期限、立案程序

【黄文涛解析】 A 选项不当选。根据我所总结的推导行政诉讼诉讼管辖法院的思路：依据被告确定级别管辖、依据案件类型确定地域管辖。本选项是要求考生判断地域管辖法院，因此应当确定本题案例的案件类型。我们可以看出本题案例属于普通案件，依据《行政诉讼法》第 18 条第 1 款规定："行政案件由最初作出行政行为的行政机关所在地人民法院管辖。经复议的案件，也可以由复议机关所在地人民法院管辖。"应遵循"原告就被告"的地域管辖原则，由被告所在地法院管辖，也即由被告县环保局所在地法院管辖，故 A 选项表述错误，不当选。考生可以关注我的新浪微博（@黄文涛的行政法），搜索"管辖法院"一词，其中有对推导行政诉讼案件管辖法院思路的详细解释。

B 选项当选。《行政诉讼法》第 46 条第 1 款规定："公民、法人或者其他组织直接向人民法院提起诉讼的，应当自知道或者应当知道作出行政行为之日起六个月内提出。法律另有规定的除外。"可见本题案例中的起诉期限是 6 个月。

C 选项当选。《行政诉讼法》第 51 条第 2 款规定："对当场不能判定是否符合本法规定的起诉条件的，应当接收起诉状，出具注明收到日期的书面凭证，并在七日内决定是否立案。不符合起诉条件的，作出不予立案的裁定。裁定书应当载明不予立案的理由。原告对裁定不服的，可以提起上诉。"可见 C 选项表述正确，

当选。

D 选项不当选。《最高人民法院关于适用〈中华人民共和国行政诉讼法〉的解释》第 53 条第 2 款规定："对当事人依法提起的诉讼，人民法院应当根据行政诉讼法第五十一条的规定接收起诉状。能够判断符合起诉条件的，应当当场登记立案；当场不能判断是否符合起诉条件的，应当在接收起诉状后七日内决定是否立案；七日内仍不能作出判断的，应当先予立案。"可见在 7 日内无法判断是否立案的，并非裁定暂缓立案，而是应当先予立案。

综上，本题的正确答案为 BC。

（2016/2/49）10. 某区卫计局以董某擅自开展诊疗活动为由作出没收其违法诊疗工具并处 5 万元罚款的处罚。董某向区政府申请复议，区政府维持了原处罚决定。董某向法院起诉。下列哪一说法是正确的？

A. 如董某只起诉区卫计局，法院应追加区政府为第三人

B. 本案应以区政府确定案件的级别管辖

C. 本案可由区卫计局所在地的法院管辖

D. 法院应对原处罚决定和复议决定进行合法性审查，但不对复议决定作出判决

【考点】行政诉讼的第三人、管辖法院、判决类型

【黄文涛解析】A 选项不当选。《最高人民法院关于适用〈中华人民共和国行政诉讼法〉的解释》第 134 条第 1 款规定："复议机关决定维持原行政行为的，作出原行政行为的行政机关和复议机关是共同被告。原告只起诉作出原行政行为的行政机关或者复议机关的，人民法院应当告知原告追加被告。原告不同意追加的，人民法院应当将另一机关列为共同被告。"本案就是复议维持后起诉的案件，如果董某只起诉区卫计局，则法院应当告知其追加区政府为被告，如果董某不同意追加的，法院应当将区政府列为共同被告。

B 选项不当选。《最高人民法院关于适用〈中华人民共和国行政诉讼法〉的解释》第 134 条第 3 款规定："复议机关作共同被告的案件，以作出原行政行为的行政机关确定案件的级别管辖。"可见本案应当以区卫计局来确定案件的级别管辖。

C 选项当选。《行政诉讼法》第 18 条第 1 款规定："行政案件由最初作出行政行为的行政机关所在地人民法院管辖。经复议的案件，也可以由复议机关所在地人民法院管辖。"本案属于经过复议的案件，区卫计局所在地的法院就是最初作出行政行为的行政机关所在地的法院，因此具有管辖权。

D 选项不当选。《行政诉讼法》第 79 条规定："复议机关与作出原行政行为的行政机关为共同被告的案件，人民法院应当对复议决定和原行政行为一并作出裁判。"可见在复议维持后起诉的案件中，法院应当对复议决定作出裁判。

综上，本题的正确答案为 C。

（2016/2/99）11. 市工商局认定豪美公司的行为符合《广告法》第 28 条第 2款第 2 项规定的"商品或者服务有关的允诺等信息与实际情况不符，对购买行为有实质性影响"情形，属发布虚假广告，予以行政处罚。豪美公司向省工商局申请行政复议，省工商局受理。如省工商局在复议时认定，豪美公司的行为符合《广告法》第 28 条第 2 款第 4 项规定的"虚构使用商品或者接受服务的效果"情

形，亦属发布虚假广告，在改变处罚依据后维持了原处罚决定。公司不服起诉。下列说法正确的是？

A. 被告为市工商局和省工商局

B. 被告为省工商局

C. 市工商局所在地的法院对本案有管辖权

D. 省工商局所在地的法院对本案无管辖权

【考点】行政诉讼的被告资格、管辖法院

【黄文涛解析】A选项当选，B选项不当选。《行政诉讼法》第26条第2款规定："经复议的案件，复议机关决定维持原行政行为的，作出原行政行为的行政机关和复议机关是共同被告；复议机关改变原行政行为的，复议机关是被告。"同时，《最高人民法院关于适用〈中华人民共和国行政诉讼法〉的解释》第22条第1款规定："行政诉讼法第二十六条第二款规定的'复议机关改变原行政行为'，是指复议机关改变原行政行为的处理结果。复议机关改变原行政行为所认定的主要事实和证据、改变原行政行为所适用的规范依据，但未改变原行政行为处理结果的，视为复议机关维持原行政行为。"本案中虽然复议机关改变了原处罚决定的依据，但是不属于复议改变原行政行为，而仍然应该属于复议机关维持原处罚决定。此时应该以复议机关与原行政机关作为共同被告。

C选项当选，D选项不当选。《行政诉讼法》第18条第1款规定："行政案件由最初作出行政行为的行政机关所在地人民法院管辖。经复议的案件，也可以由复议机关所在地人民法院管辖。"复议机关维持原行政行为也属于经过复议的案件，因此复议机关所在地法院和原机关所在地法院都具有管辖权，也即市工商局所在地法院和省工商局所在地法院都具有管辖权。

综上，本题的正确答案为AC。

(2015/2/82) 12. 李某不服区公安分局对其作出的行政拘留5日的处罚，向市公安局申请行政复议，市公安局作出维持决定。李某不服，提起行政诉讼。下列哪些选项是正确的？

A. 李某可向区政府申请行政复议

B. 被告为市公安局和区公安分局

C. 市公安局所在地的法院对本案无管辖权

D. 如李某的起诉状内容有欠缺，法院应给予指导和释明，并一次性告知需要补正的内容

【考点】行政复议机关的确定；行政诉讼的被告资格、管辖法院、立案程序

【黄文涛解析】A选项当选。《行政复议法》第12条规定："对县级以上地方各级人民政府工作部门的具体行政行为不服的，由申请人选择，可以向该部门的本级人民政府申请行政复议，也可以向上一级主管部门申请行政复议。"区公安分局属于区政府的工作部门，因此可以成为复议机关。

B选项当选。《行政诉讼法》第26条规定："……经复议的案件，复议机关决定维持原行政行为的，作出原行政行为的行政机关和复议机关是共同被告；"本案中市公安局作为复议维持决定，应该由区公安局和市公安局作为共同被告。

C选项不当选。《行政诉讼法》第18条规定："……经复议的案件，也可以由复议机关所在地人民法院管辖。"复议维持也属于经过复议的案件，因此复议机

扫码听课

关所在地法院也有管辖权，故 C 选项不当选。

D 选项当选。《行政诉讼法》第 51 条第 3 款规定："起诉状内容欠缺或者有其他错误的，应当给予指导和释明，并一次性告知当事人需要补正的内容。"

综上，本题的正确答案为 ABD。

十三、行政诉讼的特殊程序

（2020 回忆版）1. 某市税务局以某公司未缴纳企业所得税为由作出责令期限补缴税款 20 万元，从税款滞纳之日起至实际缴纳之日按日加收税款万分之五滞纳金的决定，公司对补缴税款决定不服提起行政复议，复议维持后向法院起诉，法院受理。关于本案，下列哪些说法是错误的？

A. 对补缴税款决定，公司有权直接向法院起诉

B. 若经审理认为公司的行政复议申请不符合行政复议受理条件，法院应裁定驳回对补缴税款的起诉并判决确认行政复议决定违法

C. 本案应以复议机关确定案件的级别管辖

D. 公司逾期不缴纳税款和滞纳金，市税务局可以依法强制执行

【考点】复议前置；复议维持后起诉案件的裁判类型与级别管辖；行政强制执行的程序

【黄文涛解析】A 选项当选。《税收征收管理法》第 88 条第 1、2 款规定："纳税人、扣缴义务人、纳税担保人同税务机关在纳税上发生争议时，必须先依照税务机关的纳税决定缴纳或者解缴税款及滞纳金或者提供相应的担保，然后可以依法申请行政复议；对行政复议决定不服的，可以依法向人民法院起诉。当事人对税务机关的处罚决定、强制执行措施或者税收保全措施不服的，可以依法申请行政复议，也可以依法向人民法院起诉。"可见在税收争议中，有关纳税的争议需要复议前置，有关税收处罚、强制的争议不需要复议前置。对于补缴税款的决定属于对纳税数额方面的争议，应当复议前置，不能直接起诉。

B 选项当选。《最高人民法院关于适用〈中华人民共和国行政诉讼法〉的解释》第 136 条第 7 款规定："原行政行为不符合复议或者诉讼受案范围等受理条件，复议机关作出维持决定的，人民法院应当裁定一并驳回对原行政行为和复议决定的起诉。"可见如果法院认为公司的复议申请不符合复议的受理条件，应当裁定一并驳回对原行政行为和复议决定的起诉。

C 选项当选。《最高人民法院关于适用〈中华人民共和国行政诉讼法〉的解释》第 134 条第 3 款规定："复议机关作共同被告的案件，以作出原行政行为的行政机关确定案件的级别管辖。"可见在复议维持后起诉案件中，复议机关作为共同被告，应根据作出原行政行为的行政机关确定案件的级别管辖。

D 选项不当选。《行政强制法》第 46 条第 1 款规定："行政机关依照本法第四十五条规定实施加处罚款或者滞纳金超过三十日，经催告当事人仍不履行的，具有行政强制执行权的行政机关可以强制执行。"在法考中，具有强制执行权的行政机关一般包括公安、国安、海关、税务和县级以上政府，可见在公司逾期不缴纳罚款和滞纳金的，具有强制执行权的市税务局有权依法强制执行。

综上，本题的正确答案为 ABC。

（2018 回忆版） 2. 2018 年 6 月 1 日，甲省乙市房管局出台《关于乙市商品住宅项目公证摇号销售实施意见》（简称《实施意见》），其中规定自 7 月 1 日起，乙市商品住宅项目实行公证摇号方式销售。《实施意见》要求即日起乙市商品住宅已办理预售许可证未公开销售的楼盘暂不销售，违者将予以处罚。某房企德利公司为回笼资金，在此期间仍然组织楼盘销售，被市房管局依据《实施意见》的有关规定予以 20 万元处罚。德利公司不服该处罚决定和《实施意见》，向法院提起诉讼。下列哪一选项是错误的？

大咖点拨区

扫码听课

A. 德利公司对《实施意见》有关规定不服的，可以直接起诉《实施意见》

B. 法院审查发现《实施意见》可能不合法的，应当听取市房管局的意见

C. 法院审查发现《实施意见》不合法的，可以在裁判生效之日起 3 个月内向市房管局提出司法建议，市房管局应在收到司法建议之日起 60 日内予以书面答复

D. 法院审查认定《实施意见》不合法的，应当在裁判生效后报送上一级法院备案

【考点】行政诉讼附带审查规范行为文件制度

【黄文涛解析】A 选项当选。根据《行政诉讼法》第 13 条规定："人民法院不受理公民、法人或者其他组织对下列事项提起的诉讼：……（二）行政法规、规章或者行政机关制定、发布的具有普遍约束力的决定、命令；"在本案中，乙市房管局发布的《实施意见》属于具有普遍约束力的决定、命令，依法不属于行政诉讼的受案范围，所以德利公司不能直接起诉《实施意见》。

B 选项不当选。根据《最高人民法院关于适用〈中华人民共和国行政诉讼法〉的解释》第 147 条第 1 款规定："人民法院在对规范性文件审查过程中，发现规范性文件可能不合法的，应当听取规范性文件制定机关的意见。"可见在本案中，法院如果在附带审查《实施意见》过程中发现乙市房管局发布的该意见可能不合法的，应当听取乙市房管局的意见。

C 选项不当选。根据《最高人民法院关于适用〈中华人民共和国行政诉讼法〉的解释》第 149 条的规定："人民法院经审查认为行政行为所依据的规范性文件合法的，应当作为认定行政行为合法的依据；经审查认为规范性文件不合法的，不作为人民法院认定行政行为合法的依据，并在裁判理由中予以阐明。作出生效裁判的人民法院应当向规范性文件的制定机关提出处理建议，并可以抄送制定机关的同级人民政府、上一级行政机关、监察机关以及规范性文件的备案机关。规范性文件不合法的，人民法院可以在裁判生效之日起三个月内，向规范性文件制定机关提出修改或者废止该规范性文件的司法建议。……接收司法建议的行政机关应当在收到司法建议之日起六十日内予以书面答复。……"可见，法院如果经过审查认定《实施意见》不合法，可以在裁判生效之日起 3 个月内向制定机关乙市房管局提出司法建议，乙市房管局应当在收到司法建议之日起 60 日内予以书面答复。

D 选项不当选。根据《最高人民法院关于适用〈中华人民共和国行政诉讼法〉的解释》第 150 条规定："人民法院认为规范性文件不合法的，应当在裁判生效后报送上一级人民法院进行备案。涉及国务院部门、省级行政机关制定的规范性文件，司法建议还应当分别层报最高人民法院、高级人民法院备案。"在本案中，法院附带审查的《实施意见》是由甲省乙市房管局制定的规范性文件，不

属于国务院部门或省级机关制定的规范性文件，依法报送上一级法院备案即可。

综上，本案的正确答案为 A。

（2017/2/99）3. 某环保联合会对某公司提起环境民事公益诉讼，因在诉讼中需要该公司的相关环保资料，遂向县环保局提出申请公开该公司的排污许可证、排污口数量和位置等有关环境信息。申请书中载明了单位名称、住所地、联系人及电话并加盖了公章、获取信息的方式等。县环保局收到申请后，要求环保联合会提供申请人身份的证明材料。环保联合会提供了社会团体登记证复印件。县环保局以申请公开的内容不明确为由拒绝公开，该环保联合会遂提起行政诉讼。若法院受理此案，关于此案的审理，下列说法正确的是？

A. 法院审理第一审行政案件，当事人各方同意适用简易程序的，可适用简易程序

B. 县环保局负责人出庭应诉的，可另委托 1 至 2 名诉讼代理人

C. 县环保局应当对拒绝的根据及履行法定告知和说明理由义务的情况举证

D. 法院应要求环保联合会对其所申请的信息与其自身生产、生活、科研等需要的相关性进行举证

【考点】行政诉讼的建议程序、行政机关负责人出庭应诉、举证责任

【黄文涛解析】A 选项当选。《行政诉讼法》第 82 条第 2 款规定："除前款规定以外的第一审行政案件，当事人各方同意适用简易程序的，可以适用简易程序。"可见对于一审行政诉讼案件，双方当事人同意时可以适用简易程序。

B 选项当选。《行政诉讼法》第 31 条第 1 款规定："当事人、法定代理人，可以委托一至二人作为诉讼代理人。"当事人包括行政诉讼的被告，本题案例中县环保局就是行政诉讼的被告，因此可以委托 1 至 2 名诉讼代理人。

C 选项当选。《行政诉讼法》第 34 条第 1 款规定："被告对作出的行政行为负有举证责任，应当提供作出该行政行为的证据和所依据的规范性文件。"可见在行政诉讼中由被告承担举证责任，因此作为被告的县环保局应当对拒绝的根据及履行法定告知和说明理由义务的情况举证。

D 选项不当选。《最高人民法院关于审理政府信息公开行政案件若干问题的规定》第 5 条第 6 款规定："被告以政府信息与申请人自身生产、生活、科研等特殊需要无关为由不予提供的，人民法院可以要求原告对特殊需要事由作出说明。"在本题案例中县环保局是以申请公开的内容不明确为由拒绝公开，而并不是以申请公开的内容与申请人的三需要无关为由拒绝公开，所以法院不需要要求环保联合会对其所申请的信息与其自身生产、生活、科研等需要的相关性进行举证。

综上，本题的正确答案为 ABC。

（2017/2/100）4. 县政府以某化工厂不符合国家产业政策、污染严重为由，决定强制关闭该厂。该厂向法院起诉要求撤销该决定，并提出赔偿请求。一审法院认定县政府决定违法，予以撤销，但未对赔偿请求作出裁判，县政府提出上诉。下列说法正确的是？

A. 本案第一审应由县法院管辖

B. 二审法院不得以不开庭方式审理该上诉案件

C. 二审法院应对一审法院的判决和被诉行政行为进行全面审查

D. 如二审法院经审查认为依法不应给予该厂赔偿的，应判决驳回其赔偿请求

【考点】行政诉讼的管辖、二审程序；行政赔偿的判决类型

【黄文涛解析】A 选项不当选。《行政诉讼法》第 15 条规定："中级人民法院管辖下列第一审行政案件：（一）对国务院部门或者县级以上地方人民政府所作的行政行为提起诉讼的案件；……"可见以县政府为被告起诉的行政诉讼案件应该由中级法院管辖。

B 选项不当选。《行政诉讼法》第 86 条规定："人民法院对上诉案件，应当组成合议庭，开庭审理。经过阅卷、调查和询问当事人，对没有提出新的事实、证据或者理由，合议庭认为不需要开庭审理的，也可以不开庭审理。"可见行政诉讼的二审案件也可以不开庭审理。

C 选项当选。《行政诉讼法》第 87 条规定："人民法院审理上诉案件，应当对原审人民法院的判决、裁定和被诉行政行为进行全面审查。"可见 C 选项表述正确，当选。

D 选项当选。《最高人民法院关于适用〈中华人民共和国行政诉讼法〉的解释》第 109 条第 4 款规定："原审判决遗漏行政赔偿请求，第二审人民法院经审查认为依法不应当予以赔偿的，应当判决驳回行政赔偿请求。"可见当一审法院遗漏行政赔偿请求时，二审法院经审查认为依法不应给予该厂赔偿的，应判决驳回其赔偿请求。

综上，本题的正确答案为 CD。

（2016/2/84）5. 交警大队以方某闯红灯为由当场处以 50 元罚款，方某不服起诉。法院适用简易程序审理。关于简易程序，下列哪些说法是正确的？

A. 由审判员一人独任审理

B. 法院应在立案之日起 30 日内审结，有特殊情况需延长的经批准可延长

C. 法院在审理过程中发现不宜适用简易程序的，裁定转为普通程序

D. 对适用简易程序作出的判决，当事人不得提出上诉

【考点】行政诉讼的简易程序

【黄文涛解析】A 选项当选，B 选项不当选。《行政诉讼法》第 83 条规定："适用简易程序审理的行政案件，由审判员一人独任审理，并应当在立案之日起四十五日内审结。"可见简易程序中的确是审判员一人独任审判，但是应该自立案之日起 45 日内审结。

C 选项当选。《行政诉讼法》第 84 条规定："人民法院在审理过程中，发现案件不宜适用简易程序的，裁定转为普通程序。"

D 选项不当选。简易程序也是行政诉讼的法定程序，通过简易程序作出的法定判决，当事人同样有权上诉。

综上，本题的正确答案为 AC。

（2016/2/85）6. 甲、乙两村因土地使用权发生争议，县政府裁决使用权归甲村。乙村不服向法院起诉撤销县政府的裁决，并请求法院判定使用权归乙村。关于乙村提出的土地使用权归属请求，下列哪些说法是正确的？

A. 除非有正当理由的，乙村应于第一审开庭审理前提出

B. 法院作出不予准许决定的，乙村可申请复议一次

C. 法院应单独立案

D. 法院应另行组成合议庭审理

【考点】 行政附带民事诉讼程序

【黄文涛解析】 A选项当选。本案中的行政诉讼程序属于行政附带民事诉讼程序，法律依据是《行政诉讼法》第61条第1款的规定："在涉及行政许可、登记、征收、征用和行政机关对民事争议所作的裁决的行政诉讼中，当事人申请一并解决相关民事争议的，人民法院可以一并审理。"同时根据《最高人民法院关于适用〈中华人民共和国行政诉讼法〉的解释》第137条规定："公民、法人或者其他组织请求一并审理行政诉讼法第六十一条规定的相关民事争议，应当在第一审开庭审理前提出；有正当理由的，也可以在法庭调查中提出。"除非有正当理由的，乙村应于第一审开庭审理前提出要求法院一并解决土地使用权归属的请求。

B选项当选。《最高人民法院关于适用〈中华人民共和国行政诉讼法〉的解释》第139条第2款规定："对不予准许的决定可以申请复议一次。"可见对于法院不予准许一并审理民事争议的行政诉讼，当事人可以申请复议一次。

C选项不当选。《最高人民法院关于适用〈中华人民共和国行政诉讼法〉的解释》第140条第2款规定："人民法院审理行政机关对民事争议所作裁决的案件，一并审理民事争议的，不另行立案。"本案县政府作出的就是对民事争议的裁决，此时申请一并审理民事争议的，不需要另行立案。

D选项不当选。《最高人民法院关于适用〈中华人民共和国行政诉讼法〉的解释》第140条第1款规定："人民法院在行政诉讼中一并审理相关民事争议的，民事争议应当单独立案，由同一审判组织审理。"可见此时应该由同一个审判组织审理，并没有规定法院需要另行组成合议庭审理。

综上，本题的正确答案为AB。

(2015/2/81) 7. 法院审理行政案件，对下列哪些事项，《行政诉讼法》没有规定的，适用《民事诉讼法》的相关规定？

A. 受案范围、管辖

B. 期间、送达、财产保全

C. 开庭审理、调解、中止诉讼

D. 检察院对受理、审理、裁判、执行的监督

【考点】 行政诉讼与民事诉讼的关系

【黄文涛解析】 A选项不当选，B选项、C选项、D选项当选。《行政诉讼法》第101条规定："人民法院审理行政案件，关于期间、送达、财产保全、开庭审理、调解、中止诉讼、终结诉讼、简易程序、执行等，以及人民检察院对行政案件受理、审理、裁判、执行的监督，本法没有规定的，适用《中华人民共和国民事诉讼法》的相关规定。"故BCD选项当选。

综上，本题的正确答案为BCD。

(2015/2/83) 8. 关于行政诉讼简易程序，下列哪些说法是正确的？

A. 对第一审行政案件，当事人各方同意适用简易程序的，可以适用

B. 案件涉及款额2000元以下的发回重审案件和上诉案件，应适用简易程序审理

C. 适用简易程序审理的行政案件，由审判员一人独任审理

扫码听课

扫码听课

D. 适用简易程序审理的行政案件，应当庭宣判

【考点】 行政诉讼的简易程序

【黄文涛解析】 A 选项当选。《行政诉讼法》第 82 条第 2 款规定："除前款规定以外的第一审行政案件，当事人各方同意适用简易程序的，可以适用简易程序。"可见在行政诉讼的一审中，当事人双方都同意适用简易程序的就可以适用该程序。

B 选项不当选。《行政诉讼法》第 82 条第 3 款规定："发回重审、按照审判监督程序再审的案件不适用简易程序。"可见发回重审和上诉的案件一律不适用简易程序。

C 选项当选。《行政诉讼法》第 83 条规定："适用简易程序审理的行政案件，由审判员一人独任审理，并应当在立案之日起四十五日内审结。"可见简易程序就是由审判员一人独任审理。

D 选项不当选。《行政诉讼法》中并没有要求简易程序应当当庭宣判，故 D 选项不当选。

综上，本题的正确答案为 AC。

十四、行政诉讼的证据

（2020 回忆版） 1. 2019 年 10 月 19 日，王某发现自己的身份信息被冒用，于 2017 年 10 月 20 日被登记为某公司的股东。王某于 2020 年 1 月 20 日提起诉讼，请求法院撤销对该公司的核准登记。诉讼过程中，王某向法院申请司法鉴定，对公司登记材料中签名的真实性进行鉴定。下列哪一说法是正确的？

A. 法院应以超过起诉期限为由，裁定驳回王某起诉

B. 王某可以请求鉴定人出庭接受询问

C. 题中核准登记属于行政许可

D. 某公司应当对错误登记承担责任

【考点】 行政诉讼的起诉期限；行政许可的判断；行政诉讼的证据规则

【黄文涛解析】 A 选项不当选。《行政诉讼法》第 46 条第 1 款规定："公民、法人或者其他组织直接向人民法院提起诉讼的，应当自知道或者应当知道作出行政行为之日起六个月内提出。法律另有规定的除外。"同时《最高人民法院关于适用〈中华人民共和国行政诉讼法〉的解释》第 65 条规定："公民、法人或者其他组织不知道行政机关作出的行政行为内容的，其起诉期限从知道或者应当知道该行政行为内容之日起计算，但最长不得超过行政诉讼法第四十六条第二款规定的起诉期限。"本案中王某是在 2019 年 10 月才发现自己的身份信息在 2017 年 10 月被冒用登记为公司股东，也即行政机关在 2017 年 10 月作出核准登记行为时，王某并不知道该行政行为的内容，因此王某应从 2019 年 10 月 19 日知道核准登记这一行为内容之日起 6 个月内起诉，他在 2020 年 1 月 20 日起诉仍是在法定起诉期限内，所以没有超出起诉期限。

B 选项当选。《最高人民法院关于行政诉讼证据若干问题的规定》第 47 条第 1 款规定："当事人要求鉴定人出庭接受询问的，鉴定人应当出庭。鉴定人因正当事由不能出庭的，经法庭准许，可以不出庭，由当事人对其书面鉴定结论进行质证。"可见王某作为行政诉讼的原告有权要求鉴定人出庭接受询问。

C选项当选。《行政许可法》第12条规定："下列事项可以设定行政许可：……（五）企业或者其他组织的设立等，需要确定主体资格的事项；"可见企业组织的核准设立登记属于行政许可。

D选项不当选。核准登记行为属于行政机关（市场监管机关）的法定职责，行政机关在核准登记时具有审慎审查的义务，本题中行政机关没有发现王某身份信息被冒用的问题，因此应当由行政机关承担责任，而非由公司承担责任。

综上，本题的正确答案为BC。

（2015/2/84）2. 梁某酒后将邻居张某家的门、窗等物品砸坏。县公安局接警后，对现场进行拍照、制作现场笔录，并请县价格认证中心作价格鉴定意见，对梁某作出行政拘留8日处罚。梁某向法院起诉，县公安局向法院提交照片、现场笔录和鉴定意见。下列哪些说法是正确的？

A. 照片为书证

B. 县公安局提交的现场笔录无当事人签名的，不具有法律效力

C. 县公安局提交的鉴定意见应有县价格认证中心的盖章和鉴定人的签名

D. 梁某对现场笔录的合法性有异议的，可要求县公安局的相关执法人员作为证人出庭作证

【考点】 行政诉讼的证据规则

【黄文涛解析】 A选项当选。书证是以文字、符号、图形所记载或表示的内容、含义来证明案件事实的证据，照片是典型的书证，故A选项当选。

B选项不当选。《最高人民法院关于行政诉讼证据若干问题的规定》第15条规定："根据行政诉讼法第三十一条第一款第（七）项的规定，被告向人民法院提供的现场笔录，应当载明时间、地点和事件等内容，并由执法人员和当事人签名。当事人拒绝签名或者不能签名的，应当注明原因。有其他人在现场的，可由其他人签名。法律、法规和规章对现场笔录的制作形式另有规定的，从其规定。"可见现场笔录并非必须要当事人签名。

C选项当选。《最高人民法院关于行政诉讼证据若干问题的规定》第32条规定："人民法院对委托或者指定的鉴定部门出具的鉴定书，应当审查是否具有下列内容：……（七）鉴定人及鉴定部门签名盖章。"可见鉴定意见必须要有鉴定机构和鉴定人的签章。

D选项不当选。《最高人民法院关于适用〈中华人民共和国行政诉讼法〉的解释》第41条规定："有下列情形之一，原告或者第三人要求相关行政执法人员出庭说明的，人民法院可以准许：（一）对现场笔录的合法性或者真实性有异议的；……"可见原告如果对现场笔录的合法性有异议，应该是要求县公安局的相关行政执法人员出庭说明，而非作为证人出庭作证。最高人民法院2018年司法解释的规定改变了2002年《最高人民法院关于行政诉讼证据若干问题的规定》第44条的规定，该条中规定："有下列情形之一，原告或者第三人可以要求相关行政执法人员作为证人出庭作证：（一）对现场笔录的合法性或者真实性有异议的；"可见虽然原本依据2002年的司法解释D选项当选，但是依据2018年的司法解释，D选项不当选。

综上，本题的正确答案为AC。

十五、行政诉讼的裁判

（2020 回忆版） 1. 因破坏行业经营规则，行业协会根据法律授权对李某作出了罚款 10 万元的决定，李某认为该协会并没有法律授权，起诉确认罚款行为无效。法院经过审理发现该行业协会有法律授权，但是罚款决定程序违法，应该撤销。下列选项错误的是？

A. 法院应当根据李某的请求作出确认无效判决

B. 法院应当向李某释明，李某请求撤销行政行为的，应当继续审理并依法作出相应判决

C. 李某请求撤销行政行为但超过法定起诉期限的，裁定驳回起诉

D. 李某拒绝变更诉讼请求的，判决驳回其诉讼请求

【考点】 行政诉讼的确认无效判决

【黄文涛解析】 A 选项当选，B 选项、C 选项、D 选项不当选。《最高人民法院关于适用〈中华人民共和国行政诉讼法〉的解释》第 94 条第 2 款规定："公民、法人或者其他组织起诉请求确认行政行为无效，人民法院审查认为行政行为不属于无效情形，经释明，原告请求撤销行政行为的，应当继续审理并依法作出相应判决；原告请求撤销行政行为但超过法定起诉期限的，裁定驳回起诉；原告拒绝变更诉讼请求的，判决驳回其诉讼请求。"可见法院不能根据李某的请求作出确认无效判决，而应该依照上述法条规定进行处理。

综上，本题的正确答案是 A。

（2015/2/99） 2. 某镇政府以一公司所建钢架大棚未取得乡村建设规划许可证为由责令限期拆除。该公司逾期不拆除，镇政府现场向其送达强拆通知书，组织人员拆除了大棚。该公司向法院起诉要求撤销强拆行为。如一审法院审理认为强拆行为违反法定程序，可作出的判决有？

A. 撤销判决　　　　　　　　B. 确认违法判决

C. 履行判决　　　　　　　　D. 变更判决

【考点】 行政诉讼的裁判类型

【黄文涛解析】 A 选项、C 选项、D 选项不当选，B 选项当选。《行政诉讼法》第 74 条第 2 款规定："行政行为有下列情形之一，不需要撤销或者判决履行的，人民法院判决确认违法：（一）行政行为违法，但不具有可撤销内容的；"本题中强拆行为也已经实施，不具有可撤销的内容，故只能判决确认违法。

综上，本题的正确答案为 B。

十六、国家赔偿

（2020 回忆版） 1. 张某租用一家门面开办的美容店，税务部门以张某逃税为由查封美容店，并扣押美容仪器设备，美容店停业。张某向法院起诉，法院判决撤销查封决定和扣押决定。张某申请国家赔偿。下列属于国家赔偿范围的是：

A. 张某美容店查封的名誉损失

B. 解除查封和扣押措施时造成的美容仪器设备损失

C. 支付门面租赁费

D. 若扣押的仪器设备已被拍卖的，给付拍卖所得的价款及相应的赔偿金

【考点】国家赔偿的范围

【黄文涛解析】A选项不当选。《国家赔偿法》第35条规定："有本法第三条或者第十七条规定情形之一，致人精神损害的，应当在侵权行为影响的范围内，为受害人消除影响，恢复名誉，赔礼道歉；造成严重后果的，应当支付相应的精神损害抚慰金。"法条中所说的第3条和第17条规定的都是侵害当事人人身权的情形，也即只有因侵害当事人人身权导致的名誉损失才属于国家赔偿的范围。本题中张某的美容店被查封，不属于人身权的损害，所以其名誉损失不属于国家赔偿的范围。

B选项当选。《国家赔偿法》第36条规定："侵犯公民、法人和其他组织的财产权造成损害的，按照下列规定处理：……（二）查封、扣押、冻结财产的，解除对财产的查封、扣押、冻结；造成财产损坏或者灭失的，依照本条第三项、第四项的规定赔偿；（三）应当返还的财产损坏的，能够恢复原状的恢复原状，不能恢复原状的，按照损害程度给付相应的赔偿金；（四）应当返还的财产灭失的，给付相应的赔偿金；……"可见因解除查封和扣押措施而导致的损失属于国家赔偿的范围。

C选项当选。《国家赔偿法》第36条第6项规定："侵犯公民、法人和其他组织的财产权造成损害的，按照下列规定处理：……（六）吊销许可证和执照、责令停产停业的，赔偿停产停业期间必要的经常性费用开支；"同时，《最高人民法院关于审理民事、行政诉讼中司法赔偿案件适用法律若干问题的解释》第14条规定："国家赔偿法第三十六条第六项规定的停产停业期间必要的经常性费用开支，是指法人、其他组织和个体工商户为维系停产停业期间运营所需的基本开支，包括留守职工工资、必须缴纳的税费、水电费、房屋场地租金、设备租金、设备折旧费等必要的经常性费用。"本题中，门面租赁费就属于应当赔偿的房屋场地租金费用。

D选项不当选。《国家赔偿法》第36条第5项规定："侵犯公民、法人和其他组织的财产权造成损害的，按照下列规定处理：……（五）财产已经拍卖或者变卖的，给付拍卖或者变卖所得的价款；变卖的价款明显低于财产价值的，应当支付相应的赔偿金；"可见，当扣押的仪器设备已经被拍卖时，给付拍卖所得的价款。只有在变卖的价款明显低于财产价值的，才应当支付相应的赔偿金。

综上，本题的正确答案是BC。

（2020 回忆版）2. 某县公安局认定李某涉嫌寻衅滋事将其拘留，后县检察院将李某逮捕，而后县法院判决李某三年有期徒刑，李某不服提起上诉，市中院认定因证据不足，指控的犯罪不能成立，改判李某无罪，请问赔偿义务机关是谁？

A. 县公安局　　　　B. 县检察院　　　　C. 县法院　　　　D. 市中院

【考点】国家赔偿义务机关

【黄文涛解析】C选项当选，A选项、B选项、D选项不当选。《国家赔偿法》第21条第4款规定："再审改判无罪的，作出原生效的人民法院为赔偿义务机关。二审改判无罪，以及二审发回重审后作无罪处理的，作出一审有罪判决的人民法院为赔偿义务机关。"可见在刑事赔偿中，如果二审法院改判无罪，则应由一审法院作为赔偿义务机关。本题中，县法院作为一审法院作出有罪判决，二审法院市中院改判无罪，应由县法院作为赔偿义务机关。

扫码听课

综上，本题的正确答案是 C。

（2020 回忆版）3. 1994 年 10 月 1 日，聂某被某县公安局刑事拘留，10 月 9 日，因涉嫌故意杀人、强奸妇女被某县检察院批准逮捕。1995 年 3 月 15 日，某市中级人民法院判决聂某死刑。聂某上诉，1995 年 4 月 25 日，某省高级人民法院维持死刑判决，随后聂某被执行死刑。2016 年 12 月 2 日，最高人民法院改判聂某无罪。2016 年 12 月 14 日，聂某家属申请国家赔偿。下列哪一说法是错误的？

A. 赔偿义务机关为某省高级人民法院

B. 国家应当给予聂某家属赔偿

C. 赔偿义务机关可就赔偿方式和数额与聂某家属协商，但不得就赔偿项目进行协商

D. 若赔偿义务机关拒绝赔偿，聂某家属可以向上一级人民法院赔偿委员会申请作出赔偿决定

【考点】国家赔偿义务机关；国家赔偿的协商；国家赔偿程序

【黄文涛解析】A 选项不当选。《国家赔偿法》第 21 条第 4 款规定："再审改判无罪的，作出原生效判决的人民法院为赔偿义务机关。二审改判无罪，以及二审发回重审后作无罪处理的，作出一审有罪判决的人民法院为赔偿义务机关。"本题中最高人民法院再审改判无罪，作出生效判决的法院是某省高级人民法院，所以也就是赔偿义务机关。

B 选项不当选。《国家赔偿法》第 6 条第 2 款规定："受害的公民死亡，其继承人和其他有扶养关系的亲属有权要求赔偿。"本题中受害人聂某已经死亡，其家属依法有权要求赔偿，国家也应当给予其家属国家赔偿。

C 选项当选。《国家赔偿法》第 23 条第 1 款规定："赔偿义务机关应当自收到申请之日起两个月内，作出是否赔偿的决定。赔偿义务机关作出赔偿决定，应当充分听取赔偿请求人的意见，并可以与赔偿请求人就赔偿方式、赔偿项目和赔偿数额依照本法第四章的规定进行协商。"可见在刑事赔偿程序中，赔偿请求人和赔偿义务机关之间可以就赔偿的方式、项目和数额进行协商。

D 选项不当选。《国家赔偿法》第 24 条第 1、3 款规定："赔偿义务机关在规定期限内未作出是否赔偿的决定，赔偿请求人可以自期限届满之日起三十日内向赔偿义务机关的上一级机关申请复议。……赔偿义务机关是人民法院的，赔偿请求人可以依照本条规定向其上一级人民法院赔偿委员会申请作出赔偿决定。"可见在刑事赔偿程序中，如果赔偿义务机关是法院，则无需经过向上一级机关申请复议的程序，在赔偿义务机关先行处理之后有权直接向上一级法院内设的国家赔偿委员会请求处理。

综上，本题的正确答案是 C。

（2019 回忆版）4. 李某因涉嫌犯罪被甲市公安局乙区分局刑事拘留，后乙区检察院对其批准逮捕。乙区法院经审理对其判处 6 年有期徒刑。李某提出上诉，甲市中院审理后改判李某无罪。李某随之提出了国家赔偿申请。关于本案中国家赔偿义务机关的确定，下列哪一说法正确？

A. 乙区法院 　　　　　　　　　B. 乙区分局和乙区检察院

C. 乙区检察院和乙区法院 　　　D. 乙区检察院

大咖点拨区

扫码听课

【考点】刑事赔偿义务机关的确定

【黄文涛解析】A选项当选，B选项、C选项、D选项不当选。《国家赔偿法》第21条第4款规定："再审改判无罪的，作出原生效判决的人民法院为赔偿义务机关。二审改判无罪，以及二审发回重审后作无罪处理的，作出一审有罪判决的人民法院为赔偿义务机关。"可见在二审法院改判无罪后，应当由一审法院作为赔偿义务机关。

综上，本题的正确答案为A。

（2019 回忆版）5. 甲区水利局发现一个采砂厂涉嫌违规采砂，责令立即停止违法采砂的行为。但是这个采砂厂继续进行采砂，甲区水利局于是采用切断电源的方式，迫使该采砂厂停产4个月。后采砂厂不服申请行政复议，复议机关经审理认定甲区水利局的责令停止采砂行为和切断电源行为违法，于是采砂厂申请国家赔偿。下列哪些停业期间的损失属于本案的国家赔偿范围？

A. 停业期间采砂厂缴纳的水利资源使用费

B. 采砂过程中用于购买机器设备的资金

C. 因停业给采砂厂造成的间接损失

D. 采砂厂停业期间留守职工的工资

【考点】国家赔偿的范围

【黄文涛解析】A选项当选、B选项不当选、C选项不当选、D选项当选。《国家赔偿法》第36条规定："侵犯公民、法人和其他组织的财产权造成损害的，按照下列规定处理：……（六）吊销许可证和执照、责令停产停业的，赔偿停产停业期间必要的经常性费用开支；"同时《最高人民法院关于审理民事、行政诉讼中司法赔偿案件适用法律若干问题的解释》第14条规定："国家赔偿法第三十六条第六项规定的停产停业期间必要的经常性费用开支，是指法人、其他组织和个体工商户为维系停产停业期间运营所需的基本开支，包括留守职工工资、必须缴纳的税费、水电费、房屋场地租金、设备租金、设备折旧费等必要的经常性费用。"可见国家赔偿中停业期间只有必要的经常性费用开支属于赔偿范围。停业期间缴纳的水利资源费属于必要的经常性开支，故A选项当选。停业期间留守职工的工资也属于必要的经常性费用，故D选项当选。设备折旧费属于必要的经常性费用，因此采砂过程中用于购买机器设备的资金本身不属于经常性费用，故B选项不当选。《国家赔偿法》第36条中还规定："……（八）对财产权造成其他损害的，按照直接损失给予赔偿。"可见国家赔偿只赔偿直接损失，不赔偿间接损失，故C选项不当选。

综上，本题的正确答案为AD。

（2018 回忆版）6. 城管局工作人员徐某、孟某在调查孙某在过街天桥上占道摆摊行为时，孟某对孙某实施了殴打，后经鉴定孙某构成7级伤残。于是孙某申请国家赔偿。下列属于国家赔偿范围的是？

A. 医疗费   B. 未成年子女生活费

C. 残疾生活辅助具费   D. 残疾赔偿金

【考点】国家赔偿的范围

【黄文涛解析】A选项、C选项、D选项当选，B选项不当选。根据《国家赔偿法》第34条第2项规定："侵犯公民生命健康权的，赔偿金按照下列规定计

扫码听课

算：……（二）造成部分或者全部丧失劳动能力的，应当支付医疗费、护理费、残疾生活辅助具费、康复费等因残疾而增加的必要支出和继续治疗所需的费用，以及残疾赔偿金。残疾赔偿金根据丧失劳动能力的程度，按照国家规定的伤残等级确定，最高不超过国家上年度职工年平均工资的二十倍。造成全部丧失劳动能力的，对其扶养的无劳动能力的人，还应当支付生活费。"可见，造成人身残疾的案件中，医疗费、残疾生活辅助具费、残疾赔偿金属于国家赔偿范围。但是，只有在人身侵害造成全部丧失劳动能力的，才给予未成年子女生活费。本题的案例中并没有造成全部丧失劳动能力，所以不需要支付未成年子女生活费。

综上，本题的正确答案为 ACD。

（2018 回忆版）7. 区公安分局以曹某涉嫌职务侵占罪为由将其刑事拘留，区检察院批准对其逮捕。提起公诉后区法院判处曹某构成侵占罪，不予刑事处罚。曹某上诉后，甲市中级法院判决曹某无罪。判决生效后曹某请求国家赔偿。下列哪些说法是错误的？

A. 区法院为赔偿义务机关

B. 区检察院为赔偿义务机关

C. 因为曹某没有受到刑事处罚，国家不予赔偿

D. 曹某申请国家赔偿的，应当先向赔偿义务机关提出

【考点】 刑事赔偿义务机关、赔偿范围、赔偿程序

【黄文涛解析】 A 选项不当选、B 选项当选。根据《国家赔偿法》第 21 条第 4 款规定："再审改判无罪的，作出原生效判决的人民法院为赔偿义务机关。二审改判无罪，以及二审发回重审后作无罪处理的，作出一审有罪判决的人民法院为赔偿义务机关。"可见当区法院判处曹某有罪，最终被中级法院改判无罪时，应该由区法院作为赔偿义务机关。

C 选项当选。虽然曹某没有受到刑事处罚，但是在审判期间他一直被羁押在看守所，也即被限制了人身自由，最终判决无罪意味着曹某被错误羁押，因此这段时间应当予以赔偿。

D 选项不当选。根据《国家赔偿法》第 22 条第 2 款规定："赔偿请求人要求赔偿，应当先向赔偿义务机关提出。"可见，在刑事赔偿程序中，赔偿义务机关的先行处理程序属于前置程序。

综上，本题的正确答案 BC。

（2017/2/50）8. 某市公安局以朱某涉嫌盗窃罪于 2013 年 7 月 25 日将其刑事拘留，经市检察院批准逮捕。2015 年 9 月 11 日，市中级法院判决朱某无罪，朱某被释放。2016 年 3 月 15 日，朱某以无罪被羁押为由申请国家赔偿，要求支付侵犯人身自由的赔偿金，赔礼道歉，赔偿精神损害抚慰金 200 万元。下列哪一说法是正确的？

A. 市检察院为赔偿义务机关

B. 朱某不能以口头方式提出赔偿申请

C. 限制人身自由的时间是计算精神抚慰金的唯一标准

D. 侵犯朱某人身自由的每日赔偿金应按照 2014 年度职工日平均工资计算

【考点】 刑事赔偿义务机关；刑事赔偿的程序、计算标准

【黄文涛解析】 A 选项当选。《国家赔偿法》第 21 条第 3 款规定："对公民采

取逮捕措施后决定撤销案件、不起诉或者判决宣告无罪的，作出逮捕决定的机关为赔偿义务机关。"本题案例中市检察院已经批准逮捕，市中院则判决宣告无罪，由此依法应由作出逮捕决定的市检察院作为赔偿义务机关。

B选项不当选。《国家赔偿法》第12条第2款规定："赔偿请求人书写申请书确有困难的，可以委托他人代书；也可以口头申请，由赔偿义务机关记入笔录。"可见国家赔偿请求可以以口头的方式提出申请。

C选项不当选。《国家赔偿法》第35条规定："有本法第三条或者第十七条规定情形之一，致人精神损害的，应当在侵权行为影响的范围内，为受害人消除影响，恢复名誉，赔礼道歉；造成严重后果的，应当支付相应的精神损害抚慰金。"可见除了限制人身自由的时间外，侵害人身权的后果是否严重也是计算精神抚慰金的标准，如果后果不严重则不能支付精神损害抚慰金。

D选项不当选。《国家赔偿法》第33条规定："侵犯公民人身自由的，每日赔偿金按照国家上年度职工日平均工资计算。"同时《最高人民法院、最高人民检察院关于办理刑事赔偿案件适用法律若干问题的解释》第21条第1款规定："国家赔偿法第三十三条、第三十四条规定的上年度，是指赔偿义务机关作出赔偿决定时的上一年度；复议机关或者人民法院赔偿委员会改变原赔偿决定，按照新作出决定时的上一年度国家职工平均工资标准计算人身自由赔偿金。"本案中朱某是2016年提出国家赔偿请求，那么即使赔偿义务机关在当年作出赔偿决定，也应该按照2015年度职工日平均工资计算每日赔偿金，而不会是按照2014年度计算。

综上，本题的正确答案为A。

（2016/2/50）9. 某县公安局于2012年5月25日以方某涉嫌合同诈骗罪将其刑事拘留，同年6月26日取保候审，8月11日检察院决定批准逮捕方某。2013年5月11日，法院以指控依据不足为由判决方某无罪，方某被释放。2014年3月2日方某申请国家赔偿。下列哪一说法是正确的？

A. 县公安局为赔偿义务机关

B. 赔偿义务机关可就赔偿方式和数额与方某协商，但不得就赔偿项目进行协商

C. 方某2012年6月26日至8月11日取保候审，不属于国家赔偿范围

D. 对方某的赔偿金标准应按照2012年度国家职工日平均工资计算

【考点】刑事赔偿的义务机关；刑事赔偿的程序、范围、计算标准

【黄文涛解析】A选项不当选。《国家赔偿法》第21条第3款规定："对公民采取逮捕措施后决定撤销案件、不起诉或者判决宣告无罪的，作出逮捕决定的机关为赔偿义务机关。"本案中法院判决方某无罪，应该由作出逮捕决定的检察院作为赔偿义务机关。

B选项不当选。《国家赔偿法》第23条第1款规定："赔偿义务机关应当自收到申请之日起两个月内，作出是否赔偿的决定。赔偿义务机关作出赔偿决定，应当充分听取赔偿请求人的意见，并可以与赔偿请求人就赔偿方式、赔偿项目和赔偿数额依照本法第四章的规定进行协商。"可见在国家赔偿程序中，对于赔偿方式、赔偿项目和赔偿数额都可以进行协商。

C选项当选。在国家赔偿对受害人人身自由损害的赔偿范围中，只有受害人

实际被限制人身自由的期限才属于赔偿范围，取保候审期间方某的人身自由没有受到实际的限制，因此不属于国家赔偿的范围。

D选项不当选。《国家赔偿法》第33条规定："侵犯公民人身自由的，每日赔偿金按照国家上年度职工日平均工资计算。"同时《最高人民法院、最高人民检察院关于办理刑事赔偿案件适用法律若干问题的解释》第21条第1款规定："国家赔偿法第三十三条、第三十四条规定的上年度，是指赔偿义务机关作出赔偿决定时的上一年度；复议机关或者人民法院赔偿委员会改变原赔偿决定，按照新作出决定时的上一年度国家职工平均工资标准计算人身自由赔偿金。"因此对方某的赔偿金应该依据赔偿义务机关作出赔偿决定的上一年度职工日平均工资计算，本案中方某是在2014年3月2日才申请国家赔偿，因此2012年肯定不是赔偿义务机关作出赔偿决定的上一年度。

综上，本题的正确答案为C。

（2015/2/85）10. 丁某以其房屋作抵押向孙某借款，双方到房管局办理手续，提交了房产证原件及载明房屋面积100平方米、借款50万元的房产抵押合同，该局以此出具房屋他项权证。丁某未还款，法院拍卖房屋，但因房屋面积只有70平方米，孙某遂以该局办理手续时未尽核实义务造成其15万元债权无法实现为由，起诉要求认定该局行为违法并赔偿损失。对此案，下列哪些说法是错误的？

A. 法院可根据孙某申请裁定先予执行

B. 孙某应对房管局的行为造成其损失提供证据

C. 法院应对房管局的行为是否合法与行政赔偿争议一并审理和裁判

D. 孙某的请求不属国家赔偿范围

【考点】 先予执行制度；行政赔偿的举证责任、审理程序、赔偿范围

【黄文涛解析】 A选项当选。《行政诉讼法》第57条第1款规定："人民法院对起诉行政机关没有依法支付抚恤金、最低生活保障金和工伤、医疗社会保险金的案件，权利义务关系明确、不先予执行将严重影响原告生活的，可以根据原告的申请，裁定先予执行。"可见法院只有在行政给付的案件中才有可能根据原告的申请先予执行，本题中孙某的案件不适用先予执行的情形。

B选项不当选。《国家赔偿法》第15条第1款规定："人民法院审理行政赔偿案件，赔偿请求人和赔偿义务机关对自己提出的主张，应当提供证据。"可见孙某作为行政赔偿诉讼的原告，有义务提供证据，故B选项的表述正确，不当选。

C选项当选。《最高人民法院关于审理行政赔偿案件若干问题的规定》第28条规定："当事人在提起行政诉讼的同时一并提出行政赔偿请求，或者因具体行政行为和与行使行政职权有关的其他行为侵权造成损害一并提出行政赔偿请求的，人民法院应当分别立案，根据具体情况可以合并审理，也可以单独审理。"可见此时法院既可以一并审理和裁判，也可以单独审理。

D选项当选。《国家赔偿法》第4条规定："行政机关及其工作人员在行使行政职权时有下列侵犯财产权情形之一的，受害人有取得赔偿的权利：……（四）造成财产损害的其他违法行为。"同时《最高人民法院关于审理行政赔偿案件若干问题的规定》第1条规定："《中华人民共和国国家赔偿法》第三条、第四条规定的其他违法行为，包括具体行政行为和与行政机关及其工作人员行使行政职权有关的，给公民、法人或者其他组织造成损害的，违反行政职责的行为。"本题中

大咖点拨区

扫码听课

大咖点拨区

扫码听课

房管局在出具房屋他项权证时未核实房屋的实际面积，属于违反行政职责的行为，因此属于赔偿的范围，故 D 选项错误，当选。

综上，本题的正确答案为 ACD。

（2015/2/100）11. 某县公安局以涉嫌诈骗为由将张某刑事拘留，并经县检察院批准逮捕，后县公安局以证据不足为由撤销案件，张某遂申请国家赔偿。下列说法正确的是？

A. 赔偿义务机关为县公安局和县检察院

B. 张某的赔偿请求不属国家赔偿范围

C. 张某当面递交赔偿申请书，赔偿义务机关应当场出具加盖本机关专用印章并注明收讫日期的书面凭证

D. 如赔偿义务机关拒绝赔偿，张某可向法院提起赔偿诉讼

【考点】 刑事赔偿的义务机关、赔偿范围、赔偿程序

【黄文涛解析】 A 选项不当选。《国家赔偿法》第 21 条第 3 款规定："对公民采取逮捕措施后决定撤销案件、不起诉或者判决宣告无罪的，作出逮捕决定的机关为赔偿义务机关。"可见逮捕后案件被撤销的，应该由批捕机关县检察院作为赔偿义务机关。

B 选项不当选。《国家赔偿法》第 17 条规定："行使侦查、检察、审判职权的机关以及看守所、监狱管理机关及其工作人员在行使职权时有下列侵犯人身权情形之一的，受害人有取得赔偿的权利：……（二）对公民采取逮捕措施后，决定撤销案件、不起诉或者判决宣告无罪终止追究刑事责任的；"可见张某在被检察院批捕后案件被撤销的，属于国家赔偿的范围。

C 选项当选。《国家赔偿法》第 22 条第 3 款规定："赔偿请求人提出赔偿请求，适用本法第十一条、第十二条的规定。"而同法第 12 条第 4 款规定："赔偿请求人当面递交申请书的，赔偿义务机关应当当场出具加盖本行政机关专用印章并注明收讫日期的书面凭证。申请材料不齐全的，赔偿义务机关应当当场或者在五日内一次性告知赔偿请求人需要补正的全部内容。"故 C 选项当选。

D 选项不当选。《国家赔偿法》第 24 条第 2 款规定："赔偿请求人对赔偿的方式、项目、数额有异议的，或者赔偿义务机关作出不予赔偿决定的，赔偿请求人可以自赔偿义务机关作出赔偿或者不予赔偿决定之日起三十日内，向赔偿义务机关的上一级机关申请复议。"可见如赔偿义务机关拒绝赔偿，张某要向上一级机关申请复议，故 D 选项不当选。

综上，本题的正确答案为 C。

第二编　精选原型行政法客观真题库

　　说明：本编将精选的真题按照最新法律法规进行解析，并特别依据当年考试出题的顺序进行交错编排，以便考生训练时处于全真环境中，感受真实考试的氛围。

原型客观真题汇编一

（2014/2/43） 1. 国家税务总局为国务院直属机构。就其设置及编制，下列哪一说法是正确的？

　　A. 设立由全国人大及其常委会最终决定

　　B. 合并由国务院最终决定

　　C. 编制的增加由国务院机构编制管理机关最终决定

　　D. 依法履行国务院基本的行政管理职能

　　【考点】中央行政机关的职能分配、设置程序与编制管理

　　【黄文涛解析】A选项不当选，B选项当选。《国务院行政机构设置和编制管理条例》第8条规定："国务院直属机构、国务院办事机构和国务院组成部门管理的国家行政机构的设立、撤销或者合并由国务院机构编制管理机关提出方案，报国务院决定。"可见国务院直属机构设置的批准权在国务院自身，而非全国人大及其常委会。

　　C选项不当选。《国务院行政机构设置和编制管理条例》第19条规定："国务院行政机构增加或者减少编制，由国务院机构编制管理机关审核方案，报国务院批准。"

　　D选项不当选。《国务院行政机构设置和编制管理条例》第6条第3、4款规定："国务院组成部门依法分别履行国务院基本的行政管理职能……国务院直属机构主管国务院的某项专门业务，具有独立的行政管理职能。"可见直属机构的职能是主管国务院的专门业务，而非履行基本的行政管理职能。

　　综上，本题的正确答案是B。

扫码听课

（2014/2/44） 2. 王某经过考试成为某县财政局新录用的公务员，但因试用期满不合格被取消录用。下列哪一说法是正确的？

　　A. 对王某的试用期限，由某县财政局确定

　　B. 对王某的取消录用，应当适用辞退公务员的规定

　　C. 王某不服取消录用向法院提起行政诉讼的，法院应当不予受理

　　D. 对王某的取消录用，在性质上属于对王某的不予录用

　　【考点】公务员的录用

　　【黄文涛解析】A选项不当选。《公务员法》第34条规定："新录用的公务员试用期为一年。试用期满合格的，予以任职；不合格的，取消录用。"可见新录用的公务员的试用期是由《公务员法》统一规定，而不是由县财政局确定。

扫码听课

B选项不当选。《公务员法》第88条规定："公务员有下列情形之一的，予以辞退：（一）在年度考核中，连续两年被确定为不称职的；（二）不胜任现职工作，又不接受其他安排的；（三）因所在机关调整、撤销、合并或者缩减编制员额需要调整工作，本人拒绝合理安排的；（四）不履行公务员义务，不遵守法律和公务员纪律，经教育仍无转变，不适合继续在机关工作，又不宜给予开除处分的；（五）旷工或者因公外出、请假期满无正当理由逾期不归连续超过十五天，或者一年内累计超过三十天的。"可见其中并没有规定取消录用适用辞退公务员的规定。

C选项当选。王某作为新录用的公务员，县财政局认为其在试用期内不合格将其取消录用，属于对公务员的内部管理行为，不属于行政诉讼的受案范围。

D选项不当选。不予录用属于在录用公务员的过程中认为相对人不符合公务员的条件而拒绝录用，此时相对人尚未进入公务员队伍。而取消录用则属于相对人已经被录用为公务员，已经进入公务员队伍，取得公务员的身份，但是因为法定原因而被退出公务员队伍。两者的法律性质完全不同。

综上，本题的正确答案为C。

（2014/2/45）3. 某县公安局开展整治非法改装机动车的专项行动，向社会发布通知：禁止改装机动车，发现非法改装机动车的，除依法暂扣行驶证、驾驶证6个月外，机动车所有人须到指定场所学习交通法规5日并出具自行恢复原貌的书面保证，不自行恢复的予以强制恢复。某县公安局依此通知查处10辆机动车，要求其所有人到指定场所学习交通法规5日并出具自行恢复原貌的书面保证。下列哪一说法是正确的？

A. 通知为具体行政行为

B. 要求10名机动车所有人学习交通法规5日的行为为行政指导

C. 通知所指的暂扣行驶证、驾驶证6个月为行政处罚

D. 通知所指的强制恢复为行政强制措施

【考点】 行政行为法律性质的判断

【黄文涛解析】 A选项不当选。县公安局的通知应该是一种抽象行政行为，因为该通知在作出时所针对的对象是不特定的，而且可以反复适用。所有在该通知有效期内擅自改装机动车的车主都要受到该通知的约束，这符合抽象行政行为的特征。

B选项不当选。行政指导的最显著特征就是非强制性，它是行政机关对相对人的劝说、建议、诱导，不会对相对人的权利义务产生强制的变动性影响。而本案中要求10名机动车所有人学习的决定具有强制力，属于行政命令行为，而非行政指导行为。

C选项当选。本选项应当区分行政强制措施与行政处罚。虽然在《行政强制法》中也规定了扣押财物的行政强制措施种类，但是本案中暂扣行驶证、驾驶证的行为是对已经被确认为违法的行为人实施的惩戒，并非为了防止危险的发生或危害的扩大而实施的行政强制措施行为，从行政行为的目的上可以判断应该属于行政处罚。

D选项不当选。本案中的强制恢复属于行政强制执行，法条依据是《行政强制法》第12条规定："行政强制执行的方式：……（四）排除妨碍、恢复原状；"

强制恢复被改装的机动车就属于本条规定的"恢复原状"的行政强制执行行为。

综上，本题的正确答案为 C。

（2014/2/47）4. 某区公安分局以非经许可运输烟花爆竹为由，当场扣押孙某杂货店的烟花爆竹 100 件。关于此扣押，下列哪一说法是错误的？

A. 执法人员应当在返回该分局后立即向该分局负责人报告并补办批准手续

B. 扣押时应当制作现场笔录

C. 扣押时应当制作并当场交付扣押决定书和清单

D. 扣押应当由某区公安分局具备资格的行政执法人员实施

【考点】行政强制措施的程序

【黄文涛解析】A 选项当选。《行政强制法》第 19 条规定："情况紧急，需要当场实施行政强制措施的，行政执法人员应当在二十四小时内向行政机关负责人报告，并补办批准手续。行政机关负责人认为不应当采取行政强制措施的，应当立即解除。"可见执法人员应该是在 24 小时内向负责人报告并补办批准手续，而非"立即"。

B 选项不当选。《行政强制法》第 18 条规定："实施行政强制措施应当遵守下列规定：……（七）制作现场笔录；……"可见实施扣押的行政强制措施应当制作现场笔录。

C 选项不当选。《行政强制法》第 24 条第 1 款规定："行政机关决定实施查封、扣押的，应当履行本法第十八条规定的程序，制作并当场交付查封、扣押决定书和清单。"

D 选项不当选。《行政强制法》第 17 条第 3 款规定："行政强制措施应当由行政机关具备资格的行政执法人员实施，其他人员不得实施。"可见行政强制措施不能委托给其他主体实施。

综上，本题的正确答案为 A。

（2014/2/48）5. 某乡属企业多年未归还方某借给的资金，双方发生纠纷。方某得知乡政府曾发过 5 号文件和 210 号文件处分了该企业的资产，遂向乡政府递交申请，要求公开两份文件。乡政府不予公开，理由是 5 号文件涉及第三方，且已口头征询其意见，其答复是该文件涉及商业秘密，不同意公开，而 210 号文件不存在。方某向法院起诉。下列哪些说法是正确的？

A. 方某申请时应当出示有效身份证明或者证明文件

B. 对所申请的政府信息，方某不具有申请人资格

C. 乡政府不公开 5 号文件合法

D. 方某能够提供 210 号文件由乡政府制作的相关线索的，可以申请法院调取证据

【考点】政府信息公开的程序；政府信息公开诉讼的举证责任

【黄文涛解析】A 项当选。2019 年修订生效的《政府信息公开条例》第 29 条第 2 款规定："政府信息公开申请应当包括下列内容：（一）申请人的姓名或者名称、身份证明、联系方式；……"可见依据修订后的《政府信息公开条例》，申请政府信息公开时应当提供申请人的身份证明，这与之前的规定不一致，因此本案中方某查询公开的信息时需要出具有效身份证明文件。

B 选项不当选。《政府信息公开条例》第 27 条规定："除行政机关主动公开

的政府信息外，公民、法人或者其他组织可以向地方各级人民政府、对外以自己名义履行行政管理职能的县级以上人民政府部门（含本条例第十条第二款规定的派出机构、内设机构）申请获取相关政府信息。"可见依据 2019 年修订的《政府信息公开条例》，申请人申请政府信息公开已经不需要受到"三需要"的限制，因此在本案中方某具有申请人的资格。

C 选项不当选。《政府信息公开条例》第 32 条规定："依申请公开的政府信息公开会损害第三方合法权益的，行政机关应当书面征求第三方的意见。第三方应当自收到征求意见书之日起 15 个工作日内提出意见。第三方逾期未提出意见的，由行政机关依照本条例的规定决定是否公开。第三方不同意公开且有合理理由的，行政机关不予公开。行政机关认为不公开可能对公共利益造成重大影响的，可以决定予以公开，并将决定公开的政府信息内容和理由书面告知第三方。"可见乡政府只是口头征询第三方意见，而没有依法书面征求第三方的意见，从程序上就不具有合法性。

D 选项当选。最高法院《政府信息公开案件司法解释》第 5 条第 5 款规定："被告主张政府信息不存在，原告能够提供该政府信息系由被告制作或者保存的相关线索的，可以申请人民法院调取证据。"本选项的表述符合该条规定。

综上，本题的正确答案为 AD。

（2014/2/49）6. 某区环保局因某新建水电站未报批环境影响评价文件，且已投入生产使用，给予其罚款 10 万元的处罚。水电站不服，申请复议，复议机关作出维持处罚的复议决定书。下列哪一说法是正确的？

A. 复议机构应当为某区政府

B. 如复议期间案件涉及法律适用问题，需要有权机关作出解释，行政复议终止

C. 复议决定书一经送达，即发生法律效力

D. 水电站对复议决定不服向法院起诉，应由复议机关所在地的法院管辖

【考点】行政复议机关的确定；行政复议的终止；行政复议决定；行政诉讼的管辖法院

【黄文涛解析】A 选项不当选。《行政复议法》第 12 条第 1 款规定："对县级以上地方各级人民政府工作部门的具体行政行为不服的，由申请人选择，可以向该部门的本级人民政府申请行政复议，也可以向上一级主管部门申请行政复议。"区环保局作为区政府的工作部门，它的复议机关应该是市环保局或者区政府，而非只有区政府可以作为复议机关。另外，《行政复议法实施条例》第 2 条规定："各级行政复议机关应当认真履行行政复议职责，领导并支持本机关负责法制工作的机构（以下简称行政复议机构）依法办理行政复议事项，并依照有关规定配备、充实、调剂专职行政复议人员，保证行政复议机构的办案能力与工作任务相适应。"可见"复议机构"是复议机关内部负责法制工作的机构，不可能是区政府。

B 选项不当选。《行政复议法实施条例》第 41 条规定："行政复议期间有下列情形之一，影响行政复议案件审理的，行政复议中止：……（六）案件涉及法律适用问题，需要有权机关作出解释或者确认的；"可见此时应该是复议中止而非复议终止。

大咖点拨区

扫码听课

C 选项当选。《行政复议法》第 31 条第 3 款规定："行政复议决定书一经送达，即发生法律效力。"

D 选项不当选。《行政诉讼法》第 18 条第 1 款规定："行政案件由最初作出行政行为的行政机关所在地人民法院管辖。经复议的案件，也可以由复议机关所在地人民法院管辖。"可见在复议维持后起诉的案件中，原机关所在地法院和复议机关所在地法院都具有管辖权。

综上，本题的正确答案为 C。

（2014/2/76）7. 高效便民是行政管理的基本要求，是服务型政府的具体体现。下列哪些选项体现了这一要求？

A. 简化行政机关内部办理行政许可流程

B. 非因法定事由并经法定程序，行政机关不得撤回和变更已生效的行政许可

C. 对办理行政许可的当事人提出的问题给予及时、耐心的答复

D. 对违法实施行政许可给当事人造成侵害的执法人员予以责任追究

【考点】高效便民原则

【黄文涛解析】高效便民原则包含了两个子原则：（1）行政效率原则。（2）便利当事人原则。

A 选项当选，简化行政机关办理行政许可流程意味着提高了行政机关办事的效率，自然便利了当事人。

B 选项不当选。非因法定事由并经法定程序，行政机关不得撤回和变更已生效的行政许可体现的是诚实守信原则中的信赖利益保护原则。

C 选项当选。对办理行政许可的当事人提出的问题给予及时、耐心的答复意味着当事人可以快速得到办事的相关信息，自然便利了当事人。

D 选项不当选。对违法实施行政许可给当事人造成侵害的执法人员予以责任追究意味着要求行政执法人员承担相应的法律责任，体现的是权责统一原则中的行政责任子原则。

综上，本题的正确答案为 AC。

（2014/2/77）8. 程序正当是当代行政法的基本原则，遵守程序是行政行为合法的要求之一。下列哪些做法违背了这一要求？

A. 某环保局对当事人的处罚听证，由本案的调查人员担任听证主持人

B. 某县政府自行决定征收基本农田 35 公顷

C. 某公安局拟给予甲拘留 10 日的治安处罚，告知其可以申请听证

D. 乙违反治安管理的事实清楚，某公安派出所当场对其作出罚款 500 元的处罚决定

【考点】程序正当原则

【黄文涛解析】程序正当原则包括三个子原则：（1）行政公开子原则；（2）公众参与子原则；（3）回避子原则。

A 选项当选。《行政处罚法》第 64 条规定："听证应当依照以下程序组织：……（四）听证由行政机关指定的非本案调查人员主持；当事人认为主持人与本案有直接利害关系的，有权申请回避；"可见行政处罚的听证不能由本案调查人员担任听证主持人，A 选项案例违反了法律的程序性规定，既违反了合法行政原则中的法律优先子原则，也违反了程序正当原则中的回避子原则。

大咖点拨区

扫码听课

扫码听课

B选项不当选。依据《土地管理法》第46条第1款的规定，征收基本农田需要国务院批准，县政府无权批准，因此县政府的行为违反了法律规定的程序，属于违反合法行政原则中的法律优先子原则。但是，本选项不属于违反程序正当，因为程序正当原则包含的是上述三个子原则，而本选项中县政府的行为没有违反这三个子原则。

C选项不当选。我国《治安管理处罚法》中并未规定行政拘留之前应当告知当事人听证的权力，不过公安局告知了当事人听证的权利，这是对当事人的一种保护，并没有违反行政法的基本原则。

D选项不当选。《治安管理处罚法》第100条规定："违反治安管理行为事实清楚，证据确凿，处警告或者二百元以下罚款的，可以当场作出治安管理处罚决定。"可见派出所在作出罚款500元的处罚决定时不能当场作出，而应该履行处罚的一般程序。D选项案例中派出所的行为违反了法律规定的程序，属于违反合法行政原则中的法律优先子原则。但是没有违反程序正当原则中任何一个子原则，因此没有违反程序正当原则。

综上，本题的正确答案为A（原公布的答案为AD）。目前多数关于真题解析的书籍都认为本题的答案是AD，我认为这是有问题的。因为如果D选项的案例属于违反程序正当原则，那么B选项的案例也应该属于违反程序正当原则，答案就应该是ABD，而不是AD。合法行政原则与程序正当原则有时是无法截然分开的，特别是当程序正当原则中的三个子原则在法律中明文规定，并被行政机关违反时，应当视为既违反了合法行政原则，又违反了程序正当原则。但是如果行政机关违反了法定程序不属于程序正当原则的三个子原则之一，应当视为仅违反了合法行政原则，而没有违反程序正当原则。然而本题的题面中不但出现了程序正当原则的表述，又出现了所谓遵守程序是行政行为合法要求的表述，十分含糊，令考生分不清到底是要考查程序正当原则还是合法行政原则。由此看来，本题是一道值得商榷的错题。

扫码听课

（2014/2/78）9. 廖某在某镇沿街路边搭建小棚经营杂货，县建设局下发限期拆除通知后强制拆除，并对廖某作出罚款2万元的处罚。廖某起诉，法院审理认为廖某所建小棚未占用主干道，其违法行为没有严重到既需要拆除又需要实施顶格处罚的程度，判决将罚款改为1000元。法院判决适用了下列哪些原则？

A. 行政公开 B. 比例原则 C. 合理行政　　　D. 诚实守信

【考点】 诚实守信原则

【黄文涛解析】 A选项不当选。行政公开原则是程序正当原则包含的子原则，本题非行政机关不公开实施行政行为，侵害当事人知情权的问题，因此没有涉及该原则。

B选项当选，C选项当选。比例原则是合理行政原则包含的子原则，要求行政机关实现行政目的所采用的手段的方式和强度应与行政目的契合比例，要采取对当事人损害最小的手段实现行政目的，符合行政立法的目的。本案例中法院的判决认为廖某的违法行为没有严重到既需要拆除又需要实施顶格处罚的程度，意味着法院认为行政机关的行为对廖某产生了过度的损害，不符合比例原则，也就不符合合理行政原则。

D选项不当选。诚实守信原则一般包括了两个子原则：（1）行政信息真实、全面、准确子原则；（2）信赖利益保护子原则。本案例不适用这两个子原则，也就不违反诚实守信原则。

综上，本题的正确答案为 BC。

（2014/2/79）10. 某公安局以刘某引诱他人吸食毒品为由对其处以 15 日拘留，并处 3000 元罚款的处罚。刘某不服，向法院提起行政诉讼。下列哪些说法是正确的？

A. 公安局在作出处罚决定前传唤刘某询问查证，询问查证时间最长不得超过 24 小时

B. 对刘某的处罚不应当适用听证程序

C. 如刘某为外国人，可以附加适用限期出境

D. 刘某向法院起诉的期限为 3 个月

【考点】 治安处罚的程序；行政诉讼的起诉期限

【黄文涛解析】 A 选项当选。《治安管理处罚法》第 83 条第 1 款规定："对违反治安管理行为人，公安机关传唤后应当及时询问查证，询问查证的时间不得超过八小时；情况复杂，依照本法规定可能适用行政拘留处罚的，询问查证的时间不得超过二十四小时。"本案中某公安局以刘某引诱他人吸食毒品为由对其处以 15 日拘留，属于询问查证时间可以是 24 小时的情形。

B 选项不当选。《治安管理处罚法》第 98 条规定："公安机关作出吊销许可证以及处 2000 元以上罚款的治安管理处罚决定前，应当告知违反治安管理行为人有权要求举行听证；违反治安管理行为人要求听证的，公安机关应当及时依法举行听证。"可见虽然行政拘留不适用听证程序，可是对刘某进行 3000 元罚款需要告知听证权利，适用听证程序。

C 选项当选。《治安管理处罚法》第 10 条第 2 款规定："对违反治安管理的外国人，可以附加适用限期出境或者驱逐出境。"

D 选项不当选。《行政诉讼法》第 46 条第 1 款规定："公民、法人或者其他组织直接向人民法院提起诉讼的，应当自知道或者应当知道作出行政行为之日起六个月内提出。法律另有规定的除外。"可见起诉期限应该为 6 个月而非 3 个月。

综上，本题的正确答案为 AC。

（2014/2/80）11.《反不正当竞争法》规定，当事人对监督检查部门作出的处罚决定不服的，可以自收到处罚决定之日起 15 日内向上一级主管机关申请复议；对复议决定不服的，可以自收到复议决定书之日起 15 日内向法院提起诉讼；也可以直接向法院提起诉讼。某县工商局认定某企业利用广告对商品作引人误解的虚假宣传，构成不正当竞争，处 10 万元罚款。该企业不服，申请复议。下列哪些说法是正确的？

A. 复议机关应当为该工商局的上一级工商局

B. 申请复议期间为 15 日

C. 如复议机关作出维持决定，该企业向法院起诉，起诉期限为 15 日

D. 对罚款决定，该企业可以不经复议直接向法院起诉

【考点】 行政复议机关的确定；行政复议的申请期限；行政诉讼的起诉期限；复议与诉讼的衔接

【黄文涛解析】 A 选项不当选。《行政复议法》第 12 条第 1 款规定："对县级

以上地方各级人民政府工作部门的具体行政行为不服的，由申请人选择，可以向该部门的本级人民政府申请行政复议，也可以向上一级主管部门申请行政复议。"工商机关虽然在1999年时被确定为省以下垂直领导的机关，但是《行政复议法实施条例》第24条规定："申请人对经国务院批准实行省以下垂直领导的部门作出的具体行政行为不服的，可以选择向该部门的本级人民政府或者上一级主管部门申请行政复议；省、自治区、直辖市另有规定的，依照省、自治区、直辖市的规定办理。"可见工商局的同级政府也可以成为复议机关。

B选项不当选。《行政复议法》第9条第1款规定："公民、法人或者其他组织认为具体行政行为侵犯其合法权益的，可以自知道该具体行政行为之日起六十日内提出行政复议申请；但是法律规定的申请期限超过六十日的除外。"可见只有法律规定超出60日的才除外，如果是少于60日则依据《行政复议法》的规定按照60日计算复议申请期限。

C选项当选。《行政诉讼法》第45条规定："公民、法人或者其他组织不服复议决定的，可以在收到复议决定书之日起十五日内向人民法院提起诉讼。复议机关逾期不作决定的，申请人可以在复议期满之日起十五日内向人民法院提起诉讼。法律另有规定的除外。"可见在行政诉讼中，只要法律另有规定，就依据法律的规定确定行政诉讼的起诉期限，这与《行政复议法》中的例外规定不一样。

D选项当选。罚款作为普通的行政行为，对其不不服既可以提起行政诉讼，也可以申请行政复议，不属于法定的复议前置情形。

综上，本题的正确答案为CD。

（2014/2/82）12. 在行政诉讼中，针对下列哪些情形，法院应当判决驳回原告的诉讼请求？

A. 起诉被告不作为，理由不能成立的

B. 受理案件后发现起诉不符合起诉条件的

C. 被诉具体行政行为合法，但因法律变化需要变更或者废止的

D. 被告在一审期间改变被诉具体行政行为，原告不撤诉的

【考点】 行政诉讼的裁判类型

【黄文涛解析】 A选项当选。《行政诉讼法》第69条规定："行政行为证据确凿，适用法律、法规正确，符合法定程序的，或者原告申请被告履行法定职责或者给付义务理由不成立的，人民法院判决驳回原告的诉讼请求。"可见在起诉被告不作为理由不能成立时，法院应该判决驳回原告的诉讼请求。

B选项不当选。《最高人民法院关于适用〈中华人民共和国行政诉讼法〉的解释》第69条规定："有下列情形之一，已经立案的，应当裁定驳回起诉：（一）不符合行政诉讼法第四十九条规定的；……（十）其他不符合法定起诉条件的情形。"可见在起诉不符合起诉条件并且已经受理时，法院应当裁定驳回起诉。

C选项当选。考试当年生效的最高法院2000年《行政诉讼法解释》第56条规定："有下列情形之一的，人民法院应当判决驳回原告的诉讼请求：……（三）被诉具体行政行为合法，但因法律、政策变化需要变更或者废止的；"虽然该规定在2018年最高法院《行政诉讼法解释》中被删除，但是依据《行政诉讼法》的规定，在被告胜诉时，原则上应当驳回原告诉讼请求。

D选项不当选。《最高人民法院关于适用〈中华人民共和国行政诉讼法〉的

解释》第81条第3款规定："被告改变原违法行政行为，原告仍要求确认原行政行为违法的，人民法院应当依法作出确认判决。"可见此时法院也有可能作出确认违法判决，而非一定作出驳回原告诉讼请求判决。

综上，本题的正确答案为 AC。

（2014/2/83） 13. 王某认为社保局提供的社会保障信息有误，要求该局予以更正。该局以无权更正为由拒绝更正。王某向法院起诉，法院受理。下列哪些说法是正确的？

A. 王某应当提供其向该局提出过更正申请以及政府信息与其自身相关且记录不准确的事实根据

B. 该局应当对拒绝的理由进行举证和说明

C. 如涉案信息有误但该局无权更正的，法院即应判决驳回王某的诉讼请求

D. 如涉案信息有误且该局有权更正的，法院即应判决在 15 日内更正

【考点】政府信息公开诉讼的举证责任、判决类型

【黄文涛解析】A 选项当选。最高法院 2011 年《政府信息公开案件司法解释》第 5 条第 7 款规定："原告起诉被告拒绝更正政府信息记录的，应当提供其向被告提出过更正申请以及政府信息与其自身相关且记录不准确的事实根据。"

B 选项当选。最高法院 2011 年《政府信息公开案件司法解释》第 5 条第 3 款规定："被告拒绝更正与原告相关的政府信息记录的，应当对拒绝的理由进行举证和说明。"

C 选项不当选，D 选项不当选。最高法院 2011 年《政府信息公开案件司法解释》第 9 条第 4 款规定："被告依法应当更正而不更正与原告相关的政府信息记录的，人民法院应当判决被告在一定期限内更正。尚需被告调查、裁量的，判决其在一定期限内重新答复。被告无权更正的，判决其转送有权更正的行政机关处理。"可见当被告无权更正时，法院判决其转送有权机关处理，当被告有权更正时，判决被告在一定期限内更正，而并非一定是 15 日。此外法院也可以判决被告其在一定期限内重新答复。

综上，本题的正确答案为 AB。

（2014/2/84） 14. 2009 年 3 月 15 日，严某向某市房管局递交出让方为郭某（严某之母）、受让方为严某的房产交易申请表以及相关材料。4 月 20 日，该局向严某核发房屋所有权证。后因家庭纠纷郭某想出售该房产时发现房产已不在名下，于 2013 年 12 月 5 日以该局为被告提起诉讼，要求撤销向严某核发的房屋所有权证，并给自己核发新证。一审法院判决维持被诉行为，郭某提出上诉。下列哪一说法是正确的？

A. 本案的起诉期限为 2 年

B. 本案的起诉期限从 2009 年 4 月 20 日起算

C. 如诉讼中郭某解除对诉讼代理人的委托，在其书面报告法院后，法院应当通知其他当事人

D. 第二审法院应对一审法院的裁判和被诉具体行政行为是否合法进行全面审查

【考点】行政诉讼的起诉期限；行政诉讼的代理人；二审的审理程序

【黄文涛解析】A 选项不当选，B 选项不当选。《行政诉讼法》第 46 条规定：

大咖点拨区

扫码听课

扫码听课

"公民、法人或者其他组织直接向人民法院提起诉讼的，应当自知道或者应当知道作出行政行为之日起六个月内提出。法律另有规定的除外。因不动产提起诉讼的案件自行政行为作出之日起超过二十年，其他案件自行政行为作出之日起超过五年提起诉讼的，人民法院不予受理。"同时，《最高人民法院关于适用〈中华人民共和国行政诉讼法〉的解释》第65条规定："公民、法人或者其他组织不知道行政机关作出的行政行为内容的，其起诉期限从知道或者应当知道该行政行为内容之日起计算，但最长不得超过行政诉讼法第四十六条第二款规定的起诉期限。"在本案中郭某在被诉行政行为作出时不知道该行政行为的发生，因此起诉期限应该从其知道该行政行为之日起6个月内（2009年4月20日并非郭某知道该行政行为的时间），但是最长不超过从2009年4月20日行为作出之日起算的20年。

C选项不当选。《最高人民法院关于适用〈中华人民共和国行政诉讼法〉的解释》第31条规定："当事人委托诉讼代理人，应当向人民法院提交由委托人签名或者盖章的授权委托书。委托书应当载明委托事项和具体权限。公民在特殊情况下无法书面委托的，也可以由他人代书，并由自己捺印等方式确认，人民法院应当核实并记录在卷；被诉行政机关或者其他有义务协助的机关拒绝人民法院向被限制人身自由的公民核实的，视为委托成立。当事人解除或者变更委托的，应当书面报告人民法院。"可见当事人解除或变更委托的，是需要书面报告法院。本题当年生效的司法解释中要求法院应当通知另一方当事人，但是在18年的司法解释中已经删除了这一条文。

D选项当选。《行政诉讼法》第87条规定："人民法院审理上诉案件，应当对原审人民法院的判决、裁定和被诉行政行为进行全面审查。"

综上，本题的正确答案为D。

（2014/2/85）15. 根据《公务员法》的规定，下列哪些选项属于公务员交流方式？

A. 调任　　　　　B. 转任　　　　　C. 挂职锻炼　　　　D. 接受培训

【考点】公务员的交流

【黄文涛解析】A选项、B选项当选。《公务员法》第69条规定："国家实行公务员交流制度。公务员可以在公务员和参照本法管理的工作人员队伍内部交流，也可以与国有企业和不参照本法管理的事业单位中从事公务的人员交流。交流的方式包括调任、转任。"

C选项不当选。《公务员法》第72条第1款规定："根据工作需要，机关可以采取挂职方式选派公务员承担重大工程、重大项目、重点任务或者其他专项工作。"可见2018年修订《公务员法》后，挂职锻炼已经不属于公务员的交流方式。

D选项不当选。《公务员法》第15条规定："公务员享有下列权利：……（四）参加培训；"可见接受培训是公务员享有的权利，而非交流方式。

综上，本题的答案是AB。

（2014/2/98）16. 经夏某申请，某县社保局作出认定，夏某晚上下班途中驾驶摩托车与行人发生交通事故受重伤，属于工伤。夏某供职的公司认为其发生交通事故系醉酒所致，向法院起诉要求撤销认定。某县社保局向法院提交了公安局交警大队交通事故认定书、夏某住院的病案和夏某同事孙某的证言。下列说法正

扫码听课

扫码听课

确的是?

　　A. 夏某为本案的第三人

　　B. 某县社保局提供的证据均系书证

　　C. 法院对夏某住院的病案是否为原件的审查，系对证据真实性的审查

　　D. 如有证据证明交通事故确系夏某醉酒所致，法院应判决撤销某县社保局的认定

　　【考点】行政诉讼的第三人、证据规则、裁判类型

　　【黄文涛解析】A选项当选。《行政诉讼法》第29条第1款规定："公民、法人或者其他组织同被诉行政行为有利害关系但没有提起诉讼，或者同案件处理结果有利害关系的，可以作为第三人申请参加诉讼，或者由人民法院通知参加诉讼。"本案中法院对工伤认定的判决会对夏某的权利义务产生直接影响，夏某可以成为行政诉讼中的第三人。

　　B选项不当选。县社保局提供的夏某的同事孙某的证言应该属于证人证言，而不是书证。

　　C选项当选。最高法院2002年《最高人民法院关于行政诉讼证据若干问题的规定》第56条规定："法庭应当根据案件的具体情况，从以下方面审查证据的真实性：……（三）证据是否为原件、原物，复制件、复制品与原件、原物是否相符；"

　　D选项当选。如果有证据证明交通事故确系夏某醉酒所致，这意味着被告县社保局作出的工伤认定主要证据不足。依据《行政诉讼法》第70条规定："行政行为有下列情形之一的，人民法院判决撤销或者部分撤销，并可以判决被告重新作出行政行为：（一）主要证据不足的；……"法院应当判决撤销工伤认定行为。

　　综上，本题的正确答案为ACD。

　　（2014/2/99）17. 有关具体行政行为的效力和合法性，下列说法正确的是?

　　A. 具体行政行为一经成立即生效

　　B. 具体行政行为违法是导致其效力终止的唯一原因

　　C. 行政机关的职权主要源自行政组织法和授权法的规定

　　D. 滥用职权是具体行政行为构成违法的独立理由

　　【考点】具体行政行为的效力与合法性

　　【黄文涛解析】A选项不当选。具体行政行为的成立意味着法律上承认该行为的存在，但是这一行为并不一定生效，例如在附期限生效的具体行政行为中，只有等期限届至才会生效。

　　B选项不当选。具体行政行为还有可能因为被废止、撤回等原因效力终止。

　　C选项当选。依据行政法的一般原理，行政机关只有在得到行政组织法或授权法的授权后才拥有自身的行政职权。

　　D选项当选。《行政诉讼法》第70条规定："行政行为有下列情形之一的，人民法院判决撤销或者部分撤销，并可以判决被告重新作出行政行为：……（五）滥用职权的；"可见法院可以因被诉行政行为是行政机关滥用职权作出的，而撤销该行政行为。这意味着滥用职权就是具体行政行为构成违法的独立理由。

　　综上，本题的正确答案为CD。

大咖点拨区

扫码听课

（2014/2/100） 18. 某县公安局以沈某涉嫌销售伪劣商品罪为由将其刑事拘留，并经县检察院批准逮捕。后检察院决定不起诉。沈某申请国家赔偿，赔偿义务机关拒绝。下列说法正确的是？

A. 县公安局为赔偿义务机关

B. 赔偿义务机关拒绝赔偿，应当书面通知沈某

C. 国家应当给予沈某赔偿

D. 对拒绝赔偿，沈某可以向县检察院的上一级检察院申请复议

【考点】刑事赔偿义务机关、赔偿程序、赔偿范围

【黄文涛解析】A选项不当选。《国家赔偿法》第21条第3款规定："对公民采取逮捕措施后决定撤销案件、不起诉或者判决宣告无罪的，作出逮捕决定的机关为赔偿义务机关。"可见县检察院决定不起诉时，应该以县检察院作为赔偿义务机关。

B选项当选。《国家赔偿法》第23条第3款规定："赔偿义务机关决定不予赔偿的，应当自作出决定之日起十日内书面通知赔偿请求人，并说明不予赔偿的理由。"可见在赔偿义务机关拒绝赔偿时，应当书面通知赔偿请求人沈某。

C选项当选。《国家赔偿法》第17条规定："行使侦查、检察、审判职权的机关以及看守所、监狱管理机关及其工作人员在行使职权时有下列侵犯人身权情形之一的，受害人有取得赔偿的权利：……（二）对公民采取逮捕措施后，决定撤销案件、不起诉或者判决宣告无罪终止追究刑事责任的；"本案中属于沈某被采取逮捕措施后，检察院决定不起诉的情形，应当对沈某进行赔偿。

D选项当选。《国家赔偿法》第24条第1款规定："赔偿义务机关在规定期限内未作出是否赔偿的决定，赔偿请求人可以自期限届满之日起三十日内向赔偿义务机关的上一级机关申请复议。"可见当赔偿义务机关为县检察院，且作出拒绝赔偿的决定时，沈某可以向上一级检察院申请复议。

综上，本题的正确答案为BCD。

原型客观真题汇编二

（2013/2/45） 1. 田某为在校大学生，以从事研究为由向某工商局提出申请，要求公开该局2012年度作出的所有行政处罚决定书，该局拒绝公开。田某不服，向法院起诉。下列哪一说法是正确的？

A. 因田某不具有申请人资格，拒绝公开合法

B. 因行政处罚决定为重点公开的政府信息，拒绝公开违法

C. 田某应先申请复议再向法院起诉

D. 田某的起诉期限为3个月

【考点】政府信息公开的范围；复议与诉讼的衔接；行政诉讼的起诉期限

【黄文涛解析】A选项不当选。《政府信息公开条例》第27条规定："除行政机关主动公开的政府信息外，公民、法人或者其他组织可以向地方各级人民政府、对外以自己名义履行行政管理职能的县级以上人民政府部门（含本条例第十条第二款规定的派出机构、内设机构）申请获取相关政府信息。"可见依据2019年修订的《条例》，申请人申请政府信息公开已经不需要受到"三需要"的限制，因此在本案中田某具有申请人的资格。

B选项不当选。《政府信息公开条例》第20条规定："行政机关应当依照本条例第十九条的规定，主动公开本行政机关的下列政府信息：……（六）实施行政处罚、行政强制的依据、条件、程序以及本行政机关认为具有一定社会影响的行政处罚决定；"可见部分行政处罚决定才属于行政机关主动公开的事项，而非重点公开的政府信息。

C选项不当选。《政府信息公开条例》中没有关于复议前置的规定，因此C选项错误。

D选项不当选。《行政诉讼法》第46条第1款规定："公民、法人或者其他组织直接向人民法院提起诉讼的，应当自知道或者应当知道作出行政行为之日起六个月内提出。法律另有规定的除外。"在《行政诉讼法》修订之前规定行政诉讼的一般起诉期限为3个月，但是在修订后已经改为6个月，所以本题根据2015年修订生效的《行政诉讼法》的规定无答案。

综上，依据最新修订的《政府信息公开条例》和《行政诉讼法》，本题无正确答案。

（2013/2/46）2. 因关某以刻划方式损坏国家保护的文物，公安分局决定对其作出拘留10日，罚款500元的处罚。关某申请复议，并向该局提出申请、交纳保证金后，该局决定暂缓执行拘留决定。下列哪一说法是正确的？

A. 关某的行为属于妨害公共安全的行为

B. 公安分局应告知关某有权要求举行听证

C. 复议机关只能是公安分局的上一级公安机关

D. 如复议机关撤销对关某的处罚，公安分局应当及时将收取的保证金退还关某

【考点】治安违法行为的类型；治安听证；复议机关的确定；暂缓拘留决定。

【黄文涛解析】 A选项不当选。《治安管理处罚法》第63条规定了刻划、涂污或者以其他方式故意损坏国家保护的文物、名胜古迹的要进行治安管理处罚，该条归属于"妨害社会管理的行为"，而不是属于"妨害公共安全的行为"。

B选项不当选。《治安管理处罚法》第98条规定："公安机关作出吊销许可证以及处二千元以上罚款的治安管理处罚决定前，应当告知违反治安管理行为人有权要求举行听证；违反治安管理行为人要求听证的，公安机关应当及时依法举行听证。"可见该法只要求治安管理处罚中吊销许可证和2000元以上罚款需要告知听证权利，并没有规定行政拘留之前应当告知听证权利。

C选项不当选。《行政复议法》第12条第1款规定："对县级以上地方各级人民政府工作部门的具体行政行为不服的，由申请人选择，可以向该部门的本级人民政府申请行政复议，也可以向上一级主管部门申请行政复议。"公安分局属于典型的政府工作部门，因此也可以向其本级人民政府申请复议。

D选项当选。《治安管理处罚法》第111条规定："行政拘留的处罚决定被撤销，或者行政拘留处罚开始执行的，公安机关收取的保证金应当及时退还交纳人。"可见复议机关如果将行政处罚决定撤销，公安机关应当及时将收取的保证金退还申请人关某。

综上，本题的正确答案是D。

大咖点拨区

扫码听课

（2013/2/47）3. 某公司向规划局交纳了一定费用后获得了该局发放的建设用地规划许可证。刘某的房屋紧邻该许可规划用地，刘某认为建筑工程完成后将遮挡其房屋采光，向法院起诉请求撤销该许可决定。下列哪一说法是正确的？

A. 规划局发放许可证不得向某公司收取任何费用

B. 因刘某不是该许可的利害关系人，规划局审查和决定发放许可证无需听取其意见

C. 因刘某不是该许可的相对人，不具有原告资格

D. 因建筑工程尚未建设，刘某权益受侵犯不具有现实性，不具有原告资格

【考点】行政许可的费用、程序；行政诉讼的原告资格

【黄文涛解析】A选项当选。《行政许可法》第58条第1款规定："行政机关实施行政许可和对行政许可事项进行监督检查，不得收取任何费用。但是，法律、行政法规另有规定的，依照其规定。"目前没有相关法律、行政法规规定颁发建设用地规划许可证可以收取费用，因此规划局发放许可证不得收费。

B选项不当选。由于刘某的房屋紧邻被颁发建设用地规划许可证的土地，建筑工程完工后会影响其房屋的采光，因此他与该行政许可行为应该有利害关系。根据《行政许可法》第47条第1款的规定："行政许可直接涉及申请人与他人之间重大利益关系的，行政机关在作出行政许可决定前，应当告知申请人、利害关系人享有要求听证的权利；申请人、利害关系人在被告知听证权利之日起五日内提出听证申请的，行政机关应当在二十日内组织听证。"刘某有权提出听证申请，规划局应该听取其意见。

C选项不当选。《最高人民法院关于适用〈中华人民共和国行政诉讼法〉的解释》第12条规定："有下列情形之一的，属于行政诉讼法第二十五条第一款规定的"与行政行为有利害关系"：（一）被诉的行政行为涉及其相邻权或者公平竞争权的；"。本案中行政许可行为就涉及刘某的采光权这一相邻权，因此刘某具有行政诉讼的原告资格。

D选项不当选。《行政诉讼法》第2条第1款规定："公民、法人或者其他组织认为行政机关和行政机关工作人员的行政行为侵犯其合法权益，有权依照本法向人民法院提起诉讼。"同时《行政诉讼法》第49条规定："提起诉讼应当符合下列条件：（一）原告是符合本法第二十五条规定的公民、法人或者其他组织；（二）有明确的被告；（三）有具体的诉讼请求和事实根据；（四）属于人民法院受案范围和受诉人民法院管辖。"可见《行政诉讼法》中并没有要求权益受到现实影响的主体才具有原告资格。

综上，本题的正确答案为A。

（2013/2/48）4. 关于部门规章的权限，下列哪一说法是正确的？

A. 尚未制定法律、行政法规，对违反管理秩序的行为，可以设定暂扣许可证的行政处罚

B. 尚未制定法律、行政法规，且属于规章制定部门职权的，可以设定扣押财物的行政强制措施

C. 可以在上位法设定的行政许可事项范围内，对实施该许可作出具体规定

D. 可以设定除限制人身自由以外的行政处罚

【考点】行政处罚的设定权限；行政强制的设定权限；行政许可的设定权限

大咖点拨区

【黄文涛解析】A选项不当选，D选项不当选。《行政处罚法》第13条第2款规定："尚未制定法律、行政法规的，国务院部门规章对违反行政管理秩序的行为，可以设定警告、通报批评或者一定数额罚款的行政处罚。罚款的限额由国务院规定。"可见部门规章只能设定警告、通报批评和一定数量的罚款，而不可以设定暂扣许可证的行政处罚。并且根据这一法条的规定也可以判断D选项错误。

B选项不当选。《行政强制法》第10条第4款规定："法律、法规以外的其他规范性文件不得设定行政强制措施。"因此部门规章不可以设定行政强制措施。

C选项当选。《行政许可法》第16条第3款规定："规章可以在上位法设定的行政许可事项范围内，对实施该行政许可作出具体规定。"因此C选项正确。

综上，本题的正确答案为C。

（2013/2/49）5. 某法院以杜某逾期未履行偿债判决为由，先将其房屋查封，后裁定将房屋过户以抵债。杜某认为强制执行超过申请数额而申请国家赔偿，要求赔偿房屋过户损失30万元，查封造成屋内财产毁损和丢失5000元，误工损失2000元，以及精神损失费1万元。下列哪一事项属于国家赔偿范围？

A. 2000元　　　B. 5000元　　　C. 1万元　　　D. 30万元

【考点】行政赔偿的范围

【黄文涛解析】A选项不当选。根据《国家赔偿法》第34条的规定，只有侵犯公民的生命健康权才需要赔偿误工费，侵害公民的财产权并没有规定需要赔偿误工费，所以A选项错误。

B选项当选。《国家赔偿法》第36条规定："侵犯公民、法人和其他组织的财产权造成损害的，按照下列规定处理：……（二）查封、扣押、冻结财产的，解除对财产的查封、扣押、冻结，造成财产损坏或者灭失的，依照本条第三项、第四项的规定赔偿；（三）应当返还的财产损坏的，能够恢复原状的恢复原状，不能恢复原状的，按照损害程度给付相应的赔偿金；（四）应当返还的财产灭失的，给付相应的赔偿金；……"可见因查封造成相对人财产损失的属于国家赔偿范围。

C选项不当选。《国家赔偿法》第35条规定："有本法第三条或者第十七条规定情形之一，致人精神损害的，应当在侵权行为影响的范围内，为受害人消除影响，恢复名誉，赔礼道歉；造成严重后果的，应当支付相应的精神损害抚慰金。"同时《国家赔偿法》第3条和第17条规定的都是国家权力对公民人身权的侵害，因此只有侵害公民的人身权造成精神损害才有可能赔偿"精神损害抚慰金"，侵犯公民财产权则不需要进行精神损害赔偿。C选项错误。

D选项不当选。本题B选项解析中的同一法条第八项规定："（八）对财产权造成其他损害的，按照直接损失给予赔偿。"过户损失并非对财产权损害的直接损失，因此不属于赔偿范围。

综上，本题的正确答案为B。

（2013/2/50）6. 甲市乙区政府决定征收某村集体土地100亩。该村50户村民不服，申请行政复议。下列哪一说法是错误的？

A. 申请复议的期限为30日

B. 村民应推选1至5名代表参加复议

扫码听课

扫码听课

C. 甲市政府为复议机关

D. 如要求申请人补正申请材料，应在收到复议申请之日起5日内书面通知申请人

【考点】行政复议的申请期限；行政复议代表人；行政复议机关的确定；行政复议的受理程序

【黄文涛解析】A选项当选。《行政复议法》第9条第1款规定："公民、法人或者其他组织认为具体行政行为侵犯其合法权益的，可以自知道该具体行政行为之日起六十日内提出行政复议申请；但是法律规定的申请期限超过六十日的除外。"可见行政复议的申请期限应该是60日，而非30日。

B选项不当选。《行政复议法实施条例》第8条规定："同一行政复议案件申请人超过5人的，推选1至5名代表参加行政复议。"可见B选项表述正确，但是不当选。

C选项不当选。《行政复议法》第13条第1款规定："对地方各级人民政府的具体行政行为不服的，向上一级地方人民政府申请行政复议。"可见本案的复议机关应该是甲市政府，因此C选项表述正确，但是不当选。

D选项不当选。《行政复议法实施条例》第29条规定："行政复议申请材料不齐全或者表述不清楚的，行政复议机构可以自收到该行政复议申请之日起5日内书面通知申请人补正……"可见D选项表述正确，但是不当选。

综上，本题的正确答案为A。

（2013/2/76）7. 合法行政是行政法的重要原则。下列哪些做法违反了合法行政要求？

A. 某规章规定行政机关对行政许可事项进行监督时，不得妨碍被许可人正常的生产经营活动

B. 行政机关要求行政处罚听证申请人承担组织听证的费用

C. 行政机关将行政强制措施权委托给另一行政机关行使

D. 行政机关对行政许可事项进行监督时发现直接关系公共安全、人身健康的重要设备存在安全隐患，责令停止使用和立即改正

【考点】合法行政原则

【黄文涛解析】合法行政原则包含了两方面内容，即法律优先与法律保留。前者要求行政机关依据法律的授权范围进行活动，不得突破法律规定的权力界限。后者要求在没有法律授权的情形下不得行使行政权力。

A选项不当选。制定规章的行为属于抽象行政行为，同样要符合合法行政原则的要求。《行政许可法》第63条规定："行政机关实施监督检查，不得妨碍被许可人正常的生产经营活动，不得索取或者收受被许可人的财物，不得谋取其他利益。"该规章作出了同样的规定，可见符合《行政许可法》的规定，因此符合合法行政原则。

B选项当选。《行政处罚法》第63条第2款规定："当事人不承担行政机关组织听证的费用。"可见行政处罚听证中，行政机关不得要求当事人承担组织听证的费用。B选项中行政机关的行为违反了《行政处罚法》的这一规定，进而违反了合法行政原则中的法律优先的要求。

C选项当选。《行政强制法》第17条规定："行政强制措施由法律、法规规

扫码听课

定的行政机关在法定职权范围内实施。行政强制措施权不得委托。"C 选项中行政机关的行为违反了这一规定，因此违反了合法行政原则的要求。

D 选项不当选。《行政许可法》第 68 条第 2 款规定："行政机关在监督检查时，发现直接关系公共安全、人身健康、生命财产安全的重要设备、设施存在安全隐患的，应当责令停止建造、安装和使用，并责令设计、建造、安装和使用单位立即改正。"D 选项中行政机关的行为符合这一规定，因此符合合法行政原则的要求。

综上，本题的正确答案是 BC。

（2013/2/77）8. 权责一致是行政法的基本要求。下列哪些选项符合权责一致的要求？

A. 行政机关有权力必有责任

B. 行政机关作出决定时不得考虑不相关因素

C. 行政机关行使权力应当依法接受监督

D. 行政机关依法履行职责，法律、法规应赋予其相应的执法手段

【考点】权责统一原则

【黄文涛解析】权责一致原则包含了两方面的内容，一方面是行政责任原则，要求行政机关行使行政权力的同时要依法受到监督，在违法或者不当行使行政权力时要承担相应的法律责任，因此 A 选项和 C 选项当选。另一方面是行政效能原则，即行政机关依法履行经济、社会和文化事务的管理职责，要由法律、法规赋予其相应的执法手段，保证政令有效，因此 D 选项当选。B 选项属于合理行政原则的内容，不当选。

综上，本题的正确答案是 ACD。

（2013/2/78）9. 某县政府发布通知，对直接介绍外地企业到本县投资的单位和个人按照投资项目实际到位资金金额的千分之一奖励。经张某引荐，某外地企业到该县投资 500 万元，但县政府拒绝支付奖励金。县政府的行为不违反下列哪些原则或要求？

A. 比例原则　　　　B. 行政公开　　　　C. 程序正当　　　　D. 权责一致

【考点】诚实守信原则

【黄文涛解析】诚实守信原则中的信赖利益保护要求行政机关作出生效的行政决定后，非经法定程序不得任意撤销、变更行政决定。在本案中县政府发布通知规定对为本县招商引资的单位和个人进行奖励，这一行政决定属于生效的决定，非经法定程序不得撤销变更。但县政府在张某满足通知中规定的条件后拒绝支付奖励，已经对张某的信赖利益造成损害，因此县政府的行为违反的是诚实守信原则，没有违反其他行政法的基本原则。因此本题中的四个选项都错误，应当全选。该案例改编自最高人民法院行政审判庭的指导案例，属于比较新颖的案例。

综上，本题的正确答案是 ABCD。

（2013/2/79）10. 孙某为某行政机关的聘任制公务员，双方签订聘任合同。下列哪些说法是正确的？

A. 对孙某的聘任须按照公务员考试录用程序进行公开招聘

B. 该机关应按照《公务员法》和聘任合同对孙某进行管理

C. 对孙某的工资可以按照国家规定实行协议工资

大咖点拨区

扫码听课

扫码听课

扫码听课

大咖点拨区

D. 如孙某与该机关因履行聘任合同发生争议，可以向人事争议仲裁委员会申请仲裁

【考点】公务员的聘任

【黄文涛解析】A 选项不当选。《公务员法》第 101 条第 1 款规定："机关聘任公务员可以参照公务员考试录用的程序进行公开招聘，也可以从符合条件的人员中直接选聘。"可见并非必须通过公务员考试录用的程序进行公开招聘。

B 选项当选。《公务员法》第 104 条规定："机关依据本法和聘任合同对所聘公务员进行管理。"

C 选项当选。《公务员法》第 103 条第 3 款规定："聘任制公务员实行协议工资制，具体办法由中央公务员主管部门规定。"

D 选项当选。《公务员法》第 105 条第 4 款规定："聘任制公务员与所在机关之间因履行聘任合同发生争议的，可以自争议发生之日起六十日内申请仲裁。省级以上公务员主管部门根据需要设立人事争议仲裁委员会，受理仲裁申请。人事争议仲裁委员会由公务员主管部门的代表、聘用机关的代表、聘任制公务员的代表以及法律专家组成。当事人对仲裁裁决不服的，可以自接到仲裁裁决书之日起十五日内向人民法院提起诉讼。仲裁裁决生效后，一方当事人不履行的，另一方当事人可以申请人民法院执行。"

综上，本题的正确答案是 BCD。

扫码听课

（2013/2/80）11. 某工商分局接举报称肖某超范围经营，经现场调查取证初步认定举报属实，遂扣押与其经营相关物品，制作扣押财物决定及财物清单。关于扣押程序，下列哪些说法是正确的？

A. 扣押时应当通知肖某到场

B. 扣押清单一式二份，由肖某和该工商分局分别保存

C. 对扣押物品发生的合理保管费用，由肖某承担

D. 该工商分局应当妥善保管扣押的物品

【考点】扣押的程序

【黄文涛解析】A 选项当选。《行政强制法》第 18 条规定："行政机关实施行政强制措施应当遵守下列规定：……（四）通知当事人到场；……"。扣押作为行政强制措施的一种也应该遵守这一规定，通知肖某到场。

B 选项当选。《行政强制法》第 24 条规定："行政机关决定实施查封、扣押的，应当履行本法第十八条规定的程序，制作并当场交付查封、扣押决定书和清单。……查封、扣押清单一式二份，由当事人和行政机关分别保存。"可见扣押时应该制作清单且一式二份，由肖某和该工商分局分别保存。

C 选项不当选。《行政强制法》第 26 条第 3 款规定："因查封、扣押发生的保管费用由行政机关承担。"可见扣押的费用应该由行政机关承担，而不是当事人承担。

D 选项当选。《行政强制法》第 26 条第 1 款规定："对查封、扣押的场所、设施或者财物，行政机关应当妥善保管，不得使用或者损毁；造成损失的，应当承担赔偿责任。"

综上，本题的正确答案是 ABD。

（2013/2/81） 12.2012 年 9 月，某计划生育委员会以李某、周某二人于 2010 年 7 月违法超生第二胎，作出要求其缴纳社会抚养费 12 万元，逾期不缴纳每月加收千分之二滞纳金的决定。二人不服，向法院起诉。下列哪些说法是正确的？

A. 加处的滞纳金数额不得超出 12 万元

B. 本案为共同诉讼

C. 二人的违法行为发生在 2010 年 7 月，到 2012 年 9 月已超过《行政处罚法》规定的追究责任的期限，故决定违法

D. 法院不能作出允许少缴或免缴社会抚养费的变更判决

【考点】 行政强制执行的程序；行政诉讼的共同诉讼；行政处罚的追诉时效；行政诉讼的裁判类型

【黄文涛解析】 A 选项当选。《行政强制法》第 45 条第 2 款规定："加处罚款或者滞纳金的数额不得超出金钱给付义务的数额。"本案中行政收费的数额为 12 万，加处滞纳金的数量不得超出 12 万。

B 选项当选。《行政诉讼法》第 27 条规定："当事人一方或者双方为二人以上，因同一行政行为发生的行政案件，或者因同类行政行为发生的行政案件、人民法院认为可以合并审理并经当事人同意的，为共同诉讼。"在本案中李某和周某受到同一个行政行为的影响，符合法律的规定，因此属于共同诉讼。

C 选项不当选。征收社会抚养费不属于行政处罚行为，因此不受《行政处罚法》规定的二年追究责任期限的限制。

D 选项不当选。《行政诉讼法》第 77 条第 1 款规定："行政处罚明显不当，或者其他行政行为涉及对款额的确定、认定确有错误的，人民法院可以判决变更。"征收社会抚养费属于涉及到数额的确定、认定的行政行为，法院可以判决变更。在《行政诉讼法》修订前法院只能对显失公正的行政处罚作出变更判决，但是在 2015 年修订生效的《行政诉讼法》中已经扩大了变更判决的范围，所以这个选项发生了变化。

综上，本题的正确答案为 AB。

（2013/2/82） 13. 一公司为股份制企业，认为行政机关作出的决定侵犯企业经营自主权，下列哪些主体有权以该公司的名义提起行政诉讼？

A. 股东　　　　　　　　B. 股东大会

C. 股东代表大会　　　　D. 董事会

【考点】 行政诉讼的原告资格

【黄文涛解析】 A 选项不当选、C 选项不当选，B 选项、D 选项当选。最高法院曾在 2000 年《行政诉讼法解释》第 18 条规定："股份制企业的股东大会、股东代表大会、董事会等认为行政机关作出的具体行政行为侵犯企业经营自主权的，可以企业名义提起诉讼。"本题当年是直接考查法条的题目，属于送分题，原先答案为 BCD。但是《最高人民法院关于适用〈中华人民共和国行政诉讼法〉的解释》第 16 条第 1 款规定："股份制企业的股东大会、股东会、董事会等认为行政机关作出的行政行为侵犯企业经营自主权的，可以企业名义提起诉讼。"其中删除了"股东代表大会"的表述，于是本题的正确答案依据 2018 年司法解释的规定应该改为 BD。

(2013/2/83) 14. 当事人对下列哪些事项既可以申请行政复议也可以提起行政诉讼？

A. 行政机关对民事纠纷的调解

B. 出入境边防检查机关对外国人采取的遣送出境措施

C. 是否征收反倾销税的决定

D. 税务机关作出的处罚决定

【考点】 复议与诉讼的衔接关系

【黄文涛解析】 A选项不当选。《行政复议法》第8条第2款规定："不服行政机关对民事纠纷作出的调解或者其他处理，依法申请仲裁或者向人民法院提起诉讼。"同时《最高人民法院关于适用〈中华人民共和国行政诉讼法〉的解释》第1条第2款规定："下列行为不属于人民法院行政诉讼的受案范围：……（二）调解行为以及法律规定的仲裁行为；"可见行政机关对民事纠纷的调解行为不属于行政复议和行政诉讼的受案范围。

B选项不当选。《出境入境管理法》第64条规定："外国人对依照本法规定对其实施的继续盘问、拘留审查、限制活动范围、遣送出境措施不服的，可以依法申请行政复议，该行政复议决定为最终决定。"

C选项当选。《反倾销条例》第53条规定："对依照本条例第二十五条作出的终裁决定不服的，对依照本条例第四章作出的是否征收反倾销税的决定以及追溯征收、退税、对新出口经营者征税的决定不服的，或者对依照本条例第五章作出的复审决定不服的，可以依法申请行政复议，也可以依法向人民法院提起诉讼。"同时《最高人民法院关于审理反倾销行政案件应用法律若干问题的规定》第1条："人民法院依法受理对下列反倾销行政行为提起的行政诉讼：……（二）有关是否征收反倾销税的决定以及追溯征收、退税、对新出口经营者征税的决定；……"可见是否征收反倾销税的决定既可以提起行政复议，也可以提起行政诉讼。

D选项当选。《税收征收管理法》第88条第2款规定："当事人对税务机关的处罚决定、强制执行措施或者税收保全措施不服的，可以依法申请行政复议，也可以依法向人民法院起诉。"要注意，并非税收征收过程中的所有具体行政行为都需要复议前置，只有关于纳税本身问题的争议才需要复议前置。在税收征收过程中发生的税收处罚、税收强制措施等都可以直接起诉。

综上，本题的正确答案为CD。

(2013/2/84) 15. 某区规划局以一公司未经批准擅自搭建地面工棚为由，限期自行拆除。该公司逾期未拆除。根据规划局的请求，区政府组织人员将违法建筑拆除，并将拆下的钢板作为建筑垃圾运走。如该公司申请国家赔偿，下列哪些说法是正确的？

A. 可以向区规划局提出赔偿请求

B. 区政府为赔偿义务机关

C. 申请国家赔偿之前应先申请确认运走钢板的行为违法

D. 应当对自己的主张提供证据

【考点】 行政赔偿义务机关；行政赔偿的程序；行政赔偿诉讼的举证责任

【黄文涛解析】 A选项不当选，B选项当选。《城乡规划法》第68条规定："城乡规划主管部门作出责令停止建设或者限期拆除的决定后，当事人不停止建设或者逾期不拆除的，建设工程所在地县级以上地方人民政府可以责成有关部门采取查封施工现场、强制拆除等措施。"可见根据法律的规定实施违法建筑拆除的职权被赋予了县级以上地方人民政府，本案中虽然由区规划局作出拆除决定，但是具体实施拆除行为的是区政府，因此实施行政强制执行这一具体行政行为的主体应该是区政府。同时将拆下钢板拉走的主体也是区政府组织的人员，因此根据《国家赔偿法》第7条第1款规定："行政机关及其工作人员行使行政职权侵犯公民、法人和其他组织的合法权益造成损害的，该行政机关为赔偿义务机关。"赔偿义务机关应该是区政府，而不是区规划局。

C选项不当选。《国家赔偿法》第9条第2款规定："赔偿请求人要求赔偿，应当先向赔偿义务机关提出，也可以在申请行政复议或者提起行政诉讼时一并提出。"可见法律并没有规定申请确认违法为必经程序，事实上确认违法程序已经在2010年修订国家赔偿法时被删除。

D选项当选。《国家赔偿法》第15条第1款规定："人民法院审理行政赔偿案件，赔偿请求人和赔偿义务机关对自己提出的主张，应当提供证据。"

综上，本题的正确答案为BD。

(2013/2/85) 16. 关于具体行政行为的合法性与效力，下列哪些说法是正确的？

A. 遵守法定程序是具体行政行为合法的必要条件

B. 无效行政行为可能有多种表现形式，无法完全列举

C. 因具体行政行为废止致使当事人的合法权益受到损失的，应给予赔偿

D. 申请行政复议会导致具体行政行为丧失拘束力

【考点】具体行政行为的效力与合法性

【黄文涛解析】A选项当选。一般而言，判断具体行政行为合法性的基本标准包括：（1）行使行政职权的主体合法；（2）在法定职权范围内行使职权，且没有滥用职权；（3）作出具体行政行为的证据确凿；（4）适用法律法规正确；（5）符合法定程序。可见遵守法定程序是具体行政行为合法的必要条件。

B选项当选。一个具体行政行为如果存在明显重大的违法情形，乃至任何一个具有正常理智的人都能判断其违法，那么这个行为就是无效的。无效具体行政行为的表现形式繁多，确实无法穷尽列举。

C选项不当选。具体行政行为的废止是在客观条件变化的情况下，行政机关依职权使具体行政行为丧失法律效力，废止的条件不存在违法或明显不当的因素，这就使具体行政行为区别于具体行政行为的无效和可撤销。具体行政行为废止后，如果给当事人的合法权益造成损失，行政机关应该予以补偿，而不是赔偿。

D选项不当选。具体行政行为的拘束力是指具体行政行为一经生效，行政机关和对方当事人都应当遵守，其他国家机关和社会成员都必须予以尊重的效力。然而具体行政行为的拘束力产生的同时，当事人还可以通过行政复议或者行政诉讼对其合法性提出质疑，经过法定程序可以将具体行政行为推翻。但此之前具体行政行为的拘束力将一直存在，不会因为行政复议的提起而丧失。

综上，本题的正确答案为AB。

(2013/2/98) 17. 市林业局接到关于孙某毁林采矿的举报，遂致函当地县政府，要求调查。县政府召开专题会议形成会议纪要：由县林业局、矿产资源管理

扫码听课

大咖点拨区

扫码听课

局与安监局负责调查处理。经调查并与孙某沟通，三部门形成处理意见：要求孙某合法开采，如发现有毁林或安全事故，将依法查处。再次接到举报后，三部门共同发出责令孙某立即停止违法开采，对被破坏的生态进行整治的通知。就上述事件中的行为的属性及是否属于行政诉讼受案范围，下列说法正确的是：

A. 市林业局的致函不具有可诉性　　　B. 县政府的会议纪要具有可诉性

C. 三部门的处理意见是行政合同行为　D. 三部门的通知具有可诉性

【考点】行政诉讼的受案范围；行政合同行为

【黄文涛解析】A选项当选。林业局给当地县政府的致函属于政府内部之间的公文往来，属于内部行政行为，不属于具体行政行为。

B选项不当选。县政府会议纪要的内容是由县林业局、矿产资源管理局与安监局负责调查处理。这一内容是政府机关内部对工作任务的一种分配，也属于内部行政行为，因此不具有可诉性。

C选项不当选。行政合同是指行政机关为实现其行政职能，与社会主体经过协商设立、变更和终止双方行政法上权利义务的协议，它的本质是利用协商机制和市场机制实现行政职能。三部门形成的处理意见内容是要求孙某合法开采，如发现有毁林或安全事故，将依法查处。这一处理意见并没有与孙某协商设立、变更或终止相应的权利义务，因此不属于行政合同行为。

D选项当选。责令停止违法开采的行政行为来源于《矿产资源法》第39条，其中规定："违反本法规定，未取得采矿许可证擅自采矿的，擅自进入国家规划矿区、对国民经济具有重要价值的矿区范围采矿的，擅自开采国家规定实行保护性开采的特定矿种的，责令停止开采、赔偿损失，没收采出的矿产品和违法所得，可以并处罚款；……"这一行为的目的是为了阻止违法开采行为的继续，纠正当事人的违法行为，维护正常的矿产资源行政管理秩序，符合《行政强制法》中将行政强制措施定性为"行政机关在行政管理过程中，为制止违法行为、防止证据损毁、避免危害发生、控制危险扩大等情形，依法对公民的人身自由实施暂时性限制，或者对公民、法人或者其他组织的财物实施暂时性控制的行为"的规定。因此三部门的通知属于行政强制措施，是具体行政行为的一种，具有可诉性。

综上，本题的正确答案为AD。

扫码听课

（2013/2/99）18. 甲市某县公安局以李某涉嫌盗窃罪为由将其刑事拘留，经县检察院批准逮捕，县法院判处李某有期徒刑6年，李某上诉，甲市中级法院改判无罪。李某被释放后申请国家赔偿，赔偿义务机关拒绝赔偿，李某向甲市中级法院赔偿委员会申请作出赔偿决定。下列选项正确的是：

A. 赔偿义务机关拒绝赔偿的，应书面通知李某并说明不予赔偿的理由

B. 李某向甲市中级法院赔偿委员会申请作出赔偿决定前，应当先向甲市检察院申请复议

C. 对李某申请赔偿案件，甲市中级法院赔偿委员会可指定一名审判员审理和作出决定

D. 如甲市中级法院赔偿委员会作出赔偿决定，赔偿义务机关认为确有错误的，可以向该省高级法院赔偿委员会提出申诉

【考点】刑事赔偿的程序

【黄文涛解析】A选项当选。《国家赔偿法》第23条第3款规定："赔偿义务

机关决定不予赔偿的，应当自作出决定之日起十日内书面通知赔偿请求人，并说明不予赔偿的理由。"

B 选项不当选。《国家赔偿法》第 21 条第 4 款规定："再审改判无罪的，作出原生效判决的人民法院为赔偿义务机关。二审改判无罪，以及二审发回重审后作无罪处理的，作出一审有罪判决的人民法院为赔偿义务机关。"该案中是由中级人民法院改判无罪，因此赔偿义务机关是县法院。同时《国家赔偿法》第 24 条第 3 款规定："赔偿义务机关是人民法院的，赔偿请求人可以依照本条规定向其上一级人民法院赔偿委员会申请作出赔偿决定。"可见如果赔偿义务机关是法院，则不需要经过复议程序就可以向上一级法院内设的赔委会要求赔偿。

C 选项不当选。《国家赔偿法》第 29 条第 1 款规定："中级以上的人民法院设立赔偿委员会，由人民法院三名以上审判员组成，组成人员的人数应当为单数。"因此赔偿委员会应该由三名以上审判员组成。

D 选项当选。《国家赔偿法》第 30 条第 1 款规定："赔偿请求人或者赔偿义务机关对赔偿委员会作出的决定，认为确有错误的，可以向上一级人民法院赔偿委员会提出申诉。"

综上，本题的正确答案为 AD。

（2013/2/100）19. 村民甲、乙因自留地使用权发生争议，乡政府作出处理决定，认定使用权归属甲。乙不服向县政府申请复议，县政府以甲乙二人争议属于农村土地承包经营纠纷，乡政府无权作出处理决定为由，撤销乡政府的决定。甲不服向法院起诉。下列说法正确的是：

A. 县政府撤销乡政府决定的同时应当确定系争土地权属
B. 甲的代理人的授权委托书应当载明委托事项和具体权限
C. 本案被告为县政府
D. 乙与乡政府为本案的第三人

扫码听课

【考点】行政诉讼代理人；复议后起诉被告的确定；

【黄文涛解析】A 选项不当选。《行政复议法》中并没有要求复议机关在处理此类纠纷时应当确定系争土地的权属，只需要审查乡政府作出的具体行政行为的合法性与合理性即可。

B 选项当选。《最高人民法院关于适用〈中华人民共和国行政诉讼法〉的解释》第 31 条第 1 款规定："当事人委托诉讼代理人，应当向人民法院提交由委托人签名或者盖章的授权委托书。委托书应当载明委托事项和具体权限。……"可见甲的代理人的授权委托书应当载明委托事项和具体权限。

C 选项当选。《行政诉讼法》第 26 条第 2 款规定："经复议的案件，复议机关决定维持原行政行为的，作出原行政行为的行政机关和复议机关是共同被告；复议机关改变原行政行为的，复议机关是被告。"本案中县政府撤销了乡政府的处理决定，也就是改变了原具体行政行为，因此应该以复议机关县政府为被告。

D 选项不当选。《行政诉讼法》第 29 条第 1 款规定："公民、法人或者其他组织同被诉行政行为有利害关系但没有提起诉讼，或者同案件处理结果有利害关系的，可以作为第三人申请参加诉讼，或者由人民法院通知参加诉讼。"乙作为与甲发生纠纷的相对方，与诉讼所针对的具体行政行为有法律上的利害关系，法院的判决会直接影响到其利益，因此可以作为第三人。至于乡政府是否能成为第

大咖点拨区

三人存在一定的争议，目前法律法规中没有相关的明文规定，所以本题不选。不过目前在司法实践中，法院通常会将复议改变后起诉案件中的原行政机关列为第三人，以便查明案件事实。

综上，本题的正确答案为BC。

原型客观真题汇编三

（2012/2/43） 1. 关于公务员录用的做法，下列哪一选项是正确的？

A. 县公安局经市公安局批准，简化程序录用一名特殊职位的公务员

B. 区财政局录用一名曾被开除过公职但业务和能力优秀的人为公务员

C. 市环保局以新录用的公务员李某试用期满不合格为由，决定取消录用

D. 国务院卫生行政部门规定公务员录用体检项目和标准，报中央公务员主管部门备案

【考点】 公务员的录用程序

【黄文涛解析】 A选项不当选。《公务员法》第33条规定："录用特殊职位的公务员，经省级以上公务员主管部门批准，可以简化程序或者采用其他测评办法。"可见市公安局无权批准简化程序录用特殊职位的公务员。

B选项不当选。《公务员法》第26条规定："下列人员不得录用为公务员：……（二）被开除公职的；"可见只要是被开除过公职的人员，业务或能力再优秀也不能录用为公务员。

C选项当选。《公务员法》第34条规定："新录用的公务员试用期为一年。试用期满合格的，予以任职；不合格的，取消录用。"可见在试用期内不合格的公务员可以被取消录用。

D选项不当选。《公务员法》第31条第2款规定："体检的项目和标准根据职位要求确定。具体办法由中央公务员主管部门会同国务院卫生健康行政部门规定。"可见，具体办法应该由中央公务员主管部门会同国务院卫生健康行政部门规定，而非由国务院卫生健康行政部门规定公务员录用体检项目和标准，报中央公务员主管部门备案。在2019年修订生效《公务员法》前使用的是"国务院卫生行政部门"，但是由于2018年机构改革的缘故，在2019年修订生效的《公务员法》中将其改为"国务院卫生健康行政部门"。

综上，本题的正确答案为C。

（2012/2/44） 2. 根据行政法规规定，县级以上地方各级政府机构编制管理机关应当评估行政机构和编制的执行情况。关于此评估，下列哪一说法是正确的？

A. 评估应当定期进行

B. 评估具体办法由国务院制定

C. 评估结果是调整机构编制的直接依据

D. 评估同样适用于国务院行政机构和编制的调整

【考点】 地方行政机关的编制管理

【黄文涛解析】 《地方各级人民政府机构设置和编制管理条例》第24条规定："县级以上各级人民政府机构编制管理机关应当定期评估机构和编制的执行情况，并将评估结果作为调整机构编制的参考依据。评估的具体办法，由国务院机构编制管理机关制定。"可见A选项当选，评估是应该定期举行。B选项不当选，评

估的具体办法应该由国务院机构编制管理机关制定。C选项不当选，评估的结果不是调整机构编制的直接依据，而应该是参考依据。D选项不当选，国务院行政机构和编制的调整应该依据专门的《国务院行政机构设置和编制管理条例》进行。

综上，本题的正确答案为A。

（2012/2/45）3. 起草部门将一部重要的行政法规送审稿报送国务院审查。该送审稿向社会公布，征求意见，应报经下列哪一机关同意？

A. 起草部门　　　　　　　　B. 国务院办公厅

C. 国务院法制办　　　　　　D. 不需要经过其他机关的同意

【考点】行政法规的制定程序（本题依据最新法律规范进行了修订）

【黄文涛解析】依据《行政法规制定程序条例》第20条第2款规定："国务院法制机构可以将行政法规送审稿或者修改稿及其说明等向社会公布，征求意见。向社会公布征求意见的期限一般不少于30日。"可见国务院法制机构将行政法规送审稿向社会公布征求意见不需要经过其他机关的同意。

综上，本题的正确答案为D。

（2012/2/46）4. 经王某请求，国家专利复审机构宣告授予李某的专利权无效，并于2011年5月20日向李某送达决定书。6月10日李某因交通意外死亡。李某妻子不服决定，向法院提起行政诉讼。下列哪一说法是正确的？

A. 李某妻子应以李某代理人身份起诉

B. 法院应当通知王某作为第三人参加诉讼

C. 本案原告的起诉期限为60日

D. 本案原告应先申请行政复议再起诉

【考点】行政诉讼的原告、第三人、起诉期限；复议与诉讼的衔接

【黄文涛解析】A选项不当选。《行政诉讼法》第25条第2款规定："有权提起诉讼的公民死亡，其近亲属可以提起诉讼。"可见在李某死亡后，其妻子作为他的近亲属可以作为原告直接起诉，而不是作为李某的代理人起诉。

B选项当选。《行政诉讼法》第29条第1款规定："公民、法人或者其他组织同被诉行政行为有利害关系但没有提起诉讼，或者同案件处理结果有利害关系的，可以作为第三人申请参加诉讼，或者由人民法院通知参加诉讼。"同时《最高人民法院关于适用〈中华人民共和国行政诉讼法〉的解释》第30条规定，"行政机关的同一行政行为涉及两个以上利害关系人，其中一部分利害关系人对行政行为不服提起诉讼，人民法院应当通知没有起诉的其他利害关系人作为第三人参加诉讼。"王某作为国家专利复审机构无效宣告行政行为的申请人，与被诉的行政行为有利害关系，可以作为第三人，法院应当通知其以第三人的身份参加诉讼。这一点也可以被《专利法》的规定所支持，因为《专利法》第46条第2款规定："对专利复审委员会宣告专利权无效或者维持专利权的决定不服的，可以自收到通知之日起三个月内向人民法院起诉。人民法院应当通知无效宣告请求程序的对方当事人作为第三人参加诉讼。"

C选项不当选。《行政诉讼法》第46条第1款规定："公民、法人或者其他组织直接向人民法院提起诉讼的，应当自知道或者应当知道作出行政行为之日起六个月内提出。法律另有规定的除外。"可见起诉期限不是60日，而是6个月。考

试当年生效的《行政诉讼法》中规定是 3 个月，后来在 2015 年修订生效的《行政诉讼法》中被修订为 6 个月。但无论如何，C 选项都是错误的。

D 选项不当选。本案不属于复议前置的情形，从上述 B 选项的解析中引用的《专利法》第 46 条第 2 款的规定中也可以看出来。

综上，本题的正确答案为 B。

（2012/2/47）5. 经传唤调查，某区公安分局以散布谣言，谎报险情为由，决定对孙某处以 10 日行政拘留，并处 500 元罚款。下列哪一选项是正确的？

A. 传唤孙某时，某区公安分局应当将传唤的原因和依据告知孙某

B. 传唤后对孙某的询问查证时间不得超过 48 小时

C. 孙某对处罚决定不服申请行政复议，应向市公安局申请

D. 如孙某对处罚决定不服直接起诉的，应暂缓执行行政拘留的处罚决定

【考点】治安管理处罚的程序；行政复议机关的确定

【黄文涛解析】A 选项当选。《治安管理处罚法》第 82 条第 2 款规定："公安机关应当将传唤的原因和依据告知被传唤人。对无正当理由不接受传唤或者逃避传唤的人，可以强制传唤。"可见告知原因和依据是公安机关传唤时的必须程序。

B 选项不当选。《治安管理处罚法》第 83 条第 1 款规定："对违反治安管理行为人，公安机关传唤后应当及时询问查证，询问查证的时间不得超过八小时；情况复杂，依照本法规定可能适用行政拘留处罚的，询问查证的时间不得超过二十四小时。"可见一般传唤后询问查证的时间不超过 8 小时，可能拘留的不超过 24 小时，而不是 48 小时。

C 选项不当选。《行政复议法》第 12 条第 1 款规定："对县级以上地方各级人民政府工作部门的具体行政行为不服的，由申请人选择，可以向该部门的本级人民政府申请行政复议，也可以向上一级主管部门申请行政复议。"区公安分局属于区政府的工作部门，因此它的复议机关应该包括市公安局和区政府，而非只能向市公安局申请复议。

D 选项不当选。《治安管理处罚法》第 107 条规定："被处罚人不服行政拘留处罚决定，申请行政复议、提起行政诉讼的，可以向公安机关提出暂缓执行行政拘留的申请。公安机关认为暂缓执行行政拘留不致发生社会危险的，由被处罚人或者其近亲属提出符合本法第一百零八条规定条件的担保人，或者按每日行政拘留二百元的标准交纳保证金，行政拘留的处罚决定暂缓执行。"可见，仅因为孙某提起行政诉讼并不能导致暂缓执行拘留决定，还应该由孙某向公安机关申请暂缓执行拘留，公安机关认为不会发生社会危险，且孙某还需提供担保人或保证金。

综上，本题的正确答案为 A。

（2012/2/48）6. 某市质监局发现一公司生产劣质产品，查封了公司的生产厂房和设备，之后决定没收全部劣质产品、罚款 10 万元。该公司逾期不缴纳罚款。下列哪一选项是错误的？

A. 实施查封时应制作现场笔录

B. 对公司的处罚不能适用简易程序

C. 对公司逾期缴纳罚款，质监局可以每日按罚款数额的 3% 加处罚款

D. 质监局可以通知该公司的开户银行划拨其存款

【考点】行政强制措施的程序；行政处罚的程序；行政强制执行的程序

【黄文涛解析】A选项不当选。《行政强制法》第18条规定，"行政机关实施行政强制措施应当遵守下列规定：……（七）制作现场笔录；"可见，行政机关实施查封扣押等行政强制措施时，应制作现场笔录。

B选项不当选。《行政处罚法》第51条规定，"违法事实确凿并有法定依据，对公民处以二百元以下、对法人或者其他组织处以三千元以下罚款或者警告的行政处罚的，可以当场作出行政处罚决定。法律另有规定的，从其规定。"本案中的罚款金额为10万元，因此不适用简易程序。

C选项不当选。《行政处罚法》第72条规定，"当事人逾期不履行行政处罚决定的，作出行政处罚决定的行政机关可以采取下列措施：（一）到期不缴纳罚款的，每日按罚款数额的百分之三加处罚款，加处罚款的数额不得超出罚款的数额；"同时《行政强制法》第45条第1款规定："行政机关依法作出金钱给付义务的行政决定，当事人逾期不履行的，行政机关可以依法加处罚款或者滞纳金。加处罚款或者滞纳金的标准应当告知当事人。"可见在本案中，当公司逾期不缴纳罚款时，质监局有权对其每日加处罚款数额的3%。

D选项当选。《行政强制法》第13条规定，"行政强制执行由法律设定。法律没有规定行政机关强制执行的，作出行政决定的行政机关应当申请人民法院强制执行。"可见只有法律授权的机关才能实施行政强制执行行为，没有得到法律授权的行政机关只能申请法院强制执行。质监局没有得到法律的授权，因此不能自己通知银行实施划拨的行政强制执行行为。

综上，本题的正确答案为D。

（2012/2/49）7. 国务院某部对一企业作出罚款50万元的处罚。该企业不服，向该部申请行政复议。下列哪一说法是正确的？

A. 在行政复议中，不应对罚款决定的适当性进行审查

B. 企业委托代理人参加行政复议的，可以口头委托

C. 如在复议过程中企业撤回复议的，即不得再以同一事实和理由提出复议申请

D. 如企业对复议决定不服向国务院申请裁决，企业对国务院的裁决不服向法院起诉的，法院不予受理

【考点】行政复议的审查对象、程序

【黄文涛解析】A选项不当选。《行政复议法》第3条规定："依照本法履行行政复议职责的行政机关是行政复议机关。行政复议机关负责法制工作的机构具体办理行政复议事项，履行下列职责：……（三）审查申请行政复议的具体行政行为是否合法与适当，拟订行政复议决定；"可见行政复议中复议机关可以对被申请复议的罚款决定的合法性和适当性都进行审查。

B选项不当选。《行政复议法实施条例》第10条规定："申请人、第三人可以委托1至2名代理人参加行政复议。申请人、第三人委托代理人的，应当向行政复议机构提交授权委托书。授权委托书应当载明委托事项、权限和期限。公民在特殊情况下无法书面委托的，可以口头委托。口头委托的，行政复议机构应当核实并记录在卷。申请人、第三人解除或者变更委托的，应当书面报告行政复议机构。"可见只有在申请人为公民时，特殊情况下才可以口头委托，企业无权进行口头委托。

C选项不当选。《行政复议法实施条例》第38条第2款规定："申请人撤回行政复议申请的，不得再以同一事实和理由提出行政复议申请。但是，申请人能够证明撤回行政复议申请违背其真实意思表示的除外。"可见如果申请人能够证明撤回行政复议申请违背其真实意思表示的，还是可以再次申请复议。

D选项当选。《行政复议法》第14条规定，"对国务院部门或者省、自治区、直辖市人民政府的具体行政行为不服的，向作出该具体行政行为的国务院部门或者省、自治区、直辖市人民政府申请行政复议。对行政复议决定不服的，可以向人民法院提起行政诉讼；也可以向国务院申请裁决，国务院依照本法的规定作出最终裁决。"可见对于国务院部门自己作出的复议决定，可以向国务院申请最终裁决。

综上，本题的正确答案为D。

（2012/2/50）8. 县公安局以李某涉嫌盗窃为由将其刑事拘留，并经县检察院批准逮捕。县法院判处李某有期徒刑5年。李某上诉，市中级法院改判李某无罪。李某向赔偿义务机关申请国家赔偿。下列哪一说法是正确的？

A. 县检察院为赔偿义务机关

B. 李某申请国家赔偿前应先申请确认刑事拘留和逮捕行为违法

C. 李某请求国家赔偿的时效自羁押行为被确认为违法之日起计算

D. 赔偿义务机关可以与李某就赔偿方式进行协商

【考点】 刑事赔偿的义务机关、赔偿程序

【黄文涛解析】 A选项不当选。《国家赔偿法》第21条第4款规定："再审改判无罪的，作出原生效判决的人民法院为赔偿义务机关。二审改判无罪，以及二审发回重审后作无罪处理的，作出一审有罪判决的人民法院为赔偿义务机关。"可见市中院作为二审法院改判无罪时，应该由县法院作为赔偿义务机关。

B选项不当选。《国家赔偿法》第9条第2款规定："赔偿请求人要求赔偿，应当先向赔偿义务机关提出，也可以在申请行政复议或者提起行政诉讼时一并提出。"2010年修订后的《国家赔偿法》删除了旧法中的确认违法的前置程序，从此申请国家赔偿前不需要经过确认违法程序。

C选项不当选。《国家赔偿法》第39条第1款规定："赔偿请求人请求国家赔偿的时效为两年，自其知道或者应当知道国家机关及其工作人员行使职权时的行为侵犯其人身权、财产权之日起计算，但被羁押等限制人身自由期间不计算在内。在申请行政复议或者提起行政诉讼时一并提出赔偿请求的，适用行政复议法、行政诉讼法有关时效的规定。"可见李某请求国家赔偿的时效应该从其知道自己权利受到侵害之日起。

D选项当选。《国家赔偿法》第13条规定："……赔偿义务机关作出赔偿决定，应当充分听取赔偿请求人的意见，并可以与赔偿请求人就赔偿方式、赔偿项目和赔偿数额依照本法第四章的规定进行协商。……"故D选项正确。可见在赔偿义务机关的先行处理程序中，可以进行协商。

综上，本题的正确答案为D。

（2012/2/76）9. 执法为民是社会主义法治的本质要求，行政机关和公务员在行政执法中应当自觉践行。下列哪些做法直接体现了执法为民理念？

A. 行政机关将行政许可申请书格式文本的费用由2元降为1元

B. 行政机关安排工作人员主动为前来办事的人员提供咨询

C. 工商局要求所属机构提高办事效率，将原 20 工作日办结事项减至 15 工作日办结

D. 某区设立办事大厅，要求相关执法部门进驻并设立办事窗口

【考点】行政法的基本原则

【黄文涛解析】A 选项不当选。《行政许可法》第 58 条第 2 款，"行政机关提供行政许可申请书格式文本，不得收费。"可见提供行政许可申请书文本是不能收费的。

B 选项当选。行政机关安排工作人员为办事人员提供咨询是执法为民的体现。

C 选项当选。将办结事项的期限缩短是提高了办事效率，体现了行政法中高效便民的原则，也体现了执法为民的理念。

D 选项当选。设立办事大厅减少了人们办理相关行政事务的程序负担。

综上，本题的正确答案为 BCD。

（2012/2/77）10. 程序正当是行政法的基本原则。下列哪些选项是程序正当要求的体现？

A. 实施行政管理活动，注意听取公民、法人或其他组织的意见

B. 对因违法行政给当事人造成的损失主动进行赔偿

C. 严格在法律授权的范围内实施行政管理活动

D. 行政执法中要求与其管理事项有利害关系的公务员回避

【考点】行政法的基本原则

扫码听课

【黄文涛解析】A 选项当选。体现了程序正当原则中行政参与子原则的要求。

B 选项不当选。对违法行政给当事人造成的损失进行赔偿意味着行政机关承担法律责任，属于权责统一原则的要求。

C 选项不当选。体现了合法行政原则中法律保留子原则的要求。

D 选项当选。体现了程序正当原则中的行政回避子原则的要求。

综上，本题的正确答案为 AD。

（2012/2/78）11. 合理行政是依法行政的基本要求之一。下列哪些做法体现了合理行政的要求？

A. 行政机关在作出重要决定时充分听取公众的意见

B. 行政机关要平等对待行政管理相对人

C. 行政机关行使裁量权所采取的措施符合法律目的

D. 非因法定事由并经法定程序，行政机关不得撤销已生效的行政决定

【考点】行政法的基本原则

扫码听课

【黄文涛解析】合理行政原则包括了三个子原则：公平公正子原则；考虑相关因素、不考虑无关因素子原则；比例原则。A 选项是程序正当原则的体现，不当选。B 选项是公平公正子原则的体现，当选。C 选项是比例原则的体现，当选。D 选项是诚实守信原则中信赖利益保护子原则的体现，不当选。

综上，本题的正确答案为 BC。

（2012/2/79）12. 甲县宋某到乙县访亲，因醉酒被乙县公安局扣留 24 小时。宋某认为乙县公安局的行为违法，提起行政诉讼。下列哪些说法是正确的？

A. 扣留宋某的行为为行政处罚　　B. 甲县法院对此案有管辖权

扫码听课

C. 乙县法院对此案有管辖权　　　　D. 宋某的亲戚为本案的第三人

【考点】具体行政行为的法律性质判断；行政诉讼的管辖法院、第三人

【黄文涛解析】A选项不当选。《治安管理处罚法》第15条第2款规定："醉酒的人在醉酒状态中，对本人有危险或者对他人的人身、财产或者公共安全有威胁的，应当对其采取保护性措施约束至酒醒。"扣留属于为了预防醉酒的人发生危险或产生威胁而实施的暂时性人身限制，符合行政强制措施预防性的特征，所以应该属于限制人身自由的行政强制措施，不属于行政处罚。故A选项错误。

B选项当选，C选项当选。《行政诉讼法》第19条规定："对限制人身自由的行政强制措施不服提起的诉讼，由被告所在地或者原告所在地人民法院管辖。"其中原告所在地法院包括原告的户籍地、经常居住地和被限制人身自由地。扣留属于限制人身自由的强制措施，甲县法院属于原告所在地法院中的原告户籍所在地法院，乙县法院属于被告所在地法院（也是被限制人身自由地法院），两者都具有管辖权。

D选项不当选。《行政诉讼法》第29条第1款规定："公民、法人或者其他组织同被诉行政行为有利害关系但没有提起诉讼，或者同案件处理结果有利害关系的，可以作为第三人申请参加诉讼，或者由人民法院通知参加诉讼。"可见必须有利害关系才能成为行政诉讼中的第三人，扣留行为并没有增加宋某的亲戚的义务或者减少他的权利，因此宋某的亲戚与本案中扣留行为之间并无利害关系，不能成为案件的第三人。

综上，本题的正确答案为BC。

（2012/2/80）13. 某工商局以涉嫌非法销售汽车为由扣押某公司5辆汽车。下列哪些说法是错误的？

A. 工商局可以委托城管执法局实施扣押

B. 工商局扣押汽车的最长期限为90日

C. 对扣押车辆，工商局可以委托第三人保管

D. 对扣押车辆进行检测的费用，由某公司承担

【考点】行政强制措施的实施主体、期限、费用

【黄文涛解析】A选项当选。《行政强制法》第17条第1款规定："行政强制措施由法律、法规规定的行政机关在法定职权范围内实施。行政强制措施权不得委托。"可见工商局无权委托城管执法局实施扣押的行政强制措施。

B选项当选，D选项当选。《行政强制法》第25条规定："查封、扣押的期限不得超过三十日；情况复杂的，经行政机关负责人批准，可以延长，但是延长期限不得超过三十日。法律、行政法规另有规定的除外。延长查封、扣押的决定应当及时书面告知当事人，并说明理由。对物品需要进行检测、检验、检疫或者技术鉴定的，查封、扣押的期间不包括检测、检验、检疫或者技术鉴定的期间。检测、检验、检疫或者技术鉴定的期间应当明确，并书面告知当事人。检测、检验、检疫或者技术鉴定的费用由行政机关承担。"可见行政强制措施中扣押的最长期限应该是60日而非90日，对实施扣押行为的费用应该由行政机关承担，而非相对人承担。

C选项不当选。《行政强制法》第26条规定："……对查封的场所、设施或者财物，行政机关可以委托第三人保管，第三人不得损毁或者擅自转移、处置。

大咖点拨区

扫码听课

因第三人的原因造成的损失，行政机关先行赔付后，有权向第三人追偿。因查封、扣押发生的保管费用由行政机关承担。"虽然本法条中只规定了查封的财物可以委托第三人保管，没有明确规定扣押的财物是否可以委托第三人保管。对此当年立法时全国人大常委会法制工作委员会的权威释义中并没有明确解释，行政法学界也有所争议，但是通说认为扣押的财物也应该可以委托第三人保管，因为很难证成扣押财物不得委托第三方保管的法律理由。在行政执法实务中同样常将扣押的财物委托第三方保管（如交警将扣押的车辆委托第三方停车场保管；国家市场监督管理总局制定的《市场监督管理行政处罚程序规定》第 41 条规定扣押的财物可由第三方保管），只是保管费用是由行政机关承担。建议按照扣押的财物可以委托第三方保管的观点答题，因为司法部公布的答案也是采纳这一观点。

综上，本题的正确答案为 ABD。

（2012/2/81）14. 田某认为区人社局记载有关他的社会保障信息有误，要求更正，该局拒绝。田某向法院起诉。下列哪些说法是正确的？

A. 田某应先申请行政复议再向法院起诉

B. 区人社局应对拒绝更正的理由进行举证和说明

C. 田某应提供区人社局记载有关他的社会保障信息有误的事实根据

D. 法院应判决区人社局在一定期限内更正

【考点】 复议与诉讼的衔接；行政诉讼的证据规则、裁判类型

【黄文涛解析】 A 选项不当选。《政府信息公开条例》第 51 条规定："公民、法人或者其他组织认为行政机关在政府信息公开工作中侵犯其合法权益的，可以向上一级行政机关或者政府信息公开工作主管部门投诉、举报，也可以依法申请行政复议或者提起行政诉讼。"可见政府信息公开行政诉讼案件并无行政复议前置的要求。

B 选项当选。最高法院 2002 年《关于行政诉讼证据若干问题的规定》第 1 条第 1 款规定："根据行政诉讼法第三十二条和第四十三条的规定，被告对作出的具体行政行为负有举证责任，应当在收到起诉状副本之日起十日内，提供据以作出被诉具体行政行为的全部证据和所依据的规范性文件。被告不提供或者无正当理由逾期提供证据的，视为被诉具体行政行为没有相应的证据。"同时最高法院 2011 年《政府信息公开案件司法解释》第 5 条第 1 款规定："被告拒绝向原告提供政府信息的，应当对拒绝的根据以及履行法定告知和说明理由义务的情况举证。"可见应该由行政诉讼的被告举证。

C 选项当选。最高法院 2011 年《政府信息公开案件司法解释》第 5 条第 7 款规定："原告起诉被告拒绝更正政府信息记录的，应当提供其向被告提出过更正申请以及政府信息与其自身相关且记录不准确的事实根据。"可见在田某提起区人社局拒绝更正信息的案件中，应该由其举证证明信息有误的事实。

D 选项不当选。本选项的表述有些含糊。最高法院 2011 年《政府信息公开案件司法解释》第 9 条第 4 款规定："被告依法应当更正而不更正与原告相关的政府信息记录的，人民法院应当判决被告在一定期限内更正。尚需被告调查、裁量的，判决其在一定期限内重新答复。被告无权更正的，判决其转送有权更正的行政机关处理。"可见，如果法院认为原告田某胜诉时，有多种判决类型可以采用，而并非只能判决被告在限期内更正。

大咖点拨区

扫码听课

综上，本题的正确答案为BC。

(2012/2/82) 15. 村民甲带领乙、丙等人，与造纸厂协商污染赔偿问题。因对提出的赔偿方案不满，甲、乙、丙等人阻止生产，将工人李某打伤。公安局接该厂厂长举报，经调查后决定对甲拘留15日、乙拘留5日，对其他人未作处罚。甲向法院提起行政诉讼，法院受理。下列哪些人员不能成为本案的第三人？

A. 丙   B. 乙   C. 李某   D. 造纸厂厂长

【考点】 行政诉讼的第三人

【黄文涛解析】 A选项、D选项当选。《行政诉讼法》第29条第1款规定："公民、法人或者其他组织同被诉行政行为有利害关系但没有提起诉讼，或者同案件处理结果有利害关系的，可以作为第三人申请参加诉讼，或者由人民法院通知参加诉讼。"丙和造纸厂厂长的权利义务都没有受到行政处罚行为的影响，因此不是被诉行政处罚行为的利害关系人，不能成为第三人。

B选项不当选。2018年最高法院《行政诉讼法解释》第30条第1款规定："行政机关的同一行政行为涉及两个以上利害关系人，其中一部分利害关系人对行政行为不服提起诉讼，人民法院应当通知没有起诉的其他利害关系人作为第三人参加诉讼。"乙和甲都是受到同一个行政处罚行为的影响，因此乙可以作为第三人参加诉讼。

C选项不当选。李某作为被侵害人，与公安局的处罚决定具有利害关系，依据B选项中的法条规定，李某可以作为本案的第三人。

综上，本题的正确答案为AD。

(2012/2/83) 16. 区公安分局以涉嫌故意伤害罪为由将方某刑事拘留，区检察院批准对方某的逮捕。区法院判处方某有期徒刑3年，方某上诉。市中级法院以事实不清为由发回区法院重审。区法院重审后，判决方某无罪。判决生效后，方某请求国家赔偿。下列哪些说法是错误的？

A. 区检察院和区法院为共同赔偿义务机关

B. 区公安分局为赔偿义务机关

C. 方某应当先向区法院提出赔偿请求

D. 如区检察院在审查起诉阶段决定撤销案件，方某请求国家赔偿的，区检察院为赔偿义务机关

【考点】 刑事赔偿的义务机关、赔偿程序

【黄文涛解析】 A选项当选，B选项当选。《国家赔偿法》第21条第4款规定："再审改判无罪的，作出原生效判决的人民法院为赔偿义务机关。二审改判无罪，以及二审发回重审后作无罪处理的，作出一审有罪判决的人民法院为赔偿义务机关。"本案属于一审判决有罪，但在上诉后发回重审改判无罪的情形，依法应当由一审法院（区法院）作为赔偿义务机关。

C选项不当选。《国家赔偿法》第22条第1、2款规定，"赔偿义务机关有本法第十七条、第十八条规定情形之一的，应当给予赔偿。赔偿请求人要求赔偿，应当先向赔偿义务机关提出。"可见在国家赔偿程序中，赔偿义务机关的先行处理程序是必要的前置程序。

D选项不当选。《国家赔偿法》第21条第3款规定："对公民采取逮捕措施后决定撤销案件、不起诉或者判决宣告无罪的，作出逮捕决定的机关为赔偿义务

机关。"可见在区检察院已经批捕并进入审查起诉阶段，案件被撤销的应该由区检察院作为赔偿义务机关。

综上，本题的正确答案为 AB。

扫码听课

（2012/2/84） 17. 规划局认定一公司所建房屋违反规划，向该公司发出《拆除所建房屋通知》，要求公司在 15 日内拆除房屋。到期后，该公司未拆除所建房屋，该局发出《关于限期拆除所建房屋的通知》，要求公司在 10 日内自动拆除，否则将依法强制执行。下列哪些说法是正确的？

A.《拆除所建房屋通知》与《关于限期拆除所建房屋的通知》性质不同

B.《关于限期拆除所建房屋的通知》系行政处罚

C. 公司可以对《拆除所建房屋通知》提起行政诉讼

D. 在作出《拆除所建房屋通知》时，规划局可以适用简易程序

【考点】具体行政行为的性质判断；行政诉讼的受案范围、简易程序

【黄文涛解析】A 选项当选，B 选项不当选。《行政强制法》第 35 条规定："行政机关作出强制执行决定前，应当事先催告当事人履行义务。……"本案中《拆除所建房屋通知》属于规划局作出的行政处罚决定，在该公司没有主动履行义务时，规划局作出的《关于限期拆除所建房屋的通知》属于在正式实施强制执行前进行催告。

C 选项当选。如上所述，《拆除所建房屋通知》属于行政处罚，行政处罚属于行政诉讼的受案范围，因此公司可以对该通知提起行政诉讼。

D 选项不当选。《行政处罚法》第 51 条规定："违法事实确凿并有法定依据，对公民处以二百元以下、对法人或者其他组织处以三千元以下罚款或者警告的行政处罚的，可以当场作出行政处罚决定。法律另有规定的，从其规定。"要求拆除房屋的决定不符合简易程序的适用条件，因此不适用简易程序。

综上，本题的正确答案为 AC。

（2012/2/85） 18. 法院应当受理下列哪些对政府信息公开行为提起的诉讼？

A. 黄某要求市政府提供公开发行的 2010 年市政府公报，遭拒绝后向法院起诉

B. 某公司认为工商局向李某公开的政府信息侵犯其商业秘密向法院起诉

C. 村民申请乡政府公开财政收支信息，因乡政府拒绝公开向法院起诉

D. 甲市居民高某向乙市政府申请公开该市副市长的兼职情况，乙市政府以其不具有申请人资格为由拒绝公开，高某向法院起诉

扫码听课

【考点】政府信息公开诉讼的受案范围

【黄文涛解析】A 选项不当选。最高法院 2011 年《政府信息公开案件司法解释》第 2 条规定，"公民、法人或者其他组织对下列行为不服提起行政诉讼的，人民法院不予受理：（一）因申请内容不明确，行政机关要求申请人作出更改、补充且对申请人权利义务不产生实际影响的告知行为；（二）要求行政机关提供政府公报、报纸、杂志、书籍等公开出版物，行政机关予以拒绝的；（三）要求行政机关为其制作、搜集政府信息，或者对若干政府信息进行汇总、分析、加工，行政机关予以拒绝的；（四）行政程序中的当事人、利害关系人以政府信息公开名义申请查阅案卷材料，行政机关告知其应当按照相关法律、法规的规定办理的。"A 选项中的案例属于第 2 种情形，故不属于行政诉讼的受案范围。

B选项当选、C选项当选、D选项当选。最高法院2011年《政府信息公开案件司法解释》第1条规定，"公民、法人或者其他组织认为下列政府信息公开工作中的具体行政行为侵犯其合法权益，依法提起行政诉讼的，人民法院应当受理：（一）向行政机关申请获取政府信息，行政机关拒绝提供或者逾期不予答复的；（二）认为行政机关提供的政府信息不符合其在申请中要求的内容或者法律、法规规定的适当形式的；（三）认为行政机关主动公开或者依他人申请公开政府信息侵犯其商业秘密、个人隐私的；（四）认为行政机关提供的与其自身相关的政府信息记录不准确，要求该行政机关予以更正，该行政机关拒绝更正、逾期不予答复或者不予转送有权机关处理的；（五）认为行政机关在政府信息公开工作中的其他具体行政行为侵犯其合法权益的。公民、法人或者其他组织认为政府信息公开行政行为侵犯其合法权益造成损害的，可以一并或单独提起行政赔偿诉讼。"B选项中的案例属于第3种情形，C选项和D选项中的案例属于第1种情形，因此都属于行政诉讼的受案范围。

综上，本题的正确答案为BCD。

（2012/2/97）19. 某药厂以本厂过期药品作为主原料，更改生产日期和批号生产出售。甲市乙县药监局以该厂违反《药品管理法》第49条第1款关于违法生产药品规定，决定没收药品并处罚款20万元。药厂不服向县政府申请复议，县政府依《药品管理法》第49条第3款关于生产劣药行为的规定，决定维持处罚决定。药厂起诉。关于本案的被告和管辖，下列说法正确的有：

A. 被告为乙县药监局，由乙县法院管辖

B. 被告为乙县药监局，甲市中级法院对此案有管辖权

C. 被告为乙县政府，乙县法院对此案有管辖权

D. 被告为乙县政府和乙县药监局，由乙县法院管辖

【考点】行政诉讼的被告资格确定；行政诉讼的管辖法院（本题依据最新法律经过修订）

【黄文涛解析】2015年修订的《行政诉讼法》第26条第2款规定："经复议的案件，复议机关决定维持原行政行为的，作出原行政行为的行政机关和复议机关是共同被告；复议机关改变原行政行为的，复议机关是被告。"同时《最高人民法院关于适用〈中华人民共和国行政诉讼法〉的解释》第22条第1款规定："行政诉讼法第二十六条第二款规定的'复议机关改变原行政行为'，是指复议机关改变原行政行为的处理结果。复议机关改变原行政行为所认定的主要事实和证据、改变原行政行为所适用的规范依据，但未改变原行政行为处理结果的，视为复议机关维持原行政行为。"可见只有复议机关改变原行政行为的处理结果时才属于复议改变案件，本案中县政府只是改变了处罚决定所依据的法条，没有改变处罚的结果，因此属于复议维持案件，应该由乙县药监局和县政府作为共同被告。

此外，《最高人民法院关于适用〈中华人民共和国行政诉讼法〉的解释》第134条第3款规定："复议机关作共同被告的案件，以作出原行政行为的行政机关确定案件的级别管辖。"因此，在以乙县药监局和县政府作为共同被告时，应该依据乙县药监局确定案件的级别管辖。乙县药监局属于普通的行政诉讼被告，依据《行政诉讼法》第14条规定的："基层人民法院管辖第一审行政案件。"则应该由基层法院作为本案的级别管辖法院。同时，《行政诉讼法》第18条第1款规

定："行政案件由最初作出行政行为的行政机关所在地人民法院管辖。经复议的案件，也可以由复议机关所在地人民法院管辖。"本案属于经过复议的案件，此时应该由原机关所在地法院和复议机关所在地法院作为地域管辖法院（在本案中是重合的）。综合而言，本案的管辖法院是乙县法院。

综上，本题的正确答案为 D。

（2012/2/98）20. 某药厂以本厂过期药品作为主原料，更改生产日期和批号生产出售。甲市乙县药监局以该厂违反《药品管理法》第 49 条第 1 款关于违法生产药品规定，决定没收药品并处罚款 20 万元。药厂不服向县政府申请复议，县政府依《药品管理法》第 49 条第 3 款关于生产劣药行为的规定，决定维持处罚决定。药厂起诉。关于本案的举证与审理裁判，下列说法正确的有？

A. 法院应对被诉行政行为和药厂的行为是否合法一并审理和裁判

B. 药厂提供的证明被诉行政行为违法的证据不成立的，不能免除被告对被诉行政行为合法性的举证责任

C. 如在本案庭审过程中，药厂要求证人出庭作证的，法院不予准许

D. 法院对本案的裁判，应当以证据证明的案件事实为依据

【考点】行政诉讼的审查对象；行政诉讼的证据规则

【黄文涛解析】A 选项不当选。《行政诉讼法》第 6 条规定："人民法院审理行政案件，对行政行为是否合法进行审查。"可见行政诉讼只审查被诉行政行为的合法性，也就是本案中的行政处罚行为，而对于被处罚人的行为是否违法并非行政诉讼的审查对象。

B 选项当选。最高法院 2002 年《行政诉讼证据规定》第 6 条规定："原告可以提供证明被诉具体行政行为违法的证据。原告提供的证据不成立的，不免除被告对被诉具体行政行为合法性的举证责任。"药厂作为原告，提供的证据不成立并不能免除被告药监局的举证责任，如果被告药监局无法举证，法院仍然可以判决药厂胜诉。

C 选项不当选。最高法院 2002 年《行政诉讼证据规定》第 43 条第 2 款规定："当事人在庭审过程中要求证人出庭作证的，法庭可以根据审理案件的具体情况，决定是否准许以及是否延期审理。"可见当事人在庭审时申请证人出庭作证，法院具有裁量权决定是否准许，而不是一律不准许。

D 选项当选。最高法院 2002 年《行政诉讼证据规定》第 53 条规定："人民法院裁判行政案件，应当以证据证明的案件事实为依据。"

综上，本题的正确答案为 BD。

（2012/2/99）21. 某交通局在检查中发现张某所驾驶货车无道路运输证，遂扣留了张某驾驶证和车载货物，要求张某缴纳罚款 1 万元。张某拒绝缴纳，交通局将车载货物拍卖抵缴罚款。下列说法正确的是？

A. 扣留驾驶证的行为为行政强制措施

B. 扣留车载货物的行为为行政强制措施

C. 拍卖车载货物的行为为行政强制措施

D. 拍卖车载货物的行为为行政强制执行

【考点】行政强制的类型判断

【黄文涛解析】A 选项当选，B 选项当选。《行政强制法》第 9 条规定："行

大咖点拨区

扫码听课

扫码听课

政强制措施的种类：（一）限制公民人身自由；（二）查封场所、设施或者财物；（三）扣押财物；（四）冻结存款、汇款；（五）其他行政强制措施。"本案中扣留驾驶证和车载货物的行为都属于对财物的暂时性控制，属于第（三）项扣押财物的行政强制措施。

C选项不当选，D选项当选。《行政强制法》第12条规定："行政强制执行的方式：（一）加处罚款或者滞纳金；（二）划拨存款、汇款；（三）拍卖或者依法处理查封、扣押的场所、设施或者财物；（四）排除妨碍、恢复原状；（五）代履行；（六）其他强制执行方式。"拍卖车载货物属于第（三）项的行政强制执行行为。

综上，本题的正确答案为ABD。

（2012/2/100）22. 廖某在监狱服刑，因监狱管理人员放纵被同室服刑人员殴打，致一条腿伤残。廖某经6个月治疗，部分丧失劳动能力，申请国家赔偿。下列属于国家赔偿范围的有：

A. 医疗费   B. 残疾生活辅助具费

C. 残疾赔偿金   D. 廖某扶养的无劳动能力人的生活费

【考点】国家赔偿的范围

【黄文涛解析】A选项当选，B选项当选，C选项当选，D选项不当选。《国家赔偿法》第34条第1款的规定"侵犯公民生命健康权的，赔偿金按照下列规定计算：……（二）造成部分或者全部丧失劳动能力的，应当支付医疗费、护理费、残疾生活辅助具费、康复费等因残疾而增加的必要支出和继续治疗所必需的费用，以及残疾赔偿金。……造成全部丧失劳动能力的，对其扶养的无劳动能力的人，还应当支付生活费；（三）造成死亡的，……对死者生前扶养的无劳动能力的人，还应当支付生活费。……"可见，只有在受害人全部丧失劳动能力或者死亡时，才对其抚养的无劳动能力人支付生活费。本案中廖某属于部分丧失劳动能力，不需要支付其抚养的无劳动能力人的生活费。

综上，本题的正确答案为ABC。

原型客观真题汇编四

（2011/2/40）1. 国家禁毒委员会为国务院议事协调机构。关于该机构，下列哪一说法是正确的？

A. 撤销由国务院机构编制管理机关决定

B. 可以规定行政措施

C. 议定事项经国务院同意，由有关的行政机构按各自的职责负责办理

D. 可以设立司、处两级内设机构

【考点】中央行政机关的设置程序、权限

【黄文涛解析】A选项不当选。《国务院行政机构设置和编制管理条例》第11条规定："国务院议事协调机构的设立、撤销或者合并、由国务院机构编制管理机关方案，报国务院决定。"因此其撤销不是由国务院机构编制管理机关决定，而是由国务院决定。

B选项不当选。《国务院行政机构设置和编制管理条例》第6条第7款规定："……国务院议事协调机构承担跨国务院行政机构的重要业务工作的组织协调任

务。国务院议事协调机构议定的事项，经国务院同意，由有关的行政机构按照各自的职责负责办理。在特殊或者紧急的情况下，经国务院同意，国务院议事协调机构可以规定临时性的行政管理措施。"可见，国务院的议事协调机构只能规定临时性的行政管理措施。

C 选项当选。同样根据上述法规定第 6 条第 7 款，议事协调机构议定的事项，经国务院同意后由有关的行政机构按照各自的职责负责办理。

D 选项不当选。《国务院行政机构设置和编制管理条例》第 13 条规定："国务院办公厅、国务院组成部门、国务院直属机构、国务院办事机构在职能分解的基础上设立司、处两级内设机构；国务院组成部门管理的国家行政机构根据工作需要可以设立司、处两级内设机构，也可以只设立处级内设机构。"可见条例没有规定议事协调机构可以设立司、处等内设机构。

综上，本题的正确答案为 C。

（22011/2/41）2. 关于规章，下列哪一说法是正确的？

A. 设区市的人民政府制定的规章可以在上位法设定的行政许可事项范围内，对实施该行政许可可作出具体规定

B. 行政机关实施许可不得收取任何费用，但规章另有规定的，依照其规定

C. 规章可以授权具有管理公共事务职能的组织实施行政处罚

D. 违法行为在二年内未被发现的，不再给予行政处罚，但规章另有规定的除外

【考点】 行政许可的设定、收费；行政处罚的实施主体、适用规则（本题根据最新法律进行了修订）

【黄文涛解析】 A 选项当选。《行政许可法》第 16 条第 3 款规定："……规章可以在上位法设定的行政许可事项范围内，对实施该行政许可作出具体规定。……"设区的市政府规章属于规章的一种，所以有权对上位法设定的许可进行细化规定。

B 选项不当选。《行政许可法》第 58 条第 1 款规定："行政机关实施行政许可和对行政许可事项进行监督检查，不得收取任何费用。但是，法律、行政法规另有规定的，依照其规定。"因此是法律、行政法规另有规定的除外，而不是规章另有规定的除外。

C 选项不当选。《行政处罚法》第 19 条规定："法律、法规授权的具有管理公共事务职能的组织可以在法定授权范围内实施行政处罚。"可见规章不能授权具有管理公共事务职能的组织实施行政处罚。

D 选项不当选。《行政处罚法》第 36 条规定："违法行为在二年内未被发现的，不再给予行政处罚；涉及公民生命健康安全、金融安全且有危害后果的，上述期限延长至五年。法律另有规定的除外。"可见规章规定不能例外。

综上，本题的正确答案为 A。

（2011/2/42）3. 某市安监局向甲公司发放《烟花爆竹生产企业安全生产许可证》后，发现甲公司所提交的申请材料系伪造。对于该许可证的处理，下列哪一选项是正确的？

A. 吊销 B. 撤销 C. 撤回 D. 注销

【考点】 行政许可的监督检查

【黄文涛解析】A选项、C选项、D选项不当选，B选项当选。《行政许可法》第69条第2款规定："……被许可人以欺骗、贿赂等不正当手段取得行政许可的，应当予以撤销。……"甲公司提交的申请材料系伪造，意味着甲公司以欺骗的手段获得了行政许可，应该撤销。

综上，本题的正确答案为B。

（2011/2/43）4. 刘某系某工厂职工，该厂经区政府批准后改制。刘某向区政府申请公开该厂进行改制的全部档案、拖欠原职工工资如何处理等信息。区政府作出拒绝公开的答复，刘某向法院起诉。下列哪一说法是正确的？

A. 区政府在作出拒绝答复时，应告知刘某并说明理由

B. 刘某向法院起诉的期限为二个月

C. 此案应由区政府所在地的区法院管辖

D. 因刘某与所申请的信息无利害关系，区政府拒绝公开答复是合法的

【考点】政府信息公开的程序；行政诉讼的起诉期限、管辖法院

【黄文涛解析】A选项当选。《政府信息公开条例》第36条规定："对政府信息公开申请，行政机关根据下列情况分别作出答复：……（三）行政机关依据本条例的规定决定不予公开的，告知申请人不予公开并说明理由；"

B选项不当选。根据《行政诉讼法》第46条第1款规定："公民、法人或者其他组织直接向人民法院提起诉讼的，应当自知道或者应当知道作出行政行为之日起六个月内提出。法律另有规定的除外。"起诉期限应该是6个月，而不是2个月。

C选项不当选。《行政诉讼法》第15条规定："中级人民法院管辖下列第一审行政案件：（一）对国务院部门或者县级以上地方人民政府所作的行政行为提起诉讼的案件；……"区政府相当于县级人民政府，因此以区政府为被告的案件由中级人民法院管辖。

D选项不当选。《政府信息公开条例》第27条规定："除行政机关主动公开的政府信息外，公民、法人或者其他组织可以向地方各级人民政府、对外以自己名义履行行政管理职能的县级以上人民政府部门（含本条例第十条第二款规定的派出机构、内设机构）申请获取相关政府信息。"可见法条中并没有要求申请人申请公开的信息必须与自身有利害关系。

综上，本题的正确答案为A。

（2011/2/44）5. 质监局发现王某生产的饼干涉嫌违法使用添加剂，遂将饼干先行登记保存，期限为1个月。有关质监局的先行登记保存行为，下列哪一说法是正确的？

A. 系对王某的权利义务不产生实质影响的行为

B. 可以由2名执法人员在现场直接作出

C. 采取该行为的前提是证据可能灭失或以后难以取得

D. 登记保存的期限合法

【考点】行政处罚的程序

【黄文涛解析】A选项不当选。《行政处罚法》第56条规定："行政机关在收集证据时，可以采取抽样取证的方法；在证据可能灭失或者以后难以取得的情况下，经行政机关负责人批准，可以先行登记保存，并应当在七日内及时作出处理

决定，在此期间，当事人或者有关人员不得销毁或者转移证据。"根据此法条可知，质监局对王某的饼干进行先行登记保存属于对王某财产权的一种限制，对王某的权利义务产生了实际影响。

B选项不当选。根据上述法条的规定，在对证据进行先行登记保存时必须经过行政机关负责人批准，并无规定可以在现场直接作出。

C选项当选。根据上述法条的规定，在证据可能灭失或者以后难以取得的情况下，经行政机关负责人批准，可以先行登记保存。

D选项不当选。根据上述法条的规定，行政机关应该在7日内作出处理决定，而不是1个月。

综上，本题的正确答案为C。

（2011/2/45）6. 李某被县公安局以涉嫌盗窃为由刑事拘留，后被释放。李某向县公安局申请国家赔偿，遭到拒绝，经复议后，向市中级法院赔偿委员会申请作出赔偿决定。下列哪一说法是正确的？

A. 李某应向赔偿委员会递交赔偿申请书一式4份

B. 县公安局可以委托律师作为代理人

C. 县公安局应对李某的损失与刑事拘留行为之间是否存在因果关系提供证据

D. 李某不服中级法院赔偿委员会作出的赔偿决定的，可以向上一级法院赔偿委员会申请复议一次

【考点】行政赔偿的程序

【黄文涛解析】 A选项当选。《最高人民法院关于人民法院赔偿委员会审理国家赔偿案件程序的规定》第1条规定："赔偿请求人向赔偿委员会申请作出赔偿决定，应当递交赔偿申请书一式四份……"。

B选项不当选。《最高人民法院关于人民法院赔偿委员会审理国家赔偿案件程序的规定》第5条规定："赔偿请求人可以委托一至二人作为代理人。律师、提出申请的公民的近亲属、有关的社会团体或者所在单位推荐的人、经赔偿委员会许可的其他公民，都可以被委托为代理人。赔偿义务机关、复议机关可以委托本机关工作人员一至二人作为代理人。"可见县公安局只能委托本机关工作人员作为代理人，不能委托律师作为代理人。

C选项不当选。《最高人民法院关于人民法院赔偿委员会审理国家赔偿案件程序的规定》第12条第1款规定："赔偿请求人、赔偿义务机关对自己提出的主张或者反驳对方主张所依据的事实有责任提供证据加以证明。有国家赔偿法第二十六条第二款规定情形的，应当由赔偿义务机关提供证据。"同时，《国家赔偿法》第26条第2款规定："被羁押人在羁押期间死亡或者丧失行为能力的，赔偿义务机关的行为与被羁押人的死亡或者丧失行为能力是否存在因果关系，赔偿义务机关应当提供证据。"可见对李某的损失与刑事拘留行为之间是否存在因果关系应该由申请人提供证据。

D选项不当选。《国家赔偿法》第30条第1款规定："赔偿请求人或者赔偿义务机关对赔偿委员会作出的决定，认为确有错误的，可以向上一级人民法院赔偿委员会提出申诉。"可见如果李某不服中级法院作出的赔偿决定，可以向上级法院赔委会提出申诉，而不是申请复议。

综上，本题的正确答案为A。

（2011/2/46）7. 市政府决定，将牛某所在村的集体土地征收转为建设用地。因对补偿款数额不满，牛某对现场施工进行阻挠。市公安局接警后派警察到现场处理。经口头传唤和调查后，该局对牛某处以 10 日拘留。牛某不服处罚起诉，法院受理。下列哪一说法是正确的？

A. 市公安局警察口头传唤牛某构成违法

B. 牛某在接受询问时要求就被询问事项自行提供书面材料，不予准许

C. 市政府征收土地决定的合法性不属于本案的审查范围

D. 本案不适用变更判决

【考点】 治安管理处罚的程序；行政诉讼的审查对象、判决类型

【黄文涛解析】A 选项不当选。《治安管理处罚法》第82条第1款规定："需要传唤违反治安管理行为人接受调查的，经公安机关办案部门负责人批准，使用传唤证传唤。对现场发现的违反治安管理行为人，人民警察经出示工作证件，可以口头传唤，但应当在询问笔录中注明。……"可见警察口头传唤牛某没有违法。

B 选项不当选。《治安管理处罚法》第84条第2款规定："……被询问人要求就被询问事项自行提供书面材料的，应当准许；必要时，人民警察也可以要求被询问人自行书写。……"可见牛某要求自行提供书面材料，应该准许。

C 选项当选。行政处罚行为与市政府征收土地的决定是两种不同的具体行政行为，牛某针对行政处罚起诉，根据行政诉讼不告不理的原则，市政府征收土地决定的合法性不是法院审查的对象。

D 选项不当选。《行政诉讼法》第77条第1款规定："行政处罚明显不当，或者其他行政行为涉及对款额的确定、认定确有错误的，人民法院可以判决变更。"可见对于明显不当的行政处罚，可以适用变更判决。本案中如果经过法院审理认定公安局作出的行政处罚决定明显不当，则可以判决变更。

综上，本题的正确答案为 C。

（2011/2/47）8. 关于行政复议，下列哪一说法是正确的？

A.《行政复议法》规定，被申请人应自收到复议申请书或笔录复印件之日起 10 日提出书面答复，此处的 10 日指工作日

B. 行政复议期间，被申请人不得改变被申请复议的具体行政行为

C. 行政复议期间，复议机关发现被申请人的相关行政行为违法，可以制作行政复议意见书

D. 行政复议实行对具体行政行为进行合法性审查原则

【考点】 行政复议的程序

【黄文涛解析】A 选项不当选。《行政复议法》第40条规定："……本法关于行政复议期间有关'五日'、'七日'的规定是指工作日，不含节假日。"可见只有其中行政复议期间有关 5 日或 7 日的规定才仅指工作日，有关 10 日的规定包含节假日。

B 选项不当选。《行政复议法实施条例》第39条规定："行政复议期间被申请人改变原具体行政行为的，不影响行政复议案件的审理。但是，申请人依法撤回行政复议申请的除外。"可见行政复议期间，被申请人可以改变申请复议的具体行政行为。

C选项当选。《行政复议法实施条例》第57条第1款规定："行政复议期间行政复议机关发现被申请人或者其他下级行政机关的相关行政行为违法或者需要做好善后工作的，可以制作行政复议意见书。有关机关应当自收到行政复议意见书之日起60日内将纠正相关行政违法行为或者做好善后工作的情况通报行政复议机构。"

D选项不当选。《行政复议法》第3条规定："依照本法履行行政复议职责的行政机关是行政复议机关。行政复议机关负责法制工作的机构具体办理行政复议事项，履行下列职责：……（三）审查申请行政复议的具体行政行为是否合法与适当，拟订行政复议决定；"可见复议机关可以对被申请复议的具体行政行为的合法性与适当性（合理性）都进行审查。

综上，本题的正确答案为C。

（2011/2/48）9. 某国土资源局以陈某违反《土地管理法》为由，向陈某送达决定书，责令其在10日内拆除擅自在集体土地上建造的房屋3间，恢复土地原状。陈某未履行决定。下列哪一说法是错误的？

A. 国土资源局的决定书应载明，不服该决定申请行政复议或提起行政诉讼的途径和期限

B. 国土资源局的决定为负担性具体行政行为

C. 因《土地管理法》对起诉期限有特别规定，陈某对决定不服提起诉讼的，应依该期限规定

D. 如陈某不履行决定又未在法定期限内申请复议或起诉的，国土资源局可以自行拆除陈某所建房屋

【考点】行政处罚程序；具体行政行为的基础理论；行政诉讼的起诉期限；行政强制执行程序

【黄文涛解析】A选项不当选。《行政处罚法》第59条规定："行政机关依照本法第五十七条的规定给予行政处罚，应当制作行政处罚决定书。行政处罚决定书应当载明下列事项：……（五）申请行政复议、提起行政诉讼的途径和期限；"

B选项不当选。负担性具体行政行为是指为当事人设定义务或者剥夺其权益的具体行政行为。国土资源局要求陈某拆除3间已经建成的房屋，是给陈某设定了义务，因此是负担性具体行政行为。

C选项不当选。《行政诉讼法》第46条第1款规定："公民、法人或者其他组织直接向人民法院提起诉讼的，应当自知道或者应当知道作出行政行为之日起六个月内提出。法律另有规定的除外。"可见行政诉讼的起诉期限只要有"法律"另有规定的都应该除外，《土地管理法》作为"法律"，如果对起诉期限有特别规定的，应当依此规定。

D选项当选。《行政强制法》第13条规定："行政强制执行由法律设定。法律没有规定行政机关强制执行的，作出行政决定的行政机关应当申请人民法院强制执行。"可见对于没有法律授予行政强制执行权的行政机关，只能申请法院强制执行。而《土地管理法》中并没有授予国土资源局强制执行自己作出的具体行政行为的权力，因此国土资源局只能申请法院强制执行。

综上，本题的正确答案为D。

大咖点拨区

扫码听课

（2011/2/49） 10. 关于具体行政行为，下列哪一说法是正确的？

A. 行政许可为依职权的行政行为

B. 具体行政行为皆为要式行政行为

C. 法律效力是具体行政行为法律制度中的核心因素

D. 当事人不履行具体行政行为确定的义务，行政机关予以执行是具体行政行为确定力的表现

【考点】 具体行政行为的基础理论

【黄文涛解析】 A选项不当选。《行政许可法》第2条规定："本法所称行政许可，是指行政机关根据公民、法人或者其他组织的申请，经依法审查，准予其从事特定活动的行为。"可见行政许可是依申请的行政行为，而不是依职权的行政行为。

B选项不当选。具体行政行为应该包括要式具体行政行为和不要式具体行政行为。划分标准是具体行政行为是否需要具备法定的形式。需要具备书面文字等其他特定意义符号为生效必要条件的，是要式具体行政行为。不需要具备书面文字或者其他特定意义符号就可以生效的，是不要式具体行政行为。

C选项当选。法律效力的确是具体行政行为法律制度中的核心因素，具体行政行为如果没有法律效力则意味着不会对社会主体的权利义务产生实际影响，也就不具有处分性，从而丧失了具体行政行为必备的特征。

D选项不当选。当事人不履行具体行政行为确定的义务，行政机关予以执行应该是具体行政行为执行力的表现。

综上，本题的正确答案为C。

（2011/2/50） 11. 县环保局以一企业逾期未完成限期治理任务为由，决定对其加收超标准排污费并处以罚款1万元。该企业认为决定违法诉至法院，提出赔偿请求。一审法院经审理维持县环保局的决定。该企业提出上诉。下列哪一说法是正确的？

A. 加收超标准排污费和罚款均为行政处罚

B. 一审法院开庭审理时，如该企业未经法庭许可中途退庭，法院应予训诫

C. 二审法院认为需要改变一审判决的，应同时对县环保局的决定作出判决

D. 一审法院如遗漏了该企业的赔偿请求，二审法院应裁定撤销一审判决，发回重审

【考点】 行政处罚的种类；行政诉讼的程序；二审判决类型；行政赔偿诉讼程序

【黄文涛解析】 A选项不当选。征收超标准排污费属于行政征收，而不是行政处罚。《行政处罚法》第9条规定："行政处罚的种类：（一）警告、通报批评；（二）罚款、没收违法所得、没收非法财物；（三）暂扣许可证件、降低资质等级、吊销许可证件；（四）限制开展生产经营活动、责令停产停业、责令关闭、限制从业；（五）行政拘留；（六）法律、行政法规规定的其他行政处罚。"可见本案中只有罚款属于行政处罚。

B选项不当选。《行政诉讼法》第58条规定："经人民法院传票传唤，原告无正当理由拒不到庭，或者未经法庭许可中途退庭的，可以按照撤诉处理；被告无正当理由拒不到庭，或者未经法庭许可中途退庭的，可以缺席判决。"可见原

告企业未经法庭许可中途退庭的，法院可以按撤诉处理，而不是予以训诫。

C选项当选。《行政诉讼法》第89条第3款规定："人民法院审理上诉案件，需要改变原审判决的，应当同时对被诉行政行为作出判决。"

D选项不当选。《最高人民法院关于适用〈中华人民共和国行政诉讼法〉的解释》第109条第4、5款规定："原审判决遗漏行政赔偿请求，第二审人民法院经审查认为依法不应当予以赔偿的，应当判决驳回行政赔偿请求。原审判决遗漏行政赔偿请求，第二审人民法院经审理认为依法应当予以赔偿的，在确认被诉行政行为违法的同时，可以就行政赔偿问题进行调解；调解不成的，应当就行政赔偿部分发回重审。"可见本案中二审法院审查后认为应当不予赔偿的则应判决驳回行政赔偿请求，认为应当予以赔偿的应先调解，调解不成就行政赔偿部分发回重审。

综上，本题的正确答案为C。

（2011/2/76）12. 权责一致是社会主义法治理念的要求，也是行政法的基本原则。下列哪些做法是权责一致的直接体现？

A. 某建设局发现所作出的行政决定违法后，主动纠正错误并赔偿当事人损失

B. 某镇政府定期向公众公布本镇公款接待费用情况

C. 某国土资源局局长因违规征地受到行政记过处分

D. 某政府召开座谈会听取群众对政府的意见

【考点】 行政法的基本原则

【黄文涛解析】 A选项、C选项当选。行政法基本原则中的权责一致原则的基本要求是行政权力和法律责任相统一，做到执法有保障、有权必有责、用权受监督、违法受追究、侵权须赔偿。A项中建设局发现自己作出的行政决定违法，主动纠正并进行赔偿体现了权责一致原则，当选。C项中国土资源局局长因违规征地收到记过处分也体现了权责一致原则，当选。

B选项、D选项不当选。镇政府定期向公众公布本镇公款接待费用情况是行政公开，属于程序正当原则。政府召开座谈会听取群众意见是公众参与，属于程序正当原则。故B、D项不当选。

综上，本题的正确答案为AC。

（2011/2/77）13. 高效便民是社会主义法治理念的要求，也是行政法的基本原则。关于高效便民，下列哪些说法是正确的？

A. 是依法行政的重要补充

B. 要求行政机关积极履行法定职责

C. 要求行政机关提高办事效率

D. 要求行政机关在实施行政管理时排除不相关因素的干扰

【考点】 行政法的基本原则

【黄文涛解析】 A选项不当选。高效便民原则是依法行政的重要组成部分，而不仅仅是补充。

B选项、C选项当选。高效便民原则的内容之一就是行政效率原则，即要求行政机关积极履行法定职责，禁止不作为或者不完全作为。同时禁止行政机关超越法定时限或者不合理延迟。

D选项不当选。要求行政机关在实施行政管理时排除不相关因素的干扰属于

大咖点拨区

扫码听课

扫码听课

合理行政原则的要求。

综上，本题的正确答案为BC。

（2011/2/80）14. 下列当事人提起的诉讼，哪些属于行政诉讼受案范围？

A. 某造纸厂向市水利局申请发放取水许可证，市水利局作出不予许可决定，该厂不服而起诉

B. 食品药品监管局向申请餐饮服务许可证的李某告知补正申请材料的通知，李某认为通知内容违法而起诉

C. 化肥厂附近居民要求环保局提供对该厂排污许可证监督检查记录，遭到拒绝后起诉

D. 某国土资源局以建城市绿化带为由撤回向一公司发放的国有土地使用权证，该公司不服而起诉

【考点】行政诉讼的受案范围

【黄文涛解析】A选项当选。《行政诉讼法》第12条规定："人民法院受理公民、法人或者其他组织提起的下列诉讼：……（三）申请行政许可，行政机关拒绝或者在法定期限内不予答复，或者对行政机关作出的有关行政许可的其他决定不服的；"市水利局作出不予许可的决定就属于本法条规定的范畴。

B选项不当选。《最高人民法院关于审理行政许可案件若干问题的规定》第3条规定："公民、法人或者其他组织仅就行政许可过程中的告知补正申请材料、听证等通知行为提起行政诉讼的，人民法院不予受理，但导致许可程序对上述主体事实上终止的除外。"B项案例中没有表明该通知导致许可程序事实上的终止，故不属于行政诉讼的受案范围。

C选项当选。《最高人民法院关于审理行政许可案件若干问题的规定》第2条规定："公民、法人或者其他组织认为行政机关未公开行政许可决定或者未提供行政许可监督检查记录侵犯其合法权益，提起行政诉讼的，人民法院应当依法受理。"化肥厂附近居民要求环保局提供对该厂排污许可证监督检查记录，遭到拒绝后起诉应该属于行政诉讼的受案范围。

D选项当选。《行政诉讼法》第12条规定："人民法院受理公民、法人或者其他组织提起的下列诉讼：……（三）申请行政许可，行政机关拒绝或者在法定期限内不予答复，或者对行政机关作出的有关行政许可的其他决定不服的；"同时，《最高人民法院关于审理行政许可案件若干问题的规定》第1条规定："公民、法人或者其他组织认为行政机关作出的行政许可决定以及相应的不作为，或者行政机关就行政许可的变更、延续、撤回、注销、撤销等事项作出的有关具体行政行为及其相应的不作为侵犯其合法权益，提起行政诉讼的，人民法院应当依法受理。"本选项的案例属于撤回行政许可的具体行政行为，是行政机关作出的有关行政许可的其他决定，属于行政诉讼受案范围。

综上，本题的正确答案为ACD。

（2011/2/81）15. 某区公安分局以沈某收购赃物为由，拟对沈某处以1000元罚款。该分局向沈某送达了听证告知书，告知其可以在3日内提出听证申请，沈某遂提出听证要求。次日，该分局在未进行听证的情况下向沈某送达1000元罚款决定。沈某申请复议。下列哪些说法是正确的？

A. 该分局在作出决定前，应告知沈某处罚的事实、理由和依据

B. 沈某申请复议的期限为 60 日

C. 该分局不进行听证并不违法

D. 该罚款决定违法

【考点】治安管理处罚的程序；行政复议的申请期限

【黄文涛解析】A 选项当选。《治安管理处罚法》第 94 条第 1 款规定："公安机关作出治安管理处罚决定前，应当告知违反治安管理行为人作出治安管理处罚的事实、理由及依据，并告知违反治安管理行为人依法享有的权利。"本案中该分局在作出决定前告知沈某处罚的事实、理由和依据符合法律的要求。

B 选项当选。《行政复议法》第 9 条第 1 款规定："公民、法人或者其他组织认为具体行政行为侵犯其合法权益的，可以自知道该具体行政行为之日起六十日内提出行政复议申请；但是法律规定的申请期限超过六十日的除外。"可见沈某申请行政复议的期限的确是 60 日。

C 选项不当选。《治安管理处罚法》第 98 条规定："公安机关作出吊销许可证以及处二千元以上罚款的治安管理处罚决定前，应当告知违反治安管理行为人有权要求举行听证；违反治安管理行为人要求听证的，公安机关应当及时依法举行听证。"本案中虽然公安机关作出的处罚决定为 1000 元，尚不符合本法条所要求的 2000 元罚款数额，原本不需要告知沈某申请听证的权利。但是，公安机关却主动告知了沈某可以申请听证，此时依据信赖利益保护原则，沈某申请听证后公安机关应当举行听证。

D 选项当选。同样根据 C 选项中的解析，公安机关在没有进行听证的情况下作出了处罚决定，该决定违法。

综上，本题的正确答案为 ABD。

（2011/2/82）16. 余某拟大修房屋，向县规划局提出申请，该局作出不予批准答复。余某向市规划局申请复议，在后者作出维持决定后，向法院起诉。县规划局向法院提交县政府批准和保存的余某房屋所在中心村规划布局图的复印件一张，余某提交了其房屋现状的录像，证明其房屋已破旧不堪。下列哪些说法是正确的？

A. 县规划局提交的该复印件，应加盖县政府的印章

B. 余某提交的录像应注明制作方法和制作时间

C. 如法院认定余某的请求不成立，可以判决驳回余某的诉讼请求

D. 如法院认定余某的请求成立，在对县规划局的行为作出裁判的同时，应对市规划局的复议决定作出裁判

【考点】行政诉讼的证据规则；行政诉讼的裁判

【黄文涛解析】A 选项当选。最高法院 2002 年《行政诉讼证据规定》第 10 条规定："根据行政诉讼法第三十一条第一款第（一）项的规定，当事人向人民法院提供书证的，应当符合下列要求：……（二）提供由有关部门保管的书证原件的复制件、影印件或者抄录件的，应当注明出处，经该部门核对无异后加盖其印章；"本案中的规划布局图作为县政府保存的书证，在提交其复印件时应当加盖县政府的印章。

B 选项当选。最高法院 2002 年《行政诉讼证据规定》第 12 条规定："根据行政诉讼法第三十一条第一款第（三）项的规定，当事人向人民法院提供计算机数

大咖点拨区

扫码听课

据或者录音、录像等视听资料的，应当符合下列要求：……（二）注明制作方法、制作时间、制作人和证明对象等；"余某提交的录像就属于本条规定的视听资料，依据该司法解释的规定应当注明制作方法和制作时间。

C选项当选。《行政诉讼法》第69条规定："行政行为证据确凿，适用法律、法规正确，符合法定程序的，或者原告申请被告履行法定职责或者给付义务理由不成立的，人民法院判决驳回原告的诉讼请求。"本案中余某起诉的是县规划局的不作为，法院如果认定余某请求不成立，依法可以判决驳回其诉讼请求。

D选项当选。依据2014年修改，2015年生效的《行政诉讼法》第26条第2款规定："经复议的案件，复议机关决定维持原行政行为的，作出原行政行为的行政机关和复议机关是共同被告；复议机关改变原行政行为的，复议机关是被告。"可见在市规划局作出复议维持决定后，应该以区规划局和市规划局作为共同被告。同时，《行政诉讼法》第79条规定："复议机关与作出原行政行为的行政机关为共同被告的案件，人民法院应当对复议决定和原行政行为一并作出裁判。"因此根据新修订生效的《行政诉讼法》，本选项的表述正确。在《行政诉讼法》修订生效之前，最高法院2000年《行政诉讼法解释》第53条第1款规定："复议决定维持原具体行政行为的，人民法院判决撤销原具体行政行为，复议决定自然无效。"本题原本依据这一法条判断D选项不当选，但是该法条在《行政诉讼法》修订生效以后已经无效，并且在2018年最高法院新的《行政诉讼法解释》通过后这一法条已经被删除。

综上，本题的正确答案为ABCD。

（2011/2/83） 17.2006年9月7日，县法院以销售伪劣产品罪判处杨某有期徒刑8年，并处罚金45万元，没收其推土机一台。杨某不服上诉，12月6日，市中级法院维持原判交付执行。杨某仍不服，向省高级法院提出申诉。2010年9月9日，省高级法院宣告杨某无罪释放。2011年4月，杨某申请国家赔偿。关于本案的赔偿范围和标准，下列哪些说法是正确的？

A. 对杨某被羁押，每日赔偿金按国家上年度职工日平均工资计算

B. 返还45万罚金并支付银行同期存款利息

C. 如被没收推土机已被拍卖的，应给付拍卖所得的价款及相应的赔偿金

D. 本案不存在支付精神损害抚慰金的问题

【考点】 国家赔偿的范围和标准

扫码听课

【黄文涛解析】 A选项当选。《国家赔偿法》第33条规定："侵犯公民人身自由的，每日赔偿金按照国家上年度职工日平均工资计算。"杨某被羁押意味着其人身自由被侵犯，对其赔偿依据本法条应该是按国家上年度职工日平均工资计算每日赔偿金。

B选项当选。《国家赔偿法》第36条规定："……（七）返还执行的罚款或者罚金、追缴或者没收的金钱，解除冻结的存款或者汇款的，应当支付银行同期存款利息；……"返还罚金仅仅属于恢复原状，不属于对受害人的赔偿，支付银行同期存款利息才属于对受害人的赔偿。

C选项不当选。《国家赔偿法》第36条规定："……（五）财产已经拍卖或者变卖的，给付拍卖或者变卖所得的价款；变卖的价款明显低于财产价值的，应当支付相应的赔偿金；……"可见如果推土机已经被拍卖的，应支付拍卖所得。

但是只有在变卖金额明显低于财产价值时，才支付相应的赔偿金，而非一律支付赔偿金。

D 选项不当选。《国家赔偿法》第 35 条规定："有本法第三条或者第十七条规定情形之一，致人精神损害的，应当在侵权行为影响的范围内，为受害人消除影响，恢复名誉，赔礼道歉；造成严重后果的，应当支付相应的精神损害抚慰金。"同时第 17 条规定："行使侦查、检察、审判职权的机关以及看守所、监狱管理机关及其工作人员在行使职权时有下列侵犯人身权情形之一的，受害人有取得赔偿的权利：……（三）依照审判监督程序再审改判无罪，原判刑罚已经执行的；……"可见，如果在刑罚执行过程中，杨某的精神受到严重损害，可以获得精神损害抚慰金。

综上，本题的正确答案为 AB。

（2011/2/84）18. 甲市乙区公安分局所辖派出所以李某制造噪声干扰他人正常生活为由，处以 500 元罚款。李某不服申请复议。下列哪些机关可以成为本案的复议机关？

A. 乙区公安分局　　　　　　　B. 乙区政府

C. 甲市公安局　　　　　　　　D. 甲市政府

【考点】行政复议机关的确定

【黄文涛解析】A 选项、B 选项当选，C 选项、D 选项不当选。《行政复议法》第 15 条规定："对本法第十二条、第十三条、第十四条规定以外的其他行政机关、组织的具体行政行为不服的，按照下列规定申请行政复议：……（二）对政府工作部门依法设立的派出机构依照法律、法规或者规章规定，以自己的名义作出的具体行政行为不服的，向设立该派出机构的部门或者该部门的本级地方人民政府申请行政复议；"同时《治安管理处罚法》第 91 条规定："治安管理处罚由县级以上人民政府公安机关决定；其中警告、五百元以下的罚款可以由公安派出所决定。"可见公安局的派出所根据法律的授权可以实施警告和五百元以下的罚款。本题中乙区公安分局的派出所对李某作出 500 元罚款在其权限范围内，根据《行政复议法》第 15 条的规定，复议机关应该是乙区公安分局和乙区政府。

综上，本题的正确答案为 AB。

（2011/2/85）19. 国务院法制机构在审查起草部门报送的行政法规送审稿时认为，该送审稿规定的主要制度存在较大争议，且未与有关部门协商。对此，可以采取下列哪些处理措施？

A. 缓办　　　　　　　　　　　B. 移交其他部门起草

C. 退回起草部门　　　　　　　D. 向社会公布，公开征求意见

【考点】行政法规的制定程序

【黄文涛解析】A 选项、C 选项当选，B 选项、D 选项不当选。《行政法规制定程序条例》第 19 条规定："行政法规送审稿有下列情形之一的，国务院法制机构可以缓办或者退回起草部门：……（二）有关部门对送审稿规定的主要制度存在较大争议，起草部门未征得机构编制、财政、税务等相关部门同意的；……"可见国务院法制机构的处理方式为"缓办"或者"退回起草部门"。

综上，本题的正确答案为 AC。

（2011/2/97）20. 当事人不服下列行为提起的诉讼，属于行政诉讼受案范围的是：

A. 某人保局以李某体检不合格为由取消其公务员录用资格

B. 某公安局以新录用的公务员孙某试用期不合格为由取消录用

C. 某人保局给予工作人员田某记过处分

D. 某财政局对工作人员黄某提出的辞职申请不予批准

【考点】行政诉讼的受案范围

【黄文涛解析】A选项当选，B选项、C选项、D选项不当选。《公务员法》第95条规定："公务员对涉及本人的下列人事处理不服的，可以自知道该人事处理之日起三十日内向原处理机关申请复核；对复核结果不服的，可以自接到复核决定之日起十五日内，按照规定向同级公务员主管部门或者作出该人事处理的机关的上一级机关提出申诉；也可以不经复核，自知道该人事处理之日起三十日内直接提出申诉：（一）处分；（二）辞退或者取消录用；……（六）申请辞职、提前退休未予批准；……"可见B、C、D项中的情形都是行政机关对自身内部成员的管理活动，根据《公务员法》的规定都应该通过申请复核、申诉的途径解决，属于内部行政行为，不能通过行政诉讼的途径解决。A项行政机关取消李某公务员的录用资格不属于对内部成员的管理活动，该行为对李某的权利义务造成了实际的影响，属于具体行政行为，因此属于行政诉讼的受案范围。

综上，本题的正确答案为A。

（2011/2/98）21. 甲市为乙省政府所在地的市。关于甲市政府行政机构设置和编制管理，下列说法正确的是：

A. 在一届政府任期内，甲市政府的工作部门应保持相对稳定

B. 乙省机构编制管理机关与甲市机构编制管理机关为上下级领导关系

C. 甲市政府的行政编制总额，由甲市政府提出，报乙省政府批准

D. 甲市政府根据调整职责的需要，可以在行政编制总额内调整市政府有关部门的行政编制

【考点】地方行政机构的设置与编制管理

【黄文涛解析】A选项当选。《地方各级人民政府机构设置和编制管理条例》第8条第2款规定："……地方各级人民政府行政机构应当根据履行职责的需要，适时调整。但是，在一届政府任期内，地方各级人民政府的工作部门应当保持相对稳定。"

B选项不当选。《地方各级人民政府机构设置和编制管理条例》第5条规定："县级以上各级人民政府机构编制管理机关应当按照管理权限履行管理职责，并对下级机构编制工作进行业务指导和监督。"可见机构编制管理机关上下级之间是业务指导和监督关系，而不是领导关系。

C选项不当选。《地方各级人民政府机构设置和编制管理条例》第16条规定："地方各级人民政府的行政编制总额，由省、自治区、直辖市人民政府提出，经国务院机构编制管理机关审核后，报国务院批准。"故地方各级政府的行政编制总额应该由省级政府提出，报国务院批准。

D选项当选。《地方各级人民政府机构设置和编制管理条例》第18条规定："地方各级人民政府根据调整职责的需要，可以在行政编制总额内调整本级人民

政府有关部门的行政编制。……"

综上，本题的正确答案为 AD。

（2011/2/99）22. 关于行政许可实施程序的听证规定，下列说法正确的是：

A. 行政机关应在举行听证 7 日前将时间、地点通知申请人、利害关系人

B. 行政机关可视情况决定是否公开举行听证

C. 申请人、利害关系人对听证主持人可以依照规定提出回避申请

D. 举办听证的行政机关应当制作笔录，听证笔录应当交听证参与人确认无误后签字或者盖章

【考点】行政许可的听证程序

【黄文涛解析】A 选项当选。《行政许可法》第 48 条第 1 款规定："听证按照下列程序进行：（一）行政机关应当于举行听证的七日前将举行听证的时间、地点通知申请人、利害关系人，必要时予以公告；"

B 选项不当选。《行政许可法》第 48 条第 1 款规定："……（二）听证应当公开举行；"可见行政许可必须公开举行，不能由行政机关决定是否公开举行。

C 选项当选。《行政许可法》第 48 条第 1 款规定："……（三）行政机关应当指定审查该行政许可申请的工作人员以外的人员为听证主持人，申请人、利害关系人认为主持人与该行政许可事项有直接利害关系的，有权申请回避；"

D 选项当选。《行政许可法》第 48 条第 1 款规定："……（五）听证应当制作笔录，听证笔录应当交听证参加人确认无误后签字或者盖章。"

综上，本题的正确答案为 ACD。

（2011/2/100）23. 甲县政府设立的临时机构基础设施建设指挥部，认定有 10 户居民的小区自建的围墙及附属房系违法建筑，指令乙镇政府具体负责强制拆除。10 户居民对此决定不服起诉。下列说法正确的是：

A. 本案被告为乙镇政府

B. 本案应由中级法院管辖

C. 如 10 户居民在指定期限内未选定诉讼代表人的，法院可以依职权指定

D. 如 10 户居民对此决定申请复议，复议机关为甲县政府

【考点】行政诉讼的被告资格、管辖法院、诉讼代表人；行政复议机关的确定

【黄文涛解析】A 选项不当选。《最高人民法院关于适用〈中华人民共和国行政诉讼法〉的解释》第 20 条第 1 款规定："行政机关组建并赋予行政管理职能但不具有独立承担法律责任能力的机构，以自己的名义作出行政行为，当事人不服提起诉讼的，应当以组建该机构的行政机关为被告。"乙镇政府只是基础设施建设指挥部指定的强拆行为的具体实施者，而非享有相应行政职权的行政主体，不能成为行政诉讼的被告。同时，基础设施建设指挥部是甲县政府设立的临时机构，它不具有独立承担法律责任的能力，当它认为小区居民自建围墙及附属房系违法建筑，相对人不服起诉应该以组建它的甲县政府为被告。

B 选项当选。《行政诉讼法》的 15 条规定："中级人民法院管辖下列第一审行政案件：（一）对国务院部门或者县级以上地方人民政府所作的行政行为提起诉讼的案件；……"根据 A 选项的解析，本案的被告应该是甲县政府，因此级别管辖法院应该是中级法院。

C选项当选。《行政诉讼法》第28条规定："当事人一方人数众多的共同诉讼，可以由当事人推选代表人进行诉讼。代表人的诉讼行为对其所代表的当事人发生效力，但代表人变更、放弃诉讼请求或者承认对方当事人的诉讼请求，应当经被代表的当事人同意。"同时《最高人民法院关于适用〈中华人民共和国行政诉讼法〉的解释》第29条规定："行政诉讼法第二十八条规定的'人数众多'，一般指十人以上。根据行政诉讼法第二十八条的规定，当事人一方人数众多的，由当事人推选代表人。当事人推选不出的，可以由人民法院在起诉的当事人中指定代表人。行政诉讼法第二十八条规定的代表人为二至五人。代表人可以委托一至二人作为诉讼代理人。"

D选项不当选。《行政复议法实施条例》第14条规定："行政机关设立的派出机构、内设机构或者其他组织，未经法律、法规授权，对外以自己名义作出具体行政行为的，该行政机关为被申请人。"故此案中复议的被申请人是甲县政府。同时根据《行政复议法》第13条第1款的规定："对地方各级人民政府的具体行政行为不服的，向上一级地方人民政府申请行政复议。"可见本案中的复议机关应该是市政府。

综上，本题的正确答案为BC。

原型客观真题汇编五

（2010/2/39） 1. 关于行政法的比例原则，下列哪一说法是正确的？

A. 是权责统一原则的基本内容之一　　B. 主要适用于羁束行政行为

C. 是合法行政的必然要求　　D. 属于实质行政法治范畴

【考点】行政法的基本原则

【黄文涛解析】A选项不当选。比例原则属于合理行政原则的子原则，不是权责统一原则的子原则。

扫码听课

B选项不当选。羁束行政行为主要是由合法行政原则予以约束，比例原则主要适用于裁量行政行为。

C选项不当选。比例原则是合理行政原则的要求。

D选项当选。比例原则属于合理行政原则的子原则之一，而合理行政原则属于实质行政法治的范畴，因此可以推导出比例原则也属于实质行政法治的范畴。

综上，本题的正确答案为D。

（2010/2/40） 2. 国务院某部拟合并处级内设机构。关于机构合并，下列哪一说法是正确的？

A. 该部决定，报国务院机构编制管理机关备案

B. 该部提出方案，报国务院机构编制管理机关批准

C. 国务院机构编制管理机关决定，报国务院备案

D. 国务院机构编制管理机关提出方案，报国务院决定

【考点】中央行政机关的设置程序

扫码听课

【黄文涛解析】依据《国务院行政机构设置和编制管理条例》第14条第2款规定："国务院行政机构的处级内设机构的设立、撤销或者合并，由国务院行政机构根据国家有关规定决定，按年度报国务院机构编制管理机关备案。"因此A选项当选，B选项、C选项、D选项不当选。

综上，本题的正确答案为 A。

（2010/2/41）3. 关于国家机关公务员处分的做法或说法，下列哪一选项是正确的？

A. 张某受记过处分期间，因表现突出被晋升一档工资

B. 孙某撤职处分被解除后，虽不能恢复原职但应恢复原级别

C. 童某受到记大过处分，处分期间为二十四个月

D. 田某主动交代违纪行为，主动采取措施有效避免损失，应减轻处分

大咖点拨区

扫码听课

【考点】 公务员的处分制度

【黄文涛解析】 A 选项不当选。《行政机关公务员处分条例》第 8 条规定："行政机关公务员在受处分期间不得晋升职务和级别，其中，受记过、记大过、降级、撤职处分的，不得晋升工资档次；受撤职处分的，应当按照规定降低级别。"可见张某在受记过处分期间，不得晋升工资档次。实施上，只有警告处分期间可以晋升工资档次。

B 选项不当选。《行政机关公务员处分条例》第 9 条第 2 款规定："行政机关公务员受开除以外的处分，在受处分期间有悔改表现，并且没有再发生违法违纪行为的，处分期满后，应当解除处分。解除处分后，晋升工资档次、级别和职务不再受原处分的影响。但是，解除降级、撤职处分的，不视为恢复原级别、原职务。"可见，孙某的撤职处分被解除后，原来的职务和级别都不能自行恢复。

C 选项不当选。依据《行政机关公务员处分条例》第 7 条第（三）项的规定，行政机关公务员受记大过处分的处分期间是 18 个月。

D 选项当选。《行政机关公务员处分条例》第 14 条第 1 款规定："行政机关公务员主动交代违法违纪行为，并主动采取措施有效避免或者挽回损失的，应当减轻处分。"田某的行为符合即主动交代违纪行为，又主动采取措施有效避免损失的情形，应当减轻处分。

综上，本题的正确答案为 D。

（2010/2/42）4. 关于行政法规的决定与公布，下列哪一说法是正确的？

A. 行政法规均应由国务院常务会议审议通过

B. 行政法规草案在国务院常务会议审议时，可由起草部门作说明

C. 行政法规草案经国务院审议报国务院总理签署前，不得再作修改

D. 行政法规公布后由国务院法制办报全国人大常委会备案

扫码听课

【考点】 行政法规的制定程序

【黄文涛解析】 A 选项不当选。《行政法规制定程序条例》第 26 条第 1 款规定："行政法规草案由国务院常务会议审议，或者由国务院审批。"可见除了由国务院常务会议审议通过外，也可以由国务院直接审批通过。

B 选项当选。《行政法规制定程序条例》第 26 条第 2 款规定："国务院常务会议审议行政法规草案时，由国务院法制机构或者起草部门作说明。"可见行政法规草案在国务院常务会议审议时，既可以由国务院法制机构作说明，也可以由起草部门作说明。

C 选项不当选。《行政法规制定程序条例》第 27 条第 1 款规定："国务院法制机构应当根据国务院对行政法规草案的审议意见，对行政法规草案进行修改，形成草案修改稿，报请总理签署国务院令公布施行。"可见在总理签署国务院令公

布实施行政法规之前，还是可以由国务院法制机构进行修改。

D选项不当选。《行政法规制定程序条例》第30条规定："行政法规在公布后的30日内由国务院办公厅报全国人民代表大会常务委员会备案。"可见应当由国务院的办公厅报请全国人大常委会备案，而不是由国务院法制办报请全国人大常委会备案。

综上，本题的正确答案为B。

(2010/2/43) 5. 刘某向卫生局申请在小区设立个体诊所，卫生局受理申请。小区居民陈某等人提出，诊所的医疗废物会造成环境污染，要求卫生局不予批准。对此，下列哪一选项符合《行政许可法》规定？

A. 刘某既可以书面也可以口头申请设立个体诊所

B. 卫生局受理刘某申请后，应当向其出具加盖本机关专用印章和注明日期的书面凭证

C. 如陈某等人提出听证要求，卫生局同意并听证的，组织听证的费用应由陈某承担

D. 如卫生局拒绝刘某申请，原则上应作出书面决定，必要时口头告知即可

【考点】 行政许可的实施程序

【黄文涛解析】 A选项不当选。《行政许可法》第29条第3款规定："行政许可申请可以通过信函、电报、电传、传真、电子数据交换和电子邮件等方式提出。"可见行政许可的申请必须采用书面形式（包括纸质形式和电子形式）提出，不可以采用口头方式提出。

B选项当选。《行政许可法》第32条第2款规定："行政机关受理或者不予受理行政许可申请，应当出具加盖本行政机关专用印章和注明日期的书面凭证。"可见无论是受理或不受理行政许可申请，都应当出具加盖本行政机关专用印章和注明日期的书面凭证。

C选项不当选。《行政许可法》第47条第2款规定："申请人、利害关系人不承担行政机关组织听证的费用。"可见行政许可的听证费用不应由陈某承担。

D选项不当选。《行政许可法》第38条第2款规定："行政机关依法作出不予行政许可的书面决定的，应当说明理由，并告知申请人享有依法申请行政复议或者提起行政诉讼的权利。"可见当卫生局拒绝刘某的申请时，必须作出书面决定，不能口头告知。

综上，本题的正确答案为B。

(2010/2/44) 6. 下列哪一行为属于行政处罚？

A. 公安交管局暂扣违章驾车张某的驾驶执照六个月

B. 工商局对一企业有效期届满未申请延续的营业执照予以注销

C. 卫生局对流行性传染病患者强制隔离

D. 食品药品监督局责令某食品生产者召回其已上市销售的不符合食品安全标准的食品

【考点】 具体行政行为的法律性质判断

【黄文涛解析】 A选项当选。暂扣驾驶执照属于暂扣许可证的行政行为，该行为既有可能属于行政处罚，也有可能属于行政强制措施。区分的关键点在于行为的目的不同，如果暂扣许可证的目的是为了对违法行为人进行惩戒，那么就属

于行政处罚。如果暂扣许可证的目的是为了预防违法行为的继续发生，那么就属于行政强制措施。我曾对暂扣许可证行为的法律性质判断进行过专门的分析，大家可以关注我的新浪微博（@黄文涛的行政法），在我的微博上搜索《暂扣驾驶证、行驶证的法律性质是行政处罚还是行政强制措施？》一文查看详细内容。本选项中公安交管局暂扣张某驾驶执照的行为属于对他的违章驾车行为的惩罚，故而属于行政处罚行为。

B 选项不当选。行政许可的注销属于行政许可过程中的一种程序性行为，并没有对被许可人实施惩罚，因此不属于行政处罚。

C 选项不当选。卫生局对流行性传染病患者的强制隔离行为属于限制人身自由的行政强制措施，是为了防止危害的扩大而实施的行政行为，并非对流行性传染病患者的惩罚，因此不属于行政处罚。

D 选项不当选。食品药品监督局责令某食品生产者召回不符合食品安全标准食品的行为属于行政命令行为的一种。责令召回是要求食品生产者履行其应尽的第一性法律义务，也就是说召回不符合食品安全标准的食品是食品生产者原本就应该履行的法律义务，食品药品监督局只是对食品生产者重申了这种法律义务，并没有对食品生产者施加额外的惩戒，所以不属于行政处罚行为。行政命令行为是一种未型式化的行政行为，考生可能不是很熟悉。责令召回不符合食品安全标准的食品类似与责令违法者改正违法行为，属于行政命令的一种，由于行政命令行为是未型式化的行政行为，其内涵与外延尚未被成文法所固定下来，所以考生们可能不是很熟悉。我对此问题曾进行过专门分析，大家可以关注我的新浪微博（@黄文涛的行政法），在我的微博上搜索《"责令召回"与"责令支付赔偿金"的法律属性是什么？》一文查看详细内容。

综上，本题的正确答案为 A。

（2010/2/46）7. 某区城管局以甲摆摊卖"麻辣烫"影响环境为由，将其从事经营的小推车等物品扣押。在实施扣押过程中，城管执法人员李某将甲打伤。对此，下列哪一说法是正确的？

A. 扣押甲物品的行为，属于行政强制执行措施
B. 李某殴打甲的行为，属于事实行为
C. 因甲被打伤，扣押甲物品的行为违法
D. 甲被打伤的损失，应由李某个人赔偿

【考点】 具体行政行为法律性质的判断；行政赔偿的主体

【黄文涛解析】 A 选项不当选。《行政强制法》第 2 条第 2 款规定："行政强制措施，是指行政机关在行政管理过程中，为制止违法行为、防止证据损毁、避免危害发生、控制危险扩大等情形，依法对公民的人身自由实施暂时性限制，或者对公民、法人或者其他组织的财物实施暂时性控制的行为。"本题中城管局将小推车等物品扣押是为了防止违法行为的继续发生，所以属于行政强制措施，而非行政强制执行。

B 选项当选。行政事实行为是不直接对行政法律关系产生变动影响的行政行为，行政机关工作人员将行政相对人打伤的行为就属于行政事实行为的一种。

C 选项不当选。城管执法人员打伤甲与扣押甲的物品属于两种不同的法律关系，不能因为城管执法人员实施了打伤甲的违法行为而导致扣押物品行为也变成

大咖点拨区

扫码听课

违法行为。

D 选项不当选。《国家赔偿法》第 3 条第（三）项规定："行政机关及其工作人员在行使行政职权时有下列侵犯人身权情形之一的，受害人有取得赔偿的权利：……（三）以殴打、虐待等行为或者唆使、放纵他人以殴打、虐待等行为造成公民身体伤害或者死亡的；"本案中城管执法人员将甲打伤就属于在行使行政职权时对甲的人身权侵害，属于国家赔偿的范围，而不是民事赔偿的范围，不能由李某个人赔偿。

综上，本题的正确答案为 B。

（2010/2/47）8. 陈某申请领取最低生活保障费，遭民政局拒绝。陈某诉至法院，要求判令民政局履行法定职责，同时申请法院先予执行。对此，下列哪一说法是正确的？

A. 陈某提出先予执行申请时，应提供相应担保

B. 陈某的先予执行申请，不属于《行政诉讼法》规定的先予执行范围

C. 如法院作出先予执行裁定，民政局不服可以申请复议

D. 如法院作出先予执行裁定，情况特殊的可以采用口头方式

【考点】 行政诉讼中的先予执行

【黄文涛解析】 A 选项不当选。《行政诉讼法》及相关行政诉讼法的司法解释中并没有要求原告申请先予执行时必须提供相应的担保。

B 选项不当选。《行政诉讼法》第 57 条第 1 款规定："人民法院对起诉行政机关没有依法支付抚恤金、最低生活保障金和工伤、医疗社会保险金的案件，权利义务关系明确、不先予执行将严重影响原告生活的，可以根据原告的申请，裁定先予执行。"本题中陈某起诉的就是民政局不予支付最低生活保障费的行为，属于先予执行的范围。

C 选项当选。《行政诉讼法》第 57 条第 2 款规定："当事人对先予执行裁定不服的，可以申请复议一次。复议期间不停止裁定的执行。"可见对于先予执行的裁定民政局可以申请复议一次。

D 选项不当选。人民法院作出的裁定书应当采用书面形式，《行政诉讼法》中并没有规定可以采取口头方式。

综上，本题的正确答案为 C。

（2010/2/48）9. 原《环境保护法》规定，当事人对行政处罚决定不服，可以在接到处罚通知之日起十五日内申请复议，也可以在接到处罚通知之日起十五日内直接向法院起诉。某县环保局依据《环境保护法》对违法排污企业作出罚款处罚决定，该企业不服。对此，下列哪一说法是正确的？

A. 如该企业申请复议，申请复议的期限应为六十日

B. 如该企业直接起诉，提起诉讼的期限应为三个月

C. 如该企业逾期不缴纳罚款，县环保局可从该企业的银行账户中划拨相应款项

D. 如该企业逾期不缴纳罚款，县环保局可扣押该企业的财产并予以拍卖

【考点】 行政复议的申请期限；行政诉讼的起诉期限；行政强制执行

【黄文涛解析】 A 选项当选。《行政复议法》第 9 条第 1 款规定："公民、法人或者其他组织认为具体行政行为侵犯其合法权益的，可以自知道该具体行政行

为之日起六十日内提出行政复议申请；但是法律规定的申请期限超过六十日的除外。"可见只有法律规定复议申请期超出六十日的才除外，法律规定复议申请期少于六十日的应当依据《行政复议法》规定的六十日确定复议申请期。《环境保护法》规定的复议申请期少于六十日，则应当依据《行政复议法》的规定确定复议申请期为六十日。

B 选项不当选。《行政诉讼法》第 46 条规定："公民、法人或者其他组织直接向人民法院提起诉讼的，应当自知道或者应当知道作出行政行为之日起六个月内提出。法律另有规定的除外。"可见只要法律对行政诉讼的起诉期限另有规定，就应当从其规定。《环境保护法》中规定应当在十五日内起诉，就应从其规定。注意，2014 年修改，2015 年生效的《行政诉讼法》已经将起诉期限由原先的三个月改为六个月。

C 选项不当选、D 选项不当选。划拨款项和拍卖扣押的财产都属于行政强制执行行为。依据《行政强制法》第 34 条规定："行政机关依法作出行政决定后，当事人在行政机关决定的期限内不履行义务的，具有行政强制执行权的行政机关依照本章规定强制执行。"可见只有法律授予行政机关强制执行权，行政机关才可以自己实施行政强制执行。在考试中一般只要记牢五个具有行政强制执行权的行政机关（公安、海关、国安、税务、县级以上人民政府）即可，其他的行政机关一般都不具有行政强制执行权。环保局没有法律授予的行政强制执行权，所以不能从该企业的银行账户中划拨相应款项，也无权拍卖扣押的企业财产。

综上，本题的正确答案为 A。

（2010/2/49）10. 关于在行政诉讼中法庭对证据的审查，下列哪一说法是正确的？

A. 从证据形成的原因方面审查证据的合法性

B. 从证人与当事人是否具有利害关系方面审查证据的关联性

C. 从发现证据时的客观环境审查证据的真实性

D. 从复制件与原件是否相符审查证据的合法性

【考点】 行政诉讼的证据规则

【黄文涛解析】 A 选项不当选、C 选项当选、D 选项不当选。根据最高法院 2002 年《最高人民法院关于行政诉讼证据若干问题的规定》第 56 条规定："法庭应当根据案件的具体情况，从以下方面审查证据的真实性：（一）证据形成的原因；（二）发现证据时的客观环境；（三）证据是否为原件、原物，复制件、复制品与原件、原物是否相符；（四）提供证据的人或者证人与当事人是否具有利害关系；（五）影响证据真实性的其他因素。"同一司法解释第 55 条规定："法庭应当根据案件的具体情况，从以下方面审查证据的合法性：（一）证据是否符合法定形式；（二）证据的取得是否符合法律、法规、司法解释和规章的要求；（三）是否有影响证据效力的其他违法情形。"可见这几个选项都是对证据真实性的审查，而非合法性的审查。

B 选项不当选。最高法院 2002 年《最高人民法院关于行政诉讼证据若干问题的规定》第 54 条规定："法庭应当对经过庭审质证的证据和无需质证的证据进行逐一审查和对全部证据综合审查，遵循法官职业道德，运用逻辑推理和生活经验，进行全面、客观和公正地分析判断，确定证据材料与案件事实之间的证明关

扫码听课

大咖点拨区

系，排除不具有关联性的证据材料，准确认定案件事实。"可见从证人与当事人是否具有利害关系方面不能审查证据的关联性，故 B 选项不当选。

综上，本题的正确答案为 C。

（2010/2/50）11. 2009 年 2 月 10 日，王某因涉嫌诈骗被县公安局刑事拘留，2 月 24 日，县检察院批准逮捕王某。4 月 10 日，县法院以诈骗罪判处王某三年有期徒刑，缓期二年执行。5 月 10 日，县公安局根据县法院变更强制措施的决定，对王某采取取保候审措施。王某上诉，6 月 1 日，市中级法院维持原判。王某申诉，12 月 10 日，市中级法院再审认定王某行为不构成诈骗，撤销原判。根据现行《国家赔偿法》的规定，下列哪一说法是正确的？

A. 因王某被判无罪，国家应当对王某在 2009 年 2 月 10 日至 12 月 10 日期间的损失承担赔偿责任

B. 因王某被判处有期徒刑缓期执行，国家不承担赔偿责任

C. 因王某被判无罪，国家应当对王某在 2009 年 6 月 1 日至 12 月 10 日期间的损失承担赔偿责任

D. 因王某被判无罪，国家应当对王某在 2009 年 2 月 24 日至 5 月 10 日期间的损失承担赔偿责任

【考点】 刑事司法赔偿的范围（本题依据最新法律有修订）

【黄文涛解析】 最高人民法院印发《关于人民法院执行〈中华人民共和国国家赔偿法〉几个问题的解释》的通知（法发〔1996〕15 号）中第四条规定："根据赔偿法第二十六条、第二十七条的规定，人民法院判处管制、有期徒刑缓刑、剥夺政治权利等刑罚的人被依法改判无罪的，国家不承担赔偿责任，但是，赔偿请求人在判决生效前被羁押的，依法有权取得赔偿。"可见县法院判决王某缓期两年执行不属于国家赔偿的范围。

同时，王某在判决生效前被羁押的时间应属于赔偿范围，王某判决生效的时间是 2009 年 6 月 1 日，也即在此之前王某被羁押的时间属于国家赔偿范围。不过由于县公安局在 5 月 10 日就已经根据县法院变更强制措施的决定，对王某采取了取保候审的措施，这意味着 5 月 10 日至 6 月 1 日之间的时段王某并没有被实际羁押，这段时间不属于国家赔偿的范围。

并且《国家赔偿法》第 17 条第（一）项规定："行使侦查、检察、审判职权的机关以及看守所、监狱管理机关及其工作人员在行使职权时有下列侵犯人身权情形之一的，受害人有取得赔偿的权利：（一）违反刑事诉讼法的规定对公民采取拘留措施的，或者依照刑事诉讼法规定的条件和程序对公民采取拘留措施，但是拘留时间超过刑事诉讼法规定的时限，其后决定撤销案件、不起诉或者判决宣告无罪终止追究刑事责任的；……"可见只有公安机关违法实施刑事拘留或者超期实施刑事拘留两种情况才属于国家赔偿范围，而本题中并没有表明公安机关实施了这两种违法刑事拘留的行为，因此 2009 年 2 月 10 日至 2 月 24 日这一时段的刑事拘留期间不属于国家赔偿的范围，国家应当对王某进行赔偿的时间段应该是2 月 24 日至 5 月 10 日之间的时段。

综上，本题的正确答案为 D。

（2010/2/80）12. 某企业认为，甲省政府所在地的设区市政府制定的规章同某一行政法规相抵触，可以向下列哪些机关书面提出审查建议？

A. 国务院　　　　　　　　　B. 国务院法制办

C. 甲省政府　　　　　　　　D. 全国人大常委会

【考点】规章的审查程序（本题根据最新法律有修订）

【黄文涛解析】A 选项当选、B 选项不当选。《规章制定程序条例》第 35 条第 1 款规定："国家机关、社会团体、企业事业组织、公民认为规章同法律、行政法规相抵触的，可以向国务院书面提出审查的建议，由国务院法制机构研究并提出处理意见，按照规定程序处理。"可见依法有权的主体如果认为规章同上位法相抵触的，都可以向国务院提出书面审查建议。国务院法制办虽然是具体操作处理的机构，但是并非名义上有权审查的机构。

C 选项当选、D 选项不当选。《规章制定程序条例》第 35 条第 2 款规定："国家机关、社会团体、企业事业组织、公民认为设区的市、自治州的人民政府规章同法律、行政法规相抵触或者违反其他上位法的规定的，也可以向本省、自治区人民政府书面提出审查的建议，由省、自治区人民政府法制机构研究并提出处理意见，按照规定程序处理。"甲省政府所在地的市肯定属于设区的市，因此当有权主体认为该市政府规章与上位法相抵触的，都可以向本省级政府提出书面审查意见。

综上，本题的正确答案为 AC。

（2010/2/81）13. 关于具体行政行为的效力，下列哪些说法是正确的？

A. 可撤销的具体行政行为在被撤销之前，当事人应受其约束

B. 具体行政行为废止前给予当事人的利益，在该行为废止后应收回

C. 为某人设定专属权益的行政行为，如此人死亡其效力应终止

D. 对无效具体行政行为，任何人都可以向法院起诉主张其无效

扫码听课

【考点】具体行政行为的效力

【黄文涛解析】A 选项当选。可撤销的具体行政行为在被撤销之前推定为有效，经过法定程序被撤销后则自始无效，因此在该具体行政行为被撤销之前，对当事人具有约束力。

B 选项不当选。被废止的具体行政行为在废止之日起才失去法律效力，并且在废止之前给予当事人的利益并不收回。典型如行政许可被撤回后，之前被许可人依据许可获取的收益并不收回。

C 选项当选。依据具体行政行为的基本理论，为某人设定专属权益的行政行为，在该主体死亡时其效力随之终止。典型如自然人死亡后，其生前获得的行政许可随之终止。

D 选项不当选。对于无效的具体行政行为，受其侵害合法权益的主体可以在任何时候主张该具体行政行为无效，有权的国家机关（包括法院）也可以在任何时候通过法定程序宣告其无效。可见只有合法权益受到该无效具体行政行为侵害的主体才能向法院起诉主张其无效。

综上，本题的正确答案为 AC。

（2010/2/82）14. 下列哪些地方性法规的规定违反《行政许可法》？

A. 申请餐饮服务许可证，须到当地餐饮行业协会办理认证手续

B. 申请娱乐场所表演许可证，文化主管部门收取的费用由财政部门按一定比例返还

扫码听课

C. 外地人员到本地经营网吧，应当到本地电信管理部门注册并缴纳特别管理费

D. 申请建设工程规划许可证，需安装建设主管部门指定的节能设施

【考点】行政许可的设定权限

【黄文涛解析】A选项当选。《行政许可法》第16条第4款规定："法规、规章对实施上位法设定的行政许可作出的具体规定，不得增设行政许可；对行政许可条件作出的具体规定，不得增设违反上位法的其他条件。"同时，国务院《认证认可条例》第18条规定："任何法人、组织和个人可以自愿委托依法设立的认证机构进行产品、服务、管理体系认证。"可见依据《认证认可条例》的规定，认证手续是由法人、组织和个人自愿办理，而本选项中的地方性法规将认证手续作为申请餐饮服务许可证的必备条件，属于增设违反上位法的其他条件，违反了《行政许可法》第16条的规定。

B选项当选。《行政许可法》第59条规定："行政机关实施行政许可，依照法律、行政法规收取费用的，应当按照公布的法定项目和标准收费；所收取的费用必须全部上缴国库，任何机关或者个人不得以任何形式截留、挪用、私分或者变相私分。财政部门不得以任何形式向行政机关返还或者变相返还实施行政许可所收取的费用。"可见本选项中文化主管部门收取的费用由财政部门按一定比例返还这一行为违反了《行政许可法》该条规定。

C选项当选。《中华人民共和国行政许可法》（2019年）第15条第2款规定："地方性法规和省、自治区、直辖市人民政府规章，不得设定应当由国家统一确定的公民、法人或者其他组织的资格、资质的行政许可；不得设定企业或者其他组织的设立登记及其前置性行政许可。其设定的行政许可，不得限制其他地区的个人或者企业到本地区从事生产经营和提供服务，不得限制其他地区的商品进入本地区市场。"外地人员到本地经营网吧，应当到本地电信管理部门注册并缴纳特别管理费的做法，实际上是限制外地人在本地从事生产经营活动，有地方保护主义的嫌疑，故而是违法的。

D选项当选。《行政许可法》第27条第1款规定："行政机关实施行政许可，不得向申请人提出购买指定商品、接受有偿服务等不正当要求。"地方性法规中规定申请建设工程规划许可证需安装建设主管部门指定的节能设施，属于要求申请人购买制定商品的行为，违反了行政许可法的规定。

综上，本题的正确答案为ABCD。

（2010/2/83）15. 公安局认定朱某嫖娼，对其拘留十五日并处罚款5000元。关于此案，下列哪些说法是正确的？

A. 对朱某的处罚决定书应载明处罚的执行方式和期限

B. 如朱某要求听证，公安局应当及时依法举行听证

C. 朱某有权陈述和申辩，公安局必须充分听取朱某的意见

D. 如朱某对拘留和罚款处罚不服起诉，该案应由公安局所在地的法院管辖

【考点】治安处罚的程序；行政诉讼的管辖法院

【黄文涛解析】A选项当选。《治安管理处罚法》第96条第1款第（四）项规定："公安机关作出治安管理处罚决定的，应当制作治安管理处罚决定书。决定书应当载明下列内容：……（四）处罚的执行方式和期限；"可见处罚的执行

扫码听课

方式和期限是治安处罚决定书应当载明的内容。

B 选项当选。《治安管理处罚法》第 98 条规定："公安机关作出吊销许可证以及处二千元以上罚款的治安管理处罚决定前，应当告知违反治安管理行为人有权要求举行听证；违反治安管理行为人要求听证的，公安机关应当及时依法举行听证。"本题中的朱某受到的罚款是 5000 元，超出了法定 2000 元的限额，公安机关应当告知其听证权利，如果朱某要求听证则必须举行听证。

C 选项当选。《治安管理处罚法》第 94 条第 2 款规定："违反治安管理行为人有权陈述和申辩。公安机关必须充分听取违反治安管理行为人的意见，对违反治安管理行为人提出的事实、理由和证据，应当进行复核；违反治安管理行为人提出的事实、理由或者证据成立的，公安机关应当采纳。"可见朱某受到处罚后享有陈述和申辩的权利，公安机关应当充分听取朱某的意见。

D 选项当选。《最高人民法院关于适用〈中华人民共和国行政诉讼法〉的解释》第 8 条第 2 款规定："对行政机关基于同一事实，既采取限制公民人身自由的行政强制措施，又采取其他行政强制措施或者行政处罚不服的，由被告所在地或者原告所在地的人民法院管辖。"可见只有在对包含了限制人身自由的行政强制措施的行政行为提起诉讼时，才由原告所在地或被告所在地法院选择管辖。本题中被诉行政行为是拘留和罚款，拘留属于行政处罚而非行政强制措施，所以属于普通的行政诉讼案件管辖，应由被告所在地法院管辖。注意，最高法院曾在 2000 年《行政诉讼法解释》第 9 条第 2 款规定："行政机关基于同一事实既对人身又对财产实施行政处罚或者采取行政强制措施的，被限制人身自由的公民、被扣押或者没收财产的公民、法人或者其他组织对上述行为均不服的，既可以向被告所在地人民法院提起诉讼，也可以向原告所在地人民法院提起诉讼，受诉人民法院可一并管辖。"可见依据考试当年生效的司法解释，如果当事人对于拘留和罚款决定不服同时起诉，原告所在地法院和被告所在地法院都具有管辖权，只是在 2018 年新司法解释生效后这一规定被废除了。

综上，本题的正确答案为 ABCD。

（2010/2/84）16. 关于行政复议有关事项的处理，下列哪些说法是正确的？

A. 申请人因不可抗力不能参加行政复议致行政复议中止满六十日的，行政复议终止

B. 复议进行现场勘验的，现场勘验所用时间不计入复议审理期限

C. 申请人对行政拘留不服申请复议，复议期间因申请人同一违法行为涉嫌犯罪，该行政拘留变更为刑事拘留的，行政复议中止

D. 行政复议期间涉及专门事项需要鉴定的，当事人可以自行委托鉴定机构进行鉴定

【考点】行政复议的终止程序、审理期限、中止程序、鉴定制度

【黄文涛解析】A 选项不当选。《行政复议法实施条例》第 42 条第 2 款的规定："依照本条例第四十一条第一款第（一）项、第（二）项、第（三）项规定中止行政复议，满 60 日行政复议中止的原因仍未消除的，行政复议终止。"而同一条例第 41 条第 1 款第（一）、（二）、（三）项是指："（一）作为申请人的自然人死亡，其近亲属尚未确定是否参加行政复议的；（二）作为申请人的自然人丧失参加行政复议的能力，尚未确定法定代理人参加行政复议的；（三）作为申请

大咖点拨区

人的法人或者其他组织终止，尚未确定权利义务承受人的；"而申请人因不可抗力不能参加行政复议致行政复议中止属于第41条第1款第（五）项，其中止60日后并不能导致行政复议程序终止。

B选项当选。《行政复议法实施条例》第34条第3款规定："需要现场勘验的，现场勘验所用时间不计入行政复议审理期限。"可见行政复议过程中需要进行现场勘验的，现场勘验所用时间不计入复议审理期限。

C选项不当选。《行政复议法实施条例》第42条第1款第（五）项规定，申请人对行政拘留或者限制人身自由的行政强制措施不服申请行政复议后，因申请人同一违法行为涉嫌犯罪，该行政拘留或者限制人身自由的行政强制措施变更为刑事拘留的，行政复议终止。可见此时应该是行政复议终止的情形，而非行政复议中止的情形。

D选项当选。《行政复议法实施条例》第37条规定："行政复议期间涉及专门事项需要鉴定的，当事人可以自行委托鉴定机构进行鉴定，也可以申请行政复议机构委托鉴定机构进行鉴定。鉴定费用由当事人承担。鉴定所用时间不计入行政复议审理期限。"可见当事人可以自行选择委托鉴定机构进行鉴定。

综上，本题的正确答案为BD。

（2010/2/85）17. 某县工商局认定王某经营加油站系无照经营，予以取缔。王某不服，向市工商局申请复议，在该局作出维持决定后向法院提起诉讼，要求撤销取缔决定。关于此案，下列哪些说法是正确的？

A. 市工商局审理王某的复议案件，应由二名以上行政复议人员参加

B. 此案的被告应为某县工商局

C. 市工商局所在地的法院对此案有管辖权

D. 如法院认定取缔决定违法予以撤销，市工商局的复议决定自然无效

【考点】 行政复议的程序；行政诉讼的被告资格、管辖法院、裁判类型

【黄文涛解析】 A选项当选。《行政复议法实施条例》第32条规定："行政复议机构审理行政复议案件，应当由2名以上行政复议人员参加。"可见市工商局审理复议案件应当由2名以上行政复议人员参加。

B选项不当选。2014年修改，2015年生效的《行政诉讼法》第26条第2款规定："经复议的案件，复议机关决定维持原行政行为的，作出原行政行为的行政机关和复议机关是共同被告；复议机关改变原行政行为的，复议机关是被告。"可见本案中应该以县工商局和市公安局作为共同被告。

C选项当选。2014年修改，2015年生效的《行政诉讼法》第18条第1款规定："行政案件由最初作出行政行为的行政机关所在地人民法院管辖。经复议的案件，也可以由复议机关所在地人民法院管辖。"可见复议维持也属于经复议的案件，作为复议机关的市工商局所在地的法院也具有管辖权。

D选项不当选。《最高人民法院关于适用〈中华人民共和国行政诉讼法〉的解释》第136条第1款规定："人民法院对原行政行为作出判决的同时，应当对复议决定一并作出相应判决。"可见对于复议维持后作为共同被告起诉的案件，法院应当对复议决定一并作出相应的判决。

综上，本题的正确答案为AC。

扫码听课

（2010/2/86）18. 县计生委认定孙某违法生育第二胎，决定对孙某征收社会抚养费 40,000 元。孙某向县政府申请复议，要求撤销该决定。县政府维持该决定，并在征收总额中补充列入遗漏的 3,000 元未婚生育社会抚养费。孙某不服，向法院起诉。下列哪些选项是正确的？

A. 此案的被告应为县计生委与县政府

B. 此案应由中级法院管辖

C. 此案的复议决定违法

D. 被告应当在收到起诉状副本之日起十日内提交答辩状

【考点】行政诉讼的被告资格、管辖法院、举证责任；行政复议的决定

【黄文涛解析】A 选项当选。本题在 2018 年最高法院《行政诉讼法司法解释》颁布后发生了一定的变化。考生需要注意的是，本题中县计生委是因孙某"违法生育二胎"这一理由征收了 40000 元的社会抚养费，县政府在复议过程中维持了县计生委的这一决定，同时又针对孙某"未婚生育"这一行为补充征缴 3000 元的社会抚养费。也即复议机关县政府实际上是针对孙某另一个行为进行了征收社会抚养费，并非针对孙某"违法生育二胎"这一原行为补充征缴社会抚养费。这意味着复议机关县政府并没有改变县计生委的行政行为，只是增加实施了对孙某"未婚生育"行为征收社会抚养费，也即复议机关县政府维持了原行政机关的行政行为，同时又作出了一个新的行政行为。依据 2018 年最高法院《行政诉讼法司法解释》第 134 条第 2 款规定："行政复议决定既有维持原行政行为内容，又有改变原行政行为内容或者不予受理申请内容的，作出原行政行为的行政机关和复议机关为共同被告。"此时应该由原行政机关和复议机关作为共同被告，也即应该由县计生委和县政府作为共同被告。

B 选项不当选。2018 年最高法院《行政诉讼法司法解释》第 134 条第 3 款规定："复议机关作共同被告的案件，以作出原行政行为的行政机关确定案件的级别管辖。"正如 A 选项分析所显示，本案应该以县计生委和县政府作为共同被告，因此应依据县计生委来确定级别管辖，县计生委作为普通的被告，级别管辖应该是基层法院。

C 选项当选。《行政复议法实施条例》第 51 条："行政复议机关在申请人的行政复议请求范围内，不得作出对申请人更为不利的行政复议决定。"县政府作为复议机关在复议时加收了社会抚养费，这属于对申请人更为不利的复议决定，违反了上述条文的规定，所以是违法的。

D 选项不当选。《行政诉讼法》第 67 条第 1 款规定："人民法院应当在立案之日起五日内，将起诉状副本发送被告。被告应当在收到起诉状副本之日起十五日内向人民法院提交作出行政行为的证据和所依据的规范性文件，并提出答辩状。人民法院应当在收到答辩状之日起五日内，将答辩状副本发送原告。"可见行政诉讼法规定的被告举证期限是收到起诉状副本之日起十五日内，而非十日。

综上，本题的正确答案为 AC。

（2010/2/87）19. 某公司向区教委申请《办学许可证》，遭拒后向法院提起诉讼，法院判决区教委在判决生效后三十日内对该公司申请进行重新处理。判决生效后，区教委逾期拒不履行，某公司申请强制执行。关于法院可采取的执行措施，下列哪些选项是正确的？

A. 对区教委按日处一百元的罚款
B. 对区教委的主要负责人处以罚款
C. 经法院院长批准，对区教委直接责任人予以司法拘留
D. 责令由市教委对该公司的申请予以处理

【考点】行政诉讼裁判的执行

【黄文涛解析】A选项不当选、B选项当选。《行政诉讼法》第96条第（二）项规定："行政机关拒绝履行判决、裁定、调解书的，第一审人民法院可以采取下列措施：……（二）在规定期限内不履行的，从期满之日起，对行政机关负责人按日处五十元至一百元的罚款；"可见应该是对行政机关负责人罚款，而不是对行政机关进行罚款。

C选项当选。《行政诉讼法》第96条第（五）项规定："行政机关拒绝履行判决、裁定、调解书的，第一审人民法院可以采取下列措施：……（五）拒不履行判决、裁定、调解书，社会影响恶劣的，可以对该行政机关直接负责的主管人员和其他直接责任人员予以拘留；情节严重，构成犯罪的，依法追究刑事责任。"可见对于不执行法院判决的，法院有权对直接责任人进行司法拘留。

D选项不当选。《行政诉讼法》第96条第（四）项规定："行政机关拒绝履行判决、裁定、调解书的，第一审人民法院可以采取下列措施：……（四）向监察机关或者该行政机关的上一级行政机关提出司法建议。接受司法建议的机关，根据有关规定进行处理，并将处理情况告知人民法院；"可见法院无权责令市教委对公司的申请予以处理，只能提出司法建议。

综上，本题的正确答案为BC。

（2010/2/88）20. 关于行政赔偿诉讼，下列哪些选项是正确的？
A. 当事人在提起行政诉讼的同时一并提出行政赔偿请求，法院应分别立案
B. 除特殊情形外，法院单独受理的一审行政赔偿案件的审理期限为三个月
C. 如复议决定加重损害，赔偿请求人只对复议机关提出行政赔偿诉讼的，复议机关为被告
D. 提起行政诉讼时一并提出行政赔偿请求的，可以在提起诉讼后至法院一审判决前提出

【考点】行政赔偿诉讼的程序

【黄文涛解析】A选项当选。最高人民法院《关于审理行政赔偿案件若干问题的规定》第28条规定："当事人在提起行政诉讼的同时一并提出行政赔偿请求，或者因具体行政行为和与行使行政职权有关的其他行为侵权造成损害一并提出行政赔偿请求的，人民法院应当分别立案，根据具体情况可以合并审理，也可以单独审理。"可见一并提起的行政赔偿请求法院应当分别立案。

B选项当选。最高人民法院《关于审理行政赔偿案件若干问题的规定》第37条规定："单独受理的第一审行政赔偿案件的审理期限为三个月，第二审为两个月；一并受理行政赔偿请求案件的审理期限与该行政案件的审理期限相同。如因特殊情况不能按期结案，需要延长审限的，应按照行政诉讼法的有关规定报请批准。"可见单独提起的行政赔偿诉讼的一审审理期限是3个月。

C选项当选。最高人民法院《关于审理行政赔偿案件若干问题的规定》第18条规定："复议机关的复议决定加重损害的，赔偿请求人只对作出原决定的行政

扫码听课

机关提起行政赔偿诉讼，作出原决定的行政机关为被告；赔偿请求人只对复议机关提起行政赔偿诉讼的，复议机关为被告。"可见在复议加重后当事人要求赔偿的诉讼案件中，被告的确定由当事人选择。

D选项不当选。最高人民法院《关于审理行政赔偿案件若干问题的规定》第23条规定："公民、法人或者其他组织在提起行政诉讼的同时一并提出行政赔偿请求的，其起诉期限按照行政诉讼起诉期限的规定执行。行政案件的原告可以在提起行政诉讼后至人民法院一审庭审结束前，提出行政赔偿请求。"可以一并提起行政赔偿请求应当在法院一审"庭审结束前"提出，而不是"一审判决前"提出。

综上，本题的正确答案为ABC。

（2010/2/89） 21. 市城管执法局委托镇政府负责对一风景区域进行城管执法。镇政府接到举报并经现场勘验，认定刘某擅自建房并组织强制拆除。刘某父亲和嫂子称房屋系二人共建，拆除行为侵犯合法权益，向法院起诉，法院予以受理。关于此案，下列哪些说法是正确的？

A. 此案的被告是镇政府

B. 刘某父亲和嫂子应当提供证据证明房屋为二人共建或与拆除行为有利害关系

C. 如法院对拆除房屋进行现场勘验，应当邀请当地基层组织或当事人所在单位派人参加

D. 被告应当提供证据和依据证明有拆除房屋的决定权和强制执行的权力

【考点】 行政诉讼的被告资格、证据规则

【黄文涛解析】 A选项不当选。2014年修改，2015年生效的《行政诉讼法》第26条第5款规定："行政机关委托的组织所作的行政行为，委托的行政机关是被告。"可见镇政府作为受委托的机关不能成为行政诉讼被告，应该由市城管执法局作为行政诉讼的被告。

B选项当选。2014年修改，2015年生效的《行政诉讼法》第25条第1款规定："行政行为的相对人以及其他与行政行为有利害关系的公民、法人或者其他组织，有权提起诉讼。"同时最高法院2002年《最高人民法院关于行政诉讼证据若干问题的规定》第4条第1款规定："公民、法人或者其他组织向人民法院起诉时，应当提供其符合起诉条件的相应的证据材料。"可见刘某父亲和嫂子应当提供证据证明自己符合法定的起诉条件，具有行政诉讼的原告资格，也即需要证明自身与拆除行为有利害关系。

C选项当选。最高法院2002年《最高人民法院关于行政诉讼证据若干问题的规定》第33条第2款规定："勘验现场时，勘验人必须出示人民法院的证件，并邀请当地基层组织或者当事人所在单位派人参加。当事人或其成年亲属应当到场，拒不到场的，不影响勘验的进行，但应当在勘验笔录中说明情况。"可见当法院对拆除房屋进行现场勘验，应当邀请当地基层组织或当事人所在单位派人参加。

D选项当选。最高法院2002年《最高人民法院关于行政诉讼证据若干问题的规定》第1条第1款规定："根据行政诉讼法第三十二条和第四十三条的规定，被告对作出的具体行政行为负有举证责任，应当在收到起诉状副本之日起十日

大咖点拨区

扫码听课

内，提供据以作出被诉具体行政行为的全部证据和所依据的规范性文件。被告不提供或者无正当理由逾期提供证据的，视为被诉具体行政行为没有相应的证据。"可见，作为本案被告的市城管执法局应当提供证据和依据来证明有自己享用拆除房屋的决定权和强制执行权。

综上，本题的正确答案为BCD。

（2010/2/98）22. 关于聘任制公务员，下列做法正确的是？

A. 某县保密局聘任两名负责保密工作的计算机程序员

B. 某县财政局与所聘任的一名精算师实行协议工资制

C. 某市林业局聘任公务员的合同期限为十年

D. 某县公安局聘任网络管理员的合同需经上级公安机关批准

【考点】 公务员的聘任

【黄文涛解析】 A选项不当选。《公务员法》第100条规定："机关根据工作需要，经省级以上公务员主管部门批准，可以对专业性较强的职位和辅助性职位实行聘任制。前款所列职位涉及国家秘密的，不实行聘任制。"可见只有专业性较强的职位和辅助性职位可以聘用公务员，而涉及国家秘密的职位不能实行聘任制。

B选项当选。《公务员法》第103条第3款规定："聘任制公务员实行协议工资制，具体办法由中央公务员主管部门规定。"可见县财政局与聘任的精算师实行协议工资制符合上述法律规定。

C选项不当选。《公务员法》第103条第2款规定："聘任合同期限为一年至五年。聘任合同可以约定试用期，试用期为一个月至十二个月。"可见聘任合同期限为1-5年，而不能为10年。

D选项不当选。《公务员法》第102条第2款规定："聘任合同的签订、变更或者解除，应当报同级公务员主管部门备案。"可见聘任合同不需要经过上级机关的批准，只要报同级公务员主管部门备案即可。

综上，本题的正确答案为B。

（2010/2/99）23. 张某通过房产经纪公司购买王某一套住房并办理了转让登记手续，后王某以房屋买卖合同无效为由，向法院起诉要求撤销登记行为。行政诉讼过程中，王某又以张某为被告就房屋买卖合同的效力提起民事诉讼。下列选项正确的是？

A. 本案行政诉讼中止，等待民事诉讼的判决结果

B. 法院可以决定民事与行政案件合并审理

C. 如法院判决房屋买卖合同无效，应当判决驳回王某的行政诉讼请求

D. 如法院判决房屋买卖合同有效，应当判决确认转让登记行为合法

【考点】 行政诉讼与民事诉讼的关系；行政诉讼的裁判类型

【黄文涛解析】 A选项当选。2014年修改，2015年生效的《行政诉讼法》第61条第2款规定："在行政诉讼中，人民法院认为行政案件的审理需以民事诉讼的裁判为依据的，可以裁定中止行政诉讼。"本案中王某是以房屋买卖合同无效为由向法院起诉请求撤销房屋转让登记，而王某提起民事诉讼的诉讼请求则是确认房屋买卖合同的效力。可见王某提起的行政诉讼案件须以民事诉讼的裁判结果为依据，法院可以依法裁定中止行政诉讼，等待民事诉讼的判决结果。

B 选项不当选。行政诉讼与民事诉讼是两种不同类型的诉讼，不能进行合并审理。

C 选项不当选。如果法院判决房屋买卖合同无效，则房屋转让登记行为的合法性前提不存在了，此时应当判决撤销该转让登记行为。

D 选项不当选。如果法院判决房屋买卖合同有效，意味着房屋转让登记行为合法，那么法院应当判决被告胜诉，应当将王某的诉讼请求驳回。

综上，本题的正确答案为 A。

（2010/2/100） 24. 2006 年 5 月 9 日，县公安局以甲偷开乙的轿车为由，向其送达 1000 元罚款的处罚决定书。甲不服，于同月 19 日向市公安局申请行政复议。6 月 8 日，复议机关同意甲撤回复议申请。6 月 20 日，甲就该处罚决定向法院提起行政诉讼。下列说法正确的是？

A. 对甲偷开的轿车县公安局可以扣押

B. 如甲能够证明撤回复议申请违背其真实意思表示，可以同一事实和理由再次对该处罚决定提出复议申请

C. 甲逾期不缴纳 1000 元罚款，县公安局可以每日按罚款数额的 3% 加处罚款

D. 法院不应当受理甲的起诉

【考点】 治安管理处罚的程序；行政复议程序；行政罚款的执行；行政诉讼立案

【黄文涛解析】 A 选项不当选。《治安管理处罚法》第 89 条规定："公安机关办理治安案件，对与案件有关的需要作为证据的物品，可以扣押；对被侵害人或者善意第三人合法占有的财产，不得扣押，应当予以登记。对与案件无关的物品，不得扣押。"本案中轿车属于被侵害人乙的合法财产，公安机关不能扣押。

B 选项当选。《行政复议法实施条例》第 38 条规定："申请人在行政复议决定作出前自愿撤回行政复议申请的，经行政复议机构同意，可以撤回。申请人撤回行政复议申请的，不得再以同一事实和理由提出行政复议申请。但是，申请人能够证明撤回行政复议申请违背其真实意思表示的除外。"可见在甲能够证明撤回复议申请违背其真实意思表示时，可以基于同一事实和理由再次对该处罚决定提出复议申请。

C 选项当选，《行政处罚法》第 72 条规定："当事人逾期不履行行政处罚决定的，作出行政处罚决定的行政机关可以采取下列措施：（一）到期不缴纳罚款的，每日按罚款数额的百分之三加处罚款，加处罚款的数额不得超出罚款的数额；"可见当甲不缴纳罚款时，公安机关有权对其每日按罚款数额的 3% 加处罚款。

D 选项不当选。《最高人民法院关于适用〈中华人民共和国行政诉讼法〉的解释》第 58 条规定："法律、法规未规定行政复议为提起行政诉讼必经程序，公民、法人或者其他组织向复议机关申请行政复议后，又经复议机关同意撤回复议申请，在法定起诉期限内对原行政行为提起诉讼的，人民法院应当依法立案。"本题案例不属于复议前置案件，所以甲有权向法院提起行政诉讼，法院应当受理。

综上，本题的正确答案为 BC。

原型客观真题汇编六

（2009/2/39） 1. 下列哪一选项符合规章制定的要求？

A. 某省政府所在地的市政府将其制定的规章定名为"条例"

B. 某省政府在规章公布后60日向省人大常委会备案

C. 基于简化行政管理手续考虑，对涉及国务院甲乙两部委职权范围的事项，甲部单独制定规章加以规范

D. 某省政府制定的规章既规定行政机关必要的职权，又规定行使该职权应承担的责任

【考点】规章制定程序

【黄文涛解析】A选项不当选。《规章制定程序条例》第7条规定："规章的名称一般称'规定'、'办法'，但不得称'条例'。"可见规章不能以"条例"命名。

B选项不当选。《规章制定程序条例》第34条规定："规章应当自公布之日起30日内，由法制机构依照立法法和《法规规章备案条例》的规定向有关机关备案。"可见省政府应在规章公布之日起30日内报请备案，而不是60日内报请备案。

C选项不当选。《规章制定程序条例》第9条规定："涉及国务院两个以上部门职权范围的事项，制定行政法规条件尚不成熟，需要制定规章的，国务院有关部门应当联合制定规章。有前款规定情形的，国务院有关部门单独制定的规章无效。"可见甲部门单独制定规章是无效的。这一点还可以从2015年修订的《立法法》第81条的规定中得以佐证，其中规定："涉及两个以上国务院部门职权范围的事项，应当提请国务院制定行政法规或者由国务院有关部门联合制定规章。"

D选项当选。《规章制定程序条例》第5条第2款规定："制定规章，应当体现行政机关的职权与责任相统一的原则，在赋予有关行政机关必要的职权的同时，应当规定其行使职权的条件、程序和应承担的责任。"可见在规章中既要规定行政机关的职权，也应同时规定相应的责任，体现权责统一的行政基本原则。

综上，本题的正确答案为D。

（2009/2/40） 2. 2001年原信息产业部制定的《电信业务经营许可证管理办法》（简称《办法》）规定"经营许可证有效期届满，需要继续经营的，应提前90日，向原发证机关提出续办经营许可证的申请。"2003年9月1日获得增值电信业务许可证（有效期为五年）的甲公司，于2008年拟向原发证机关某省通信管理局提出续办经营许可证的申请。下列哪一选项是正确的？

A. 因《办法》为规章，所规定的延续许可证申请期限无效

B. 因《办法》在《行政许可法》制定前颁布，所规定的延续许可证申请期限无效

C. 如甲公司依法提出申请，某省通信管理局应在甲公司许可证有效期届满前作出是否准予延续的决定

D. 如甲公司依法提出申请，某省通信管理局在60日内不予答复的，视为拒绝延续

【考点】行政许可的延续

【黄文涛解析】A 选项不当选。《行政许可法》第 50 条第 1 款规定："被许可人需要延续依法取得的行政许可的有效期的，应当在该行政许可有效期届满三十日前向作出行政许可决定的行政机关提出申请。但是，法律、法规、规章另有规定的，依照其规定。"本题中的《电信业务经营许可证管理办法》属于信息产业部制定的部门规章，属于法条中规定的例外情形。

B 选项不当选。《行政许可法》中并没有排除之前规章规定的例外情形，依据《行政许可法》第 50 条第 1 款的规定，规章规定的例外情形有效。

C 选项当选。《行政许可法》第 50 条第 2 款规定："行政机关应当根据被许可人的申请，在该行政许可有效期届满前作出是否准予延续的决定；逾期未作决定的，视为准予延续。"可见在甲公司依法提出申请时，某省通信管理局依法应在甲公司许可证有效期届满前作出是否准予延续的决定。

D 选项不当选。同样依据《行政许可法》第 50 条第 2 款的规定，省通信管理局在 60 日内不予答复的应当视为"准予延续"，而非视为"拒绝延续"。

综上，本题的正确答案为 C。

（2009/2/41）3. 经甲公司申请，市建设局给其颁发建设工程规划许可证。后该局在复核中发现甲公司在申请时报送的企业法人营业执照已经超过有效期，遂依据《行政许可法》规定，撤销该公司的规划许可证，并予以注销。甲公司不服，向法院提起诉讼。市建设局撤销甲公司规划许可证的行为属于下列哪一类别？

A. 行政处罚　　　　　　　　B. 行政强制措施
C. 行政行为的撤销　　　　　D. 行政检查

【考点】行政许可的撤销

【黄文涛解析】A 选项、B 选项、D 选项不当选，C 选项当选。依据《行政许可法》第 69 条第 2 款的规定："被许可人以欺骗、贿赂等不正当手段取得行政许可的，应当予以撤销。"本案中甲公司在申请行政许可时报送的企业法人营业执照已经超过有效期，这属于通过欺骗的手段取得行政许可，依法应予以撤销。行政许可的撤销属于行政许可的监督检查方式，是一种独立的行政行为，不属于行政处罚、行政强制措施或者行政检查。

注意：有些考生将行政许可的撤销视为行政处罚的种类，这是错误的。行政处罚属于对违法者的额外惩处，使其遭受额外的损失。而行政许可的撤销则类似于恢复原状，并没有使违法者遭受额外的惩处，不属于行政处罚。

综上，本题的正确答案为 C。

（2009/2/42）4. 下列哪一做法不属于公务员交流制度？

A. 沈某系某高校副校长，调入国务院某部任副司长
B. 刘某系某高校行政人员，被聘为某区法院书记员
C. 吴某系某国有企业经理，调入市国有资产管理委员会任处长
D. 郑某系某部人事司副处长，到某市挂职担任市委组织部副部长

【考点】公务员的交流制度

【黄文涛解析】A 选项不当选。《公务员法》第 70 条第 1 款规定："国有企业、高等院校和科研院所以及其他不参照本法管理的事业单位中从事公务的人员，可以调入机关担任领导职务或者四级调研员以上及其他相当层次的职级。"高校副校长属于高等院校中从事公务的人员，调入国务院某部任副司长属于法定

的"调任"交流方式。

B 选项当选。高校行政人员不属于在国有事业单位中从事公务的人员，"从事公务"意味着必须履行法律、法规授予的行政职权，高校行政人员是高校内部的从事一般行政事务的人员。依据《公务员法》第 100 条第 1 款规定："机关根据工作需要，经省级以上公务员主管部门批准，可以对专业性较强的职位和辅助性职位实行聘任制。"刘某被聘为区法院的书记员属于公务员的聘任。

C 选项不当选。同样依据《公务员法》第 70 条的规定，吴某作为国有企业经理调入市国有资产管理委员会任处长，属于公务员的调任。

D 选项不当选。《公务员法》第 69 条规定："国家实行公务员交流制度。公务员可以在公务员和参照本法管理的工作人员队伍内部交流，也可以与国有企业和不参照本法管理的事业单位中从事公务的人员交流。交流的方式包括调任、转任。"可见挂职锻炼不属于公务员的交流制度。注意，在 2018 年修订，2019 年生效《公务员法》之前，曾经规定"挂职锻炼"也属于公务员的交流制度。

综上，本题的正确答案为 B。

(2009/2/45) 5. 关于行政复议第三人，下列哪一选项是错误的？

A. 第三人可以委托一至二名代理人参加复议

B. 第三人不参加行政复议，不影响复议案件的审理

C. 复议机关应为第三人查阅有关材料提供必要条件

D. 第三人与申请人逾期不起诉又不履行复议决定的强制执行制度不同

【考点】 行政复议第三人

【黄文涛解析】 A 选项不当选。《行政复议法实施条例》第 10 条规定："申请人、第三人可以委托 1 至 2 名代理人参加行政复议。"可见行政复议中的第三人也可以委托 1 到 2 名代理人参加复议。

B 选项不当选。《行政复议法实施条例》第 9 条第 3 款规定："第三人不参加行政复议，不影响行政复议案件的审理。"可见第三人并非必须参加行政复议程序，不参加复议程序不影响复议程序的进行。

C 选项不当选。《行政复议法实施条例》第 35 条规定："行政复议机关应当为申请人、第三人查阅有关材料提供必要条件。"

D 选项当选。《行政复议法实施条例》第 52 条规定："第三人逾期不起诉又不履行行政复议决定的，依照行政复议法第三十三条的规定处理。"同时《行政复议法》第 33 条规定："申请人逾期不起诉又不履行行政复议决定的，或者不履行最终裁决的行政复议决定的，按照下列规定分别处理：（一）维持具体行政行为的行政复议决定，由作出具体行政行为的行政机关依法强制执行，或者申请人民法院强制执行；（二）变更具体行政行为的行政复议决定，由行政复议机关依法强制执行，或者申请人民法院强制执行。"可见复议第三人不履行复议决定时，强制执行的制度适用申请人不履行复议决定时的制度。

综上，本题的正确答案为 D。

(2009/2/46) 6. 李某从田某处购得一辆轿车，但未办理过户手续。在一次查验过程中，某市公安局认定该车系走私车，予以没收。李某不服，向省公安厅申请复议，后者维持了没收决定。李某提起行政诉讼。下列哪些选项是正确的？

A. 省公安厅为本案的被告

B. 田某不能成为本案的第三人

C. 市公安局所在地的法院对本案有管辖权

D. 省公安厅所在地的法院对本案有管辖权

【考点】复议维持后被告的确定；行政诉讼的第三人；行政诉讼的管辖法院

【黄文涛解析】A 选项不当选。《行政诉讼法》第 26 条第 2 款规定："经复议的案件，复议机关决定维持原行政行为的，作出原行政行为的行政机关和复议机关是共同被告；复议机关改变原行政行为的，复议机关是被告。"可见依据 2014年修订，2015 年生效的《行政诉讼法》，在复议机关作出维持决定时，行政诉讼被告是原机关和复议机关作为共同被告。

B 选项不当选。《行政诉讼法》第 29 条规定："公民、法人或者其他组织同被诉行政行为有利害关系但没有提起诉讼，或者同案件处理结果有利害关系的，可以作为第三人申请参加诉讼，或者由人民法院通知参加诉讼。"本案中公安机关认定轿车为走私车并没收的行为与田某具有利害关系，因为这意味着田某卖给李某一辆走私车，这会导致买卖合同的无效，田某因此要承担相应的民事责任甚至行政责任。因此田某可以作为行政诉讼中的第三人。

C 选项、D 选项当选。《行政诉讼法》第 18 条第 1 款规定："行政案件由最初作出行政行为的行政机关所在地人民法院管辖。经复议的案件，也可以由复议机关所在地人民法院管辖。"本案经过了行政复议，市公安局是作出原行政行为的机关，省公安厅是复议机关，它们的所在地法院都具有管辖权。

综上，本题的正确答案为 CD。

扫码听课

（2009/2/47）7. 某市工商局发现，某中外合资游戏软件开发公司生产的一种软件带有暴力和色情内容，决定没收该软件，并对该公司处以三万元罚款。中方投资者接受处罚，但外方投资者认为处罚决定既损害了公司的利益也侵害自己的权益，向法院提起行政诉讼。下列哪一选项是正确的？

A. 外方投资者只能以合资公司的名义起诉

B. 外方投资者可以自己的名义起诉

C. 法院受理外方投资者起诉后，应追加未起诉的中方投资者为共同原告

D. 外方投资者只能以保护自己的权益为由提起诉讼

【考点】行政诉讼的原告资格

【黄文涛解析】A 选项、C 选项、D 选项不当选，B 选项当选。《最高人民法院关于适用〈中华人民共和国行政诉讼法〉的解释》第 16 条第 2 款规定："联营企业、中外合资或者合作企业的联营、合资、合作各方，认为联营、合资、合作企业权益或者自己一方合法权益受行政行为侵害的，可以自己的名义提起诉讼。"可见中外合资游戏软件开发公司属于本法条中的中外合资企业，外方投资者如果认为工商局的处罚行为损害了公司的利益或者损害了自己的利益，都可以以自己的名义起诉，不需要非得以合资公司的名义起诉。并且在《行政诉讼法》中也没有规定追加行政诉讼原告的内容。

综上，本题的正确答案为 B。

扫码听课

（2009/2/48）8. 某区公安分局以蔡某殴打孙某为由对蔡某拘留十日并处罚款 500 元。蔡某向法院起诉，要求撤销处罚决定和赔偿损失。一审法院经审理认定处罚决定违法。下列哪些选项是正确的？

大咖点拨区

A. 蔡某所在地的法院对本案无管辖权

B. 一审法院应判决撤销拘留决定，返还罚款500元、按照国家上年度职工日平均工资赔偿拘留十日的损失和一定的精神抚慰金

C. 如一审法院的判决遗漏了蔡某的赔偿请求，二审法院应当裁定撤销一审判决，发回重审

D. 如蔡某在二审期间提出赔偿请求，二审法院可以进行调解，调解不成的，应告知蔡某另行起诉

【考点】行政诉讼的管辖法院；国家赔偿的数额计算；二审法院的裁判类型

【黄文涛解析】A选项当选。《最高人民法院关于适用〈中华人民共和国行政诉讼法〉的解释》第8条第2款规定："对行政机关基于同一事实，既采取限制公民人身自由的行政强制措施，又采取其他行政强制措施或者行政处罚不服的，由被告所在地或者原告所在地的人民法院管辖。"本案中蔡某没有被公安机关采取限制人身自由的行政强制措施（行政拘留是行政处罚，不是行政强制措施），不符合本条的规定，因此蔡某所在地的法院（原告所在地法院）就没有管辖权，A选项表述正确。需要注意的是，最高法院曾在2000年《行政诉讼法解释》第9条第2款规定："行政机关基于同一事实既对人身又对财产实施行政处罚或者采取行政强制措施的，被限制人身自由的公民、被扣押者或者没收财产的公民、法人或者其他组织对上述行为均不服的，既可以向被告所在地人民法院提起诉讼，也可以向原告所在地人民法院提起诉讼，受诉人民法院可一并管辖。"按照这一规定，考试当年的A选项表述错误不当选，但是2018年新的司法解释生效后，答案发生了变动。

B选项不当选。《国家赔偿法》第35条规定："有本法第三条或者第十七条规定情形之一，致人精神损害的，应当在侵权行为影响的范围内，为受害人消除影响，恢复名誉，赔礼道歉；造成严重后果的，应当支付相应的精神损害抚慰金。"同时《国家赔偿法》第3条规定："行政机关及其工作人员在行使行政职权时有下列侵犯人身权情形之一的，受害人有取得赔偿的权利：（一）违法拘留或者违法采取限制公民人身自由的行政强制措施的；……"可见当公安机关违法拘留时，只有在对被处罚人造成严重后果时才适用精神损害抚慰金的赔偿方式。

C选项不当选。《最高人民法院关于适用〈中华人民共和国行政诉讼法〉的解释》第109条第4、5款规定："原审判决遗漏行政赔偿请求，第二审人民法院经审查认为依法不应当予以赔偿的，应当判决驳回行政赔偿请求。原审判决遗漏行政赔偿请求，第二审人民法院经审理认为依法应当予以赔偿的，在确认被诉行政行为违法的同时，可以就行政赔偿问题进行调解；调解不成的，应当就行政赔偿部分发回重审。"可见当一审法院的判决遗漏了蔡某的赔偿请求，二审法院并非必须裁定撤销一审判决、发回重审。

D选项当选。《最高人民法院关于适用〈中华人民共和国行政诉讼法〉的解释》第109条第6款规定："当事人在第二审期间提出行政赔偿请求的，第二审人民法院可以进行调解；调解不成的，应当告知当事人另行起诉。"可见如果蔡某在二审期间提出赔偿请求，二审法院依法可以进行调解，调解不成的，应告知蔡某另行起诉。

综上，本题的正确答案为AD。

（2009/2/49）9. 2001 年 5 月李某被某县公安局刑事拘留，后某县检察院以证据不足退回该局补充侦查，2002 年 11 月李某被取保候审。2004 年，县公安局撤销案件。次年 3 月，李某提出国家赔偿申请。县公安局于 2005 年 12 月作出给予李某赔偿的决定书。李某以赔偿数额过低为由，于 2006 年先后向市公安局和市法院赔偿委员会提出复议和申请，二者均作出维持决定。对李某被限制人身自由的赔偿金，应按照下列哪个年度的国家职工日平均工资计算？

A. 2002 年度　　　B. 2003 年度　　　C. 2004 年度　　　D. 2005 年度

【考点】国家赔偿的数额计算

【黄文涛解析】A 选项、B 选项、D 选项不当选，C 选项当选。《国家赔偿法》第 30 条规定："侵犯公民人身自由的，每日的赔偿金按照国家上年度职工日平均工资计算。"同时最高法院 1996 年《国家赔偿法司法解释》第 6 条规定："赔偿法第二十六条关于'侵犯公民人身自由的，每日的赔偿金按照国家上年度职工日平均工资计算'中规定的上年度，应为赔偿义务机关、复议机关或者人民法院赔偿委员会作出赔偿决定时的上年度；复议机关或者人民法院赔偿委员会决定维持原赔偿决定的，按作出原赔偿决定时的上年度执行。"本案中县公安局于 2005 年 12 月作出给予李某赔偿的决定，之后市公安局和市法院赔偿委员会都作出了维持的决定，因此应该按照 2004 年度的日平均工资计算赔偿额。

综上，本题的正确答案为 C。

（2009/2/50）10. 关于地方政府机构设置和编制管理，下列哪一选项是正确的？

A. 政府机构编制管理机关实行省以下垂直管理体制

B. 地方政府在设置机构时应当充分考虑财政的供养能力

C. 县级以上政府的行政机构可以要求下级政府设立与其业务对口的行政机构

D. 地方事业单位机构设置和编制管理办法，由国务院机构编制管理机关审核发布

【考点】地方行政机关的设置与编制管理

【黄文涛解析】A 选项不当选。《地方各级人民政府机构设置和编制管理条例》第 4 条规定："地方各级人民政府的机构编制工作，实行中央统一领导、地方分级管理的体制。"可见地方政府的机构编制管理机关不实行省以下垂直管理，而是实行"中央统一领导、地方分级管理"的体制。

B 选项当选。《地方各级人民政府机构设置和编制管理条例》第 6 条第 2 款规定："县级以上各级人民政府应当建立机构编制、人员工资与财政预算相互制约的机制，在设置机构、核定编制时，应当充分考虑财政的供养能力……"

C 选项不当选。《地方各级人民政府机构设置和编制管理条例》第 7 条规定："县级以上各级人民政府行政机构不得干预下级人民政府行政机构的设置和编制管理工作，不得要求下级人民政府设立与其业务对口的行政机构。"

D 选项不当选。《地方各级人民政府机构设置和编制管理条例》第 29 条规定："地方的事业单位机构和编制管理办法，由省、自治区、直辖市人民政府机构编制管理机关拟定，报国务院机构编制管理机关审核后，由省、自治区、直辖市人民政府发布。"可见地方事业单位机构设置和编制管理办法，应该由省级政府机构编制管理机关拟定，国务院机构编制管理机关审核，再由省级政府发布。

大咖点拨区

扫码听课

扫码听课

综上，本题的正确答案为 B。

（2009/2/80）11. 关于具体行政行为的成立和效力，下列哪些选项是错误的？

A. 与抽象行政行为不同，具体行政行为一经成立即生效

B. 行政强制执行是实现具体行政行为执行力的制度保障

C. 未经送达领受程序的具体行政行为也具有法律约束力

D. 因废止具体行政行为给当事人造成损失的，国家应当给予赔偿

【考点】具体行政行为的基础理论

【黄文涛解析】A 选项当选。在一般情况下，具体行政行为在成立后就立即生效。但是还存在着附条件的具体行政行为与附期限的具体行政行为，这些特殊的具体行政行为只有在所附加的条件满足或者期限届至才会生效。因此就会存在具体行政行为虽然已经成立，但是并没有立即生效的情形。

B 选项不当选。执行力是具体行政行为的效力之一，它是在当事人不主动履行具体行政行为确定的义务时，通过行政强制执行方式强迫其履行义务的体现。行政强制执行是实现具体行政行为执行力的有力制度保障。

C 选项当选。具体行政行为的成立一般包括三个方面的条件：一是主体上，应由享有行政职权的行政机关作出具体行政行为，并且实施该行政行为的工作人员意志健全、具有完全的行为能力；二是内容上，向行政相对人作出了具有效果意思的表示；三是程序上，依照法律规定的时间和方式进行了送达。三个条件缺少任何一个都会导致具体行政行为的不成立。

D 选项当选。具体行政行为的废止是在客观环境条件发生重大变化时，依法使其丧失法律效力的行为。如果具体行政行为的废止给当事人造成损失，此时国家应当给予补偿而非赔偿，违法的具体行政行为导致当事人损失时才会引起国家赔偿。

注意：具体行政行为的成立与效力之间存在先后关系，只有在具体行政行为成立的前提下，才有可能产生具体行政行为的效力。而且这种效力的产生有可能是与成立同时，也有可能是不同时。

综上，本题的正确答案为 ACD。

（2009/2/81）12. 2002 年，甲乙两村发生用地争议，某县政府召开协调会并形成会议纪要。2008 年 12 月，甲村一村民向某县政府申请查阅该会议纪要。下列哪些选项是正确的？

A. 该村民可以口头提出申请

B. 因会议纪要形成于《政府信息公开条例》实施前，故不受《条例》规范

C. 因会议纪要不属于政府信息，某县政府可以不予公开

D. 如某县政府提供有关信息，可以向该村民收取检索、复制、邮寄等费用

【考点】申请公开政府信息的程序

【黄文涛解析】A 选项当选。《政府信息公开条例》第 29 条第 1 款规定："公民、法人或者其他组织申请获取政府信息的，应当向行政机关的政府信息公开工作机构提出，并采用包括信件、数据电文在内的书面形式；采用书面形式确有困难的，申请人可以口头提出，由受理该申请的政府信息公开工作机构代为填写政府信息公开申请。"可见政府信息公开申请中适用口头方式也是可以的。

B 选项不当选。我国《政府信息公开条例》并没有将形成于条例之前的政府

信息排除在政府信息公开范围之外。

C 选项不当选。《政府信息公开条例》第 2 条规定："本条例所称政府信息，是指行政机关在履行行政管理职能过程中制作或者获取的，以一定形式记录、保存的信息。"会议纪要也是行政机关在履行职责过程中制作的政府信息，应当予以公开。

D 选项不当选。《政府信息公开条例》第 42 条第 1 款规定："行政机关依申请提供政府信息，不收取费用。但是，申请人申请公开政府信息的数量、频次明显超过合理范围的，行政机关可以收取信息处理费。"可见根据 2019 年新修订的《政府信息公开条例》的规定，行政机关依据申请提供政府信息原则上不收取费用。

注意：A 选项中严格说来只有在采用书面形式申请政府信息确有困难时，才能采用口头申请。所以该选项的表述并不是非常严谨。

综上，本题的正确答案为 A。

(2009/2/82) 13. 下列哪些选项属于对公务员的处分？

A. 降级　　　　B. 免职　　　　C. 撤职　　　　D. 责令辞职

【考点】公务员的处分制度

【黄文涛解析】A 选项、C 选项当选，B 选项、D 选项不当选。《公务员法》第 62 条规定："处分分为：警告、记过、记大过、降级、撤职、开除。"

综上，本题的正确答案为 AC。

扫码听课

(2009/2/83) 14. 下列哪些事项属于国务院行政机构编制管理的内容？

A. 机构的名称　　　　　　　B. 机构的职能

C. 机构人员的数量定额　　　D. 机构的领导职数

【考点】中央行政机构编制管理

【黄文涛解析】A 选项、B 选项不当选，C 选项、D 选项当选。《国务院机构设置和编制管理条例》第 18 条规定："国务院行政机构的编制在国务院行政机构设立时确定。国务院行政机构的编制方案，应当包括下列事项：（一）机构人员定额和人员结构比例；（二）机构领导职数和司级内设机构领导职数。"

综上，本题的正确答案为 CD。

扫码听课

(2009/2/84) 15. 段某拥有两块山场的山林权证。林改期间，王某认为该山场是自家的土改山，要求段某返还。经村委会协调，段某同意把部分山场给与王某，并签订了协议。事后，段某反悔，对协议提出异议。王某请镇政府调处，镇政府依王某提交的协议书复印件，向王某发放了山林权证。段某不服，向县政府申请复议，在县政府作出维持决定后向法院起诉。下列哪些选项是正确的？

A. 对镇政府的行为，段某不能直接向法院提起行政诉讼

B. 县政府为本案第三人

C. 如当事人未能提供协议书原件，法院不能以协议书复印件单独作为定案依据

D. 如段某与王某在诉讼中达成新的协议，可视为本案被诉具体行政行为发生改变

【考点】复议前置；复议维持后的被告；书证的法律要求；被告改变自身行为的认定

扫码听课

大咖点拨区

大咖点拨区

【黄文涛解析】 A选项当选。本选项是关于涉及自然资源行政行为的复议前置问题，属于行政法司考中争议最大的知识点之一。《行政复议法》第30条第1款规定："公民、法人或者其他组织认为行政机关的具体行政行为侵犯其已经依法取得的土地、矿藏、水流、森林、山岭、草原、荒地、滩涂、海域等自然资源的所有权或者使用权的，应当先申请行政复议；对行政复议决定不服的，可以依法向人民法院提起行政诉讼。"依据本条规定，如果行政机关的"具体行政行为"侵害社会主体"已经依法取得"的自然资源所有权或使用权的，必须复议前置。同时，最高法院《关于适用〈行政复议法〉第三十条第一款有关问题的批复》（法释〔2003〕5号）对本条文中的"具体行政行为"进行了解释，指出："根据《行政复议法》第三十条第一款的规定，公民、法人或者其他组织认为行政机关确认土地、矿藏……等自然资源的所有权或者使用权的具体行政行为，侵犯其已经依法取得的自然资源所有权或者使用权的，经行政复议后，才可以向人民法院提起行政诉讼，但法律另有规定的除外；对涉及自然资源所有权或者使用权的行政处罚、行政强制措施等其他具体行政行为提起诉讼的，不适用《行政复议法》第三十条第一款的规定。"可见最高法院的司法解释中将本条中的"具体行政行为"解释为"确认"自然资源权属的具体行政行为。

结合这两条文可知，涉及自然资源行政行为的复议前置需要满足两个条件：第一，行政机关作出了一个"行政确认"行为确认了某种自然资源权属；第二，某一社会主体认为这一行政确认行为侵害了自身"已经取得"的自然资源权属。本题案例中告知考生段某拥有山场的山林权证，这意味着段某"已经取得"山场的权属，同时镇政府给王某发放山林权证的行为属于对自然资源权属的行政确认行为。只要段某认为这一行政确认行为侵害了自身已经取得的山场权属，就应当复议前置。另外，此处对于镇政府给王某发放山林权证的行为是否属于行政确认行为具有一定的争议，可以关注我的新浪微博（@黄文涛的行政法）与我交流。

B选项不当选。《行政诉讼法》第26条第1款和第2款规定："公民、法人或者其他组织直接向人民法院提起诉讼的，作出行政行为的行政机关是被告。经复议的案件，复议机关决定维持原行政行为的，作出原行政行为的行政机关和复议机关是共同被告；复议机关改变原行政行为的，复议机关是被告。"可见县政府作为复议机关维持了镇政府的决定，应该作为行政诉讼中的共同被告，而非第三人。

C选项当选。《最高人民法院关于行政诉讼证据若干问题的规定》第71条规定，下列证据不能单独作为定案依据：……（五）无法与原件、原物核对的复制件或者复制品；……"可见当事人如果未能提供协议书原件，意味着复印件无法与原件核对，此时法院不能以协议书复印件单独作为定案依据。

D选项不当选。《最高人民法院关于行政诉讼撤诉若干问题的规定》第4条规定："有下列情形之一的，可以视为'被告改变其所作的具体行政行为'：……（三）在行政裁决案件中，书面认可原告与第三人达成的和解。"可见只有在对于行政裁决的诉讼案件中，被告书面认可原告与第三人达成的和解才视为被告改变了原具体行政行为。本案中被诉的具体行政行为是由镇政府作出的，不符合司法解释的规定。

综上，本题的正确答案为AC。

大咖点拨区

扫码听课

（2009/2/85）16. 甲公司将承建的建筑工程承包给无特种作业操作资格证书的邓某，邓某在操作时引发事故。某省建设厅作出暂扣甲公司安全生产许可证三个月的决定，市安全监督管理局对甲公司罚款三万元。甲公司对市安全监督管理局罚款不服，向法院起诉。下列哪些选项是正确的？

A. 如甲公司对某省建设厅的决定也不服，向同一法院起诉的，法院可以决定合并审理

B. 市安全监督管理局不能适用简易程序作出罚款三万元的决定

C. 某省建设厅作出暂扣安全生产许可证决定前，应为甲公司组织听证

D. 因市安全监督管理局的罚款决定违反一事不再罚要求，法院应判决撤销

【考点】行政诉讼中合并审理；当场处罚程序；处罚的听证程序；一事不再罚

【黄文涛解析】A选项当选。《行政诉讼法》第27条规定："当事人一方或者双方为二人以上，因同一行政行为发生的行政案件，或者因同类行政行为发生的行政案件，人民法院认为可以合并审理并经当事人同意的，为共同诉讼。"本案中省建设厅对甲公司作出的是行政处罚决定，市安监局对甲公司作出的也是行政处罚决定，属于同类行政行为，法院可以决定合并审理。

B选项当选。《行政处罚法》第51条规定："违法事实确凿并有法定依据，对公民处以二百元以下、对法人或者其他组织处以三千元以下罚款或者警告的行政处罚的，可以当场作出行政处罚决定。法律另有规定的，从其规定。"可见市安监局对甲公司作出的三万元处罚决定超出了法定三千元的范畴，不能当场作出处罚决定。

C选项不当选。《行政处罚法》第63条规定："行政机关拟作出下列行政处罚决定，应当告知当事人有要求听证的权利，当事人要求听证的，行政机关应当组织听证：（一）较大数额罚款；（二）没收较大数额违法所得、没收较大价值非法财物；（三）降低资质等级、吊销许可证件；（四）责令停产停业、责令关闭、限制从业；（五）其他较重的行政处罚；（六）法律、法规、规章规定的其他情形。"可见"暂扣安全生产许可证"的行政处罚决定并不属于应当告知听证权利的范围。

D选项不当选。依据一事不再罚的判断规则，本案中甲公司同一个违法行为触犯了两个行政管理法规（即建设行政管理法规和安全生产行政管理法规），此时行政机关可以给予两次不同种类的行政处罚。暂扣许可证和罚款属于不同种类的行政处罚，因此没有违反一事不再罚的要求。（对一事不再罚判断的解题思路请在【新浪微博@黄文涛的行政法】上搜索"一事不再罚"，我曾做过详细的解释。）

综上，本题的正确答案为AB。

（2009/2/86）17. 黄某与张某之妻发生口角，被张某打成轻微伤。某区公安分局决定对张某拘留五日。黄某认为处罚过轻遂向法院起诉，法院予以受理。下列哪些选项是正确的？

A. 某区公安分局在给予张某拘留处罚后，应及时通知其家属

B. 张某之妻为本案的第三人

C. 本案既可以由某区公安分局所在地的法院管辖，也可以由黄某所在地的法

扫码听课

院管辖

D. 张某不符合申请暂缓执行拘留的条件

【考点】 治安管理处罚的程序；行政诉讼的第三人；行政诉讼的管辖法院；暂缓拘留的条件

【黄文涛解析】 A选项当选。《治安管理处罚法》第97条规定："公安机关应当向被处罚人宣告治安管理处罚决定书，并当场交付被处罚人；无法当场向被处罚人宣告的，应当在二日内送达被处罚人。决定给予行政拘留处罚的，应当及时通知被处罚人的家属。"可见在公安机关作出拘留决定后，应当及时通知其家属。

B选项不当选。《行政诉讼法》第29条规定："公民、法人或者其他组织同被诉行政行为有利害关系但没有提起诉讼，或者同案件处理结果有利害关系的，可以作为第三人申请参加诉讼，或者由人民法院通知参加诉讼。"本案中与诉讼有利害关系的应是张某，而非张某之妻，因此应该由张某作为诉讼的第三人。

C选项不当选。虽然《行政诉讼法》第19条规定："对限制人身自由的行政强制措施不服提起的诉讼，由被告所在地或者原告所在地人民法院管辖。"但是本案中提起诉讼的原告并非被限制人身自由的张某，这表明并不能适用第19条规定的管辖。应该适用的是《行政诉讼法》第18条的规定："行政案件由最初作出行政行为的行政机关所在地人民法院管辖。经复议的案件，也可以由复议机关所在地人民法院管辖。"也即本案的管辖法院应该是区公安分局所在地的法院。

D选项当选。《治安管理处罚法》第107条规定："被处罚人不服行政拘留处罚决定，申请行政复议、提起行政诉讼的，可以向公安机关提出暂缓执行行政拘留的申请。公安机关认为暂缓执行行政拘留不致发生社会危险的，由被处罚人或者其近亲属提出符合本法第一百零八条规定条件的担保人，或者按每日行政拘留二百元的标准交纳保证金，行政拘留的处罚决定暂缓执行。"本案中张某没有提起行政诉讼，也没有申请暂缓执行，不符合法定的暂缓拘留的条件。

综上，本题的正确答案为AD。

（2009/2/88） 18. 某县公安局接到有人在薛某住所嫖娼的电话举报，遂派员前往检查。警察到达举报现场，敲门未开破门入室，只见薛某一人。薛某拒绝在检查笔录上签字，警察在笔录上注明这一情况。薛某认为检查行为违法，提起行政诉讼。下列哪些选项是正确的？

A. 某县公安局应当对电话举报进行登记

B. 警察对薛某住所进行检查时不得少于二人

C. 警察对薛某住所进行检查时应当出示工作证件和县级以上政府公安机关开具的检查证明文件

D. 因薛某未在警察制作的检查笔录上签字，该笔录在行政诉讼中不具有证据效力

【考点】 治安管理处罚程序

扫码听课

【黄文涛解析】 A选项当选。《治安管理处罚法》第77条规定："公安机关对报案、控告、举报或者违反治安管理行为人主动投案，以及其他行政主管部门、司法机关移送的违反治安管理案件，应当及时受理，并进行登记。"可见县公安局应当对电话举报进行登记。

B选项当选、C选项当选。《治安管理处罚法》第87条第1款规定："公安机

关对与违反治安管理行为有关的场所、物品、人身可以进行检查。检查时，人民警察不得少于二人，并应当出示工作证件和县级以上人民政府公安机关开具的检查证明文件。对确有必要立即进行检查的，人民警察经出示工作证件，可以当场检查，但检查公民住所应当出示县级以上人民政府公安机关开具的检查证明文件。"可见公安机关在对住所进行检查时不得少于两人，同时应当出示工作证件和县级以上公安机关开具的检查证明文件。

D 选项不当选。《治安管理处罚法》第 88 条规定："检查的情况应当制作检查笔录，由检查人、被检查人和见证人签名或者盖章；被检查人拒绝签名的，人民警察应当在笔录上注明。"同时最高法院 2002 年《行政诉讼证据规定》第 15 条规定："根据行政诉讼法第三十一条第一款第（七）项的规定（现为《行政诉讼法》第 33 条第 1 款第 8 项），被告向人民法院提供的现场笔录，应当载明时间、地点和事件等内容，并由执法人员和当事人签名。当事人拒绝签名或者不能签名的，应当注明原因。有其他人在现场的，可由其他人签名。法律、法规和规章对现场笔录的制作形式另有规定的，从其规定。"可见在行政诉讼中的现场笔录即使没有当事人签名，也并不因此失去法律效力。

综上，本题的正确答案为 ABC。

（2009/2/89） 19. 2006 年 12 月 5 日，王某因涉嫌盗窃被某县公安局刑事拘留，同月 11 日被县检察院批准逮捕。2008 年 3 月 4 日王某被一审法院判处有期徒刑二年，王某不服提出上诉。2008 年 6 月 5 日，二审法院维持原判，判决交付执行。2009 年 3 月 2 日，法院经再审以王某犯罪时不满 16 周岁为由撤销生效判决，改判其无罪并当庭释放。王某申请国家赔偿，下列哪些选项是错误的？

A. 国家应当对王某从 2008 年 6 月 5 日到 2009 年 3 月 2 日被羁押的损失承担赔偿责任

B. 国家应当对王某从 2006 年 12 月 11 日到 2008 年 3 月 4 日被羁押的损失承担赔偿责任

C. 国家应当对王某从 2006 年 12 月 5 日到 2008 年 3 月 4 日被羁押的损失承担赔偿责任

D. 国家应当对王某从 2008 年 3 月 4 日到 2009 年 3 月 2 日被羁押的损失承担赔偿责任

【考点】 国家赔偿的范围

【黄文涛解析】 A 选项不当选，B 选项、C 选项、D 选项当选。最高法院《关于人民法院执行〈国家赔偿法〉几个问题的解释》第 1 条规定："根据《中华人民共和国国家赔偿法》第十七条第（二）项、第（三）项的规定（现为第 19 条第 2、3 项），依照刑法第十四条、第十五条（现《刑法》第 17、18 条）规定不负刑事责任的人和依照刑事诉讼法第十五条（现《刑事诉讼法》第 15 条、第 173 条第 2 款、第 273 条第 2 款、第 279 条）规定不追究刑事责任的人被羁押，国家不承担赔偿责任。但是对起诉后经人民法院判处拘役、有期徒刑、无期徒刑和死刑并已执行的上列人员，有权依法取得赔偿。判决确定前被羁押的日期依法不予赔偿。"同时《国家赔偿法》第 19 条第 2、3 项规定："属于下列情形之一的，国家不承担赔偿责任：……（二）依照刑法第十七条、第十八条规定不负刑事责任的人被羁押的；（三）依照刑事诉讼法第十五条、第一百七十三条第二款、第二

百七十三条第二款、第二百七十九条规定不追究刑事责任的人被羁押的。"本案中王某是因犯罪时不满16周岁被改判无罪，这意味着再审之前的刑事诉讼程序并没有错误，王某的确犯了罪，只不过依法不需要承担刑事责任，因此2008年6月5日二审法院维持原判前王某被羁押是应当的，这段时间国家不承担赔偿责任。但是对于本不应承担刑事责任的王某，法院实际交付执行，这意味着交付执行的这段时间是违法的。因此从2008年6月5日到2009年3月2日之间王某被羁押的时间应当予以国家赔偿。

综上，本题的正确答案为BCD。

（2009/2/90）20. 关于公告，下列哪些选项是正确的？

A. 行政机关认为需要听证的涉及公共利益的重大许可事项应当向社会公告

B. 行政许可直接涉及申请人与他人之间重大利益关系的，申请人、利害关系人提出听证申请的，行政机关应当予以公告

C. 行政机关在其法定权限范围内，依据法律委托其他行政机关实施行政许可，对受委托行政机关和受委托实施许可的内容应予以公告

D. 被许可人以欺骗、贿赂等不正当手段取得行政许可，行政机关予以撤销的，应当向社会公告

【考点】行政许可中的公告

【黄文涛解析】A选项当选。《行政许可法》第46条规定："法律、法规、规章规定实施行政许可应当听证的事项，或者行政机关认为需要听证的其他涉及公共利益的重大行政许可事项，行政机关应当向社会公告，并举行听证。"

B选项不当选。《行政许可法》第47条规定："行政许可直接涉及申请人与他人之间重大利益关系的，行政机关在作出行政许可决定前，应当告知申请人、利害关系人享有要求听证的权利；申请人、利害关系人在被告知听证权利之日起五日内提出听证申请的，行政机关应当在二十日内组织听证。"可见法条并没有要求行政机关进行公告。

C选项当选。《行政许可法》第24条规定："行政机关在其法定职权范围内，依照法律、法规、规章的规定，可以委托其他行政机关实施行政许可。委托机关应当将受委托行政机关和受委托实施行政许可的内容予以公告。"

D选项不当选。《行政许可法》第69条第2款规定："被许可人以欺骗、贿赂等不正当手段取得行政许可的，应当予以撤销。"可见法条中并没有要求撤销行政许可应当公告。

综上，本题的正确答案为AC。

（2009/2/98）21. 2002年底，王某按照县国税局要求缴纳税款12万元。2008年初，王某发现多缴税款2万元。同年7月5日，王某向县国税局提出退税书面申请。7月13日，县国税局向王某送达不予退税决定。王某在复议机关维持县国税局决定后向法院起诉。下列选项正确的是：

A. 复议机关是县国税局的上一级国税局

B. 复议机关应自收到王某复议申请书之日起二个月内作出复议决定

C. 被告为县国税局

D. 是否适用《税收征收管理法》"纳税人自结算缴纳税款之日起三年内发现的，可以向税务机关要求退还多缴的税款"的规定，是本案审理的焦点之一

扫码听课

扫码听课

【考点】复议机关的确定；复议审查期限；复议维持后的被告确定；法律适用问题

【黄文涛解析】A选项当选。《行政复议法》第12条第2款规定："对海关、金融、国税、外汇管理等实行垂直领导的行政机关和国家安全机关的具体行政行为不服的，向上一级主管部门申请行政复议。"可见国税系统实现全国范围内的垂直领导体系，其复议机关就是上一级国税局。虽然2018年国家机构改革将国税系统与地税系统合并为税务系统，但是根据当年国家税务总局的一个通知，税务局的复议机关仍然依据垂直领导的上级机关确定。

B选项不当选。《行政复议法》第31条第1款规定："行政复议机关应当自受理申请之日起六十日内作出行政复议决定；但是法律规定的行政复议期限少于六十日的除外。情况复杂，不能在规定期限内作出行政复议决定的，经行政复议机关的负责人批准，可以适当延长，并告知申请人和被申请人；但是延长期限最多不超过三十日。"可见严格根据行政复议法的法条，行政复议机关应当在受理复议申请之日起60日作出行政复议决定。60日与二个月并非同一个法律概念。

C选项不当选。《行政诉讼法》第26条第2款规定："经复议的案件，复议机关决定维持原行政行为的，作出原行政行为的行政机关和复议机关是共同被告；复议机关改变原行政行为的，复议机关是被告。"可见如果复议机关维持了原行政行为，则应该以复议机关和原机关作为共同被告。

D选项当选。《税收征收管理法》第51条规定："纳税人超过应纳税额缴纳的税款，税务机关发现后应当立即退还；纳税人自结算缴纳税款之日起三年内发现的，可以向税务机关要求退还多缴的税款并加算银行同期存款利息，税务机关及时查实后应当立即退还；涉及从国库中退库的，依照法律、行政法规有关国库管理的规定退还。"本案中王某起诉要求法院审查的行政行为是国税局不予退税的决定，《税收征收管理法》该条文中"纳税人自结算缴纳税款之日起三年内发现的，可以向税务机关要求退还多缴的税款"的规定关系到国税局不予退税决定的合法性依据，理应是案件审理的焦点之一。

注意：

（1）在2014年修订2015年生效之前的《行政诉讼法》的条文中曾规定行政复议的审查期限为二个月，从而导致与《行政复议法》中规定审查期限为60日相矛盾，2014年修订《行政诉讼法》后将其中关于行政复议审查的期限予以删除，从而避免了矛盾存在，B选项因此发生了变化。

（2）2014年修订2015年生效的《行政诉讼法》中将复议维持后起诉案件的被告由原先规定的"以作出原行政行为的机关为被告"改为"以复议机关和作出原行政行为的机关为共同被告"。

综上，本题的正确答案为AD。

（2009/2/99）22. 下列情况属于或可以视为行政诉讼中被告改变被诉具体行政行为的是：

A. 被诉公安局把拘留三日的处罚决定改为罚款500元

B. 被诉土地局更正被诉处罚决定中不影响决定性质和内容的文字错误

C. 被诉工商局未在法定期限答复原告的请求，在二审期间作出书面答复

D. 县政府针对甲乙两村土地使用权争议作出的处理决定被诉后，甲乙两村达

扫码听课

成和解，县政府书面予以认可

【考点】 行政诉讼中被告改变行政行为制度

【黄文涛解析】 A选项当选。《最高人民法院关于行政诉讼撤诉若干问题的规定》第3条规定："有下列情形之一的，属于行政诉讼法第五十一条（现为《行政诉讼法》第62条）规定的'被告改变其所作的具体行政行为'：（一）改变被诉具体行政行为所认定的主要事实和证据；（二）改变被诉具体行政行为所适用的规范依据且对定性产生影响；（三）撤销、部分撤销或者变更被诉具体行政行为处理结果。"被诉公安局把拘留三日的处罚决定改为罚款500元属于其中第（三）项规定的内容。

B选项不当选。被诉土地局更正被诉处罚决定中不影响决定性质和内容的文字错误属于修正行政行为的瑕疵，对行政行为的法律性质没有产生根本性的变动影响。

C选项当选、D选项当选。《最高人民法院关于行政诉讼撤诉若干问题的规定》第4条规定："有下列情形之一的，可以视为'被告改变其所作的具体行政行为'：（一）根据原告的请求依法履行法定职责；（二）采取相应的补救、补偿等措施；（三）在行政裁决案件中，书面认可原告与第三人达成的和解。"C选项属于第（一）项的内容，D选项属于第（三）项的内容。

综上，本题的正确答案为ACD。

（2009/2/100）23. 郑某因某厂欠缴其社会养老保险费，向区社保局投诉。2004年9月22日，该局向该厂送达《决定书》，要求为郑某缴纳养老保险费1万元。同月30日，该局向郑某送达告知书，称其举报一事属实，并要求他缴纳养老保险费（个人缴纳部分）2000元。郑某不服区社保局的《决定书》向法院起诉，法院的生效判决未支持郑某的请求。2005年4月19日，郑某不服告知书向市社保局申请复议，后者作出不予受理决定，郑某不服提起诉讼。下列选项正确的是：

A. 郑某向市社保局提出的复议申请已超过申请期限

B. 区社保局所在地的法院和市社保局所在地的法院对本案均有管辖权

C. 郑某的起诉属重复起诉

D. 如郑某对告知书不服直接向法院起诉，法院可以被诉行为系重复处理行为为由不受理郑某的起诉

【考点】 行政复议的申请期限；行政诉讼的管辖法院；重复起诉

【黄文涛解析】 A选项当选。《行政复议法》第9条规定："公民、法人或者其他组织认为具体行政行为侵犯其合法权益的，可以自知道该具体行政行为之日起六十日内提出行政复议申请；但是法律规定的申请期限超过六十日的除外。"本案中区社保局是在2004年9月30日对郑某送达了告知书，但郑某直到2005年4月19日才申请复议，已经超出了法定的60日复议申请期限。

B选项不当选。《行政诉讼法》第18条规定："行政案件由最初作出行政行为的行政机关所在地人民法院管辖。经复议的案件，也可以由复议机关所在地人民法院管辖。"本案中市社保局作出不予受理的决定，意味着没有经过复议，因此不适用原机关和复议机关所在地法院都可以管辖的规则。

C选项不当选。《最高人民法院关于适用〈中华人民共和国行政诉讼法〉的解释》第106条规定："当事人就已经提起诉讼的事项在诉讼过程中或者裁判生

扫码听课

大咖点拨区

效后再次起诉，同时具有下列情形的，构成重复起诉：（一）后诉与前诉的当事人相同；（二）后诉与前诉的诉讼标的相同；（三）后诉与前诉的诉讼请求相同，或者后诉的诉讼请求被前诉裁判所包含。"郑某第一次起诉告的是区社保局的决定书，第二次起诉告的是区社保局的告知书或市社保局的不予受理复议决定，不符合重复起诉的情形，因此不属于重复起诉。

D 选项不当选。区社保局的告知书的内容是要求郑某缴纳养老保险中个人应当缴纳的部分，而决定书中的内容是要求某厂缴纳郑某的养老保险，可见两者并非同一个行政行为，告知书并非重复处理行为。

综上，本题的正确答案为 A。

原型客观真题汇编七

（2008/2/39）1. 关于行政机关公务员处分的说法，下列哪一选项是正确的？

A. 行政诉讼的生效判决撤销某行政机关所作的决定，即应给予该机关的负责人张某行政处分

B. 工商局干部李某主动交代自己的违法行为，即应减轻处分

C. 某环保局科长王某因涉嫌违纪被立案调查，即应暂停其履行职务

D. 财政局干部田某因涉嫌违纪被立案调查，即不应允许其挂职锻炼

【**考点**】公务员的处分制度

扫码听课

【**黄文涛解析**】A 选项不当选。《行政机关公务员处分条例》第 16 条规定："行政机关经人民法院、监察机关、行政复议机关或者上级行政机关依法认定有行政违法行为或者其他违法违纪行为，需要追究纪律责任的，对负有责任的领导人员和直接责任人员给予处分。"可见行政机关所做决定被撤销，并非必须对负责人进行处分，而是根据具体情况，在"需要追究纪律责任"时才对直接责任人进行纪律处分。

B 选项不当选。《行政机关公务员处分条例》第 14 条规定："行政机关公务员主动交代违法违纪行为，并主动采取措施有效避免或者挽回损失的，应当减轻处分。"可见只有在公务员既主动交代违法违纪行为，又主动采取措施有效避免或者挽回损失的，才应当减轻处分，该选项遗漏了第二个必要条件。

C 选项不当选。《行政机关公务员处分条例》第 38 条第 1 款规定："行政机关公务员违法违纪，已经被立案调查，不宜继续履行职责的，任免机关可以决定暂停其履行职务。"可见公务员因违纪被立案调查，只有在"不宜继续履行职责"时才会暂停其履行职务，而非必须暂停履行职务。

D 选项当选。《行政机关公务员处分条例》第 38 条第 2 款规定："被调查的公务员在违法违纪案件立案调查期间，不得交流、出境、辞去公职或者办理退休手续。"可见公务员在涉嫌违纪被立案调查期间，不能进行交流。

综上，本题的正确答案为 D。

（2008/2/40）2. 甲市乙区公安分局以孙某涉嫌诈骗罪为由将其刑事拘留，并经乙区检察院批准逮捕。后因案情特殊由丙区检察院提起公诉。2006 年，丙区法院判处孙某有期徒刑 3 年，孙某不服上诉，甲市中级法院裁定发回丙区法院重新审理。重审期间，丙区检察院经准许撤回起诉，并最终作出不起诉决定。孙某申请国家赔偿。关于赔偿义务机关，下列哪一选项是正确的？

扫码听课

A. 乙区公安分局、乙区检察院和丙区法院

B. 乙区公安分局、丙区检察院和丙区法院

C. 乙区检察院和丙区法院

D. 丙区检察院和丙区法院

【考点】刑事赔偿义务机关

【黄文涛解析】《国家赔偿法》第 21 条第 4 款规定："再审改判无罪的，作出原生效判决的人民法院为赔偿义务机关。二审改判无罪，以及二审发回重审后作无罪处理的，作出一审有罪判决的人民法院为赔偿义务机关。"本案属于二审发回重审后作无罪处理的情形，因此应当由作出一审有罪判决的丙区法院作为赔偿义务机关。

本题是 2008 年的考题，根据当年生效的最高人民法院与最高人民检察院《关于刑事赔偿义务机关确定问题的通知》规定："人民检察院批准逮捕并提起公诉，一审人民法院判决有罪，二审人民法院改判无罪，或者发回重审后一审人民法院改判无罪，或者人民检察院撤回起诉作出不起诉决定或者撤销案件决定，依法应当赔偿的案件，一审人民法院和批准逮捕的人民检察院为共同赔偿义务机关。"也就是说规定由一审法院和批捕的检察院作为共同赔偿义务机关，因此当年的答案是 D。不过 2010 年国家赔偿法修订后，该司法解释中的规定与新修订生效的《国家赔偿法》相抵触，应当依据《国家赔偿法》的规定来确定赔偿义务机关。

综上，本题依据最新法律规范没有正确答案。

扫码听课

(2008/2/41) 3. 关于行政法规制定程序的说法，下列哪一选项是正确的？

A. 行政法规的制定程序包括起草、审查、决定和公布，立项不属于行政法规制定程序

B. 几个部门共同起草的行政法规送审稿报送国务院，应当由牵头部门主要负责人签署

C. 对重要的行政法规送审稿，国务院法制办经国务院同意后向社会公布

D. 行政法规应当在公布后 30 日内由国务院法制办报全国人大常委会备案

【考点】规章制定程序

【黄文涛解析】A 选项不当选。《行政法规制定程序条例》第 2 条规定："行政法规的立项、起草、审查、决定、公布、解释，适用本条例。"可见立项应当属于行政法规的制定程序之一。

B 选项不当选。《行政法规制定程序条例》第 16 条第 2 款规定："起草行政法规，涉及几个部门共同职责需要共同起草的，应当共同起草，达成一致意见后联合报送行政法规送审稿。几个部门共同起草的行政法规送审稿，应当由该几个部门主要负责人共同签署。"可见应当由制定部门的主要负责人共同签署行政法规的送审稿，而非由牵头部门的主要负责人签署。

C 选项不当选。《行政法规制定程序条例》第 20 条第 2 款规定："国务院法制机构可以将行政法规送审稿或者修改稿及其说明等向社会公布，征求意见。向社会公布征求意见的期限一般不少于 30 日。"可见行政法规送审稿可以由国务院法制办向社会公布征求意见，不需要经国务院同意。

D 选项不当选。《行政法规制定程序条例》第 30 条规定："行政法规在公布后的 30 日内由国务院办公厅报全国人民代表大会常务委员会备案。"可见行政法

规报请备案的主体应当是国务院办公厅，而非国务院法制办。

综上，本题根据 2018 年修订的《行政法规制定程序条例》的规定无答案。

（2008/2/43）4. 某银行以某公司未偿还贷款为由向法院起诉，法院终审判决认定其请求已过诉讼时效，予以驳回。某银行向某县政府发函，要求某县政府落实某公司的还款责任。某县政府复函，请贵行继续依法主张债权，我们将配合做好有关工作。尔后，某银行向法院起诉，请求某县政府履行职责。法院经审理认为，某县政府已履行相应职责，某银行的债权不能实现的原因在于其主张债权时已超过诉讼时效。下列哪一选项是错误的？

A. 本案应由中级法院管辖

B. 因法院的生效判决已对某银行与某公司的民事关系予以确认，某县政府不能重新进行确定

C. 法院应当判决确认某县政府的复函合法

D. 法院应当判决驳回某银行的诉讼请求

【考点】 行政诉讼的管辖法院；行政诉讼的判决类型

【黄文涛解析】 A 选项不当选。《行政诉讼法》第 15 条规定："中级人民法院管辖下列第一审行政案件：（一）对国务院部门或者县级以上地方人民政府所作的行政行为提起诉讼的案件；（二）海关处理的案件；（三）本辖区内重大、复杂的案件；（四）其他法律规定由中级人民法院管辖的案件。"本案被告为县政府，属于中级法院管辖的一审案件。

B 选项不当选。司法作为正义的最后一道防线，其所作出的决定在一般法理上是最终的决定，不能被行政决定所改变。

C 选项当选、D 选项不当选。《行政诉讼法》第 69 条规定："行政行为证据确凿，适用法律、法规正确，符合法定程序的，或者原告申请被告履行法定职责或者给付义务理由不成立的，人民法院判决驳回原告的诉讼请求。"本题中法院认为原告银行起诉被告县政府不作为的理由不成立，应当判决驳回原告银行的诉讼请求。

综上，本题的正确答案为 C。

（2008/2/44）5. 下列哪一选项不属于行政诉讼的受案范围？

A. 因某企业排污影响李某的鱼塘，李某要求某环保局履行监督职责，遭拒绝后向法院起诉

B. 某市政府发出通知，要求非本地生产乳制品须经本市技术监督部门检验合格方可在本地销售，违者予以处罚。某外地乳制品企业对通知提起诉讼

C. 刘某与某公司签订房屋预售合同，某区房管局对此进行预售预购登记。后刘某了解到某公司向其销售的房屋系超出规划面积和预售面积房屋，遂以某区房管局违法办理登记为由提起诉讼

D.《公司登记管理条例》规定，设立公司应当先向工商登记管理机关申请名称预先核准。张某对名称预先核准决定不服提起诉讼

【考点】 行政诉讼的受案范围

【黄文涛解析】 A 选项不当选。《行政诉讼法》第 12 条第 1 款第 6 项规定："人民法院受理公民、法人或者其他组织提起的下列诉讼：……（六）申请行政机关履行保护人身权、财产权等合法权益的法定职责，行政机关拒绝履行或者不

予答复的。"可见环保局拒绝李某的申请是行政不作为，属于行政诉讼的受案范围。

B选项当选。本选项关键要判断市政府的通知是属于具体行政行为还是抽象行政行为，两种行政行为的区分关键在于"行政行为作出的一瞬间，行为所针对的对象是否能够数得清（是否特定）"。据此，市政府的通知在作出时，所针对的对象是所有要进入本地市场销售的外地乳制品企业，由于通知的适用期会很长，在通知作出时难以确定究竟有多少外地的乳制品企业将会进入本地市场并受到该通知的约束，是数不清的。因此该通知属于抽象行政行为，不属于行政诉讼的受案范围。

C选项不当选。《城市房地产管理法》第45条第2款规定："商品房预售人应当按照国家有关规定将预售合同报县级以上人民政府房产管理部门和土地管理部门登记备案。"同时《城市房地产开发经营管理条例》第26条第2款进一步规定："房地产开发企业应当自商品房预售合同签订之日起30日内，到商品房所在地的县级以上人民政府房地产开发主管部门和负责土地管理工作的部门备案。"可见商品房预售合同依法应当进行备案登记，房管部门的这一行为属于对商品房预售合同的行政确认行为，应属于行政诉讼的受案范围。

D选项不当选。张某是对名称预先核准决定不服起诉，而非对《公司登记管理条例》本身起诉，预先核准决定是依据《公司登记管理条例》作出的具体行政行为，属于行政诉讼的受案范围。

注意：

（1）C选项中商品房预售合同的登记备案行为是否属于具体行政行为在理论上有争议，有观点认为商品房预售合同的效力自于买卖双方的签署，而不是来自于房管部门的确认登记，因此房管部门对预售合同进行备案登记的行为不具有可诉性。这种观点是来自于对2004年司考卷二第49题的解读，由于当时司法部公布的答案认为房管部门在对商品房预售合同备案登记时没有尽到审查职责，不需要对购房者的损失承担部分赔偿责任，因此在之后的解读中就形成了该观点。笔者不赞同这种观点，因为从实践中看，预售合同的备案登记行为具有强制性，没有经过备案登记的商品房预售合同的法律效力存在问题。更何况2008年考查的这道题目再次涉及到商品房预售合同的登记备案行为是否属于行政诉讼受案范围的问题，而司法部公布的答案认为该登记行为属于行政诉讼的受案范围，可以将此视为司法部改变了之前的观点，确认商品房预售合同的登记备案行为属于行政诉讼的受案范围，这是目前司考中对这一争论的通说。

（2）2014年修订《行政诉讼法》后，虽然将法条中的"具体行政行为"统一改为"行政行为"的表述，但是具体行政行为仍然是最主要的行政诉讼受案范围。在考试中务必掌握具体行政行为与抽象行政行为的区分标准。

综上，本题的正确答案为B。

（2008/2/45）6. 某县政府依田某申请作出复议决定，撤销某县公安局对田某车辆的错误登记，责令在30日内重新登记，但某县公安局拒绝进行重新登记。田某可以采取下列哪一项措施？

A. 申请法院强制执行   B. 对某县公安局的行为申请行政复议

C. 向法院提起行政诉讼   D. 请求某县政府责令某县公安局登记

扫码听课

大咖点拨区

【考点】行政复议决定的执行

【黄文涛解析】ABC 选项不当选，D 选项当选。《行政复议法》第 32 条规定："被申请人应当履行行政复议决定。被申请人不履行或者无正当理由拖延履行行政复议决定的，行政复议机关或者有关上级行政机关应当责令其限期履行。"这是因为被申请人是复议机关的下级行政机关，行政系统内部实行下级服从上级的官僚科层体系，作为上级机关的复议机关作出的复议决定，被申请人必须履行。当被申请人不履行时，上级行政机关有关直接强令其履行。因此当作为被申请人的县公安局拒绝履行其上级行政机关——县政府——作出的复议决定时，作为复议申请人的田某可以请求县政府责令其履行，而不需要向法院申请强制执行，也不能通过行政诉讼或行政复议的方式强制履行。

注意：《行政复议法》的法条中没有明确规定申请人有权请求复议机关责令被申请人履行复议决定确定的义务，需要考生从第 32 条的规定中推导出来。

综上，本题的正确答案为 D。

（2008/2/46）7. 关于合理行政原则，下列哪一选项是正确的？

A. 遵循合理行政原则是行政活动区别于民事活动的主要标志

B. 合理行政原则属实质行政法治范畴

C. 合理行政原则是一项独立的原则，与合法行政原则无关

D. 行政机关发布的信息应准确是合理行政原则的要求之一

【考点】合理行政原则

【黄文涛解析】A 选项不当选。合法行政原则是六大行政法基本原则中的首要原则，它才是行政活动区别于民事活动的主要标志。

B 选项当选。合理行政原则属于实质行政法治的范畴，尤其适用于裁量性行政活动。

C 选项不当选。合法行政原则作为首要原则派生出了其他五大行政法基本原则，合理行政原则也是由其派生出，具有密切的联系。

D 选项不当选。行政机关发布信息应当准确应该是诚实守信原则的体现。

综上，本题的正确答案为 B。

（2008/2/47）8. 某市建设委员会以某公司的房屋占压输油、输气管道线为由，作出限期拆除决定，要求某公司自收到决定之日起 10 日内自行拆除。但某公司逾期未拆除，亦未在法定期限内提起诉讼，某市建设委员会申请法院强制执行。下列哪一选项是正确的？

A. 若法律、法规赋予某市建设委员会有自行强制执行权，法院即应不受理其申请

B. 某市建设委员会应当向其所在地的法院申请强制执行

C. 接受申请的法院应当在受理申请之日起 30 日内作出是否准予强制执行的裁定

D. 若在某市建设委员会申请强制执行前，某公司已对限期拆除决定提起诉讼，法院无权在诉讼期间执行拆除决定

【考点】行政强制执行的程序

【黄文涛解析】A 选项不当选。《行政强制法》第 53 条规定："当事人在法定期限内不申请行政复议或者提起行政诉讼，又不履行行政决定的，没有行政强制

扫码听课

扫码听课

执行权的行政机关可以自期限届满之日起三个月内，依照本章规定申请人民法院强制执行。"可见没有行政强制执行权的行政机关有权向法院申请强制执行。同时，《行政强制法》第13条规定："行政强制执行由法律设定。法律没有规定行政机关强制执行的，作出行政决定的行政机关应当申请人民法院强制执行。"可见只有法律能够授权行政机关行政强制执行权，法规无权授予行政机关行政强制执行权。

B选项不当选。《行政强制法》第54条规定："行政机关申请人民法院强制执行前，应当催告当事人履行义务。催告书送达十日后当事人仍未履行义务的，行政机关可以向所在地有管辖权的人民法院申请强制执行；执行对象是不动产的，向不动产所在地有管辖权的人民法院申请强制执行。"本案中市建设委员会申请执行的对象是房屋，属于不动产，应当向房屋所在地的法院申请强制执行。

C选项不当选。《行政强制法》第57条规定："人民法院对行政机关强制执行的申请进行书面审查，对符合本法第五十五条规定，且行政决定具备法定执行效力的，除本法第五十八条规定的情形外，人民法院应当自受理之日起七日内作出执行裁定。"第58条规定："人民法院发现有下列情形之一的，在作出裁定前可以听取被执行人和行政机关的意见：（一）明显缺乏事实根据的；（二）明显缺乏法律、法规依据的；（三）其他明显违法并损害被执行人合法权益的。人民法院应当自受理之日起三十日内作出是否执行的裁定。裁定不予执行的，应当说明理由，并在五日内将不予执行的裁定送达行政机关。"可见人民法院受理行政机关的强制执行申请后有两种情形：一种是书面审查，应在7日内作出是否执行的裁定；另一种是听取双方意见后进行审查，应在30日内作出是否执行的裁定。该选项表述过于绝对，忽略了第一种情形。

D选项不当选。《行政强制法》第44条规定："对违法的建筑物、构筑物、设施等需要强制拆除的，应当由行政机关予以公告，限期当事人自行拆除。当事人在法定期限内不申请行政复议或者提起行政诉讼，又不拆除的，行政机关可以依法强制拆除。"可见如果原告已经提起对违法建筑拆除的诉讼，行政机关不可以强制拆除。但本选项出现的拆除主体是"法院"，《行政强制法》中对于法院此时是否有权拆除没有相应规定。最高法院曾在2000年《行政诉讼法解释》第94条规定："在诉讼过程中，被告或者具体行政行为确定的权利人申请人民法院强制执行被诉具体行政行为，人民法院不予执行，但不及时执行可能给国家利益、公共利益或者他人合法权益造成不可弥补的损失的，人民法院可以先予执行。后者申请强制执行的，应当提供相应的财产担保。"可见，依据考试当时生效的司法解释，在诉讼过程中法院并非一律不能执行强制拆除，而是在特定情形下可以先予执行。

注意：

（1）对于具体行政行为的非诉执行的主体问题目前有三种可能：法律授权行政机关具有强制执行权；法律没有授权行政机关具有强制执行权；法律既授权行政机关有强制执行权，又授权行政机关可以向法院申请强制执行（如海关、税务）。对于第一种可能情形，行政机关向法院申请强制执行，法院不予受理。

（2）本题在2008年考查时《行政强制法》尚未公布，所以当年是考查当时生效的最高法院2000年《行政诉讼法解释》第93条规定："人民法院受理行政机关申请执行其具体行政行为的案件后，应当在 30 日内由行政审判庭组成合议庭对具体行政行为的合法性进行审查，并就是否准予强制执行作出裁定；需要采取强制执行措施的，由本院负责强制执行非诉行政行为的机构执行。"但是在 2012 年《行政强制法》生效后该司法解释这一条款不再适用，并且该司法解释目前也已经被废除。

综上，本题根据最新的法律规定无正确答案。

（2008/2/48）9. 某县政府与甲开发公司签定《某地区改造项目协议书》，对某地区旧城改造范围、拆迁补偿费及支付方式和期限等事宜加以约定。乙公司持有经某市政府批准取得的国有土地使用证的第 15 号地块，位于某地区改造范围。甲开发公司获得改造范围内新建的房屋预售许可证，并向社会公开预售。乙公司认为某县政府以协议形式规划、管理和利用项目改造的行为违法，向法院起诉，法院受理。下列哪一选项是正确的？

A. 某县政府与甲开发公司签定的《某地区改造项目协议书》属内部协议

B. 某县政府应当依职权先行收回乙公司持有的第 15 号地块国有土地使用证

C. 因乙公司不是《某地区改造项目协议书》的当事人，法院应驳回起诉

D. 若法院经审理查明，某县政府以协议形式规划、管理和利用项目改造的行为违法，应当判决确认某县政府的行为违法，并责令采取补救措施

【考点】行政诉讼原告；行政诉讼的裁判类型

【黄文涛解析】A 选项不当选。本选项考查内部行政行为与外部行政行为的区分问题。县政府与甲公司签订的协议书是对该地区进行旧城改造，会影响到该区域内住户的切身权益，必然产生了对外部主体的权利义务影响，不属于内部行政行为（内部协议），而应当属于外部行政行为。

B 选项不当选。依据《土地管理法》第 58 条的规定，只有经过原批准用地的政府或有批准权的政府批准，才能收回国有土地使用权。本案中乙公司获得的国有土地使用权是经过市政府批准，县政府无权收回乙公司持有的国有土地使用证。

C 选项不当选。乙公司享有使用权的 15 号地块位于甲公司与县政府协议改造的范围内，虽然乙公司并非改造项目协议书的当事人，但是与该协议书约定的权利义务具有利害关系。根据《行政诉讼法》第 25 条规定："行政行为的相对人以及其他与行政行为有利害关系的公民、法人或者其他组织，有权提起诉讼。"乙公司具有行政诉讼的原告资格，法院不能因其不是协议书的当事人而驳回起诉。

D 选项当选。《行政诉讼法》第 74 条规定："行政行为有下列情形之一的，人民法院判决确认违法，但不撤销行政行为：（一）行政行为依法应当撤销，但撤销会给国家利益、社会公共利益造成重大损害的；……"同时《行政诉讼法》第 76 条规定："人民法院判决确认违法或者无效的，可以同时判决责令被告采取补救措施；给原告造成损失的，依法判决被告承担赔偿责任。"县政府与甲公司签订改造旧城改造协议后，甲公司已经向社会进行公开预售新建住房，这意味该项目具有公共利益性质，如果停止会损害到公共利益，因此法院只能确认县政府的行为违法，并责令采取补救措施。

注意：本题 B 选项涉及到土地管理法的内容，有些超纲。但是考生并不一定要掌握土地管理法的规定，因为本题是单选题，考生如果能够判断 D 选项当选，

大咖点拨区

扫码听课

大咖点拨区

扫码听课

就不需要知道土地管理法的规定。

综上，本题的正确答案为 D。

（2008/2/49）10. 某区公安局派出所突击检查孔某经营的娱乐城，孔某向正在赌博的人员通风报信，派出所突击检查一无所获。派出所工作人员将孔某带回调查，孔某因受到逼供而说出实情。派出所据此决定对孔某拘留 10 日，孔某不服提起诉讼。下列哪一选项是正确的？

A. 在作出拘留决定前，孔某有权要求举行听证

B. 对孔某的拘留决定违法

C. 某区公安分局派出所是本案被告

D. 因孔某起诉，公安机关应暂缓执行拘留决定

【考点】 治安处罚的听证；派出所的权限；行政诉讼的被告资格；暂缓拘留的条件

【黄文涛解析】 A 选项不当选。《治安管理处罚法》第 98 条规定："公安机关作出吊销许可证以及处二千元以上罚款的治安管理处罚决定前，应当告知违反治安管理行为人有权要求举行听证；违反治安管理行为人要求听证的，公安机关应当及时依法举行听证。"可见治安管理处罚中并未规定在公安机关作出行政拘留决定前应当告知被处罚人有权要求举行听证。

B 选项当选。《治安管理处罚法》第 79 条规定："公安机关及其人民警察对治安案件的调查，应当依法进行。严禁刑讯逼供或者采用威胁、引诱、欺骗等非法手段收集证据。以非法手段收集的证据不得作为处罚的根据。"可见孔某因受到逼供说出实情，这一证据不能作为处罚的根据，可见对孔某作出的拘留决定违法。此外，《治安管理处罚法》第 91 条规定："治安管理处罚由县级以上人民政府公安机关决定；其中警告、五百元以下的罚款可以由公安派出所决定。"可见派出所无权作出拘留决定，进一步印证了该拘留决定的违法性。

C 选项当选。《最高人民法院关于适用〈中华人民共和国行政诉讼法〉的解释》第 20 条第 2 款规定："法律、法规或者规章授权行使行政职权的行政机关内设机构、派出机构或者其他组织，超出法定授权范围实施行政行为，当事人不服提起诉讼的，应当以实施该行为的机构或者组织为被告。"派出所作出拘留决定属于超出法定授权范围实施行政行为，因此应该以派出所为被告。对这一问题争议较大，考生可以在我的微信公众号（黄文涛的行政法）主页"精品文萃"栏目中的"法考难点"子栏目中找到我专门对此争议问题前因后果分析的文章，也可以通过新浪微博（@黄文涛的行政法）与我交流。

D 选项不当选。《治安管理处罚法》第 107 条规定："被处罚人不服行政拘留处罚决定，申请行政复议、提起行政诉讼的，可以向公安机关提出暂缓执行行政拘留的申请。公安机关认为暂缓执行行政拘留不致发生社会危险的，由被处罚人或者其近亲属提出符合本法第一百零八条规定条件的担保人，或者按每日行政拘留二百元的标准交纳保证金，行政拘留的处罚决定暂缓执行。"可见仅孔某提起行政诉讼并不足以导致公安机关暂缓执行拘留决定，还必须具备孔某提出暂缓执行拘留的申请、公安机关认为不会发生社会危险、提供担保人或者保证金等条件。

注意：严格而言，A 选项的表述不准确。因为在任何情况下被处罚人都应该具有提出要求举行听证的权利，只不过如果是对于公安机关的拘留决定提出要求

举行听证，公安机关不必举行听证而已。同时公安机关也无义务在作出拘留决定前告知受处罚人申请听证的权利。

综上，本题的正确答案为 BC。

(2008/2/50) 11. 某区城管执法局以甲工厂的房屋建筑违法为由强行拆除，拆除行为被认定违法后，甲工厂要求某区城管执法局予以赔偿，遭到拒绝后向法院起诉。甲工厂除提供证据证明房屋损失外，还提供了甲工厂工人刘某与当地居民谢某的证言，以证明房屋被拆除时，房屋有办公用品、机械设备未搬出，应予赔偿。某区城管执法局提交了甲工厂工人李某和执法人员张某的证言，以证明房屋内没有物品。下列哪一选项是正确的？

A. 法院不能因李某为甲工厂工人而不采信其证言

B. 法院收到甲工厂提交的证据材料，应当出具收据，由经办人员签名并加盖法院印章

C. 张某的证言优于谢某的证言

D. 在庭审过程中，甲工厂要求刘某出庭作证，法院应不予准许

【考点】 行政诉讼的证据规则

【黄文涛解析】 A 选项当选。《最高人民法院关于行政诉讼证据若干问题的规定》第 71 条规定："下列证据不能单独作为定案依据：……（二）与一方当事人有亲属关系或者其他密切关系的证人所作的对该当事人有利的证言，或者与一方当事人有不利关系的证人所作的对该当事人不利的证言；……"本案中李某与甲工厂具有密切关系，但是他的证言对甲工厂不利，因此并不属于证据规则规定排除的这种情形。

B 选项不当选。《最高人民法院关于行政诉讼证据若干问题的规定》第 20 条规定："人民法院收到当事人提交的证据材料，应当出具收据，注明证据的名称、份数、页数、件数、种类等以及收到的时间，由经办人员签名或者盖章。"可见不需要加盖法院的印章。

C 选项不当选。《最高人民法院关于行政诉讼证据若干问题的规定》第 63 条规定："证明同一事实的数个证据，其证明效力一般可以按照下列情形分别认定：……（七）其他证人证言优于与当事人有亲属关系或者其他密切关系的证人提供的对该当事人有利的证言；……"本案中张某作为被告城管执法局的执法人员与被告具有密切关系，他提供的对被告有利的证人证言效力要低于谢某这一与当事人没有密切关系的证人提供的证言。

D 选项不当选。《最高人民法院关于行政诉讼证据若干问题的规定》第 43 条规定："当事人申请证人出庭作证的，应当在举证期限届满前提出，并经人民法院许可。人民法院准许证人出庭作证的，应当在开庭审理前通知证人出庭作证。当事人在庭审过程中要求证人出庭作证的，法庭可以根据审理案件的具体情况，决定是否准许以及是否延期审理。"可见在庭审过程中申请证人出庭作证，法院可以根据具体情况决定是否准许以及是否延期审理，而非一概不予准许。

综上，本题的正确答案为 A。

(2008/2/80) 12. 对下列哪些情形，行政复议机关可以进行调解？

A. 市政府征用某村土地，该村居民认为补偿数额过低申请复议

B. 某企业对税务机关所确定的税率及税额不服申请复议

C. 公安机关以张某非法种植罂粟为由对其处以拘留 10 日并处 1000 元罚款，张某申请复议

D. 沈某对建设部门违法拆除其房屋的赔偿决定不服申请复议

【考点】行政复议中的调解制度

【黄文涛解析】A 选项当选。《中华人民共和国行政复议法实施条例》第 50 条第 1 款规定："有下列情形之一的，行政复议机关可以按照自愿、合法的原则进行调解：……（二）当事人之间的行政赔偿或者行政补偿纠纷。"因市政府征收土地，村民认为补偿数额过低根据本条规定可以在行政复议过程中进行调解。

B 选项不当选。《税收征管法》中对于不同企业的税率和税额作了细致的规定，税务机关没有相应的自由裁量权，因此在复议过程中不能进行调解。

C 选项当选。《治安管理处罚法》第 71 条规定："有下列行为之一的，处十日以上十五日以下拘留，可以并处三千元以下罚款；情节较轻的，处五日以下拘留或者五百元以下罚款：（一）非法种植罂粟不满五百株或者其他少量毒品原植物的；……"可见对于非法种植罂粟的行为公安机关依法具有自由裁量权。同时依据《中华人民共和国行政复议法实施条例》第 50 条第 1 款规定："有下列情形之一的，行政复议机关可以按照自愿、合法的原则进行调解：（一）公民、法人或者其他组织对行政机关行使法律、法规规定的自由裁量权作出的具体行政行为不服申请行政复议的；……"结合来看，对于公安机关的处罚在复议过程中可以进行调解。

D 选项当选。《中华人民共和国行政复议法实施条例》第 50 条第 1 款规定："有下列情形之一的，行政复议机关可以按照自愿、合法的原则进行调解：……（二）当事人之间的行政赔偿或者行政补偿纠纷。"可见对于因行政赔偿提起的行政复议案件，复议机关可以进行调解。

综上，本题的正确答案为 ACD。

（2008/2/81）13. 下列哪些行政机构的设置事项，应当经上一级人民政府机构编制管理机关审核后，报上一级人民政府批准？

A. 某县两个职能局的合并　　　　B. 某省民政厅增设内设机构

C. 某市职能局名称的改变　　　　D. 某县人民政府设立议事协调机构

【考点】地方行政机关的设置程序

扫码听课

【黄文涛解析】A 选项当选、C 选项当选。《地方各级人民政府机构设置和编制管理条例》第 9 条规定："地方各级人民政府行政机构的设立、撤销、合并或者变更规格、名称，由本级人民政府提出方案，经上一级人民政府机构编制管理机关审核后，报上一级人民政府批准；其中，县级以上地方各级人民政府行政机构的设立、撤销或者合并，还应当依法报本级人民代表大会常务委员会备案。"可见 A 选项属于县级政府行政机构的合并。C 选项属于市级政府行政机构变更名称。

B 选项不当选。《地方各级人民政府机构设置和编制管理条例》第 13 条规定："地方各级人民政府行政机构根据工作需要和精干的原则，设立必要的内设机构。县级以上地方各级人民政府行政机构的内设机构的设立、撤销、合并或者变更规格、名称，由该行政机构报本级人民政府机构编制管理机关审批。"可见县级以上政府行政机构增设内设机构只需要报本级政府机构编制管理机关审批即可，B

选项属于省级政府行政机构内设机构的增设。

D 选项不当选。《地方各级人民政府机构设置和编制管理条例》第 11 条规定："地方各级人民政府设立议事协调机构，应当严格控制；可以交由现有机构承担职能的或者由现有机构进行协调可以解决问题的，不另设立议事协调机构。为办理一定时期内某项特定工作设立的议事协调机构，应当明确规定其撤销的条件和期限。"可见地方政府的议事协调机构设置只需要本级政府决定即可，D 选项属于县级政府设置议事协调机构，只需要县政府自己决定即可。

注意：D 选项中地方政府设置议事协调机构的程序在《地方各级人民政府机构设置和编制管理条例》中规定的并不是非常明确，需要考生深刻理解进行推断。

综上，本题的正确答案为 AC。

（2008/2/82）14. 肖某提出农村宅基地用地申请，乡政府审核后报县政府审批。肖某收到批件后，不满批件所核定的面积。下列哪些选项是正确的？

A. 肖某须先申请复议，方能提起行政诉讼

B. 肖某申请行政复议，复议机关为县政府的上一级政府

C. 肖某申请行政复议，应当自签收批件之起 60 日内提出复议申请

D. 肖某提起行政诉讼，县政府是被告，乡政府为第三人

【考点】复议与诉讼的衔接关系；复议机关的确定；复议的申请期限；行政诉讼第三人

【黄文涛解析】A 选项不当选。《行政复议法》第 30 条第 1 款规定："公民、法人或者其他组织认为行政机关的具体行政行为侵犯其已经依法取得的土地、矿藏、水流、森林、山岭、草原、荒地、滩涂、海域等自然资源的所有权或者使用权的，应当先申请行政复议；对行政复议决定不服的，可以依法向人民法院提起行政诉讼。"可见必须是具体行政行为侵犯相对人"已经取得"的自然资源权属，才有可能产生复议前置的情形。本案中肖某在县政府审批前并没有取得宅基地的权属，故不符合法定的复议前置的条件。

B 选项当选。《行政复议法实施条例》第 13 条规定："下级行政机关依照法律、法规、规章规定，经上级行政机关批准作出具体行政行为的，批准机关为被申请人。"本案中县政府作出了批准行为，因此应该以县政府作为行政复议的被申请人。同时依据《行政复议法》第 13 条第 1 款规定："对地方各级人民政府的具体行政行为不服的，向上一级地方人民政府申请行政复议。"县政府的上一级政府是市政府，因此复议机关应当是县政府的上一级政府——市政府。

C 选项当选。《行政复议法》第 9 条规定："公民、法人或者其他组织认为具体行政行为侵犯其合法权益的，可以自知道该具体行政行为之日起六十日内提出行政复议申请；但是法律规定的申请期限超过六十日的除外。"同时，《行政复议法实施条例》第 15 条规定："行政复议法第九条第一款规定的行政复议申请期限的计算，依照下列规定办理：……（二）载明具体行政行为的法律文书直接送达的，自受送达人签收之日起计算；……"可见肖某签收之日起 60 日内是行政复议的申请期限。

D 选项不当选。《最高人民法院关于适用〈中华人民共和国行政诉讼法〉的解释》第 19 条规定："当事人不服经上级行政机关批准的行政行为，向人民法院

大咖点拨区

扫码听课

提起诉讼的，以在对外发生法律效力的文书上署名的机关为被告。"本题中并没有说明在审批文件中的署名机关是谁，这意味着即有可能是县政府，也有可能是乡政府。同时《行政诉讼法》第29条规定："公民、法人或者其他组织同被诉行政行为有利害关系但没有提起诉讼，或者同案件处理结果有利害关系的，可以作为第三人申请参加诉讼，或者由人民法院通知参加诉讼。"本案中乡政府与审批行为没有利害关系，不能作为行政诉讼的第三人。

综上，本题的正确答案为BC。

（2008/2/83）15. A市李某驾车送人前往B市，在B市甲区与乙区居民范某的车相撞，并将后者打伤。B市甲区公安分局决定扣留李某的汽车，对其拘留5日并处罚款300元。下列哪些选项是正确的？

A. 李某可向B市公安局申请行政复议

B. 对扣留汽车行为，李某可向甲区人民法院起诉

C. 李某应先申请复议，方能提起行政诉讼

D. 范某可向乙区人民法院起诉

【考点】 复议机关的确定；行政诉讼的管辖法院；复议前置；行政诉讼的地域管辖

【黄文涛解析】 A选项当选。《行政复议法》第12条第1款规定："对县级以上地方各级人民政府工作部门的具体行政行为不服的，由申请人选择，可以向该部门的本级人民政府申请行政复议，也可以向上一级主管部门申请行政复议。"对李某的处罚决定是由B市甲区公安分局作出的，依法可以向B市公安局申请复议，也可以向甲区政府申请复议。

B选项当选。《行政诉讼法》第18条第1款规定："行政案件由最初作出行政行为的行政机关所在地人民法院管辖。经复议的案件，也可以由复议机关所在地人民法院管辖。"本案中扣留李某汽车的行为是由甲区公安分局作出，其所在地的法院就是甲区法院。同时本案中也不存在中级法院管辖的特殊情形。

C选项不当选。《治安管理处罚法》第102条规定："被处罚人对治安管理处罚决定不服的，可以依法申请行政复议或者提起行政诉讼。"可见对于治安管理处罚行为不服，当事人既可以复议也可以诉讼，不存在复议前置的情形。

D选项不当选。范某在本案中属于受害者，根据《最高人民法院关于适用〈中华人民共和国行政诉讼法〉的解释》第12条的规定："有下列情形之一的，属于行政诉讼法第二十五条第一款规定的'与行政行为有利害关系'：……（三）要求行政机关依法追究加害人法律责任的；……"可见范某具有行政诉讼的原告资格。但是，乙区法院属于范某户籍所在地法院（原告所在地法院），只有在范某被采取限制人身自由的强制措施时，其户籍所在法院才有管辖权，本案中范某并没有被采取限制人身自由的强制措施。

注意：《行政诉讼法》第19条规定："限制人身自由的行政强制措施不服提起的诉讼，由被告所在地或者原告所在地人民法院管辖。"有考生据此认为D选项正确。这里关键的错误在于范某并没有被采取限制人身自由的行政强制措施，他提起诉讼并不属于限制人身自由的行政诉讼案件，不适用原告所在地法院管辖的规则。

综上，本题的正确答案为AB。

大咖点拨区

扫码听课

（2008/2/84）16. 为严格本地生猪屠宰市场管理，某县政府以文件形式规定，凡本县所有猪类屠宰单位和个人，须在规定期限内到生猪管理办公室申请办理生猪屠宰证，违者予以警告或罚款。个体户张某未按文件规定申请办理生猪屠宰证，生猪管理办公室予以罚款200元。下列哪些说法是错误的？

A. 若张某在对罚款不服申请复议时一并对县政府文件提出审查申请，复议机关应当转送有权机关依法处理

B. 某县政府的文件属违法设定许可和处罚，有权机关应依据《行政处罚法》和《行政许可法》对相关责任人给予行政处分

C. 生猪管理办公室若以自己名义作出罚款决定，张某申请复议应以其为被申请人

D. 若张某直接向法院起诉，应以某县政府为被告

大咖点拨区

扫码听课

【考点】 复议中的附带审查制度；行政处分制度；复议被申请人的确定；行政诉讼被告资格

【黄文涛解析】 A选项当选。《行政复议法》第7条规定："公民、法人或者其他组织认为行政机关的具体行政行为所依据的下列规定不合法，在对具体行政行为申请行政复议时，可以一并向行政复议机关提出对该规定的审查申请：（一）国务院部门的规定；（二）县级以上地方各级人民政府及其工作部门的规定；（三）乡、镇人民政府的规定。前款所列规定不含国务院部、委员会规章和地方人民政府规章。规章的审查依照法律、行政法规办理。"同法第26条规定："申请人在申请行政复议时，一并提出对本法第七条所列有关规定的审查申请的，行政复议机关对该规定有权处理的，应当在三十日内依法处理；无权处理的，应当在七日内按照法定程序转送有权处理的行政机关依法处理，有权处理的行政机关应当在六十日内依法处理。处理期间，中止对具体行政行为的审查。"县政府的文件属于复议申请人有权要求复议附带审查的范围，但是在本案中生猪管理办公室只是县政府内设的工作部门，它所作出的处罚决定相当于县政府作出的处罚决定，因此复议机关应该是市政府。市政府有权对其下属的县政府所制定的文件进行附带审查，不需要转交给其他机关审查。

B选项当选。根据《行政许可法》第14～17条以及《行政处罚法》第16条的规定，县政府制定的规范性文件无权设定行政许可和行政处罚。《行政许可法》第71条规定："违反本法第十七条规定设定的行政许可，有关机关应当责令设定该行政许可的机关改正，或者依法予以撤销。"同时第17条规定："除本法第十四条、第十五条规定的外，其他规范性文件一律不得设定行政许可。"可见《行政许可法》只规定了在规范性文件违法设定行政许可时，有关机关应当责令设定机关改正，并没有规定对负责人的处分。《行政处罚法》中也未规定对违法设定行政处罚的责任人进行行政处罚。因此不能依据《行政许可法》和《行政处罚法》的规定对相关责任人进行行政处分。

C选项当选。《行政处罚法》第19条规定："法律、法规授权的具有管理公共事务职能的组织可以在法定授权范围内实施行政处罚。"可见只有法律、法规授权的组织才能实施行政处罚行为，县政府的文件属于县政府制定的规范性文件，不属于法律、法规，无权授权生猪管理办公室处罚的权力。依据《行政复议法实施条例》第14条规定："行政机关设立的派出机构、内设机构或者其他组

织，未经法律、法规授权，对外以自己名义作出具体行政行为的，该行政机关为被申请人。"生猪管理办公室在没有得到法律、法规授权的情形下以自己名义作出行政处罚行为，应该以其所属的县政府作为被申请人。

D 选项不当选。《最高人民法院关于适用〈中华人民共和国行政诉讼法〉的解释》第 20 条第 3 款规定："没有法律、法规或者规章规定，行政机关授权其内设机构、派出机构或者其他组织行使行政职权的，属于行政诉讼法第二十六条规定的委托。当事人不服提起诉讼的，应当以该行政机关为被告。"可见县政府以文件的形式授权生猪管理办公室行政职权应当视为委托，此时起诉应该以县政府为被告。

注意：B 选项中虽然不能依据《行政许可法》和《行政处罚法》的规定对责任人进行处分，但是根据《行政机关公务员处分条例》第 2 条第 1 款规定："行政机关公务员违反法律、法规、规章以及行政机关的决定和命令，应当承担纪律责任的，依照本条例给予处分。"同时第 2 条第 2 款规定："法律、其他行政法规、国务院决定对行政机关公务员处分有规定的，依照该法律、行政法规、国务院决定的规定执行；……"可见当两部法律没对规定对相关责任人的行政处分时，应当依据《行政机关公务员处分条例》的规定对责任人进行行政处分。

综上，本题的正确答案为 ABC。

（2008/2/85）17. 某县地税局将个体户沈某的纳税由定额缴税变更为自行申报，并在认定沈某申报税额低于过去纳税额后，要求沈某缴纳相应税款、滞纳金，并处以罚款。沈某不服，对税务机关下列哪些行为可以直接向法院提起行政诉讼？

A. 由定额缴税变更为自行申报的决定

B. 要求缴纳税款的决定

C. 要求缴纳滞纳金的决定

D. 罚款决定

【考点】复议前置

【黄文涛解析】《税收征收管理法》第 88 条第 1、2 款规定："纳税人、扣缴义务人、纳税担保人同税务机关在纳税上发生争议时，必须先依照税务机关的纳税决定缴纳或者解缴税款及滞纳金或者提供相应的担保，然后可以依法申请行政复议；对行政复议决定不服的，可以依法向人民法院起诉。当事人对税务机关的处罚决定、强制执行措施或者税收保全措施不服的，可以依法申请行政复议，也可以依法向人民法院起诉。"对于哪些争议属于"纳税争议"，在《税收征收管理法实施细则》第 100 条中规定："税收征管法第八十八条规定的纳税争议，是指纳税人、扣缴义务人、纳税担保人对税务机关确定纳税主体、征税对象、征税范围、减税、免税及退税、适用税率、计税依据、纳税环节、纳税期限、纳税地点以及税款征收方式等具体行政行为有异议而发生的争议。"

A 选项不当选，属于税款征收方式方面的争议，需要复议前置。B 选项不当选，属于确定纳税主体方面的争议，需要复议前置。C 选项当选，属于税收领域中的行政强制执行，可以直接起诉。D 选项当选，属于税收领域中行政处罚，可以直接起诉。

综上，本题的正确答案为 CD。

（2008/2/86）18. 甲厂是某市建筑装潢公司下属的独立核算的集体企业，2007年1月某市建筑装潢公司经批准与甲厂脱离隶属关系。2007年4月，行政机关下达文件批准某市建筑装潢公司的申请，将甲厂并入另一家集体企业乙厂。对此行为，下列何者有权向法院起诉？

A. 甲厂　　　　　　　　　　　B. 乙厂

C. 甲厂法定代表人　　　　　　D. 乙厂法定代表人

【考点】行政诉讼的原告资格

【黄文涛解析】《最高人民法院关于适用〈中华人民共和国行政诉讼法〉的解释》第16条第3款规定："非国有企业被行政机关注销、撤销、合并、强令兼并、出售、分立或者改变企业隶属关系的，该企业或者其法定代表人可以提起诉讼。"

A选项当选，甲厂作为集体企业，属于非国有企业，它被行政机关强令合并，则甲厂具有行政诉讼的原告资格。

B选项当选，乙厂也是非国有企业，它被行政机关要求合并甲厂，依据司法解释的规定也具有行政诉讼的原告资格。

C选项当选，甲厂的法定代表人在甲厂被行政机关强令合并时具有原告资格。

D选项当选，乙厂的法定代表人在乙厂被行政机关强令兼并甲厂时具有原告资格。

综上，本题的正确答案为ABCD。

（2008/2/87）19. 对下列哪些情形，行政机关应当办理行政许可的注销手续？

A. 张某取得律师执业证书后，发生交通事故成为植物人

B. 田某违法经营的网吧被吊销许可证

C. 李某依法向国土资源管理部门申请延续采矿许可，国土资源管理部门在规定期限内未予答复

D. 刘某通过行贿取得行政许可证后，被行政机关发现并撤销其许可

【考点】行政许可的注销

【黄文涛解析】《行政许可法》第70条规定："有下列情形之一的，行政机关应当依法办理有关行政许可的注销手续：（一）行政许可有效期届满未延续的；（二）赋予公民特定资格的行政许可，该公民死亡或者丧失行为能力的；（三）法人或者其他组织依法终止的；（四）行政许可依法被撤销、撤回，或者行政许可证件依法被吊销的；（五）因不可抗力导致行政许可事项无法实施的；（六）法律、法规规定的应当注销行政许可的其他情形。"

A选项当选。属于赋予公民特定资格的行政许可，该公民死亡或者丧失行为能力的情形。

B选项当选。属于行政许可证件被依法吊销的情形。

C选项不当选。《行政许可法》第50条第2款规定："行政机关应当根据被许可人的申请，在该行政许可有效期届满前作出是否准予延续的决定；逾期未作决定的，视为准予延续。"可见当行政机关没有在规定的期限内给予答复时，法律规定属于视为准许行政许可延续的情况。

D选项当选。属于行政许可证件被依法撤销的情形。

综上，本题的正确答案为ABD。

大咖点拨区

扫码听课

扫码听课

（2008/2/88）20. 甲公司向某区法院起诉要求乙公司返还货款 15 万元，并请求依法保全乙公司价值 10 万元的汽车。在甲公司提供担保后，法院准予采取保全措施。二审法院最终维持某区法院要求乙公司返还货款 10 万元的判决。甲公司在申请强制执行时，发现诉讼期间某区法院在乙公司没有提供担保的情况下已解除保全措施，乙公司已变卖汽车、转移货款，致判决无法执行。甲公司要求某区法院赔偿损失。下列哪些说法是正确的？

A.《国家赔偿法》未明确规定法院在民事诉讼过程中违法解除保全措施应承担赔偿责任，故甲公司的请求不成立

B. 违法采取保全措施应包括依法不应当解除而解除保全措施

C. 就某区法院的措施是否属国家赔偿范围问题，受理赔偿诉讼的法院可以进行调解

D. 甲公司应当先申请确认某区法院解除保全措施的行为违法

【考点】民事司法赔偿

【黄文涛解析】A 选项不当选。《国家赔偿法》第 38 条规定："人民法院在民事诉讼、行政诉讼过程中，违法采取对妨害诉讼的强制措施、保全措施或者对判决、裁定及其他生效法律文书执行错误，造成损害的，赔偿请求人要求赔偿的程序，适用本法刑事赔偿程序的规定。"同时《最高人民法院关于审理民事、行政诉讼中司法赔偿案件适用法律若干问题的解释》第 1 条规定："人民法院在民事、行政诉讼过程中，违法采取对妨害诉讼的强制措施、保全措施、先予执行措施，或者对判决、裁定及其他生效法律文书执行错误，侵犯公民、法人和其他组织合法权益并造成损害的，赔偿请求人可以依法向人民法院申请赔偿。"可见《国家赔偿法》以及相应的司法解释中对民事诉讼中违法解除保全措施应承担的赔偿责任有明确规定。

B 选项当选。《最高人民法院关于审理民事、行政诉讼中司法赔偿案件适用法律若干问题的解释》第 3 条规定："违法采取保全措施，包括以下情形：（一）依法不应当采取保全措施而采取的；（二）依法不应当解除保全措施而解除，或者依法应当解除保全措施而不解除的；……"可见，违法采取保全措施包括依法不应当解除而解除保全措施。

C 选项不当选。国家赔偿中仅对赔偿范围、赔偿方式和赔偿数额方面的事项可以进行调解，对于是否属于国家赔偿的范围是由法律明确界定，不允许调解。

D 选项不当选。《国家赔偿法》2010 年 4 月经过修订后取消了国家赔偿程序中的确认违法程序，因此甲公司申请赔偿时不需要先申请确认法院的行为违法。

综上，本题的正确答案为 B。

（2008/2/89）21. 某市卫生局经调查取证，认定某公司实施了未经许可擅自采集血液的行为，依据有关法律和相关规定，决定取缔该公司非法采集血液的行为，同时没收 5 只液氮生物容器。下列哪些说法是正确的？

A. 市卫生局在调查时，执法人员不得少于两人，并应当向当事人出示证件

B. 若市卫生局当场作出决定，某公司不服申请复议的期限应自决定作出之日起计算

C. 若某公司起诉，市卫生局向法院提供的现场笔录的效力，优于某公司的证人对现场的描述

D. 没收 5 只液氮生物容器属于保全措施

【考点】行政处罚的程序；复议的申请期限；行政诉讼的证据规则

【黄文涛解析】A 选项当选。《行政处罚法》第 42 条第 1 款规定："行政处罚应当由具有行政执法资格的执法人员实施。执法人员不得少于两人，法律另有规定的除外。"《行政处罚法》第 55 条也规定："执法人员在调查或者进行检查时，应当主动向当事人或者有关人员出示执法证件。当事人或者有关人员有权要求执法人员出示执法证件。执法人员不出示执法证件的，当事人或者有关人员有权拒绝接受调查或者检查。"可见卫生局在调查时，执法人员至少是 2 人，且应当主动出示执法证件。

B 选项当选。《行政复议法》第 9 条规定："公民、法人或者其他组织认为具体行政行为侵犯其合法权益的，可以自知道该具体行政行为之日起六十日内提出行政复议申请；但是法律规定的申请期限超过六十日的除外。因不可抗力或者其他正当理由耽误法定申请期限的，申请期限自障碍消除之日起继续计算。"市卫生局如果当场作出决定，因为某公司当场就知道了具体行政行为，自然应当从该决定作出之日起算行政复议的申请期限。

C 选项当选。《最高人民法院关于行政诉讼证据若干问题的规定》第 63 条规定，证明同一事实的数个证据，其证明效力一般可以按照下列情形分别认定：……（二）鉴定结论、现场笔录、勘验笔录、档案材料以及经过公证或者登记的书证优于其他书证、视听资料和证人证言；……"可见现场笔录的效力要优于证人证言的效力。

D 选项不当选。《行政处罚法》第 9 条规定："行政处罚的种类：（一）警告、通报批评；（二）罚款、没收违法所得、没收非法财物；（三）暂扣许可证件、降低资质等级、吊销许可证件；（四）限制开展生产经营活动、责令停产停业、责令关闭、限制从业；（五）行政拘留；（六）法律、行政法规规定的其他行政处罚。"可见没收 5 只液氮生物容器属于没收非法财物，因此属于行政处罚而非属于保全措施。

综上，本题的正确答案为 ABC。

（2008/2/90） 22. 因一高压线路经过某居民小区，该小区居民李某向某市规划局申请公开高压线路图。下列哪些说法是正确的？

A. 李某提交书面申请时应出示本人有效身份证明

B. 李某应说明申请信息的用途

C. 李某可以对公开信息方式提出自己要求

D. 某市规划局公开信息时，可以向李某依法收取相关成本费

【考点】政府信息公开的程序

【黄文涛解析】A 选项当选。《政府信息公开条例》第 29 条第 2 款规定："政府信息公开申请应当包括下列内容：（一）申请人的姓名或者名称、身份证明、联系方式；……"可见根据 2019 年修订生效的《政府信息公开条例》的规定，申请信息公开时必须提供身份证明。

B 选项不当选。《政府信息公开条例》中并没有要求申请政府信息公开时说明申请信息的用途。

C 选项当选。《政府信息公开条例》第 29 条第 2 款规定："政府信息公开申请

应当包括下列内容：……（三）申请公开的政府信息的形式要求，包括获取信息的方式、途径。"可见申请人在申请政府信息公开时可以在申请中提出申请公开的政府信息的形式要求。

D 选项不当选。《政府信息公开条例》第 42 条第 1 款规定："行政机关依申请提供政府信息，不收取费用。但是，申请人申请公开政府信息的数量、频次明显超过合理范围的，行政机关可以收取信息处理费。"可见在政府信息公开时原则上不能收取费用。

综上，本题的正确答案为 AC。

（2008/2/98）23. 某行政机关负责人孙某因同时违反财经纪律和玩忽职守被分别给予撤职和记过处分。下列说法正确的是：

A. 应只对孙某执行撤职处分

B. 应同时降低孙某的级别

C. 对孙某的处分期为 36 个月

D. 解除对孙某的处分后，即应恢复其原职务

【考点】公务员的处分制度

【黄文涛解析】A 选项当选。《行政机关公务员处分条例》第 10 条规定："行政机关公务员同时有两种以上需要给予处分的行为的，应当分别确定其处分。应当给予的处分种类不同的，执行其中最重的处分；应当给予撤职以下多个相同种类处分的，执行该处分，并在一个处分期以上、多个处分期之和以下，决定处分期。"撤职处分比记过处分严重，因此执行撤职处分。

B 选项当选。《公务员法》第 64 条第 3 款规定："受撤职处分的，按照规定降低级别。"可见在受到撤职处分时，应当同时降低级别。

C 选项不当选。《公务员法》第 64 条第 2 款规定："受处分的期间为：警告，六个月；记过，十二个月；记大过，十八个月；降级、撤职，二十四个月。"可见撤职处分的期限是 24 个月，并非 36 个月。

D 选项不当选。《公务员法》第 65 条第 2 款规定："解除处分后，晋升工资档次、级别和职务、职级不再受原处分的影响。但是，解除降级、撤职处分的，不视为恢复原级别、原职务、原职级。"可见对公务员的降级、撤职处分解除后，原先的级别和职务不能随之恢复。

综上，本题的正确答案为 AB。

（2008/2/99）24. 张某租用农贸市场一门面从事经营。因赵某提出该门面属于他而引起争议，工商局扣缴张某的营业执照，致使张某停业 2 个月之久。张某在工商局返还营业执照后，提出赔偿请求。下列属于国家赔偿范围的是：

A. 门面租赁费   B. 食品过期不能出售造成的损失

C. 张某无法经营的经济损失   D. 停业期间张某依法缴纳的税费

【考点】国家赔偿的范围

【黄文涛解析】A 选项当选。《国家赔偿法》第 36 条规定："侵犯公民、法人和其他组织的财产权造成损害的，按照下列规定处理：……（六）吊销许可证和执照、责令停产停业的，赔偿停产停业期间必要的经常性费用开支；……"必要的经常性费用开支包括停产停业期间支付的水电费、房屋租金、税费、职工的基本工资等。本案中门面的租赁费就属于必要的经常性费用开支之一。

B选项不当选。《国家赔偿法》第36条规定："侵犯公民、法人和其他组织的财产权造成损害的，按照下列规定处理：……（八）对财产权造成其他损害的，按照直接损失给予赔偿。"直接损失是因侵害行为必然导致的损失，食品过期不能出售的损失并非必然损失，因为张某在此期间可以通过其他方式在过期前处理食品。

C选项不当选。张某无法经营的经济损失属于预期可得利益，不属于直接损失。

D选项当选。《国家赔偿法》第36条规定："侵犯公民、法人和其他组织的财产权造成损害的，按照下列规定处理：……（六）吊销许可证和执照、责令停产停业的，赔偿停产停业期间必要的经常性费用开支；……"停产停业期间的税费支出也属于必要的经常性费用开支。

综上，本题的正确答案为AD。

（2008/2/100）25. 甲公司与乙公司开办中外合资企业丙公司，经营房地产。因急需周转资金，丙公司与某典当行签订合同，以某宗国有土地作抵押贷款。典当期满后，丙公司未按约定回赎，某典当行遂与丁公司签订协议，将土地的使用权出售给丁公司。经丁公司申请，2001年4月17日市国土局的派出机构办理土地权属变更登记。丙公司未参与变更土地登记过程。2008年3月3日甲公司查询土地抵押登记情况，得知该土地使用权已变更至丁公司名下。甲公司对变更土地登记行为不服向法院起诉。下列说法正确的是：

A. 甲公司有权以自己的名义起诉

B. 若丙公司对变更土地登记行为不服，应当自2008年3月3日起3个月内起诉

C. 丙公司与某典当行签订的合同是否合法，是本案的审理对象

D. 对市国土局与派出机构之间的关系性质，法院可以依法调取证据

【考点】行政诉讼的原告资格；行政诉讼的起诉期限；行政诉讼的审理对象；行政诉讼的证据规则

【黄文涛解析】A选项当选。《最高人民法院关于适用〈中华人民共和国行政诉讼法〉的解释》第16条第2款规定："联营企业、中外合资或者合作企业的联营、合资、合作各方，认为联营、合资、合作企业权益或者自己一方合法权益受行政行为侵害的，可以自己的名义提起诉讼。"本案中甲公司属于中外合资企业丙公司的一方投资人，依据司法解释的规定有权以自己的名义起诉。

B选项不当选。《行政诉讼法》第46条第1款规定："公民、法人或者其他组织直接向人民法院提起诉讼的，应当自知道或者应当知道作出行政行为之日起六个月内提出。法律另有规定的除外。"这意味着丙公司如果起诉，应当自其知道变更土地登记行为之日起计算起诉期限。但是2008年3月3日是甲公司知道变更土地登记行为之日，而非丙公司知道之日。

C选项不当选。《行政诉讼法》第6条规定："人民法院审理行政案件，对行政行为是否合法进行审查。"可见行政诉讼的审查对象是被诉行政行为的合法性，丙公司与某典当行签订的合同属于民事行为，不是行政诉讼中法院的审查对象。

D选项当选。《行政诉讼法》第40条规定："人民法院有权向有关行政机关以及其他组织、公民调取证据。但是，不得为证明行政行为的合法性调取被告作

出行政行为时未收集的证据。"同时最高法院 2002 年《最高人民法院关于行政诉讼证据若干问题的规定》第 22 条规定："根据行政诉讼法第三十四条第二款（现行《行政诉讼法》中为第 40 条）的规定，有下列情形之一的，人民法院有权向有关行政机关以及其他组织、公民调取证据：（一）涉及国家利益、公共利益或者他人合法权益的事实认定的；（二）涉及依职权追加当事人、中止诉讼、终结诉讼、回避等程序性事项的。"市国土局与派出机构之间的关系是确定行政诉讼被告的关键因素，属于行政诉讼中的程序性事项，法院有权主动依法进行调取证据。

综上，本题的正确答案为 AD。

原型客观真题汇编八

（2007/2/39）1. 甲、乙两村分别位于某市两县境内，因土地权属纠纷向市政府申请解决，市政府裁决争议土地属于甲村所有。乙村不服，向省政府申请复议，复议机关确认争议的土地属于乙村所有。甲村不服行政复议决定，提起行政诉讼。下列哪个法院对本案有管辖权？

A. 争议土地所在地的基层人民法院　　B. 争议土地所在地的中级人民法院
C. 市政府所在地的基层人民法院　　D. 省政府所在地的中级人民法院

【考点】行政诉讼的管辖法院

【黄文涛解析】本题是一道考查管辖权法院确定的典型真题。对于行政诉讼管辖法院的确定问题，我为考生们总结的解题思路是分三步走：第一步，根据被告确定级别管辖；第二步，根据案件类型确定地域管辖；第三步，将前两步的结论合并。对于这一解题思路的详细解说，可以在我的新浪微博（@黄文涛的行政法）上搜索《行政诉讼管辖法院的推导思路》一文查看。依据这一解题思路，我们可以推导出本案的管辖法院：

第一步，根据被告确定级别管辖。《行政诉讼法》第 26 条第 2 款规定："经复议的案件，复议机关决定维持原行政行为的，作出原行政行为的行政机关和复议机关是共同被告；复议机关改变原行政行为的，复议机关是被告。"在本案中复议机关省政府改变了市政府作出的行政裁决决定，因此应该以省政府作为行政诉讼被告。同时，《行政诉讼法》第 15 条规定："中级人民法院管辖下列第一审行政案件：（一）对国务院部门或者县级以上地方人民政府所作的行政行为提起诉讼的案件；……"省政府属于县级以上地方人民政府之一，所以本案应该由中级人民法院管辖。据此可以排除 A 选项和 C 选项。

第二步，根据案件类型确定地域管辖。正如我在讲课时反复强调，行政诉讼中确定地域管辖的案件类型只有四种：普通类型案件、不动产类型案件、经过复议的类型案件和限制人身自由类型案件。本案被诉行政行为的内容是裁决争议土地的权属，因此属于不动产类型案件，同时本案由于经过省政府的复议，所以也属于经过复议的类型案件。不过《行政诉讼法》第 20 条规定："因不动产提起的行政诉讼，由不动产所在地人民法院管辖。"这一法条所规定的不动产类型案件属于特殊的专属管辖，也即排斥了经过复议的类型案件，所以仅需要依据不动产类型案件来确定地域管辖，也即由不动产所在地法院管辖。据此可以排除 D 选项，因为 D 选项中的省政府所在地法院属于复议机关所在地法院。

第三步，将前两步的结论合并。如上所述，第一步推导出本案是由中级人民法院管辖，第二步推导出本案是由不动产所在地法院管辖，合并后本案的管辖法院是不动产所在地（也就是争议土地所在地）的中级人民法院管辖。故而 B 选项当选。

综上，本题的正确答案为 B。

（2007/2/40）2. 市政府批复同意本市乙区政府征用乙区某村丙小组非耕地 63 亩，并将其中 48 亩使用权出让给某公司用于建设商城。该村丙小组袁某等村民认为，征地中有袁某等 32 户村民的责任田 32 亩，区政府虽以耕地标准进行补偿但以非耕地报批的做法违法，遂向法院提起行政诉讼。下列哪一选项是正确的？

A. 袁某等 32 户村民可以以某村丙小组的名义起诉
B. 袁某等 32 户村民可以以自己名义起诉
C. 应当以乙区人民政府为被告
D. 法院经审理如果发现征地批复违法，应当判决撤销

【考点】行政诉讼原告资格；行政诉讼的被告资格；行政诉讼的裁判类型

【黄文涛解析】A 选项不当选、B 选项当选。最高法院曾在 2000 年《行政诉讼法解释》第 16 条规定："农村土地承包人等土地使用权人对行政机关处分其使用的农村集体所有土地的行为不服，可以自己的名义提起诉讼。"在本案中政府的征地行为侵害了袁某等 32 户村民的权益，袁某等 32 户村民依据这一司法解释的规定能够以自己名义起诉。2018 年最高法院的《行政诉讼法解释》中虽然删除了这一条款，但是依据行政诉讼原告资格的一般法理，B 选项仍然当选。

C 选项不当选。《最高人民法院关于适用〈中华人民共和国行政诉讼法〉的解释》第 19 条规定："当事人不服经上级行政机关批准的行政行为，向人民法院提起诉讼的，以在对外发生法律效力的文书上署名的机关为被告。"从本案题干的表述来看，并没有明确是市政府抑或区政府在征地决定上署名，因此 C 选项的表述过于绝对。

D 选项不当选。从本题案例对原告诉讼请求的表述来看，袁某等村民起诉的对象并非是征地批复，而应该是征收土地的决定。所以法院的审理对象应该是征收土地的决定，而并非是征地批复，此其一；其二，即使原告起诉的是征地批复（假设该批复对外直接产生效力，属于行政诉讼的受案范围），那么法院如果发现该征地批复违法，也不应当判决撤销。因为本案袁某等村民所拥有的耕地仅是征地批复所涉及土地的一部分，并非全部。依据《行政诉讼法》第 70 条的规定："行政行为有下列情形之一的，人民法院判决撤销或者部分撤销，并可以判决被告重新作出行政行为：……"可见法院此时应当判决"部分撤销"而非全部撤销；其三，《行政诉讼法》第 74 条第 1 款规定："行政行为有下列情形之一的，人民法院判决确认违法，但不撤销行政行为：（一）行政行为依法应当撤销，但撤销会给国家利益、社会公共利益造成重大损害的；……"可见即使法院发现征地批复违法，也不一定要判决撤销，因为依据这一规定，如果撤销会给国家利益、社会公共利益造成重大损害的，应当判决确认违法。大家如果对此选项仍然疑惑，可以关注我的新浪微博（@黄文涛的行政法）进行交流。

综上，本题的正确答案为 B。

（2007/2/41）3. 某建筑公司雇工修建某镇农贸市场，但长期拖欠工资。县劳动局作出《处理决定书》，要求该公司支付工资，并加付应付工资 50% 的赔偿金。

大咖点拨区

该公司在法定期限内既未履行处理决定，也未申请行政复议和提起诉讼。下列哪一选项是正确的？

A. 县劳动局申请法院强制执行，应当自该公司的法定起诉期限届满之日起90日内提出

B. 县劳动局申请法院强制执行，由该县法院受理

C. 县劳动局申请执行应当提交的全部材料包括申请执行书、据以执行的行政法律文书、证明该具体行政行为合法的材料

D. 法院受理申请执行案件后，应当在30日内由执行庭对行政处理决定的合法性进行审查

【考点】行政强制执行程序

【黄文涛解析】A选项不当选。《行政强制法》第53条规定："当事人在法定期限内不申请行政复议或者提起行政诉讼，又不履行行政决定的，没有行政强制执行权的行政机关可以自期限届满之日起三个月内，依照本章规定申请人民法院强制执行。"本条中的"法定期限"通常指当事人提起行政诉讼的起诉期限6个月，也即县劳动局申请法院强制执行，应当在该公司法定起诉期限届满之日起3个月内提出，而非90日内提出。

B选项当选。《行政强制法》第54条规定："行政机关申请人民法院强制执行前，应当催告当事人履行义务。催告书送达十日后当事人仍未履行义务的，行政机关可以向所在地有管辖权的人民法院申请强制执行；执行对象是不动产的，向不动产所在地有管辖权的人民法院申请强制执行。"可见县劳动局申请法院强制执行，应当由其所在地的法院（也即县法院）受理。

C选项不当选。《行政强制法》第55条规定："行政机关向人民法院申请强制执行，应当提供下列材料：（一）强制执行申请书；（二）行政决定书及作出决定的事实、理由和依据；（三）当事人的意见及行政机关催告情况；（四）申请强制执行标的情况；（五）法律、行政法规规定的其他材料。"可见C选项所列举的材料并不全面，缺少了当事人的意见及行政机关催告情况、申请强制执行标的情况等材料。

D选项不当选。《最高人民法院关于适用〈中华人民共和国行政诉讼法〉的解释》第160条规定："人民法院受理行政机关申请执行其行政行为的案件后，应当在七日内由行政审判庭对行政行为的合法性进行审查，并作出是否准予执行的裁定。人民法院在作出裁定前发现行政行为明显违法并损害被执行人合法权益的，应当听取被执行人和行政机关的意见，并自受理之日起三十日内作出是否准予执行的裁定。"可见对于县劳动局申请强制执行的非诉执行案件，应当由法院的行政审判庭在7日内对行政行为的合法性进行审查。

同时，2012年生效的《行政强制法》第57条规定："人民法院对行政机关强制执行的申请进行书面审查，对符合本法第五十五条规定，且行政决定具备法定执行效力的，除本法第五十八条规定的情形外，人民法院应当自受理之日起七日内作出执行裁定。"同法第58条又规定："人民法院发现有下列情形之一的，在作出裁定前可以听取被执行人和行政机关的意见：（一）明显缺乏事实根据的；（二）明显缺乏法律、法规依据的；（三）其他明显违法并损害被执行人合法权益的。人民法院应当自受理之日起三十日内作出是否执行的裁定。裁定不予执行

的，应当说明理由，并在五日内将不予执行的裁定送达行政机关。"可见法院对非诉执行案件的审查期限区分为两种：一种是普通情形下法院应当在 7 日内作出执行裁定；另一种是特殊情形下法院应当在 30 日内作出执行裁定，并且都是由行政审判庭负责对行政行为的合法性进行审查。故 D 选项的表述的错误。

综上，本题的正确答案为 B。

（2007/2/42）4. 李某和钱某参加省教委组织的"省中小学教师自学考试"。后省教委以"通报"形式，对李某、钱某等 4 名作弊考生进行了处理，并通知当次考试各科成绩作废，三年之内不准报考。李某、钱某等均得知该通报内容。李某向省政府递交了行政复议申请书，省政府未予答复。李某诉至法院。下列哪一选项是错误的？

A. 法院应当受理李某对通报不服提起的诉讼

B. 李某对省教委提起诉讼后，法院可以通知钱某作为第三人参加诉讼

C. 法院应当受理李某对省政府不予答复行为提起的诉讼

D. 钱某在诉讼程序中提供的、被告在行政程序中未作为处理依据的证据可以作为认定被诉处理决定合法的依据

【考点】具体行政行为的判断；行政诉讼的第三人；行政诉讼证据规则

【黄文涛解析】A 选项不当选。本选项判断的关键在于省教委的"通报"是否属于具体行政行为。依据具体行政行为的四特性（特定性、单方性、外部性、处分性）可以进行判断：通报作废了四名作弊考生的成绩且要求其三年内不准报考，这意味着对四名考生的权利产生了实际处分，这符合法律性（处分性）的要求；通报针对的是 4 名考生，因此符合特定性的要求；通报是由省教委单方意志决定的，这符合单方性的要求；4 名作弊考生属于省教委的外部人员，因此通告是对外部主体作出，符合了外部性的要求。由此省教委的"通报"符合了具体行政行为法律性（处分性）、单方性、特定性、外部性四个特征，属于具体行政行为，也就属于行政诉讼的受案范围，法院应当受理。

B 选项不当选。考试当年本选项许多考生曾提出异议，因为依据最高法院当时生效的 2000 年《行政诉讼法司法解释》第 24 条的规定："行政机关的同一具体行政行为涉及两个以上利害关系人，其中一部分利害关系人对具体行政行为不服提起诉讼，人民法院应当通知没有起诉的其他利害关系人作为第三人参加诉讼。"考生们据此认为本案中法院不是"可以"通知钱某作为第三人参加诉讼，而是"应当"通知钱某作为第三人参加诉讼。这一观点忽略了本案中四名考生的作弊行为是相互独立的违法行为，省教委的通报虽然从形式上看似乎只有一个行政行为，但是从法律本质上看，这一通报实际上是对四名考生实施的四个相互独立的违法行为的行政处罚，因此并非"同一具体行政行为"，而是存在四个独立的具体行政行为。由此并不符合最高法院 2000 年《行政诉讼法解释》第 24 条的规定，法院并非"应当"通知钱某作为第三人参加诉讼，而是"可以"通知。此外，2018 年最高法院《行政诉讼法解释》第 30 条规定："行政机关的同一行政行为涉及两个以上利害关系人，其中一部分利害关系人对行政行为不服提起诉讼，人民法院应当通知没有起诉的其他利害关系人作为第三人参加诉讼。"这一新条文生效后仍然适用上述分析。大家如果对此选项仍然疑惑，可以关注我的新浪微博（@黄文涛的行政法）进行交流。

C选项不当选。《行政诉讼法》第26条第3款规定："复议机关在法定期限内未作出复议决定，公民、法人或者其他组织起诉原行政行为的，作出原行政行为的行政机关是被告；起诉复议机关不作为的，复议机关是被告。"可见当省教委未予答复时，李某有权对其复议不作为提起行政诉讼，法院应当受理。

D选项当选。最高法院2002年《最高人民法院关于行政诉讼证据若干问题的规定》第60条规定："下列证据不能作为认定被诉具体行政行为合法的依据：……（三）原告或者第三人在诉讼程序中提供的、被告在行政程序中未作为具体行政行为依据的证据。"可见如果钱某作为第三人参加诉讼，他在诉讼程序中提供的、被告在行政程序中未作为处理依据的证据，并不可以作为认定被诉处理决定合法的依据。

综上，本题的正确答案为D。

（2007/2/44）5. 某派出所以扰乱公共秩序为由扣押了高某的拖拉机。高不服，以派出所为被告提起行政诉讼。诉讼中，法院认为被告应是县公安局，要求变更被告，高不同意。法院下列哪种做法是正确的？

A. 以派出所为被告继续审理本案　　B. 以县公安局为被告审理本案

C. 裁定驳回起诉　　D. 裁定终结诉讼

扫码听课

【考点】 被告不适格时的处理程序

【黄文涛解析】 C选项当选，A选项不当选、B选项不当选、D选项不当选。《最高人民法院关于适用〈中华人民共和国行政诉讼法〉的解释》第26条第1款规定："原告所起诉的被告不适格，人民法院应当告知原告变更被告；原告不同意变更的，裁定驳回起诉。"可见如果法院认为被告不适格，首先应当要求原告变更被告，如果原告不同意变更的，法院则裁定驳回起诉。

综上，本题的正确答案为C。

（2007/2/46）6. 关于行政法规，下列哪一选项是正确的？

A. 行政法规可以设定行政拘留处罚

B. 行政法规对法律设定的行政许可作出具体规定时可以增设行政许可

C. 行政法规的决定程序依照国务院组织法的有关规定办理

D. 行政法规之间对同一事项的新的一般规定与旧的特别规定不一致，不能确定如何适用时，由国务院法制办裁决

扫码听课

【考点】 行政处罚的设定权；行政许可的规定权；行政法规的冲突适用规则

【黄文涛解析】 A选项不当选。《行政处罚法》第11条第1款规定："行政法规可以设定除限制人身自由以外的行政处罚。"行政拘留就是限制人身自由的行政处罚，依法不能由行政法规来设定。

B选项不当选。《行政许可法》第16条第1款和第4款规定："行政法规可以在法律设定的行政许可事项范围内，对实施该行政许可作出具体规定。……法规、规章对实施上位法设定的行政许可作出的具体规定，不得增设行政许可；对行政许可条件作出的具体规定，不得增设违反上位法的其他条件。"可见行政法规对法律设定的行政许可作出具体规定时不能增设行政许可。

C选项当选。《立法法》第69条规定："行政法规的决定程序依照中华人民共和国国务院组织法的有关规定办理。"如果考生对这一法条不熟悉，可以通过排除法得出C选项当选。

D 选项不当选。《立法法》第 94 条第 2 款规定："行政法规之间对同一事项的新的一般规定与旧的特别规定不一致，不能确定如何适用时，由国务院裁决。"可见当行政法规之间对同一事项的新的一般规定与旧的特别规定不一致，不能确定如何适用时，应该由"国务院"而非"国务院法制办"裁决。

综上，本题的正确答案为 C。

大咖点拨区

扫码听课

（2007/2/47）7. 张某因打伤李某被公安局处以行政拘留 15 天的处罚，张某不服，申请行政复议。不久，受害人李某向法院提起刑事自诉，法院经审理认为张某的行为已经构成犯罪，判决拘役 2 个月。下列哪一选项是正确的？

A. 本案调查中，警察经出示工作证件，可以检查张某的住所

B. 如果在法院判决时张某的行政拘留已经执行完毕，则对其拘役的期限为一个半月

C. 如果张某之父为其提供担保，则公安机关可暂缓执行行政拘留

D. 由公安局将张某送到看守所执行行政拘留

【考点】治安处罚的程序；罚刑相抵规则

【黄文涛解析】A 选项不当选。《治安管理处罚法》第 87 条规定："公安机关对与违反治安管理行为有关的场所、物品、人身可以进行检查。检查时，人民警察不得少于二人，并应当出示工作证件和县级以上人民政府公安机关开具的检查证明文件。对确有必要立即进行检查的，人民警察经出示工作证件，可以当场检查，但检查公民住所应当出示县级以上人民政府公安机关开具的检查证明文件。"可见检查张某的住所依法必须出示县级以上政府公安机关开具的检查证明文件，而非出示工作证件。

B 选项当选。《行政处罚法》第 35 条第 1 款规定："违法行为构成犯罪，人民法院判处拘役或者有期徒刑时，行政机关已经给予当事人行政拘留的，应当依法折抵相应刑期。"可见张某的 15 天拘留如果已经执行完毕，可以折抵 15 天的拘役期限。

C 选项不当选。《治安管理处罚法》第 107 条规定："被处罚人不服行政拘留处罚决定，申请行政复议、提起行政诉讼的，可以向公安机关提出暂缓执行行政拘留的申请。公安机关认为暂缓执行行政拘留不致发生社会危险的，由被处罚人或者其近亲属提出符合本法第一百零八条规定条件的担保人，或者按每日行政拘留二百元的标准交纳保证金，行政拘留的处罚决定暂缓执行。"可见治安处罚中暂缓执行拘留的条件有四个：被处罚人提起行政复议或者行政诉讼；被处罚人申请暂缓执行；公安机关认为暂缓执行行政拘留不会发生社会危险；提供担保人或者保证金。可见仅有张某之父为其提供担保，只符合了其中一个条件，不满足暂缓执行拘留的四个条件。

D 选项不当选。《治安管理处罚法》第 103 条规定："对被决定给予行政拘留处罚的人，由作出决定的公安机关送达拘留所执行。"可见公安机关应当将张某送至"拘留所"而非"看守所"执行行政拘留。

综上，本题的正确答案为 B。

扫码听课

（2007/2/48）8. 齐某不服市政府对其作出的决定，向省政府申请行政复议，市政府在法定期限内提交了答辩，但没有提交有关证据、依据。开庭时市政府提交了作出行政行为的法律和事实依据，并说明由于市政府办公场所调整，所以延

大咖点拨区

迟提交证据。下列哪一选项是正确的？

  A. 省政府应接受市政府延期提交的证据材料

  B. 省政府应中止案件的审理

  C. 省政府应撤销市政府的具体行政行为

  D. 省政府应维持市政府的具体行政行为

【考点】行政复议决定的类型

【黄文涛解析】C选项当选，A选项不当选、B选项不当选、D选项不当选。《行政复议法》第28条第1款规定："行政复议机关负责法制工作的机构应当对被申请人作出的具体行政行为进行审查，提出意见，经行政复议机关的负责人同意或者集体讨论通过后，按照下列规定作出行政复议决定：……（四）被申请人不按照本法第二十三条的规定提出书面答复、提交当初作出具体行政行为的证据、依据和其他有关材料的，视为该具体行政行为没有证据、依据，决定撤销该具体行政行为。"可见当被申请人市政府没有在法定期限内提交证据、依据的，应当依法视为市政府的行政行为没有证据、依据，复议机关只能作出撤销决定。

  综上，本题的正确答案为C。

  （2007/2/49）9. 下列哪些情形下当事人必须先申请复议，对复议决定不服的才能提起行政诉讼？

  A. 县政府为汪某颁发集体土地使用证，杨某认为该行为侵犯了自己已有的集体土地使用权

  B. 高某因为偷税被某税务机关处罚，高某不服

  C. 派出所因顾某打架对其作了处罚，顾某认为处罚太重

  D. 对县国土资源局作出的处罚不服

【考点】复议前置

【黄文涛解析】A选项当选。本选项是关于涉及自然资源行政行为的复议前置问题，属于行政法考试中争议最大的知识点之一。《行政复议法》第30条第1款规定："公民、法人或者其他组织认为行政机关的具体行政行为侵犯其已经依法取得的土地、矿藏、水流、森林、山岭、草原、荒地、滩涂、海域等自然资源的所有权或者使用权的，应当先申请行政复议；对行政复议决定不服的，可以依法向人民法院提起行政诉讼。"依据本条规定，如果行政机关的"具体行政行为"侵害社会主体"已经依法取得"的自然资源所有权或使用权的，必须复议前置。同时，最高法院《关于适用〈行政复议法〉第三十条第一款有关问题的批复》（法释〔2003〕5号）对本条文中的"具体行政行为"进行了解释，指出："根据《行政复议法》第三十条第一款的规定，公民、法人或者其他组织认为行政机关确认土地、矿藏……等自然资源的所有权或者使用权的具体行政行为，侵犯其已经依法取得的自然资源所有权或者使用权的，经行政复议后，才可以向人民法院提起行政诉讼，但法律另有规定的除外；对涉及自然资源所有权或者使用权的行政处罚、行政强制措施等其他具体行政行为提起诉讼的，不适用《行政复议法》第三十条第一款的规定。"可见最高法院的司法解释中将本条中的"具体行政行为"解释为"确认"自然资源权属的具体行政行为。

  结合这两个条文可知，涉及自然资源行政行为的复议前置需要满足两个条件：第一，行政机关作出了一个"行政确认"行为确认了某种自然资源权属；第

扫码听课

二，某一社会主体认为这一行政确认行为侵害了自身"已经取得"的自然资源权属。在本选项中，县政府为汪某颁发集体土地使用证的行为属于将土地权属确认给汪某，而杨某认为这一行为侵犯了自己已经取得的集体土地使用权，由此符合上述两个条件，需要复议前置。

不过，问题的复杂性在于最高法院行政审判庭《关于行政机关颁发自然资源所有权或者使用权证的行为是否属于确认行政行为问题的答复》（〔2005〕行他字第4号）中曾对上述最高法院（法释〔2003〕5号）司法解释中的"确认"作出限定："最高人民法院法释〔2003〕5号批复中的'确认'，是指当事人对自然资源的权属发生争议后，行政机关对争议的自然资源的所有权或者使用权所作的确权决定。有关土地等自然资源所有权或者使用权的初始登记，属于行政许可性质，不应包括在行政确认范畴之内。据此，行政机关颁发自然资源所有权或者使用权证书的行为不属于复议前置的情形。"可见最高法院行政审判庭将行政确认行为进一步限定为行政确权行为，并将土地等自然资源权属的初始登记行为排除在外。如果依据最高法院行政审判庭的这一解释，本选项就不应当选。解决这一矛盾的方法只能是在考试中暂时忽略最高法院行政审判庭的这一司法解释，在考试中将行政机关颁发自然资源权属证书的行为也视为行政确认行为，在2009年考试卷二第84题中，司法部公布的答案也采取了同样的标准。

B选项不当选。《税收征管法》第88条第2款规定："当事人对税务机关的处罚决定、强制执行措施或者税收保全措施不服的，可以依法申请行政复议，也可以依法向人民法院起诉。"可见当事人对税务机关作出的处罚决定不服，不属于复议前置的范围。

C选项不当选。《治安管理处罚法》第102条规定："被处罚人对治安管理处罚决定不服的，可以依法申请行政复议或者提起行政诉讼。"可见当事人对于公安机关作出的行政处罚不服，既可以复议也可以诉讼，不需要复议前置。

D选项不当选。《行政处罚法》第7条规定："公民、法人或者其他组织对行政机关所给予的行政处罚，享有陈述权、申辩权；对行政处罚不服的，有权依法申请行政复议或者提起行政诉讼。"此外其他法律、法规中也没有对国土资源局作出行政处罚决定需要复议前置的特别规定。可见对于县国土资源局作出的行政处罚决定，当事人既可以申请复议也可以提起诉讼，不需要复议前置。

综上，本题的正确答案为A。

（2007/2/50）10. 李某涉嫌盗窃被公安局刑事拘留，后检察院批准将其逮捕。法院审理时发现，李某系受人教唆，且是从犯，故判处李某有期徒刑2年，缓期3年执行。后李某以自己年龄不满16周岁为由提起上诉，二审法院因此撤销原判，改判李某无罪并解除羁押。下列哪一选项是正确的？

A. 对于李某受到的羁押损失，国家不予赔偿

B. 对于一审有罪判决至二审无罪判决期间李某受到的羁押损失，国家应当给予赔偿

C. 对于一审判决前李某受到的羁押损失，国家应当给予赔偿

D. 对于检察院批准逮捕之前李某受到的羁押损失，国家应当给予赔偿

【考点】刑事赔偿的范围

【黄文涛解析】A选项当选，B选项不当选、C选项不当选、D选项不当选。

大咖点拨区

扫码听课

《国家赔偿法》第19条规定："属于下列情形之一的，国家不承担赔偿责任：……（二）依照刑法第十七条、第十八条规定不负刑事责任的人被羁押的；……"同时《刑法》第17条的规定，不满16周岁的人在通常情况下不负刑事责任。从本题的表述来看，李某的确实施了盗窃行为，但是因不满16周岁不负刑事责任，因此对于他被羁押在看守所的时间国家不需要承担赔偿责任。

同时，2016年最高人民法院、最高人民检察院《关于办理刑事赔偿案件适用法律若干问题的解释》第7条规定："根据国家赔偿法第十九条第二项、第三项的规定，依照刑法第十七条、第十八条规定不负刑事责任的人和依照刑事诉讼法第十五条、第一百七十三条第二款规定不追究刑事责任的人被羁押，国家不承担赔偿责任。但是，对起诉后经人民法院错判拘役、有期徒刑、无期徒刑并已执行的，人民法院应当对该判决确定后继续监禁期间侵犯公民人身自由权的情形予以赔偿。"可见对于不负刑事责任的人，只有起诉后经法院错判拘役、有期徒刑、无期徒刑并已执行的，法院才需要对该判决确定后继续监禁期间侵犯公民人身自由权的情形予以赔偿。在本案中，李某虽然被判处有期徒刑2年，但是同时缓刑3年执行，这意味着李某并没有被实际监禁，因此法院不需要对其承担赔偿责任。

可以进一步佐证的是，1996年最高法院《关于人民法院执行〈中华人民共和国国家赔偿法〉几个问题的解释》第4条规定："根据赔偿法第二十六条、第二十七条的规定，人民法院判处管制、有期徒刑缓刑、剥夺政治权利等刑罚的人被依法改判无罪的，国家不承担赔偿责任……"可见法院判处缓刑后改判无罪的，国家不承担赔偿责任。故A选项当选。

综上，本题的正确答案为A。

（2007/2/80）11. 区城乡建设局批复同意某银行住宅楼选址，并向其颁发许可证。拟建的住宅楼与张某等120户居民居住的住宅楼间距为9.45米。张某等20人认为该批准行为违反了国家有关规定，向法院提起了行政诉讼。对此，下列哪些选项是错误的？

A. 因该批准行为涉及张某等人相邻权，故张某等人有权提起行政诉讼
B. 张某等20户居民应当推选2至5名诉讼代表人参加诉讼
C. 法院可以通知未起诉的100户居民作为第三人参加诉讼
D. 张某等20户居民应当提供符合法定起诉条件的证据材料

【考点】 行政诉讼的原告资格；行政诉讼的诉讼代表人；行政诉讼的第三人；行政诉讼原告起诉时的举证

【黄文涛解析】 A选项不当选。《最高人民法院关于适用〈中华人民共和国行政诉讼法〉的解释》第12条规定："有下列情形之一的，属于行政诉讼法第二十五条第一款规定的'与行政行为有利害关系'：（一）被诉的行政行为涉及其相邻权或者公平竞争权的；……"本案中区城乡建设局批准行为的行政相对人虽然是银行，但是这一批准行为影响到了张某等人的相邻权，因此张某等人具有行政诉讼的原告资格。

B选项不当选。《最高人民法院关于适用〈中华人民共和国行政诉讼法〉的解释》第29条第3款规定："行政诉讼法第二十八条规定的代表人为二至五人。代表人可以委托一至二人作为诉讼代理人。"可见诉讼代表的确是2至5名。需要注意的是，考试当年生效的最高法院2000年《行政诉讼法解释》第13条第3款

扫码听课

规定："同案原告为 5 人以上，应当推选 1 至 5 名诉讼代表人参加诉讼；在指定期限内未选定的，人民法院可以依职权指定。"可见依据考试当年生效的司法解释，本案中张某等人应当推选 1 至 5 名诉讼代表人参加诉讼，而不是推选 2 至 5 名诉讼代表人。所以考试当年本选项当选，但是目前答案依据新的司法解释发生了变化。

C 选项当选。《最高人民法院关于适用〈中华人民共和国行政诉讼法〉的解释》第 30 条第 1 款规定："行政机关的同一行政行为涉及两个以上利害关系人，其中一部分利害关系人对行政行为不服提起诉讼，人民法院应当通知没有起诉的其他利害关系人作为第三人参加诉讼。"在本案中未起诉的 100 户居民就属于没有起诉的其他利害关系人，依据这一司法解释的规定，法院"应当"通知而非"可以"通过这 100 户居民作为第三人参加诉讼。

D 选项不当选。最高法院 2002 年《最高人民法院关于行政诉讼证据若干问题的规定》第 4 条第 1 款规定："公民、法人或者其他组织向人民法院起诉时，应当提供其符合起诉条件的相应的证据材料。"可见原告应当对自身符合起诉条件承担举证责任。

综上，本题的正确答案为 C。

(2007/2/81) 12. 刘某参加考试并取得《医师资格证书》。后市卫生局查明刘某在报名时提供的系虚假材料，于是向刘某送达《行政许可证件撤销告知书》。刘某提出听证申请，被拒绝。市卫生局随后撤销了刘某的《医师资格证书》。下列哪些选项是正确的？

A. 市卫生局有权撤销《医师资格证书》

B. 撤销《医师资格证书》的行为应当履行听证程序

C. 市政府有权撤销《医师资格证书》

D. 市卫生局撤销《医师资格证书》后，应依照法定程序将其注销

扫码听课

【**考点**】行政许可的撤销程序

【**黄文涛解析**】A 选项当选、C 选项当选。《行政许可法》第 69 条第 1 款和第 2 款规定："有下列情形之一的，作出行政许可决定的行政机关或者其上级行政机关，根据利害关系人的请求或者依据职权，可以撤销行政许可：……被许可人以欺骗、贿赂等不正当手段取得行政许可的，应当予以撤销。"刘某在报名时提供虚假材料属于通过欺骗的方式获得行政许可，本案中市卫生局作为颁发《医师资格证书》的行政机关，有权撤销这一证书。同时，市政府作为市卫生局的上级行政机关，依据同一法条也有权撤销该行政许可。

B 选项不当选。《行政许可法》第 47 条第 1 款规定："行政许可直接涉及申请人与他人之间重大利益关系的，行政机关在作出行政许可决定前，应当告知申请人、利害关系人享有要求听证的权利；申请人、利害关系人在被告知听证权利之日起五日内提出听证申请的，行政机关应当在二十日内组织听证。"可见只有在行政机关作出行政许可决定之"前"，当事人申请听证才必须举行。而撤销行政许可是在行政许可决定作出之后的行政行为，并不符合法条的规定，因此并非"应当"履行听证程序。

D 选项当选。《行政许可法》第 70 条规定："有下列情形之一的，行政机关应当依法办理有关行政许可的注销手续：……（四）行政许可依法被撤销、撤

大咖点拨区

扫码听课

回，或者行政许可证件依法被吊销的；……"可见注销许可是撤销行政许可之后必经的程序，市卫生局撤销《医师资格证书》后，应依照法定程序将其注销。

综上，本题的正确答案为ACD。

（2007/2/82）13. 甲银行与乙公司签订了贷款合同并约定乙以其拥有使用权的土地作抵押。双方在镇政府内设机构镇土地管理所办理了土地使用权抵押登记，该所出具了《证明》。因乙不能归还到期贷款，甲经法院强制执行时，发现乙用于抵押的国有土地使用证系伪造。甲遂对镇土地管理所出具的抵押证明提起行政诉讼。下列哪些选项是正确的？

A. 本案的被告应当是镇土地管理所

B. 本案的被告应当是镇政府

C. 镇土地管理所出具抵押证明的行为是超越职权的行为

D. 法院应当判决确认抵押证明违法

【考点】行政诉讼的被告资格；行政诉讼的裁判类型

【黄文涛解析】A选项不当选、B选项当选。《最高人民法院关于适用〈中华人民共和国行政诉讼法〉的解释》第20条第1款规定："行政机关组建并赋予行政管理职能但不具有独立承担法律责任能力的机构，以自己的名义作出行政行为，当事人不服提起诉讼的，应当以组建该机构的行政机关为被告。"镇土地管理所作为镇政府组建的内设机构，并没有得到法律、法规或规章的特别授权，不具有独立承担法律责任的能力。在考试中，考生只要记住通常只有两个地方政府工作部门的内设机构得到了授权，可以独立承担法律责任，即：交警部门、消防部门。除了两个内设机构之外，其他在考题中出现的内设机构只要没有明确说明的，可以一律推断为没有得到法律、法规或规章的授权。所以镇政府出具《证明》的行为属于无权行为，应该由其所属的镇政府承担法律责任，也即由镇政府作为行政诉讼的被告。

C选项当选。从本题题面中可以看出，并没有特别的法律、法规或规章授权镇土地管理所可以办理土地使用权的抵押登记并出具抵押证明，所以镇土地管理所超越自己的职权范围实施了该行政行为。

D选项不当选。《行政诉讼法》第70条规定："行政行为有下列情形之一的，人民法院判决撤销或者部分撤销，并可以判决被告重新作出行政行为：……（四）超越职权的；……"可见对于超越职权作出的行政行为，法院作出的应是撤销判决，而非确认违法判决。

综上，本题的正确答案为BC。

（2007/2/83）14. 罗某受到朱某的人身威胁，向公安机关报案，公安机关未采取任何措施。三天后，罗某了解到朱某因涉嫌抢劫被刑事拘留。罗某以公安机关不履行法定职责为由向法院提起行政诉讼，同时提出行政赔偿请求，要求赔偿精神损失。法院经审理认为，公安机关确未履行法定职责。下列哪些选项是正确的？

A. 因朱某已被刑事拘留，法院应当判决驳回罗某起诉

B. 法院应当判决确认公安机关不履行职责行为违法

C. 法院应当判决公安机关赔偿罗某的精神损失

D. 法院应当判决驳回罗某的行政赔偿请求

扫码听课

【考点】行政诉讼的裁判类型；国家赔偿中的精神损害赔偿

【黄文涛解析】A 选项不当选、B 选项当选。《行政诉讼法》第 74 条第 2 款规定："行政行为有下列情形之一，不需要撤销或者判决履行的，人民法院判决确认违法：……（三）被告不履行或者拖延履行法定职责，判决履行没有意义的。"本案中由于朱某已经被刑事拘留，对罗某的威胁已经消除，此时要求被告公安机关履行保护罗某的法定职责已经没有意义，所以应当判决确认公安机关不履行职责的行为违法。

C 选项不当选、D 选项当选。《国家赔偿法》第 35 条规定："有本法第三条或者第十七条规定情形之一，致人精神损害的，应当在侵权行为影响的范围内，为受害人消除影响，恢复名誉，赔礼道歉；造成严重后果的，应当支付相应的精神损害抚慰金。"可见只有在造成受害人严重后果时，才需要支付相应的精神损害抚慰金。本案中并没有表明造成罗某的严重损害后果，所以不需要判决公安机关赔偿。

综上，本题的正确答案为 BD。

（2007/2/84）15. 县烟草专卖局发现刘某销售某品牌外国香烟，执法人员表明了自己的身份，并制作了现场笔录。因刘某拒绝签名，随行电视台记者张某作为见证人在笔录上签名，该局当场制作《行政处罚决定书》，没收 15 条外国香烟。刘某不服该决定，提起行政诉讼。诉讼中，县烟草专卖局向法院提交了现场笔录、县电视台拍摄的现场录像、张某的证词。下列哪些选项是正确的？

A. 现场录像应当提供原始载体

B. 张某的证词有张某的签字后，即可作为证人证言使用

C. 现场笔录必须有执法人员和刘某的签名

D. 法院收到县烟草专卖局提供的证据应当出具收据，由经办人员签名或盖章

【考点】行政诉讼的证据规则

【黄文涛解析】A 选项当选。最高法院 2002 年《最高人民法院关于行政诉讼证据若干问题的规定》第 12 条规定："根据行政诉讼法第三十一条第一款第（三）项的规定，当事人向人民法院提供计算机数据或者录音、录像等视听资料的，应当符合下列要求：（一）提供有关资料的原始载体。提供原始载体确有困难的，可以提供复制件；……"现场录像就属于视听资料，需要提供原始载体。

B 选项不当选。最高法院 2002 年《最高人民法院关于行政诉讼证据若干问题的规定》第 13 条规定："根据行政诉讼法第三十一条第一款第（四）项的规定，当事人向人民法院提供证人证言的，应当符合下列要求：（一）写明证人的姓名、年龄、性别、职业、住址等基本情况；（二）有证人的签名，不能签名的，应当以盖章等方式证明；（三）注明出具日期；（四）附有居民身份证复印件等证明证人身份的文件。"可见在证人证言上仅有张某的签字，还是不符合《最高人民法院关于行政诉讼证据若干问题的规定》中对证人证言的全部要求。

C 选项不当选。最高法院 2002 年《最高人民法院关于行政诉讼证据若干问题的规定》第 15 条规定："根据行政诉讼法第三十一条第一款第（七）项的规定，被告向人民法院提供的现场笔录，应当载明时间、地点和事件等内容，并由执法人员和当事人签名。当事人拒绝签名或者不能签名的，应当注明原因。有其他人在现场的，可由其他人签名。法律、法规和规章对现场笔录的制作形式另有规定

大咖点拨区

扫码听课

的，从其规定。"可见现场笔录上不一定要有当事人的签名，如果当事人不愿意签名，只要注明原因即可。

D 选项当选。最高法院 2002 年《最高人民法院关于行政诉讼证据若干问题的规定》第 20 条规定："人民法院收到当事人提交的证据材料，应当出具收据，注明证据的名称、份数、页数、件数、种类等以及收到的时间，由经办人员签名或者盖章。"据此法院收到县烟草专卖局提供的证据应当出具收据，的确应当由经办人员签名或盖章。

综上，本题的正确答案为 AD。

（2007/2/85）16. 下列哪些情形违反《公务员法》有关回避的规定？

A. 张某担任家乡所在县的县长

B. 刘某是工商局局长，其侄担任工商局人事处科员

C. 王某是税务局工作人员，参加调查一企业涉嫌偷漏税款案，其妻之弟任该企业的总经理助理

D. 李某是公安局局长，其妻在公安局所属派出所担任户籍警察

【考点】 公务员的回避制度

【黄文涛解析】 A 选项当选。《公务员法》第 75 条规定："公务员担任乡级机关、县级机关、设区的市级机关及其有关部门主要领导职务的，应当按照有关规定实行地域回避。"可见张某担任家乡所在县的县长违反了地域回避的规定。

B 选项当选。《公务员法》第 74 条第 1 款规定："公务员之间有夫妻关系、直系血亲关系、三代以内旁系血亲关系以及近姻亲关系的，不得在同一机关双方直接隶属于同一领导人员的职位或者有直接上下级领导关系的职位工作，也不得在其中一方担任领导职务的机关从事组织、人事、纪检、监察、审计和财务工作。"可见当刘某是工商局局长（领导职务）时，作为其亲属的侄子不能在同一机关从事人事工作，因此违反了这一法条确定的回避规则。

C 选项当选。《公务员法》第 76 条规定："公务员执行公务时，有下列情形之一的，应当回避：（一）涉及本人利害关系的；（二）涉及与本人有本法第七十四条第一款所列亲属关系人员的利害关系的；（三）其他可能影响公正执行公务的。"这一选项中王某作为公务员执行公务时，执法对象是其妻之弟，也即与他的亲属有利害关系，依法应当予以回避。

D 选项不当选。根据上述 B 选项的解析中《公务员法》第 74 条第 1 款的规定，李某具有领导职务，他的妻子从事的并非法律所禁止的"组织、人事、纪检、监察、审计和财务工作"，可见没有违反回避制度的规定。

综上，本题的正确答案为 ABC。

（2007/2/86）17. 运输公司指派本单位司机运送白灰膏。由于泄漏，造成沿途路面大面积严重污染。司机发现后即向公司汇报。该公司即组织人员清扫被污染路面。下列哪些选项是正确的？

A. 路面被污染的沿途三个区的执法机关对本案均享有管辖权，如发生管辖权争议，由三个区的共同上级机关指定管辖

B. 对该运输公司应当依法从轻或者减轻行政处罚

C. 本案的违法行为人是该运输公司

D. 本案的违法行为人是该运输公司和司机

【考点】行政处罚的管辖；行政处罚的适用改规则；

【黄文涛解析】A选项当选。《行政处罚法》第22条规定："行政处罚由违法行为发生地的行政机关管辖。法律、行政法规、部门规章另有规定的，从其规定。"并且同法第25条第2款规定："对管辖发生争议的，应当协商解决，协商不成的，报请共同的上一级行政机关指定管辖；也可以直接由共同的上一级行政机关指定管辖。"可见本案中路面被污染的三个区都属于违法行为发生地，所以三个区的执法机关都具有管辖权，如果产生了管辖权争议，应当报请共同上级机关指定管辖。

B选项当选。《行政处罚法》第32条规定："当事人有下列情形之一，应当从轻或者减轻行政处罚：（一）主动消除或者减轻违法行为危害后果的；……"本案中公司组织人员清扫被污染的路面，属于主动消除或减轻违法行为的危害后果，依法应当从轻或者减轻处罚。

C选项当选、D选项不当选。本题的题面中明确指出"运输公司指派本单位司机运送白灰膏"，可见司机的行为属于职务行为，应当由运输公司承担法律责任。

综上，本题的正确答案为ABC。

（2007/2/89）18. 李某租用一商店经营服装。某区公安分局公安人员驾驶警车追捕时，为躲闪其他车辆，不慎将李某服装厅的橱窗玻璃及模特衣物撞坏。事后，公安分局与李某协商赔偿不成，李某请求国家赔偿。下列哪些选项是错误的？

A. 公安分局应作为赔偿义务机关，因为李某曾与其协商赔偿

B. 公安分局不应作为赔偿义务机关，因该公安人员行为属于与行使职权无关的个人行为

C. 公安分局不应作为赔偿义务机关，因为该公安人员的行为不是违法行使职权，应按行政补偿解决

D. 公安分局应作为赔偿义务机关，因为该公安人员的行为属于与行使职权有关的行为

【考点】行政赔偿与行政补偿的区别

【黄文涛解析】A选项当选、B选项当选、C选项不当选、D选项当选。本题主要要求考生区分的是行政赔偿与行政补偿之间的区别。两者区分的关键点在于：行政机关合法行为导致的损害应当予以行政补偿；行政机关违法行为导致的损害应当予以行政赔偿。因此，本题的解题思路在于判断公安人员的行为是否属于合法的行为。从题面上看，公安人员驾驶警车是为了躲闪其他车辆而造成李某的服装厅橱窗玻璃及模特衣物的损害，警方的行为并没有违法，因此所造成的损失应属于行政补偿的范围而非行政赔偿的范围。据此可以迅速推导出A选项、B选项、D选项的表述都是错误，所以应当选（题目要求考生选择错误的选项）。

综上，本题的正确答案为ABD。

（2007/2/90）19. 县工商部门以办理营业执照存在问题为由查封了张某开办的美容店。查封时，工商人员将美容店的窗户、仪器损坏。张某向法院起诉，法院撤销了工商部门的查封决定。张某要求行政赔偿。下列哪些损失属于县工商部门应予赔偿的费用？

A. 张某因美容店被查封损坏而生病支付的医疗费

扫码听课

扫码听课

B. 美容店被损坏仪器及窗户所需修复费用

C. 美容店被查封停业期间必要的经常性费用开支

D. 张某根据前一个月利润计算的被查封停业期间的利润损失

【考点】 国家赔偿的计算方式

【黄文涛解析】 我国《国家赔偿法》第36条规定："侵犯公民、法人和其他组织的财产权造成损害的，按照下列规定处理：……（二） 查封、扣押、冻结财产的，解除对财产的查封、扣押、冻结，造成财产损坏或者灭失的，依照本条第三项、第四项的规定赔偿；（三） 应当返还的财产损坏的，能够恢复原状的恢复原状，不能恢复原状的，按照损害程度给付相应的赔偿金；（四） 应当返还的财产灭失的，给付相应的赔偿金；……（六） 吊销许可证和执照、责令停产停业的，赔偿停产停业期间必要的经常性费用开支；……（八） 对财产权造成其他损害的，按照直接损失给予赔偿。"本案中张某的损害是由工商部门实施的查封行为所导致，据此：

A选项不当选。《国家赔偿法》中并没有规定因查封行为导致相对人产生的医疗费属于国家赔偿的范围。

B选项当选、C选项当选。美容店被损坏仪器及窗户所需修复费用和美容店被查封停业期间必要的经常性费用开支都属于由查封行为所导致的直接损失，属于国家赔偿的范围。

D选项不当选。张某根据前一个月利润计算的被查封停业期间的利润损失属于预期可得利益，而预期可得利益不属于直接损失，进而不属于国家赔偿的范围。

综上，本题的正确答案为BC。

（2007/2/91） 20. 安某放的羊吃了朱某家的玉米秸，二人争执。安某殴打朱某，致其左眼部青紫、鼻骨骨折，朱某被鉴定为轻微伤。在公安分局的主持下，安某与朱某达成协议，由安某向朱某赔偿500元。下列说法正确的是：

A. 安某与朱某达成协议后，仍可以对安某进行治安处罚

B. 如果安某拒不履行协议，朱某可以直接向法院提起行政诉讼

C. 如果安某拒不履行协议，朱某应当先向区公安分局的上一级机关申请行政复议，对复议决定不服再提起行政诉讼

D. 如果安某拒不履行协议，朱某可以向法院提起民事诉讼

【考点】 行政调解（治安处罚调解）

【黄文涛解析】 A选项不当选。《治安管理处罚法》第9条规定："对于因民间纠纷引起的打架斗殴或者损毁他人财物等违反治安管理行为，情节较轻的，公安机关可以调解处理。经公安机关调解，当事人达成协议的，不予处罚。经调解未达成协议或者达成协议后不履行的，公安机关应当依照本法的规定对违反治安管理行为人给予处罚，并告知当事人可以就民事争议依法向人民法院提起民事诉讼。"可见如果在当事人达成调解协议后，公安机关对于加害人安某不能进行治安处罚。

B选项不当选、C选项不当选、D选项当选。公安机关对民间纠纷的调解属于行政调解，行政调解并没有对当事人的权利义务产生强制性的变动影响，不属于具体行政行为，因而既不是行政诉讼的受案范围，也不是行政复议的受案范围。行政调解中双方当事人达成的协议属于民事协议，一方当事人反悔，则另一

方当事人可以通过民事诉讼的途径解决争议。

综上，本题的正确答案为 D。

（2007/2/92）21. 甲公司从澳大利亚某公司购买了 2 万吨化肥运抵某市。海关认定甲公司在无进口许可证等报关单证的情况下进口货物，且未经海关许可擅自提取货物，遂以保证金的名义向甲公司收缴人民币 200 万元。随后作出罚款1000 万元的行政处罚决定。甲公司认为处罚过重，但既未缴纳罚款，也未申请行政复议或者提起行政诉讼。下列说法错误的是：

A. 海关可以直接将甲公司缴纳的保证金抵缴部分罚款

B. 海关只能申请法院强制执行其处罚决定

C. 海关应当自甲公司起诉期限届满之日起 180 日内提出行政强制执行申请

D. 海关申请强制执行其处罚决定，应当由海关所在地的中级人民法院受理

【考点】行政强制执行的程序

【黄文涛解析】A 选项不当选、B 选项当选。《行政强制法》第 13 条规定："行政强制执行由法律设定。法律没有规定行政机关强制执行的，作出行政决定的行政机关应当申请人民法院强制执行。"可见只有法律授权的行政机关才具有行政强制执行的权力。在考试中，考生需要作为常识知识记住公安、国安、海关、税务与县级以上政府这五个政府工作部门拥有法律授予的强制执行权力，因此在甲公司不缴纳罚款时，海关有权实施行政强制执行，将甲公司缴纳的保证金抵缴部分罚款，而并非只能申请法院强制执行其处罚决定。这一点也可以得到《海关法》第 93 条规定的佐证，其中规定："当事人逾期不履行海关的处罚决定又不申请复议或者向人民法院提起诉讼的，作出处罚决定的海关可以将其保证金抵缴或者将其被扣留的货物、物品、运输工具依法变价抵缴，也可以申请人民法院强制执行。"依据《海关法》的这一条规定，海关既可以自己强制执行处罚决定，也可以申请法院强制执行自己的处罚决定。

C 选项当选。《行政强制法》第 53 条规定："当事人在法定期限内不申请行政复议或者提起行政诉讼，又不履行行政决定的，没有行政强制执行权的行政机关可以自期限届满之日起三个月内，依照本章规定申请人民法院强制执行。"可见海关应当自甲公司起诉期限届满之日起 3 个月内（而非 180 天内）提出行政强制执行申请。在 2000 年最高法院《行政诉讼法解释》中，曾规定此处的申请强制执行期限是 180 天，到了 2012 年《行政强制法》中将 180 日改成 3 个月。《最高人民法院关于适用〈中华人民共和国行政诉讼法〉的解释》第 156 条将申请执行期限调整为与《行政强制法》的规定一致，规定："没有强制执行权的行政机关申请人民法院强制执行其行政行为，应当自被执行人的法定起诉期限届满之日起三个月内提出。逾期申请的，除有正当理由外，人民法院不予受理。"

D 选项当选。《行政强制法》第 54 条规定："行政机关申请人民法院强制执行前，应当催告当事人履行义务。催告书送达十日后当事人仍未履行义务的，行政机关可以向所在地有管辖权的人民法院申请强制执行；执行对象是不动产的，向不动产所在地有管辖权的人民法院申请强制执行。"可见《行政强制法》中并没有规定行政机关申请法院强制执行案件（非诉执行案件）的级别管辖问题，而只是规定了地域管辖法院。依据《最高人民法院关于适用〈中华人民共和国行政诉讼法〉的解释》第 157 条第 1 款规定："行政机关申请人民法院强制执行其行

大咖点拨区

扫码听课

政行为的，由申请人所在地的基层人民法院受理；执行对象为不动产的，由不动产所在地的基层人民法院受理。"可见依据司法解释的规定，行政机关申请法院强制执行案件的级别管辖法院应当是基层法院。因此海关申请强制执行其处罚决定，应当由海关所在地的基层人民法院受理。这里需要注意的是，不要与海关作为行政诉讼被告时的级别管辖法院相混淆，海关作为行政诉讼被告时的级别管辖法院才是中级法院。

综上，本题的正确答案为BCD。

原型客观真题汇编九

（2006/2/39）1. 下列关于行政法规解释的哪种说法是正确的？

A. 国务院各部门可以根据国务院授权解释行政法规

B. 行政法规条文本身需要作出补充规定的，由国务院解释

C. 在审判活动中行政法规条文本身需要进一步明确界限的，由最高人民法院解释

D. 对具体应用行政法规的问题，各级政府可以请求国务院法制机构解释

【考点】 行政法规的制定程序

【黄文涛解析】 A选项不当选、B选项当选、C选项不当选。《行政法规制定程序条例》第31条第1款规定："行政法规有下列情形之一的，由国务院解释：（一）行政法规的规定需要进一步明确具体含义的；（二）行政法规制定后出现新的情况，需要明确适用行政法规依据的。"同法第33条规定："对属于行政工作中具体应用行政法规的问题，省、自治区、直辖市人民政府法制机构以及国务院有关部门法制机构请求国务院法制机构解释的，国务院法制机构可以研究答复；其中涉及重大问题的，由国务院法制机构提出意见，报国务院同意后答复。"依据这两条法条的规定，行政法的解释主体有两个：国务院有权对行政法规的条文本身问题进行解释；国务院的法制机构有权对行政工作中具体应用行政法规的问题作出解释。行政法规条文本身需要作出补充规定的，属于对行政法规条文本身的解释，依法应当由国务院进行，故B选项正确，当选。同时，法条中并没有规定国务院可以将行政法规的解释权力授权给国务院的各部门，最高人民法院也无权对行政法规条文本身进行解释。故A选项和C选项错误，不当选。

D选项不当选。依据同法第33条的规定："对属于行政工作中具体应用行政法规的问题，省、自治区、直辖市人民政府法制机构以及国务院有关部门法制机构请求国务院法制机构解释的，国务院法制机构可以研究答复；其中涉及重大问题的，由国务院法制机构提出意见，报国务院同意后答复。"可见对于具体应用行政法规的问题，是由省级政府法制机构或国务院有关部门的法制机构提出解释的请求，而非由各级政府提出解释的请求。

综上，本题的正确答案为B。

（2006/2/40）2. 下列哪一选项是关于具体行政行为拘束力的正确理解？

①具体行政行为具有不再争议性，相对人不得改变具体行政行为

②行政主体非经法定程序不得任意改变或撤销具体行政行为

③相对人必须遵守和实际履行具体行政行为规定的义务

④具体行政行为在行政复议或行政诉讼期间不停止执行

A. ①②　　　　　B. ①②④　　　　　C. ②③　　　　　D. ③④

【考点】具体行政行为的拘束力、确定力和执行力

【黄文涛解析】行政行为的效力包括确定力、拘束力、执行力三种。其中拘束力是指行政行为一经生效，行政机关和行政相对人都必须遵守，其他国家机关和社会成员都必须予以尊重的效力。许多考生区分不清楚拘束力和确定力之间的区别，其实两者关键的区别在于中间相隔了一个救济期。例如一个行政罚款决定作出后，所产生的拘束力表现在被处罚人应当主动履行处罚决定确定的义务，缴纳罚款，行政机关也不得随意更改或撤销该处罚决定。但是此时该行政处罚决定尚未产生确定力，被处罚人缴纳罚款后仍然可以申请复议或者提起诉讼，经过复议程序或诉讼程序该处罚决定仍然有可能被推翻。但是如果被处罚人没有在法定期限内申请复议或者提起诉讼，那么过了救济期限后行政处罚决定最终就确定下来，产生了确定力。行政行为的执行力则是将行政决定中确定的义务转化为现实中的义务的强制力。

据此，①项体现的是确定力，②③项体现的是拘束力，④项体现的是执行力，故 C 选项当选。

综上，本题的正确答案为 C。

(2006/2/41) 3. 甲村与乙村相邻，甲村认为乙村侵犯了本村已取得的林地所有权，遂向省林业局申请裁决。省林业局裁决该林地所有权归乙村所有，甲村不服。按照《行政复议法》和《行政诉讼法》规定，关于甲村寻求救济的下列哪种说法是正确的？

A. 只能申请行政复议

B. 既可申请行政复议，也可提起行政诉讼

C. 必须先经过行政复议，才能够提起行政诉讼

D. 只能提起行政诉讼

【考点】复议前置

【黄文涛解析】A 选项不当选、B 选项当选、C 选项不当选、D 选项不当选。本题是关于涉及自然资源行政行为的复议前置问题，属于行政法考试中争议最大的知识点之一。《行政复议法》第 30 条第 1 款规定："公民、法人或者其他组织认为行政机关的具体行政行为侵犯其已经依法取得的土地、矿藏、水流、森林、山岭、草原、荒地、滩涂、海域等自然资源的所有权或者使用权的，应当先申请行政复议；对行政复议决定不服的，可以依法向人民法院提起行政诉讼。"依据本条规定，如果行政机关的"具体行政行为"侵害社会主体"已经依法取得"的自然资源所有权或使用权的，必须复议前置。

同时，最高法院《关于适用〈行政复议法〉第三十条第一款有关问题的批复》（法释〔2003〕5 号）对本条文中的"具体行政行为"进行了解释，指出："根据《行政复议法》第三十条第一款的规定，公民、法人或者其他组织认为行政机关确认土地、矿藏……等自然资源的所有权或者使用权的具体行政行为，侵犯其已经依法取得的自然资源所有权或者使用权的，经行政复议后，才可以向人民法院提起行政诉讼，但法律另有规定的除外；对涉及自然资源所有权或者使用权的行政处罚、行政强制措施等其他具体行政行为提起诉讼的，不适用《行政复议法》第三十条第一款的规定。"可见最高法院的司法解释中将本条中的"具体

扫码听课

大咖点拨区

行政行为"解释为"确认"自然资源权属的具体行政行为。

结合这两个条文可知，涉及自然资源行政行为的复议前置需要满足两个条件：第一，行政机关作出了一个"行政确认"行为确认了某种自然资源权属；第二，某一社会主体认为这一行政确认行为侵害了自身"已经取得"的自然资源权属。

本题当年公布的答案是B，争议很大。因为从法理上而言行政裁决是对平等民事主体之间民事纠纷的处理，行政裁决也能产生对自然资源权属进行确权的法律效果，也应属于确认自然资源权属的范畴。但是从司法部公布的答案来看，意味着司法部的观点认为通过行政裁决确认自然资源权属不属于复议前置的情形，这一观点是值得商榷的。

综上，本题的正确答案为B。

（2006/2/42）4. 某县公安局民警甲在一次治安检查中被乙打伤，公安局认定乙的行为构成妨碍公务，据此对乙处以200元罚款。甲认为该处罚决定过轻。下列哪种说法是正确的？

A. 对乙受到的处罚决定，甲既不能申请复议，也不能提起行政诉讼

B. 甲可以对乙提起民事诉讼

C. 对乙受到的处罚决定，甲可以申请复议但不能提起行政诉讼

D. 对乙受到的处罚决定，甲应当先申请复议，对复议决定不服可提起行政诉讼

【考点】 行政诉讼和复议的基本原理

【黄文涛解析】 A选项当选、B选项不当选、C选项不当选、D选项不当选。民警甲是在治安检查中被乙打伤，此时甲履行的是职务行为，在此过程中产生的伤害应该由国家对甲进行补偿，而不是由乙进行赔偿。甲与乙之间并非民事赔偿关系，不能通过民事诉讼来解决，故B选项不当选。同时，公安局对乙进行的处罚是基于乙破坏了正常的行政执法秩序，而非基于乙对甲的人身侵害，因此甲并非该处罚行为的利害关系人，不具有提起行政救济的主体资格，既不能提起行政诉讼，也不能申请行政复议，故A选项当选，C选项和D选项不当选。

综上，本题的正确答案为A。

（2006/2/43）5. 区工商局以涉嫌虚假宣传为由扣押了王某财产，王某不服诉至法院。在此案的审理过程中，法院发现王某涉嫌受贿犯罪需追究刑事责任。法院的下列哪种做法是正确的？

A. 终止案件审理，将有关材料移送有管辖权的司法机关处理

B. 继续审理，待案件审理终结后，将有关材料移送有管辖权的司法机关处理

C. 中止案件审理，将有关材料移送有管辖权的司法机关处理，待刑事诉讼程序终结后，恢复案件审理

D. 继续审理，将有关材料移送有管辖权的司法机关处理

【考点】 行政诉讼与刑事诉讼的关系

【黄文涛解析】 A选项不当选、B选项不当选、C选项不当选、D选项当选。本题中行政诉讼案件审查的是区工商局对王某财产的扣押行为，法院发现王某存在犯罪行为并不影响对被诉行政行为合法性的审查，即使王某真的具有犯罪行为，区工商局的扣押行为仍然有可能是违法的，这属于相互独立的两个不同法律

关系。因此法院应当继续审查区工商局扣押行为的合法行为，同时将王某涉嫌犯罪的材料移送给司法机关。虽然《行政诉讼法》第51条规定："在诉讼过程中，有下列情形之一的，中止诉讼：……（六）案件的审判须以相关民事、刑事或者其他行政案件的审理结果为依据，而相关案件尚未审结的；……"但是本案中王某涉嫌犯罪的刑事案件并非法院审理区工商局扣押行为合法性的前提，所以不能中止诉讼。

综上，本题的正确答案为D。

（2006/2/44） 6. 2005年4月5日，县交通局执法人员甲在整顿客运市场秩序的执法活动中，滥用职权致使乘坐在非法营运车辆上的孕妇乙重伤，检察机关对甲提起公诉。为保障自己的合法权益，乙的下列哪种做法是正确的？

A. 提起刑事附带民事诉讼，要求甲承担民事赔偿责任

B. 提起行政赔偿诉讼，要求甲所在行政机关承担国家赔偿责任

C. 提起刑事附带行政赔偿诉讼，要求甲所在行政机关承担国家赔偿责任

D. 提起刑事附带民事诉讼，要求甲及其所在的行政机关承担民事赔偿责任

【考点】 行政赔偿诉讼

【黄文涛解析】 A选项不当选、B选项当选、C选项不当选、D选项不当选。《国家赔偿法》第3条规定："行政机关及其工作人员在行使行政职权时有下列侵犯人身权情形之一的，受害人有取得赔偿的权利：……（五）造成公民身体伤害或者死亡的其他违法行为。"县交通局执法人员甲是在整顿客运市场秩序的执行公务时滥用职权致乙受重伤，所以甲是行使行政职权，属于职务行为导致的损害，在此过程中造成的损害属于行政赔偿的范围，并不属于民事赔偿的范围。

综上，本题的正确答案为B。

（2006/2/45） 7. 法院在审理某药品行政处罚案时查明，药品监督管理局在作出处罚决定前拒绝听取被处罚人甲的陈述申辩。下列关于法院判决的哪种说法是正确的？

A. 拒绝听取陈述申辩属于违反法定程序，应判决撤销行政处罚决定，并判令被告重新作出具体行政行为

B. 拒绝听取陈述申辩属于程序瑕疵，应判决驳回原告的诉讼请求

C. 拒绝听取陈述申辩属于违反法定程序，应判决确认行政处罚决定无效

D. 拒绝听取陈述申辩属于违反法定程序，应判决确认行政处罚决定不能成立

【考点】 行政诉讼的裁判类型

【黄文涛解析】 A选项当选、B选项不当选、C选项不当选、D选项不当选。《行政处罚法》第45条规定："当事人有权进行陈述和申辩。行政机关必须充分听取当事人的意见，对当事人提出的事实、理由和证据，应当进行复核；当事人提出的事实、理由或者证据成立的，行政机关应当采纳。"可见拒绝听取被处罚人甲的陈述申辩属于违反法定程序。同时《行政诉讼法》第70条规定："行政行为有下列情形之一的，人民法院判决撤销或者部分撤销，并可以判决被告重新作出行政行为：……（三）违反法定程序的；……"可见对于违反法定程序的行政处罚决定，法院应判决撤销，并可判决重新作出处罚。

综上，本题的正确答案为A。

（2006/2/46）8. 法院因主要证据不足判决撤销被诉具体行政行为并判令被告重新作出具体行政行为后，被告以同一事实与理由作出与原具体行政行为基本相同的具体行政行为，原告向法院提起诉讼的，法院下列哪种做法是正确的？

A. 确认被告重新作出的具体行政行为违法

B. 确认被告重新作出的具体行政行为无效

C. 判决撤销该具体行政行为，并判令被告重新作出具体行政行为

D. 判决撤销该具体行政行为，并向该行政机关的上一级行政机关或者监察、人事机关提出司法建议

【考点】行政诉讼的裁判类型

【黄文涛解析】A选项不当选、B选项不当选、C选项不当选、D选项不当选。《最高人民法院关于适用〈中华人民共和国行政诉讼法〉的解释》第90条第3款规定："行政机关以同一事实和理由重新作出与原行政行为基本相同的行政行为，人民法院应当根据行政诉讼法第七十条、第七十一条的规定判决撤销或者部分撤销，并根据行政诉讼法第九十六条的规定处理。"同时《行政诉讼法》第70条规定的是撤销判决，第71条规定了"人民法院判决被告重新作出行政行为的，被告不得以同一的事实和理由作出与原行政行为基本相同的行政行为。"可见法院应当判决撤销该重作的具体行政行为，并不能重新要求其重作行政行为。此外依据《行政诉讼法》第96条第1款第（四）项的规定，法院可以"向监察机关或者该行政机关的上一级行政机关提出司法建议"，并未规定可以向"人事机关"提出司法建议（原《行政诉讼法》中规定可以向人事机关提出司法建议），故D选项依据新的《行政诉讼法》错误，也不当选。

综上，本题根据最新法律的规定无答案。

（2006/2/47）9. 因甲公司不能偿还到期债务，贷款银行向法院提起民事诉讼。2004年6月7日，银行在诉讼中得知市发展和改革委员会已于2004年4月6日根据申请，将某小区住宅项目的建设业主由甲公司变更为乙公司。后银行认为行政机关的变更行为侵犯了其合法债权，于2006年1月9日向法院提起行政诉讼，请求确认市发展和改革委员会的变更行为违法。下列关于起诉期限的哪种说法符合法律规定？

A. 原告应当在知道具体行政行为内容之日起5年内提起行政诉讼

B. 原告应当在知道具体行政行为内容之日起20年内提起行政诉讼

C. 原告应当在知道具体行政行为内容之日起2年内提起行政诉讼

D. 原告应当在知道具体行政行为内容之日起3个月内提起行政诉讼

【考点】行政诉讼的起诉期限

【黄文涛解析】本题是计算行政诉讼起诉期限的典型题目，可以依据我所总结的行政诉讼起诉期限计算步骤进行推导。

第一步，确定案件的类型。本案原告银行起诉的是行政机关的变更行为，因此属于行政作为案件。

第二步，确定属于行政作为案件后，要确定被诉行政行为作出时原告银行是全知、半知还是全不知。结合题目，被诉行政行为是在2004年4月6日作出，而原告银行是在2004年6月7日才知道这一行为，因此在被诉行政行为作出时，原告银行对该行政行为是属于全不知的情形。《行政诉讼法》第46条第1款规定：

"公民、法人或者其他组织直接向人民法院提起诉讼的，应当自知道或者应当知道作出行政行为之日起六个月内提出。法律另有规定的除外。"同时《最高人民法院关于适用〈中华人民共和国行政诉讼法〉的解释》第65条规定："公民、法人或者其他组织不知道行政机关作出的行政行为内容的，其起诉期限从知道或者应当知道该行政行为内容之日起计算，但最长不得超过行政诉讼法第四十六条第二款规定的起诉期限。"可见对于原告在被诉行政行为作出时全不知的情形，应当从原告知道被诉行政行为内容之日其6个月内起诉。所以本题无答案。由于本题考查时仍然是原《行政诉讼法》生效，而原《行政诉讼法》中规定起诉期限是3个月，因此原本题目的正确答案是D选项。如果考生对于推导行政诉讼起诉期限的问题仍不清楚，可以在我的新浪微博（@黄文涛的行政法）上搜索"行政诉讼起诉期限"，其中有详细讲解和归纳。

综上，本题根据现行《行政诉讼法》的规定无答案。

（2006/2/48） 10. 关于行政许可程序，下列哪一选项是正确的

A. 对依法不属于某行政机关职权范围内的行政许可申请，行政机关作出不予受理决定，应向当事人出具加盖该机关专用印章和注明日期的书面凭证

B. 行政许可听证均为依当事人申请的听证，行政机关不能主动进行听证

C. 行政机关作出的准予行政许可决定，除涉及国家秘密的，均应一律公开

D. 所有的行政许可适用范围均没有地域限制，在全国范围内有效

【考点】 行政许可的普通实施程序；听证程序；公开制度

【黄文涛解析】 A选项当选。《行政许可法》第32条规定："行政机关对申请人提出的行政许可申请，应当根据下列情况分别作出处理：……（二）申请事项依法不属于本行政机关职权范围的，应当即时作出不予受理的决定，并告知申请人向有关行政机关申请；……行政机关受理或者不予受理行政许可申请，应当出具加盖本行政机关专用印章和注明日期的书面凭证。"可见对于依法不属于某行政机关职权范围内的行政许可申请，行政机关作出不予受理决定时应向当事人出具加盖该机关专用印章和注明日期的书面凭证。

B选项不当选。《行政许可法》第46条规定："法律、法规、规章规定实施行政许可应当听证的事项，或者行政机关认为需要听证的其他涉及公共利益的重大行政许可事项，行政机关应当向社会公告，并举行听证。"可见行政机关有权主动举行听证。

C选项不当选。《行政许可法》第5条第2款规定："有关行政许可的规定应当公布；未经公布的，不得作为实施行政许可的依据。行政许可的实施和结果，除涉及国家秘密、商业秘密或者个人隐私的外，应当公开。……"可见除了涉及国家秘密之外，涉及商业秘密或个人隐私的行政许可决定也不应当公开。

D选项不当选。《行政许可法》第41条规定："法律、行政法规设定的行政许可，其适用范围没有地域限制的，申请人取得的行政许可在全国范围内有效。"可见只有法律、行政法规设定的行政许可才是全国范围内有效，地方性法规设定的行政许可就只有在本区域范围内有效。

综上，本题的正确答案为A。

（2006/2/49） 11. 下列哪种做法符合《公务员法》的规定？

A. 某卫生局副处长李某因在定期考核中被确定为基本称职，被降低一个职务

层次任职

B. 某市税务局干部沈某到该市某国有企业中挂职锻炼一年

C. 某市公安局与技术员田某签订的公务员聘任合同，应当报该市组织部门批准

D. 某地环保局办事员齐某对在定期考核中被定为基本称职不服，向有关部门提出申诉

【考点】公务员降职；公务员的交流制度；公务员的聘任；申诉制度

【黄文涛解析】A 选项不当选。《公务员法》第 50 条第 2 款规定："公务员在年度考核中被确定为不称职的，按照规定程序降低一个职务或者职级层次任职。"可见只有在年度考核为不称职时，才降低一个职务层次任职。

B 选项当选。《公务员法》第 66 条规定："根据工作需要，机关可以采取挂职方式选派公务员承担重大工程、重大项目、重点任务或者其他专项工作。"可见 2019 年修订生效的《公务员法》中没有规定公务员可以到国有企业挂职锻炼。注意，修订之前的《公务员法》中规定公务员可以到国有企业挂职锻炼。

C 选项不当选。《公务员法》第 102 条规定："机关聘任公务员，应当按照平等自愿、协商一致的原则，签订书面的聘任合同，确定机关与所聘公务员双方的权利、义务。聘任合同经双方协商一致可以变更或者解除。聘任合同的签订、变更或者解除，应当报同级公务员主管部门备案。"可见聘用合同不需要经过批准，只需要经过备案即可。

D 选项不当选。《公务员法》第 95 条规定："公务员对涉及本人的下列人事处理不服的，可以自知道该人事处理之日起三十日内向原处理机关申请复核；对复核结果不服的，可以自接到复核决定之日起十五日内，按照规定向同级公务员主管部门或者作出该人事处理的机关的上一级机关提出申诉；也可以不经复核，自知道该人事处理之日起三十日内直接提出申诉；……（四）定期考核定为不称职；……"可见只有对定期考核为"不称职"才可以启动复核程序。

综上，本题根据现行《公务员法》的规定无答案。

（2006/2/50）12. 行政诉讼中，起诉状副本送达被告后，下列关于行政诉讼程序的哪种说法是正确的？

A. 原告可以提出新的诉讼请求，但变更原诉讼请求的，法院不予准许

B. 法庭辩论终结前，原告提出新的诉讼请求的，法院应予准许

C. 法庭辩论终结前，原告提出新的诉讼请求或变更原诉讼请求的，法院应予准许

D. 原告提出新的诉讼请求的，法院不予准许，但有正当理由的除外

【考点】行政诉讼的受理程序

【黄文涛解析】A 选项不当选、B 选项不当选、C 选项不当选、D 选项当选。《最高人民法院关于适用〈中华人民共和国行政诉讼法〉的解释》第 70 条规定："起诉状副本送达被告后，原告提出新的诉讼请求的，人民法院不予准许，但有正当理由的除外。"可见 D 选项正确，当选。

综上，本题的正确答案为 D。

（2006/2/80）13. 李某购买中巴车从事个体客运，但未办理税务登记，且一直未缴纳税款。某县国税局要求李某限期缴纳税款 1500 元并决定罚款 1000 元。

后因李某逾期未缴纳税款和罚款，该国税局将李某的中巴车扣押，李某不服。下列哪些说法是不正确的？

A. 对缴纳税款和罚款决定，李某应当先申请复议，再提起诉讼

B. 李某对上述三行为不服申请复议，应向某县国税局的上一级国税局申请

C. 对扣押行为不服，李某可以直接向法院提起诉讼

D. 该国税局扣押李某中巴车的措施，可以交由县交通局采取

【考点】复议前置；复议机关的确定；行政强制措施的实施程序

【黄文涛解析】A选项当选、C选项不当选。《税收征管法》第88条第1款、第2款规定："纳税人、扣缴义务人、纳税担保人同税务机关在纳税上发生争议时，必须先依照税务机关的纳税决定缴纳或者解缴税款及滞纳金或者提供相应的担保，然后可以依法申请行政复议；对行政复议决定不服的，可以依法向人民法院起诉。当事人对税务机关的处罚决定、强制执行措施或者税收保全措施不服的，可以依法申请行政复议，也可以依法向人民法院起诉。"可见李某如果对缴纳税款的决定不服，应当先申请复议后才起诉，但是如果对罚款决定不服，则可以直接起诉。同时扣押行为属于税收保全措施，也可以直接起诉。

B选项不当选。《行政复议法》第12条第2款规定："对海关、金融、国税、外汇管理等实行垂直领导的行政机关和国家安全机关的具体行政行为不服的，向上一级主管部门申请行政复议。"可见国税局属于垂直领导的政府工作部门，依法只能由其上一级主管机关作为复议机关。

D选项当选。从行政法理上而言，国税局扣押李某中巴车的行为属于行政强制措施，依据《行政强制法》第17条第1款的规定："行政强制措施由法律、法规规定的行政机关在法定职权范围内实施。行政强制措施权不得委托。"也即行政强制措施一律不能委托给其他机关实施，必须由作出扣押行为的国税局自己实施。

综上，本题的正确答案为AD。

（2006/2/82）14. 2006年5月2日，吴某到某县郊区旅社住宿，拒不出示身份证件，与旅社工作人员争吵并强行住入该旅社。该郊区派出所以扰乱公共秩序为由，决定对吴某处以300元罚款。下列哪些说法是正确的？

A. 派出所可以自己的名义作出该处罚决定

B. 派出所可以当场作出该处罚决定

C. 公安机关应当将此决定书副本抄送郊区旅社

D. 吴某对该罚款决定不服，应当先审请复议才能提起行政诉讼

【考点】治安管理处罚的程序

【黄文涛解析】A选项当选。《治安管理处罚法》第91条规定："治安管理处罚由县级以上人民政府公安机关决定；其中警告、五百元以下的罚款可以由公安派出所决定。"可见派出所有权以自己名义作出500元以下的罚款。

B选项不当选。《治安管理处罚法》第100条规定："违反治安管理行为事实清楚，证据确凿，处警告或者二百元以下罚款的，可以当场作出治安管理处罚决定。"可见只有200元以下的罚款派出所可以当场作出，本案中派出所罚款了300元，依法不能当场作出。

C选项当选。《治安管理处罚法》第97条第1款规定："有被侵害人的，公安

扫码听课

机关应当将决定书副本抄送被侵害人。"本案中郊区旅社作为被侵害人，公安机关依法应当将处罚决定书副本抄送给它。

D选项不当选。《治安管理处罚法》第102条规定："被处罚人对治安管理处罚决定不服的，可以依法申请行政复议或者提起行政诉讼。"可见对于治安处罚决定，吴某既可以申请复议，也可以提起行政诉讼。

综上，本题的正确答案为AC。

（2006/2/83）15. 1997年沈某取得一房屋的房产证。2001年5月其儿媳李某以委托代理人身份到某市房管局办理换证事宜，在申请书一栏中填写"房屋为沈某、沈某某（沈某的儿子）共有"，但沈某后领取的房产证中在共有人一栏空白。2005年沈某将此房屋卖给赵某，并到某市房管局办理了房屋转移登记手续，赵某领取了房产证。沈某某以他是该房屋的共有人为由向某市人民政府申请复议，某市人民政府以房屋转移登记事实不清撤销了房屋登记。赵某和沈某不服，向法院提起行政诉讼。下列哪些说法是正确的？

A. 沈某某和李某为本案的第三人

B. 某市房管局办理此房屋转移登记行为是否合法不属本案的审查对象

C. 某市房管局为沈某办理换证行为是否合法不属本案的审查对象

D. 李某是否有委托代理权是法院审理本案的核心

【考点】行政诉讼的第三人；行政诉讼的审查对象

【黄文涛解析】A选项不当选、D选项不当选。《行政诉讼法》第29条第1款规定："公民、法人或者其他组织同被诉行政行为有利害关系但没有提起诉讼，或者同案件处理结果有利害关系的，可以作为第三人申请参加诉讼，或者由人民法院通知参加诉讼。"在本案中李某仅是以委托代理人的身份到市房管局办理换证事宜，与被诉的撤销登记行为没有利害关系，所以不能作为第三人。这也意味着李某是否有委托代理权并非是法院审理本案的核心。

B选项当选、C选项当选。《行政诉讼法》第26条第2款规定："经复议的案件，复议机关决定维持原行政行为的，作出原行政行为的行政机关和复议机关是共同被告；复议机关改变原行政行为的，复议机关是被告。"本案中市政府在复议时撤销了房屋登记，从行政法法理上看，这意味着原来房屋转移登记的行为已经因复议机关的撤销行为而不存在，此时就应该起诉复议机关市政府，法院审理的对象是市政府复议决定本身的合法性，既不是市房管局办理此房屋转移登记行为的合法性，也非市房管局为沈某办理换证行为的合法性。

综上，本题的正确答案为BC。

（2006/2/85）16. 甲乙公司签订了甲公司向乙公司购买5辆"三星牌"汽车的合同。乙公司按约定将汽车运至甲公司所在地火车站。某市工商局接举报扣押了汽车，并最终认定乙公司提供的5辆"三星"牌汽车是某国外某一品牌汽车，乙公司将其冒充国产车进行非法销售，遂决定没收该批汽车。乙公司在提起行政诉讼后，向法院提供了该批汽车的技术参数，某市工商局则提供了某省商检局对其中一辆车的鉴定结论。下列哪些说法是正确的？

A. 甲乙公司在提供图片及技术参数时，应附有说明材料

B. 若乙公司提供证据证明某省商检局的鉴定结论内容不完整，法院应不采纳该鉴定结论

C. 某省商检局的鉴定结论为某市工商局处罚乙公司的证据，是法院采纳此鉴定结论的条件之一

D. 对某市工商局的没收决定，甲公司具有原告资格

【考点】行政诉讼的证据规则；行政诉讼的原告资格

【黄文涛解析】A选项当选。最高法院2002年《最高人民法院关于行政诉讼证据若干问题的规定》第10条规定："根据行政诉讼法第三十一条第一款第（一）项的规定，当事人向人民法院提供书证的，应当符合下列要求：……（三）提供报表、图纸、会计帐册、专业技术资料、科技文献等书证的，应当附有说明材料；……"据此甲乙公司在提供图片及汽车的技术参数时，应附有说明材料。

B选项当选。最高法院2002年《最高人民法院关于行政诉讼证据若干问题的规定》第62条规定："对被告在行政程序中采纳的鉴定结论，原告或者第三人提出证据证明有下列情形之一的，人民法院不予采纳：……（三）鉴定结论错误、不明确或者内容不完整。"省商检局提供的鉴定结论就是行政程序中采纳的鉴定结论，如果乙公司提供证据证明某省商检局的鉴定结论内容不完整，法院应依据证据规则的规定不采纳该鉴定结论。

C选项当选。最高法院2002年《最高人民法院关于行政诉讼证据若干问题的规定》第54条规定："法庭应当对经过庭审质证的证据和无需质证的证据进行逐一审查和对全部证据综合审查，遵循法官职业道德，运用逻辑推理和生活经验，进行全面、客观和公正地分析判断，确定证据材料与案件事实之间的证明关系，排除不具有关联性的证据材料，准确认定案件事实。"可见法院采纳的证据必须与案件事实之间具有关联性，某省商检局的鉴定结论只有作为某市工商局处罚乙公司的证据才与案件事实具有关联性，也才能是法院采纳此鉴定结论的条件之一。

D选项不当选。《行政诉讼法》第25条规定："行政行为的相对人以及其他与行政行为有利害关系的公民、法人或者其他组织，有权提起诉讼。"可见能够具有行政诉讼原告资格的主体必须与被诉行政行为有利害关系，并且这种利害关系应当是行政法上的利害关系。本案中甲乙公司之间是民事合同关系，即使乙公司的车被工商机关没收，也可以再运送符合合同条件的其他车辆交付给甲公司。工商机关没收乙公司的车行为并没有直接影响到甲公司的利益，甲公司从法理上应当通过民事诉讼追究乙公司的法律责任，而不可以通过提起行政诉讼告工商机关。

综上，本题的正确答案为ABC。

（2006/2/86）17. 根据行政许可法的规定，下列关于行政许可的撤销、撤回、注销的哪些说法是正确的？

A. 行政许可的撤销和撤回都涉及到被许可人实体权利

B. 规章的修改可以作为行政机关撤回已经生效的行政许可的理由

C. 因行政机关工作人员滥用职权授予的行政许可被撤销的，行政机关应予赔偿

D. 注销是行政许可被撤销和撤回后的法定程序

【考点】行政许可的撤销、撤回、注销之间的区别

【黄文涛解析】A选项当选。《行政许可法》第8条中规定了行政许可撤回后

大咖点拨区

应当对被许可人的财产损失予以补偿，同法第69条规定行政许可撤销后被许可人的合法权益受到损害的，行政机关应当依法给予赔偿。此处的补偿与赔偿都是由于涉及到被许可人实体权利，因此可以推定行政许可的撤销和撤回都涉及到被许可人实体权利。

B选项当选。《行政许可法》第8条第2款规定："行政许可所依据的法律、法规、规章修改或者废止，或者准予行政许可所依据的客观情况发生重大变化的，为了公共利益的需要，行政机关可以依法变更或者撤回已经生效的行政许可。由此给公民、法人或者其他组织造成财产损失的，行政机关应当依法给予补偿。"可见规章的修改依法可以作为行政机关撤回已经生效的行政许可的理由。

C选项不当选。《行政许可法》第69条第4款规定："依照本条第一款的规定撤销行政许可，被许可人的合法权益受到损害的，行政机关应当依法给予赔偿。依照本条第二款的规定撤销行政许可的，被许可人基于行政许可取得的利益不受保护。"可见只有在行政许可撤销导致被许可人"合法权益"的损害，行政机关才应该予以赔偿。行政机关工作人员虽然滥用职权授予了行政许可，但是如果这一行政许可的被许可人也有违法行为（如对行政机关工作人员行贿），那么行政机关不需要对其进行赔偿。

D选项当选。《行政许可法》第70条规定："有下列情形之一的，行政机关应当依法办理有关行政许可的注销手续：……（四）行政许可依法被撤销、撤回，或者行政许可证件依法被吊销的；……"可见注销是行政许可被撤销、撤回后必经的程序。

综上，本题的正确答案为ABD。

（2006/2/87）18. 某省甲市南区人民政府为改造旧城建设，成立一公司负责旧房拆除。郭某因与该公司达不成协议而拒不搬迁。南区人民政府决定对其住房强制拆迁。郭某对强制拆迁行为不服向南区人民法院提出行政诉讼，一个月未得到南区人民法院答复。下列哪些说法是正确的？

A. 郭某可以向甲市中级人民法院起诉

B. 郭某可以向甲市中级人民法院申诉

C. 郭某可以向某省高级人民法院起诉

D. 因此案不属行政诉讼受案范围，南区人民法院不予答复是正确的

【考点】 行政诉讼的受理程序

【黄文涛解析】 A选项当选、B选项不当选、C选项不当选。《行政诉讼法》第52条规定："人民法院既不立案，又不作出不予立案裁定的，当事人可以向上一级人民法院起诉。上一级人民法院认为符合起诉条件的，应当立案、审理，也可以指定其他下级人民法院立案、审理。"可见对于一审法院既不立案，又不作出不予立案裁定的，当事人可以向上一级人民法院起诉。考试当年生效的最高法院2000年《行政诉讼法解释》第32条规定："受诉人民法院在7日内既不立案，又不作出裁定的，起诉人可以向上一级人民法院申诉或者起诉。上一级人民法院认为符合受理条件的，应予受理；受理后可以移交或者指定下级人民法院审理，也可以自行审理。"可见依据考试当年生效的司法解释，在一审法院既不立案，又不作出不予立案裁定时，起诉人也可以向上一级法院申诉。但是这一规定在2018年最高法院新的司法解释中已经被删除，故B选项不当选。

扫码听课

D 选项不当选。《行政诉讼法》第 12 条规定："人民法院受理公民、法人或者其他组织提起的下列诉讼：……（二）对限制人身自由或者对财产的查封、扣押、冻结等行政强制措施和行政强制执行不服的；……"南区政府作出的强制拆迁行为属于行政强制执行行为，因此应当属于行政诉讼的受案范围。

综上，本题的正确答案为 A。

（2006/2/88）19. 经张某申请并缴纳了相应费用后，某县土地局和某乡政府将一土地（实为已被征用的土地）批准同意由张某建房。某县土地局和某乡政府还向张某发放了建设用地规划许可证和建设工程许可证。后市规划局认定张某建房违法，责令立即停工。张某不听，继续施工。市规划局申请法院将张某所建房屋拆除，张某要求赔偿。下列哪些说法是正确的？

A. 某县土地局、某乡政府和市规划局为共同赔偿义务机关

B. 某县土地局和某乡政府向张某发放规划许可证和建设工程许可证的行为系超越职权的行为

C. 市规划局有权撤销张某的规划许可证

D. 对张某继续施工造成的损失，国家不承担赔偿责任

【考点】 行政赔偿的义务机关；行政许可的撤销；行政赔偿的范围

【黄文涛解析】 A 选项不当选。《国家赔偿法》第 7 条第 1 款规定："行政机关及其工作人员行使行政职权侵犯公民、法人和其他组织的合法权益造成损害的，该行政机关为赔偿义务机关。"可见只有在行政机关及其工作人员的执法行为侵害了当事人合法权益时，该行政机关才是赔偿义务机关。在本案中，张某没有获得法定许可机关市规划局的行政许可就开始建房，属于违法行为。市规划局申请法院拆除张某的房屋是依法行政，没有侵害张某的合法权益，因此市规划局不属于赔偿义务机关。

B 选项当选。依据我国《城乡规划法》的规定，规划局是规划许可证和建筑工程许可证的法定发放机关，县土地局和乡政府无权颁发两证，因此属于超越职权的行为。

C 选项当选。虽然依据《行政许可法》69 条的规定，只有"作出行政许可决定的行政机关或者其上级行政机关"有权撤销超越职权颁发的许可证，但是当年司法部公布的答案中认为被超越职权行政机关也有权撤销该许可证，而且历年考试中不止出现过一次（2004 年卷二第 96 题）。因此从司法部公布的历年答案中，我们可以归纳出这样一个结论：被超越职权的行政机关也有权撤销该行政许可。因此本案中市规划局就属于被县土地局和乡政府超越职权颁发了行政许可，应有权撤销该许可。

D 选项当选。《国家赔偿法》第 5 条规定："属于下列情形之一的，国家不承担赔偿责任：……（二）因公民、法人和其他组织自己的行为致使损害发生的；……"张某继续施工造成的损失就属于自己行为致使损害的发生，依法不属于国家赔偿的范围。

综上，本题的正确答案为 BCD。

（2006/2/90）20. 甲公司与乙公司签订建设工程施工合同，甲公司向乙公司支付工程保证金 30 万元。后由于情况发生变化，原合同约定的工程项目被取消，乙公司也无资金退还甲公司，甲公司向县公安局报案称被乙公司法定代表人王某

大咖点拨区

诈骗30万元。公安机关立案后，将王某传唤到公安局，要求王某与甲公司签订了还款协议书，并将扣押的乙公司和王的财产移交给甲公司后将王某释放。下列哪些说法是正确的？

A. 县公安局的行为有刑事诉讼法明确授权，依法不属于行政诉讼的受案范围

B. 县公安局的行为属于以办理刑事案件为名插手经济纠纷，依法属于行政诉讼的受案范围

C. 乙公司有权提起行政诉讼，请求确认县公安局行为违法并请求国家赔偿，法院应当受理

D. 甲公司获得乙公司还款是基于两公司之间的债权债务关系，乙公司的还款行为有效

【考点】行政诉讼的受案范围

【黄文涛解析】A选项不当选、B选项当选。在我国《刑事诉讼法》中并没有授权公安机关有权介入经济纠纷并将一方当事人的财产移交给另一方当事人，所以这一行为不属于刑事诉讼法明确授权的行为，故而属于行政诉讼的受案范围。

C选项当选。《国家赔偿法》第9条第2款规定："赔偿请求人要求赔偿，应当先向赔偿义务机关提出，也可以在申请行政复议或者提起行政诉讼时一并提出。"可见在乙公司一起行政诉讼时，有权提起国家赔偿请求，法院应当受理。

D选项不当选。从题目中看，甲公司与王某签订的还款协议是在公安机关强行要求之下达成的，并非基于自由意志形成的合意。因此甲公司获得乙公司还款并非基于两公司之间的债权债务关系，而是基于公安机关的强力干预，因此乙公司还款行为无效。

综上，本题的正确答案为BC。

（2006/2/93）21. 王某为某县劳动与社会保障局的一名科长，因违纪受到降级处分。下列何种说法不符合《公务员法》的规定？

A. 王某对处分不服，可自接到处分决定之日起30日内向某县人事局提出申诉

B. 王某对处分不服申请复核时，复核期间应暂停对王某的处分

C. 王某受处分期间，不得晋升级别和享受年终奖金

D. 处分解除后，王某的原级别即自行恢复

【考点】公务员处分制度；申诉制度

【黄文涛解析】A选项当选。《公务员法》第95条规定："公务员对涉及本人的下列人事处理不服的，可以自知道该人事处理之日起三十日内向原处理机关申请复核；对复核结果不服的，可以自接到复核决定之日起十五日内，按照规定向同级公务员主管部门或者作出该人事处理的机关的上一级机关提出申诉；也可以不经复核，自知道该人事处理之日起三十日内直接提出申诉：（一）处分；……"可见公务员王某对处分不服，是应从"知道人事处理之日起30日内"提出申诉，而非从"接到处分决定之日起30日内"提出申诉。

B选项当选。《公务员法》第96条第2款规定："复核、申诉期间不停止人事处理的执行。"可见在王某对处分不服申请复核时，复核期间不应暂停对王某的处分。

扫码听课

　　C 选项当选。《公务员法》第 64 条第 1 款规定："公务员在受处分期间不得晋升职务、职级和级别，其中受记过、记大过、降级、撤职处分的，不得晋升工资档次。"可见并没有规定公务员在受到处分期间不得享受年终奖金。

　　D 选项当选。《公务员法》第 65 条第 2 款规定："解除处分后，晋升工资档次、级别和职务、职级不再受原处分的影响。但是，解除降级、撤职处分的，不视为恢复原级别、原职务、原职级。"可见处分解除后，王某的原级别不能自行恢复。

　　综上，本题的正确答案为 ABCD。

　　（2006/2/95） 22. 某县工商局以某厂擅自使用专利申请号用于产品包装广告进行宣传、销售为由，向某厂发出扣押封存该厂胶片带成品通知书。该厂不服，向法院起诉要求撤销某县上商局的扣押财物通知书，并提出下列赔偿要求：返还扣押财物、赔偿该厂不能履行合同损失 100 万元、该厂名誉损失和因扣押财物造成该厂停产损失 100 万元。后法院认定某县工商局的扣押通知书违法，该厂提出的下列何种请求事项不属于国家赔偿的范围？

　　A. 返还扣押财物

　　B. 某厂不能履行合同损失 100 万元

　　C. 某厂名誉损失

　　D. 某厂停产损失 100 万元

　　【考点】 国家赔偿的范围

　　【黄文涛解析】 A 选项不当选。《国家赔偿法》第 36 条规定："侵犯公民、法人和其他组织的财产权造成损害的，按照下列规定处理：……（二）查封、扣押、冻结财产的，解除对财产的查封、扣押、冻结，造成财产损坏或者灭失的，依照本条第三项、第四项的规定赔偿；……"可见当法院认定县工商局的扣押行为违法时，应当解除对财产的扣押，也即应当返还扣押财物。

　　B 选项当选、D 选项当选。《国家赔偿法》第 36 条规定："侵犯公民、法人和其他组织的财产权造成损害的，按照下列规定处理：……（六）吊销许可证和执照、责令停产停业的，赔偿停产停业期间必要的经常性费用开支；……（八）对财产权造成其他损害的，按照直接损失给予赔偿。"可见国家赔偿法只赔偿受害人的直接损失，不赔偿间接损失。某厂不能履行合同损失的 100 万元属于间接损失，停产造成的损失 100 万元是预期可得利益，也是间接损失，都不属于赔偿范围，故 B 选项、D 选项当选。

　　C 选项当选。依据《国家赔偿法》第 35 条、第 3 条和第 17 条的规定，只有国家机关的行为侵害相对人的人身权时，才为受害人消除影响，恢复名誉，赔礼道歉。如果造成严重后果，才支付精神损害抚慰金。对于企业法人的名誉权损失，《国家赔偿法》中并没有规定需要赔偿。

　　综上，本题的正确答案为 BCD。

原型客观真题汇编十

　　（2005/2/39） 1. 谢某对某公安局以其实施盗窃为由处以 15 日拘留的处罚不服，向法院提起行政诉讼。该局向法院提供的证据有：报案人的报案电话记录、公安人员询问笔录、失窃现场勘验笔录、现场提取指纹一枚，及该指纹系谢某左

大咖点拨区

手拇指所留的鉴定书。下列哪一种说法是正确的？

A. 对报案人所作的询问笔录应当加盖某公安局、公安人员和报案人印章

B. 现场提取的指纹为物证

C. 某公安局提供的证据均为直接证据

D. 根据某公安局所提供的证据，可以认定其处罚决定证据确实充分

【考点】 行政诉讼的证据规则

【黄文涛解析】 A选项不当选。最高法院2002年《最高人民法院关于行政诉讼证据若干问题的规定》第10条规定："根据行政诉讼法第三十一条第一款第（一）项的规定，当事人向人民法院提供书证的，应当符合下列要求：……（四）被告提供的被诉具体行政行为所依据的询问、陈述、谈话类笔录，应当有行政执法人员、被询问人、陈述人、谈话人签名或者盖章。"可见对于询问笔录并没有要求加盖公安局的印章，只要有执法人员和报案人的签名或盖章即可。

B选项当选。物证是以其存在的外形、性状、质量、特征、规格等证明案件事实的物品或痕迹，本案中公安机关提交的现场指纹是用来证明案件事实的痕迹，属于物证。

C选项不当选。证据可以依据与案件主要事实的证明关系不同区分为直接证据和间接证据，直接证据是其本身就可以直接证明有关案件事实的证据，例如如果有盗窃现场录像直接能确认谢某的盗窃行为，那么录像带就属于直接证据。而公安机关提供的证据都属于必须与其他证据相互印证才能证明谢某违法事实的证据，属于间接证据。

D选项不当选。公安机关提供的均系间接证据，并且这些间接证据之间并不能相互之间形成密切的联系证明谢某的盗窃行为，没有到达证据确实充分的要求。

综上，本题的正确答案为B。

（2005/2/40）2. 一小区已建有A幼儿园，为满足需要，某区人民政府拟在该小区内再建一所幼儿园。张某和李某先后向某区人民政府提出申请，张某获批准。下列哪一种说法是正确的？

A. 某区人民政府必须在受理李某和张某的申请之日起20日内作出批准与否的决定

B. 某区人民政府按照张某和李某申请的先后顺序作出批准决定是不合法的

C. 李某有权对某区人民政府批准张某申请的行为提起行政诉讼

D. A幼儿园有权对某区人民政府批准再建幼儿园的决定提起行政诉讼

【考点】 行政许可的实施程序；行政诉讼的原告资格

【黄文涛解析】 A选项不当选。《行政许可法》第42条规定："除可以当场作出行政许可决定的外，行政机关应当自受理行政许可申请之日起二十日内作出行政许可决定。二十日内不能作出决定的，经本行政机关负责人批准，可以延长十日，并应当将延长期限的理由告知申请人。但是，法律、法规另有规定的，依照其规定。"可见区政府并非必须在受理申请之日起20日内作出决定，如果在20日无法作出许可决定，可以经本行政机关负责人批准延长10日。

B选项不当选。《行政许可法》第57条规定："有数量限制的行政许可，两个或者两个以上申请人的申请均符合法定条件、标准的，行政机关应当根据受理

扫码听课

行政许可申请的先后顺序作出准予行政许可的决定。但是，法律、行政法规另有规定的，依照其规定。"本案中区政府准备建的一个幼儿园，因此行政许可的数量是有限制的，按照张某和李某申请的先后顺序作出批准决定是合法的。不过本选项的表述有一定歧义，因为依据法条规定是按照"受理许可申请的先后顺序"作出许可决定，但本选项的表述则是依据"申请的先后顺序"作出许可决定。

C 选项当选、D 选项不当选。《行政许可法》第 25 条第 1 款规定："行政行为的相对人以及其他与行政行为有利害关系的公民、法人或者其他组织，有权提起诉讼。"本案中区政府批准了张某的申请，意味着李某无法获得相应的行政许可，其权益受到了影响。因此李某与该批准行为具有利害关系，具有行政诉讼的原告资格。但是对于 A 幼儿园来说，区政府的批准行为并没有影响到它的权益，因为区政府并没有给新批准建设的幼儿园特殊的优惠条件，新建幼儿园与原来的 A 幼儿园之间是平等的竞争关系。所以 A 幼儿园不具有行政诉讼的原告资格。

综上，本题的正确答案为 C。

（2005/2/41）3. 潘某不服某卫生局的行政处罚决定向法院提起诉讼。诉讼过程中，卫生局撤销了原处罚决定，潘某遂向法院申请撤诉，法院作出准予撤诉的裁定。一周后，卫生局又以同一事实和理由作出了与原处罚决定相同的决定。下列哪一种说法是正确的？

    A. 潘某可以撤回撤诉申请，请求法院恢复诉讼，继续审理该案

    B. 潘某可以对法院所作的准予撤诉裁定提出上诉

    C. 潘某可以申请再审，请求法院撤销准予撤诉的裁定

    D. 潘某可以对卫生局新的处罚决定提起诉讼

【考点】行政诉讼的撤诉

【黄文涛解析】A 选项不当选。法院作出准予撤诉的裁定意味着诉讼程序已经终结，潘某无权撤回撤诉申请，法院也无权恢复诉讼、继续审理。

B 选项不当选、C 选项不当选。《最高人民法院关于适用〈中华人民共和国行政诉讼法〉的解释》第 60 条第 2 款规定："准予撤诉的裁定确有错误，原告申请再审的，人民法院应当通过审判监督程序撤销原准予撤诉的裁定，重新对案件进行审理。"可见潘某只有在准予撤诉的裁定确有错误时，才能申请再审，也无权对准予撤诉的裁定提出上诉。在本案中法院准予撤诉的裁定并没有错误，所以潘某既不能申请再审，也不能提出上诉。

D 选项当选。卫生局以同一事实和理由作出了与原处罚决定相同的决定，这属于一个新的行政处罚行为，潘某可以对该处罚决定提起诉讼。

综上，本题的正确答案为 D。

（2005/2/42）4. 某乡人民政府对程某征收农民负担费用 500 元，县人民政府经复议将费用减为 400 元。程某不服遂向法院提起诉讼。法院经审理认为征收400 元的费用违反了国家规定的不得超过上年度农民人均纯收入 5% 的标准。法院应如何处理此案？

    A. 变更县政府的决定，确定应交纳费用的具体标准

    B. 确认县政府的决定违法，责令乡政府重新作出决定

    C. 撤销县政府的决定，责令乡政府重新作出决定

    D. 撤销县政府的决定，责令县政府重新作出决定

大咖点拨区

扫码听课

扫码听课

【考点】行政诉讼的裁判类型

【黄文涛解析】A选项当选。《行政诉讼法》第77条第1款规定："行政处罚明显不当，或者其他行政行为涉及对款额的确定、认定确有错误的，人民法院可以判决变更。"可见法院如果发现行政机关对数额错误，有权作出变更判决。这一规定是2015年修订生效的《行政诉讼法》的新规定，考试当年没有这一规定，所以当年的答案没有选择A选项。

B选项不当选。《行政诉讼法》第74条规定："行政行为有下列情形之一的，人民法院判决确认违法，但不撤销行政行为：（一）行政行为依法应当撤销，但撤销会给国家利益、社会公共利益造成重大损害的；（二）行政行为程序轻微违法，但对原告权利不产生实际影响的。行政行为有下列情形之一，不需要撤销或者判决履行的，人民法院判决确认违法：（一）行政行为违法，但不具有可撤销内容的；（二）被告改变原违法行政行为，原告仍要求确认原行政行为违法的；（三）被告不履行或者拖延履行法定职责，判决履行没有意义的。"本案中不符合确认违法判决的这几个适用条件，不能适用确认违法判决。

C选项不当选、D选项不当选。依据《最高人民法院关于适用〈中华人民共和国行政诉讼法〉的解释》第89条规定："复议决定改变原行政行为错误，人民法院判决撤销复议决定时，可以一并责令复议机关重新作出复议决定或者判决恢复原行政行为的法律效力。"可见法院应当撤销县政府的复议决定，同时可以责令其重新作出复议决定或者判决恢复乡政府行为的法律效力。

综上，本题的正确答案为A。

扫码听课

（2005/2/43）5. 下列有关法律规范的适用和备案的哪一种说法是正确的？

A. 地方性法规与部门规章对同一事项的规定不一致，不能确定如何适用时，由国务院作出最终裁决

B. 不同行政法规的特别规定与一般规定不一致不能确定如何适用时，由国务院裁决

C. 地方政府规章内容不适当的，国务院应当予以改变或者撤销

D. 凡被授权机关制定的法规违背授权目的的，授权和所制定的法规应当一并被撤销

【考点】法律规范的适用与备案制度

【黄文涛解析】A选项不当选。《立法法》第25条规定："地方性法规、规章之间不一致时，由有关机关依照下列规定的权限作出裁决：……（二）地方性法规与部门规章之间对同一事项的规定不一致，不能确定如何适用时，由国务院提出意见，国务院认为应当适用地方性法规的，应当决定在该地方适用地方性法规的规定；认为应当适用部门规章的，应当提请全国人民代表大会常务委员会裁决；……"可见只有在国务院认为应当适用地方性法规时，才能作出最终裁决。

B选项不当选。《立法法》第92条规定："同一机关制定的法律、行政法规、地方性法规、自治条例和单行条例、规章，特别规定与一般规定不一致的，适用特别规定；新的规定与旧的规定不一致的，适用新的规定。"可见不同行政法规的特别规定与一般规定不一致时，可以直接适用特别规定，不需要经过国务院裁决。

C选项当选。《立法法》第97条规定："改变或者撤销法律、行政法规、地

方性法规、自治条例和单行条例、规章的权限是：……（三）国务院有权改变或者撤销不适当的部门规章和地方政府规章；……"可见国务院有权改变或撤销内容不适当的地方政府规章。

　　D选项不当选。《立法法》第97条规定："改变或者撤销法律、行政法规、地方性法规、自治条例和单行条例、规章的权限是：……（七）授权机关有权撤销被授权机关制定的超越授权范围或者违背授权目的的法规，必要时可以撤销授权。"可见对于被授权机关制定的法规违背授权目的的，必须要被撤销，但是授权则是在必要时才撤销。

　　综上，本题的正确答案为C。

　　（2005/2/44）6. 甲省乙市人民政府决定征用乙市某村全部土地用于建设，甲省人民政府作出了批准乙市在该村征用土地的批复。其后，乙市规划建设局授予丁公司拆迁许可证，决定拆除该村一组住户的房屋。一组住户不服，欲请求救济。下列哪一种说法不正确？

　　A. 住户对甲省人民政府征用土地的批复不服，应当先申请复议再提起诉讼

　　B. 住户可以对乙市人民政府征用补偿决定提起诉讼

　　C. 住户可以对乙市规划建设局授予丁公司拆迁许可证的行为提起诉讼

　　D. 住户可以请求甲省人民政府撤销乙市规划建设局授予丁公司拆迁许可证的行为

　　【考点】 复议前置；行政诉讼的受案范围；行政诉讼的原告资格；行政许可的撤销

　　【黄文涛解析】 A选项当选。《行政复议法》第30条第1款规定："公民、法人或者其他组织认为行政机关的具体行政行为侵犯其已经依法取得的土地、矿藏、水流、森林、山岭、草原、荒地、滩涂、海域等自然资源的所有权或者使用权的，应当先申请行政复议；对行政复议决定不服的，可以依法向人民法院提起行政诉讼。"依据本条规定，如果行政机关的"具体行政行为"侵害社会主体"已经依法取得"的自然资源所有权或使用权的，必须复议前置。同时，最高法院《关于适用〈行政复议法〉第三十条第一款有关问题的批复》（法释〔2003〕5号）对本条文中的"具体行政行为"进行了解释，指出："根据《行政复议法》第三十条第一款的规定，公民、法人或者其他组织认为行政机关确认土地、矿藏……等自然资源的所有权或者使用权的具体行政行为，侵犯其已经依法取得的自然资源所有权或者使用权的，经行政复议后，才可以向人民法院提起行政诉讼，但法律另有规定的除外；对涉及自然资源所有权或者使用权的行政处罚、行政强制措施等其他具体行政行为提起诉讼的，不适用《行政复议法》第三十条第一款的规定。"可见最高法院的司法解释中将本条中的"具体行政行为"解释为"确认"自然资源权属的具体行政行为。结合这两个条文可知，涉及自然资源行政行为的复议前置需要满足两个条件：第一，行政机关作出了一个"行政确认"行为确认了某种自然资源权属；第二，某一社会主体认为这一行政确认行为侵害了自身"已经取得"的自然资源权属。在本案中甲省政府的批复行为并非对自然资源的确认行为，不符合复议前置的要求。

　　B选项不当选。《行政诉讼法》第12条规定："人民法院受理公民、法人或者其他组织提起的下列诉讼：……（五）对征收、征用决定及其补偿决定不服

的；……"可见土地征收补偿决定属于行政诉讼的受案范围。同时《行政诉讼法》第25条第1款规定："行政行为的相对人以及其他与行政行为有利害关系的公民、法人或者其他组织，有权提起诉讼。"住户作为拆迁对象，属于行政征收补偿决定的相对人，具有原告资格。由此，住户可以对乙市人民政府征用补偿决定提起诉讼。

C选项不当选。《行政诉讼法》第25条第1款规定："行政行为的相对人以及其他与行政行为有利害关系的公民、法人或者其他组织，有权提起诉讼。"乙市规划建设局授予丁公司拆迁许可证的行为是住户房屋被拆除的前提，住户与此许可行为具有利害关系，因此具有行政诉讼的原告资格，有权起诉。

D选项不当选。《行政许可法》第69条规定："有下列情形之一的，作出行政许可决定的行政机关或者其上级行政机关，根据利害关系人的请求或者依据职权，可以撤销行政许可：……"可见撤销行政许可的法定主体有作出行政许可决定的行政机关和上级行政机关。甲省人民政府是乙市规划建设局上级行政机关，有权撤销它作出的行政许可，因此住户可以请求甲省人民政府撤销乙市规划建设局授予丁公司拆迁许可证的行为。

综上，本题的正确答案为A。

（2005/2/45）7. 黄某在与陈某的冲突中被陈某推倒后摔成轻微伤，甲市乙县公安局以此对陈某作出行政拘留15日的决定。陈某不服申请复议，甲市公安局经调查并补充了王某亲眼看到黄某摔伤的证言后维持了原处罚决定。陈某向法院提起诉讼。庭审中，陈某提出该处罚未经过负责人集体讨论，一审法院遂要求被告补充提供该处罚由负责人集体讨论决定的记录。下列哪一种说法是正确的？

A. 此案应由甲市公安局所在地人民法院管辖

B. 王某的证言只能作为证明甲市公安局的复议决定合法的证据

C. 法院要求被告补充记录的做法不符合法律规定

D. 法院对被告提供的记录形成时间所作的审查属于对证据的关联性审查

【考点】行政诉讼的管辖法院；行政诉讼的证据规则

【黄文涛解析】A选项不当选。《行政诉讼法》第18条第1款规定："行政案件由最初作出行政行为的行政机关所在地人民法院管辖。经复议的案件，也可以由复议机关所在地人民法院管辖。"在本案中甲市公安局在经过复议维持了原机关的拘留行为，属于经过复议的案件，因此原机关（县公安局）所在地法院和复议机关（甲市公安局）所在地法院都具有管辖权。另外，需要注意的是，本案起诉的是行政拘留决定，因此还涉及到限制人身自由案件的地域管辖问题确定。对于起诉行政拘留决定是否应当按照限制人身自由案件确定地域管辖法院的问题存在着实践标准与考试标准的冲突，有兴趣的考生可以在我的微信公众号（@黄文涛的行政法）主页精品文萃栏目中找到我专门撰写的分析文章。

B选项不当选。《最高人民法院关于适用〈中华人民共和国行政诉讼法〉的解释》第135条第3款规定："复议机关作共同被告的案件，复议机关在复议程序中依法收集和补充的证据，可以作为人民法院认定复议决定和原行政行为合法的依据。"可见王某的证言也可以用来证明原行政行为的合法性。最高法院曾在2000年《行政诉讼法解释》第31条第2款规定："复议机关在复议过程中收集和补充的证据，不能作为人民法院维持原具体行政行为的根据。"所以考试当年这

扫码听课

一选项是正确的，但是目前已经被 2018 年的司法解释所改变。

C 选项不当选。《行政诉讼法》的 39 条规定："人民法院有权要求当事人提供或者补充证据。"行政诉讼中的当事人包括被告，因此法院有权要求被告补充记录。

D 选项不当选。最高法院 2002 年《最高人民法院关于行政诉讼证据若干问题的规定》第 55 条规定："法庭应当根据案件的具体情况，从以下方面审查证据的合法性：……（二）证据的取得是否符合法律、法规、司法解释和规章的要求；……"同时《行政处罚法》第 57 条第 2 款规定："对情节复杂或者重大违法行为给予行政处罚，行政机关负责人应当集体讨论决定。"行政拘留无疑属于较重的行政处罚，依法应当由公安机关的负责人集体讨论决定后才能作出。因此在本案中，法院要对记录形成时间的审查就是在审查该行政拘留的处罚决定是否符合《行政处罚法》的要求，属于对证据合法性的审查，而非对证据关联性的审查。

综上，本题根据最新的法律规定无答案。

（2005/2/46）8. 根据行政许可法的规定，下列有关行政许可的审查和决定的哪一种说法是正确的？

A. 对行政许可申请人提交的申请材料的审查，均应由行政机关两名以上工作人员进行

B. 行政机关作出准予行政许可决定和不予行政许可决定，均应采用书面形式

C. 行政机关作出准予行政许可决定后，均应向申请人颁发加盖本行政机关印章的行政许可证件

D. 所有的行政许可均在全国范围内有效

【考点】 行政许可的实施程序

【黄文涛解析】 A 选项不当选。《行政许可法》第 34 条规定："行政机关应当对申请人提交的申请材料进行审查。申请人提交的申请材料齐全、符合法定形式，行政机关能够当场作出决定的，应当当场作出书面的行政许可决定。根据法定条件和程序，需要对申请材料的实质内容进行核实的，行政机关应当指派两名以上工作人员进行核查。"可见只有对申请材料实质内容的审查，才需要两名以上工作人员进行，对于形式内容的审查可以由一名工作人员进行。

B 选项当选。《行政许可法》第 38 条规定："申请人的申请符合法定条件、标准的，行政机关应当依法作出准予行政许可的书面决定。行政机关依法作出不予行政许可的书面决定的，应当说明理由，并告知申请人享有依法申请行政复议或者提起行政诉讼的权利。"可见行政机关无论是作出准予行政许可决定，还是作出不予行政许可决定，均应采用书面形式。

C 选项不当选。《行政许可法》第 39 条第 2 款规定："行政机关实施检验、检测、检疫的，可以在检验、检测、检疫合格的设备、设施、产品、物品上加贴标签或者加盖检验、检测、检疫印章。"可见行政机关作出准予许可的决定后，有可能是采取加贴标签或加盖检验、检测、检疫印章的方式，而非必须向申请人颁发加盖本行政机关印章的行政许可证件。

D 选项不当选。《行政许可法》第 41 条规定："法律、行政法规设定的行政许可，其适用范围没有地域限制的，申请人取得的行政许可在全国范围内有效。"可见只有法律、行政法规设定的行政许可才是全国范围内有效，诸如地方性法规

扫码听课

设定的行政许可只在本地区范围内生效。

综上，本题的正确答案为 B。

（2005/2/47）9. A 市某县土地管理局以刘某非法占地建住宅为由，责令其限期拆除建筑，退还所占土地。刘某不服，申请行政复议。下列哪一种说法是正确的？

A. 复议机关只能为 A 市土地管理局

B. 若刘某撤回复议申请，则无权再提起行政诉讼

C. 刘某有权委托代理人代为参加复议

D. 若复议机关维持了某县土地管理局的决定，刘某逾期不履行的，某县土地管理局可以自行强制执行

【考点】 复议机关的确定；复议的撤回；复议的代理人；复议决定的执行

【黄文涛解析】 A 选项不当选。《行政复议法》第 12 条规定："对县级以上地方各级人民政府工作部门的具体行政行为不服的，由申请人选择，可以向该部门的本级人民政府申请行政复议，也可以向上一级主管部门申请行政复议。对海关、金融、国税、外汇管理等实行垂直领导的行政机关和国家安全机关的具体行政行为不服的，向上一级主管部门申请行政复议。"可见当县土地管理局作为行政复议被申请人时，复议机关可以是县政府或市土地管理局。

B 选项不当选。《最高人民法院关于适用〈中华人民共和国行政诉讼法〉的解释》第 58 条规定："法律、法规未规定行政复议为提起行政诉讼必经程序，公民、法人或者其他组织向复议机关申请行政复议后，又经复议机关同意撤回复议申请，在法定起诉期限内对原行政行为提起诉讼的，人民法院应当依法立案。"可见如果刘某撤回复议申请，仍然有权提起行政诉讼。

C 选项当选。《行政复议法》第 10 条第 5 款规定："申请人、第三人可以委托代理人代为参加行政复议。"刘某作为行政复议的申请人，依法有权委托代理人代为参加复议。

D 选项不当选。《行政复议法》第 33 条规定："申请人逾期不起诉又不履行行政复议决定的，或者不履行最终裁决的行政复议决定的，按照下列规定分别处理：（一）维持具体行政行为的行政复议决定，由作出具体行政行为的行政机关依法强制执行，或者申请人民法院强制执行；……"可见如果复议机关维持了原行政行为，应该由原行政机关依法实施强制执行。如果原行政机关没有强制执行权的，那么应当申请法院强制执行。在考试中，考生只需要记住公安、国安、海关、税务这四个政府工作部门具有行政强制执行权，其他工作部门推定为没有强制执行权。因此县土地管理局没有法定的行政强制执行权，只能申请法院强制执行自己的决定。

综上，本题的正确答案为 C。

（2005/2/49）10. 下列有关行政法规和规章的哪一种说法是正确的？

A. 涉及两个以上国务院部门职权范围的事项，不得制定规章，应当由国务院制定行政法规

B. 行政机关对行政许可事项进行监督检查收取费用须由法规规章规定

C. 行政法规应由国务院起草、讨论和通过，国务院部门不能成为行政法规的起草单位

D. 有规章制定权的地方政府可以直接依据法律制定规章

【考点】规章的制定权限；行政许可的收费；行政法规的制定程序

【黄文涛解析】A选项不当选。《立法法》第81条规定："涉及两个以上国务院部门职权范围的事项，应当提请国务院制定行政法规或者由国务院有关部门联合制定规章。"可见涉及两个以上国务院部门职权范围的事项，可由国务院有关部门联合制定规章，而非只能由国务院制定行政法规。

B选项不当选。《行政许可法》第58条规定："行政机关实施行政许可和对行政许可事项进行监督检查，不得收取任何费用。但是，法律、行政法规另有规定的，依照其规定。"可见行政许可的监督检查收费应该由法律、行政法规规定，而非由法规、规章规定。

C选项不当选。《行政法规制定程序条例》第11条规定："行政法规由国务院组织起草。国务院年度立法工作计划确定行政法规由国务院的一个部门或者几个部门具体负责起草工作，也可以确定由国务院法制机构起草或者组织起草。"可见国务院部门在国务院或国务院法制办的组织下也可以成为行政法规的起草主体。

D选项当选。《立法法》第82条第1款规定："省、自治区、直辖市和设区的市、自治州的人民政府，可以根据法律、行政法规和本省、自治区、直辖市的地方性法规，制定规章。"可见省级政府、设区市政府等有规章制定权的地方政府可以直接依据《立法法》的规定制定规章。

综上，本题的正确答案为D。

（2005/2/50）11. 王某户籍所在地是甲市A区，工作单位所在地是甲市B区。2002年1月王某在乙市出差时因涉嫌嫖娼被乙市A区公安分局传唤，后被该公安分局以嫖娼为由处以罚款500元。在被处罚以前，王某被留置于乙市B区两天。经复议王某对罚款和留置措施提起行政诉讼。下列哪一法院对本案没有管辖权？

A. 甲市A区人民法院　　　　　　B. 甲市B区人民法院
C. 乙市A区人民法院　　　　　　D. 乙市B区人民法院

【考点】行政诉讼的管辖法院

扫码听课

【黄文涛解析】A选项不当选、B选项当选、C选项不当选、D选项不当选。观察四个选项可以发现每个选项都是区法院，也即级别管辖已经不需要考生判断，因此本题是关于行政诉讼案件地域管辖法院确定的典型题目。我曾总结过判断地域管辖法院的基本规律是"根据案件类型判断级别管辖"。

本题案例王某同时起诉罚款与留置措施，依据《最高人民法院关于适用〈中华人民共和国行政诉讼法〉的解释》第8条第2款规定："对行政机关基于同一事实，既采取限制公民人身自由的行政强制措施，又采取其他行政强制措施或者行政处罚不服的，由被告所在地或者原告所在地的人民法院管辖。"可见本案属于限制人身自由类型的案件，既可以向原告所在地法院起诉，也可以向被告所在地法院起诉。而根据同一司法解释第8条第1款的规定，这里的"原告所在地"包括原告的户籍所在地、经常居住地和被限制人身自由地。因此具有本案地域管辖权的法院包括原告户籍所在地法院、经常居住地法院、被限制人身自由地法院和被告所在地法院。

同时不能忽略的是，本案王某还申请了复议，并且是经过复议后再起诉，依据《行政诉讼法》第18条规定："行政案件由最初作出行政行为的行政机关所在地人民法院管辖。经复议的案件，也可以由复议机关所在地人民法院管辖。"可见本案既可以由原机关所在地法院管辖，也可以由复议机关所在地法院管辖。

总之，本案既属于地域管辖案件类型中的限制人身自由类型的案件，也属于经过复议的案件类型，两种类型案件的地域管辖法院相合并就是本案的管辖法院。由此，甲市A区法院是原告的户籍所在地法院，乙市A区法院是原机关所在地法院，乙市B区法院是被限制人身自由地法院，它们三者都具有管辖权。甲市B区法院是原告的工作单位所在地法院，不属于原告的经常居住地法院，因此不具有管辖权。考生如果对如何推导行政诉讼案件管辖权的问题不清楚，可以在我的新浪微博（@黄文涛的行政法）上搜索"行政诉讼管辖法院的推导思路"一文，其中有详细的讲解。

综上，本题的正确答案为B。

扫码听课

（2005/2/81）12. 根据《最高人民法院关于行政诉讼证据若干问题的规定》，在二审程序中，对当事人依法提供的新证据，法庭应当进行质证。这里新证据是指：

A. 在一审程序中应当准予延期提供而未获准许的证据

B. 当事人在一审程序中依法申请调取而未获准许，人民法院在二审程序中调取的证据

C. 原告或者第三人提供的在举证期限届满后发现的证据

D. 原告或第三人在诉讼过程中提出的其在被告实施行政行为过程中所没有反驳的证据

【考点】行政诉讼的证据规则

【黄文涛解析】A选项当选、B选项当选、C选项当选、D选项不当选。最高法院2002年《最高人民法院关于行政诉讼证据若干问题的规定》第52条规定："本规定第五十条和第五十一条中的'新的证据'是指以下证据：（一）在一审程序中应当准予延期提供而未获准许的证据；（二）当事人在一审程序中依法申请调取而未获准许或者未取得，人民法院在第二审程序中调取的证据；（三）原告或者第三人提供的在举证期限届满后发现的证据。"可见A选项、B选项、C选项中的表述都符合该司法解释的规定。

综上，本题的正确答案为ABC。

（2005/2/82）13. 根据行政处罚法的规定，下列哪些说法是正确的？

A. 违法行为轻微，及时纠正没有造成危害后果的，应当依法减轻对当事人的行政处罚

B. 行政机关使用非法定部门制发的罚款单据实施处罚的，当事人有权拒绝处罚

C. 对情节复杂的违法行为给予较重的行政处罚，应由行政机关的负责人集体讨论决定

D. 除当场处罚外，行政处罚决定书应按照民事诉讼法的有关规定在7日内送达当事人

扫码听课

【考点】行政处罚的适用规则；行政处罚的实施程序

【黄文涛解析】A选项不当选。《行政处罚法》第33条第1款规定："违法行

为轻微并及时改正，没有造成危害后果的，不予行政处罚。初次违法且危害后果轻微并及时改正的，可以不予行政处罚。"可见此时应当对当事人不予处罚，而非减轻处罚。

B选项当选。《行政处罚法》第70条规定："行政机关及其执法人员当场收缴罚款的，必须向当事人出具国务院财政部门或者省、自治区、直辖市人民政府财政部门统一制发的专用票据；不出具财政部门统一制发的专用票据的，当事人有权拒绝缴纳罚款。"可见行政机关使用非法定部门制发的罚款单据实施处罚的，当事人有权拒绝处罚。

C选项当选。《行政处罚法》第57条第2款规定："对情节复杂或者重大违法行为给予行政处罚，行政机关负责人应当集体讨论决定。"故C选项表述正确。

D选项不当选。《行政处罚法》第61条第1款规定："行政处罚决定书应当在宣告后当场交付当事人；当事人不在场的，行政机关应当在七日内依照《中华人民共和国民事诉讼法》的有关规定，将行政处罚决定书送达当事人。"当场处罚和当场交付处罚决定书不一样，即使在普通程序（非当场处罚程序）中，如果行政处罚决定书能够当场交付给当事人的，也应当当场交付。

综上，本题的正确答案为BC。

（2005/2/83）14. 某市建筑材料厂超标准排放污水违反了《中华人民共和国水污染防治法》，该市环境保护局对其处以2万元的罚款。在规定期间内该厂既不交纳罚款也未向法院提起诉讼，该市环境保护局向法院申请强制执行。下列哪些说法是正确的？

A. 市环境保护局应当自罚款决定生效之日起90日向法院提起执行申请

B. 市环境保护局如有理由认为某市建筑材料厂逃避执行的，可以在提出执行申请之前要求法院采取财产保全措施

C. 市环境保护局应当向法院提供某市建筑材料厂财产状况的材料

D. 人民法院在强制执行此罚款决定前，应当对罚款决定是否合法进行审查

扫码听课

【考点】行政强制执行的程序

【黄文涛解析】A选项不当选。《行政强制法》第53条规定："当事人在法定期限内不申请行政复议或者提起行政诉讼，又不履行行政决定的，没有行政强制执行权的行政机关可以自期限届满之日起三个月内，依照本章规定申请人民法院强制执行。"可见只有在当事人法定期限内"三不"时（不起诉、不复议、不履行），行政机关才可以在期限届满后3个月内申请法院强制执行。此处的法定期限届满一般为行政诉讼的起诉期限届满。

B选项当选。《最高人民法院关于适用〈中华人民共和国行政诉讼法〉的解释》第159条规定："行政机关或者行政行为确定的权利人申请人民法院强制执行前，有充分理由认为被执行人可能逃避执行的，可以申请人民法院采取财产保全措施。后者申请强制执行的，应当提供相应的财产担保。"可见市环境保护局作为申请非诉执行的行政机关，依据司法解释的规定有权在申请法院强制执行之前要求法院采取财产保全措施。

C选项当选。《行政强制法》第55条规定："行政机关向人民法院申请强制执行，应当提供下列材料：……（四）申请强制执行标的情况；……"同时《最高人民法院关于适用〈中华人民共和国行政诉讼法〉的解释》第155条第2款也

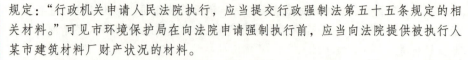

大咖点拨区

扫码听课

规定："行政机关申请人民法院执行，应当提交行政强制法第五十五条规定的相关材料。"可见市环境保护局在向法院申请强制执行前，应当向法院提供被执行人某市建筑材料厂财产状况的材料。

D选项当选。《行政强制法》第57条规定："人民法院对行政机关强制执行的申请进行书面审查，对符合本法第五十五条规定，且行政决定具备法定执行效力的，除本法第五十八条规定的情形外，人民法院应当自受理之日起七日内作出执行裁定。"同时《最高人民法院关于适用〈中华人民共和国行政诉讼法〉的解释》第160条第1款也规定："人民法院受理行政机关申请执行其行政行为的案件后，应当在七日内由行政审判庭对行政行为的合法性进行审查，并作出是否准予执行的裁定。"可见法院在强制执行行政机关申请的罚款决定前，应当对罚款决定的合法性进行审查。

综上，本题的正确答案为BCD。

（2005/2/85）15. 金某因举报单位负责人贪污问题遭到殴打，于案发当日向某区公安分局某派出所报案，但派出所久拖不理。金某向区公安分局申请复议，区公安分局以未成立复议机构为由拒绝受理，并告知金某向上级机关申请复议。下列哪些说法是正确的？

A. 金某可以向某区人民政府申请复议

B. 金某可以以某派出所为被告向法院提起行政诉讼

C. 金某可以以某区公安分局为被告向法院提起行政诉讼

D. 应当对某区公安分局相关责任人给予行政处分

【考点】 复议机关的确定；行政诉讼的被告资格

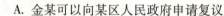

【黄文涛解析】 A选项当选。《行政复议法》第15条第1款规定："对本法第十二条、第十三条、第十四条规定以外的其他行政机关、组织的具体行政行为不服的，按照下列规定申请行政复议：……（二）对政府工作部门依法设立的派出机构依照法律、法规或者规章规定，以自己的名义作出的具体行政行为不服的，向设立该派出机构的部门或者该部门的本级地方人民政府申请行政复议；……"本条规定的是派出机构"有权"作出具体行政行为时的复议机关确定，本题案例中派出所属于行政不作为，而行政不作为的前提是派出所必须"有权"作为，因此也应当依据该法条的规定确定复议机关。区公安分局复议不作为时，金某向另一个有权的复议机关区政府申请复议是符合法律规定的。

B选项当选、C选项当选。《行政诉讼法》第26条第3款规定："复议机关在法定期限内未作出复议决定，公民、法人或者其他组织起诉原行政行为的，作出原行政行为的行政机关是被告；起诉复议机关不作为的，复议机关是被告。"可见当复议不作为时，既可以起诉原机关，也可以起诉复议机关。

D选项当选。《行政复议法》第34条规定："行政复议机关违反本法规定，无正当理由不予受理依法提出的行政复议申请或者不按照规定转送行政复议申请的，或者在法定期限内不作出行政复议决定的，对直接负责的主管人员和其他直接责任人员依法给予警告、记过、记大过的行政处分；经责令受理仍不受理或者不按照规定转送行政复议申请，造成严重后果的，依法给予降级、撤职、开除的行政处分。"可见当区公安分局拒绝受理行政复议时，应当依法对某区公安分局相关责任人给予行政处分。

综上，本题的正确答案为 ABCD。

（2005/2/86）16. 根据行政许可法的规定，下列哪些说法是正确的？

A. 某区动植物检验局未按照法定标准收取许可费用，应当对其直接责任人以行政处分

B. 医生李某死亡，卫生行政主管部门应当依法注销其医师资格

C. 某省公安厅对某高校教师出国护照的审批不适用行政许可法

D. 某企业通过贿赂手段取得的烟花爆竹生产许可证被撤销后，在一年之内不得再申请该项许可

【考点】行政许可的收费；行政许可的注销；行政许可的适用；行政许可的撤销

【黄文涛解析】A 选项当选。《行政许可法》第 75 条第 1 款规定："行政机关实施行政许可，擅自收费或者不按照法定项目和标准收费的，由其上级行政机关或者监察机关责令退还非法收取的费用；对直接负责的主管人员和其他直接责任人员依法给予行政处分。"区动植物检验局未按照法定标准收取许可费用，依法应当对其直接责任人以行政处分。

B 选项当选。《行政许可法》第 70 条规定："有下列情形之一的，行政机关应当依法办理有关行政许可的注销手续：……（二）赋予公民特定资格的行政许可，该公民死亡或者丧失行为能力的；……"医师资格属于赋予公民特定资格的行政许可，当医生李某死亡时，应当依法注销。

C 选项不当选。《行政许可法》第 3 条规定："行政许可的设定和实施，适用本法。有关行政机关对其他机关或者对其直接管理的事业单位的人事、财务、外事等事项的审批，不适用本法。"可见行政机关内部的审批关系不适用《行政许可法》，省公安厅与高校教师之间并非隶属的内部关系，其对出国护照的审批应当适用《行政许可法》。

D 选项不当选。《行政许可法》第 79 条规定："被许可人以欺骗、贿赂等不正当手段取得行政许可的，行政机关应当依法给予行政处罚；取得的行政许可属于直接关系公共安全、人身健康、生命财产安全事项的，申请人在三年内不得再次申请该行政许可；构成犯罪的，依法追究刑事责任。"可见当某企业通过贿赂手段取得的烟花爆竹生产许可证被撤销后，应当是三年之内（而非一年之内）不得再申请该项许可。

综上，本题的正确答案为 AB。

（2005/2/89）17. 对下列哪些案件人民法院可以适用先予执行？

A. 10 岁孤儿王某起诉要求乡人民政府颁发孤儿生活供养证的

B. 伤残军人罗某起诉要求县民政局发放抚恤金的

C. 张某被工商执法人员殴打致残起诉要求赔偿的

D. 王某因公致残起诉要求某市社会保险管理局支付保险金的

【考点】行政诉讼中的先予执行制度

【黄文涛解析】A 选项不当选、B 选项当选、D 选项当选。《行政诉讼法》第 57 条第 1 款规定："人民法院对起诉行政机关没有依法支付抚恤金、最低生活保障金和工伤、医疗社会保险金的案件，权利义务关系明确、不先予执行将严重影响原告生活的，可以根据原告的申请，裁定先予执行。"A 选项中王某起诉是要

大咖点拨区

扫码听课

扫码听课

2022年

求乡政府颁发孤儿生活供养证，而非可以先予执行的金钱义务，故不适用先予执行的范围。B选项、D选项中的抚恤金和保险金都属于可以先予执行的范围。

C选项不当选。张某提起的是行政赔偿诉讼，在我国的《国家赔偿法》中并没有规定行政赔偿诉讼中的先予执行，故不当选。

综上，本题的正确答案为BD。

（2005/2/90）18. 下列哪些做法不符合有关公务员管理的法律法规规定？

A. 县公安局法制科科员李某因2002年和2004年年度考核不称职被辞退

B. 小王2004年7月通过公务员考试进入市法制办工作，因表现突出于2005年1月转正

C. 办事员张某辞职离开县政府，单位要求他在离职前办理公务交接手续

D. 县财政局办事员田某对单位的开除决定不服向县人事局申诉，在申诉期间财政局应当保留田某的工作

【考点】公务员的辞退；公务员试用期；公务员的辞职；公务员的申诉

【黄文涛解析】A选项当选。《公务员法》第88条规定："公务员有下列情形之一的，予以辞退：（一）在年度考核中，连续两年被确定为不称职的；……"可见只有在"连续两年"年度考核不称职时才可以将公务员辞退，本选项中李某是隔一年考核不称职，不属于可以辞退的范畴。

B选项当选。《公务员法》第34条规定："新录用的公务员试用期为一年。试用期满合格的，予以任职；不合格的，取消录用。"小王2004年7月通过公务员考试进入市法制办工作，在2005年1月还没有达到试用期一年，因此依法不能转正。

C选项不当选。《公务员法》第91条规定："公务员辞职或者被辞退，离职前应当办理公务交接手续，必要时按照规定接受审计。"可见当办事员张某辞职离开县政府时，单位要求他在离职前办理公务交接手续符合《公务员法》的规定。

D选项当选。《公务员法》第96条第2款规定："复核、申诉期间不停止人事处理的执行。"可见当县财政局办事员田某对单位的开除决定不服向县人事局申诉时，在申诉期间开除决定并不停止执行。

综上，本题的正确答案为ABD。

（2005/2/98）19. 下列案件属于行政诉讼受案范围的有：

A. 某区房屋租赁管理办公室向甲公司颁发了房屋租赁许可证，乙公司以此证办理程序不合法为由要求该办公室撤销许可证被拒绝。后乙公司又致函该办公室要求撤销许可证，办公室作出"许可证有效，不予撤销"的书面答复。乙公司向法院起诉要求撤销书面答复

B. 某区审计局对丙公司的法定代表人进行离任审计过程中，对丙、丁公司协议合作开发的某花园工程的财务收支情况进行了审计，后向丙、丁公司发出了丁公司应返还丙公司利润30万元的通知。丁公司对通知不服向法院提起诉讼

C. 某市经济发展局根据A公司的申请，作出鉴于B公司自愿放弃其在某合营公司的股权，退出合营公司，恢复A公司在合营公司的股东地位的批复。B公司不服向法院提起诉讼

D. 某菜市场为挂靠某行政机关的临时市场，没有产权证。某市某区工商局向

在该市场内经营的 50 户工商户发出通知，称自通知之日起某菜市场由 C 公司经营，各工商户凭与该公司签订的租赁合同及个人资料申办经营许可证。50 户工商户对通知不服向法院提起诉讼

【考点】行政诉讼的受案范围

【黄文涛解析】A 选项不当选。《最高人民法院关于适用〈中华人民共和国行政诉讼法〉的解释》第 1 条第 2 款规定："下列行为不属于人民法院行政诉讼的受案范围：……（四）驳回当事人对行政行为提起申诉的重复处理行为；……"办公室作出"许可证有效，不予撤销"的书面答复属于对其自身之前作出的拒绝行为的重新强调与坚持，并没有对乙公司的权利义务产生新的影响，所以属于重复处理行政，不属于行政诉讼的受案范围。

B 选项当选、C 选项当选。这两个选项中行政机关的行政行为在《行政诉讼法》及司法解释的法条中都没有明确列举，对于这种行政行为是否属于行政诉讼的受案范围我们的解题思路是用具体行政行为的四个特性去判断，如果符合四个特性，就属于具体行政行为，也就当然属于行政诉讼的受案范围，反之就不属于受案范围。B 选项中审计局通知要求丁公司拿出 30 万元给丙公司，对于其财产权产生了处分，因而具有处分性。审计局的决定是针对丙、丁公司作出的，对象具有特定性。审计局的决定是单方作出，并且丁公司也非审计局的内部下属机构，因而具有单方性和外部性。四个特性具备，审计局的决定属于具体行政行为，因而属于行政诉讼的受案范围。C 选项中市经济发展局作出的决定认定 B 公司已经放弃了合营公司的股权，这对 B 公司的财产权也产生了实际的影响，具有处分性。市经济发展局的决定是针对 B 公司和 A 公司作出的，对象具有特定性。市经济发展局的决定是单方作出，并且两家公司也并非市经济发展局的内部下属机构，因而具有单方性和外部性。四个特性具备，市经济发展局的决定属于具体行政行为，因此属于行政诉讼的受案范围。

D 选项当选。《行政诉讼法》第 12 条规定："人民法院受理公民、法人或者其他组织提起的下列诉讼：……（七）认为行政机关侵犯其经营自主权或者农村土地承包经营权、农村土地经营权的；……"本选项案例中工商局要求各工商户凭与 C 公司签订的租赁合同及个人资料申办经营许可证，而与哪家公司签订租赁合同是工商户的经营自主权，工商局的这一要求侵犯了各工商户的经营自主权，所以属于行政诉讼的受案范围。

综上，本题的正确答案为 BCD。

（2005/2/99）20. 张某与林某同为甲市田山有限公司的股东，林某以个人名义在甲市免税进口一辆轿车，由张某代办各类手续，平时归张某使用。后张某将轿车卖给甲市国浩公司，并将所得款 35 万元人民币划入田山有限公司的账户内。甲市某区工商局认为张某的行为构成倒卖国家禁止或者限制自由买卖的物资、物品行为，决定没收张某销售款；此后又冻结田山有限公司的账款。张某不服，向甲市工商局申请复议。甲市工商局以张某的行为构成偷税为由，维持了原处罚决定。张某遂向法院提起行政诉讼。下列说法不正确的是：

A. 林某也有权对处罚决定提起行政诉讼

B. 张某可以田山有限公司的名义提起诉讼

C. 本案的被告为甲市某区工商局

大咖点拨区

扫码听课

D. 冻结账款行为不属于本案的审理对象

【考点】行政诉讼的原告资格；行政诉讼的被告资格；行政诉讼的审查对象

【黄文涛解析】A选项当选。《行政诉讼法》第25条第1款规定："行政行为的相对人以及其他与行政行为有利害关系的公民、法人或者其他组织，有权提起诉讼。"区工商局作出的行政处罚决定是没收张某的销售款，这一行为并没有影响到林某的权利义务，所以林某对这一行政处罚行为不具有利害关系，因此不具有行政诉讼的原告资格。

B选项当选。如果张某起诉告的是工商局的处罚行为，那么与田山有限公司无关，也就不能以田山有限公司的名义起诉。如果张某起诉的是冻结账款行为，同样也不能以田山有限公司的名义起诉，因为《最高人民法院关于适用〈中华人民共和国行政诉讼法〉的解释》第16条第1款规定："股份制企业的股东大会、股东会、董事会等认为行政机关作出的行政行为侵犯企业经营自主权的，可以企业名义提起诉讼。"可见只有田山有限公司的股东大会、股东会、董事会有权以田山有限公司的名义起诉，张某无权以田山有限公司的名义起诉。

C选项当选。《行政诉讼法》第26条第2款规定："经复议的案件，复议机关决定维持原行政行为的，作出原行政行为的行政机关和复议机关是共同被告；复议机关改变原行政行为的，复议机关是被告。"同时，《最高人民法院关于适用〈中华人民共和国行政诉讼法〉的解释》第22条第1款规定："行政诉讼法第二十六条第二款规定的'复议机关改变原行政行为'，是指复议机关改变原行政行为的处理结果。复议机关改变原行政行为所认定的主要事实和证据、改变原行政行为所适用的规范依据，但未改变原行政行为处理结果的，视为复议机关维持原行政行为。"本案中市工商局没有改变原行政行为的结果，维持了区工商局的决定，因此应当是以区工商局和市工商局作为共同被告。

D选项不当选。张某起诉告的是对其行政处罚行为，法院审理的对象也是该处罚行为合法性问题。行政诉讼采取不告不理的规则，张某没有起诉告冻结账款的行为，法院不能主动去审查该行政行为。

综上，本题的正确答案为ABC。

原型客观真题汇编十一

（2004/2/39）1. 县公安局以涉嫌强奸犯罪为由将张某拘留，县人民检察院批准对张某的逮捕。3个月后，经张某亲属暗中查访并向公安机关提供线索，公安机关抓获了真正的罪犯，县人民检察院对张某作出不起诉决定，张某遂请求国家赔偿。下列哪一说法是正确的？

A. 县公安局和人民检察院为共同赔偿义务机关

B. 县公安局和人民检察院没有违法行为，国家对张某不承担赔偿责任

C. 县人民检察院作出不起诉决定是对错捕行为的确认

D. 县公安局应当对错误拘留造成的损失承担赔偿义务

【考点】刑事赔偿的义务机关

【黄文涛解析】A选项不当选、D选项不当选。《国家赔偿法》第21条第3款规定："对公民采取逮捕措施后决定撤销案件、不起诉或者判决宣告无罪的，作出逮捕决定的机关为赔偿义务机关。"可见在张某被采取批捕措施后，检察院

扫码听课

又作出了不起诉决定时，由作出逮捕决定的检察院作为赔偿义务机关。同样本条也可以推导出县公安局也并非赔偿义务机关，不需要对错误拘留造成的损失承担赔偿义务。

B 选项不当选、C 选项当选。《国家赔偿法》第 17 条规定："行使侦查、检察、审判职权的机关以及看守所、监狱管理机关及其工作人员在行使职权时有下列侵犯人身权情形之一的，受害人有取得赔偿的权利：……（二）对公民采取逮捕措施后，决定撤销案件、不起诉或者判决宣告无罪终止追究刑事责任的；……"可见在检察院作出批捕决定后，又作出了不起诉决定，属于国家赔偿的范围。同样依据本条文，检察院作出不起诉决定就是对错捕行为的确认，所以才属于国家赔偿的范围。

综上，本题的正确答案为 C。

（2004/2/40）2. 按照律师法规定，申请领取律师执业证书，司法行政机关应当自收到申请之日起 30 日内作出是否颁发的决定。按照行政许可法的规定，应当自受理行政许可申请之日起 20 日内作出行政许可决定。2004 年 7 月初，张某向省司法厅申请领取律师执业证书，司法厅的正确做法是：

A. 应当适用律师法，在 30 日内作出是否颁发的决定

B. 应当适用行政许可法，在 20 日内作出是否颁发的决定

C. 可以选择适用律师法或者行政许可法关于期限的规定作出决定

D. 因法律关于期限的规定不一致，报请全国人大常委会裁决后再作决定

扫码听课

【考点】 行政许可的实施期限

【黄文涛解析】 A 选项当选、B 选项不当选、C 选项不当选、D 选项不当选。《行政许可法》第 42 条第 1 款规定："除可以当场作出行政许可决定的外，行政机关应当自受理行政许可申请之日起二十日内作出行政许可决定。二十日内不能作出决定的，经本行政机关负责人批准，可以延长十日，并应当将延长期限的理由告知申请人。但是，法律、法规另有规定的，依照其规定。"可见作为法律的《律师法》对申请许可另有规定的，依据《行政许可法》的规定，应当依据《律师法》的规定来确定期限。

综上，本题的正确答案为 A。

（2004/2/41）3. 张某委托刘某购书，并将一本存在 1.3 万元人民币的全国通兑活期存折交给刘某用于买书。刘某在途中取出该存折的 3000 元用于购买毒品，被公安机关当场抓获。审讯中，刘某供述存折中余下的 1 万元仍打算用于购买毒品。县法院对刘某判处有期徒刑 15 年。随后，公安机关作出行政处罚决定，关于当场查获的 3000 元和存折内的余款，正确的处理方法是：

A. 没收用于购买毒品的 3000 元，将存折内余款返还刘某

B. 没收用于购买毒品的 3000 元和准备用于购买毒品的存折内余款

C. 将刘某用于购买毒品的 3000 元和存折内余款返还张某

D. 没收用于购买毒品的 3000 元，将存折内余款返还张某

扫码听课

【考点】 行政处罚的种类

【黄文涛解析】 A 选项不当选、B 选项不当选、C 选项不当选、D 选项当选。《行政处罚法》第 9 条规定："行政处罚的种类：……（二）罚款、没收违法所得、没收非法财物；……"可见没收非法财物属于法定的行政处罚种类。所谓非

法财物是违法行为人用以实施违法行为的财物，本案中刘某将存折中的3000元取出用以购买毒品，这3000元就属于刘某用以实施违法行为的非法财物，依法应当没收。但是存折中的剩余款项属于张某的合法财产，并没有被刘某用来实施违法行为，所以公安机关不能没收，而应当退还给张某。

综上，本题的正确答案为D。

（2004/2/42）4. 田某对某市房管局向李某核发房屋所有权证的行为不服，以自己是房屋所有权人为由请求法院判决撤销某市房管局的发证行为。田某向法院提交了房屋所有权证，李某向法院提交了该房屋买卖合同，某市房管局向法院提交了李某的房屋产权登记申请、契税完税证等证据。下列哪一说法是正确的？

A. 房屋所有权证、房屋买卖合同、房屋产权登记申请、契税完税证均系书证

B. 李某可以在一审庭审结束前向法院提交房屋买卖合同

C. 田某向法院提交其房屋所有权证是承担举证责任的表现

D. 法院在收到被告提交的证据后应当出具收据，加盖法院印章和经办人员印章

【考点】行政诉讼的证据规则

【黄文涛解析】A选项当选。行政诉讼中的书证是以文字、符号、图形所记载或表示的内容、含义来证明案件事实的证据。房屋所有权证、房屋买卖合同、房屋产权登记申请、契税完税证都是以其记载的内容证明案件事实，所以属于书证。

B选项不当选。最高法院2002年《最高人民法院关于行政诉讼证据若干问题的规定》第7条第1款规定："原告或者第三人应当在开庭审理前或者人民法院指定的交换证据之日提供证据。因正当事由申请延期提供证据的，经人民法院准许，可以在法庭调查中提供。逾期提供证据的，视为放弃举证权利。"本案中李某作为利害关系人是行政诉讼中的第三人，依据司法解释的规定应当在开庭审理前或者人民法院指定的交换证据之日提供证据，而非一审庭审结束前提交证据。

C选项不当选。《行政诉讼法》第34条第1款规定："被告对作出的行政行为负有举证责任，应当提供作出该行政行为的证据和所依据的规范性文件。"可见在行政诉讼中是由被告承担举证责任。在行政法理上，举证责任是指不举证则要败诉的责任，作为原告的田某即使不提供房屋所有权证，也不一定会败诉，所以严格而言田某此时承担的是"提供证据责任"，而非"举证责任"，这是证据法理论中的一个区分，有一定的难度。

D选项不当选。最高法院2002年《最高人民法院关于行政诉讼证据若干问题的规定》第20条规定："人民法院收到当事人提交的证据材料，应当出具收据，注明证据的名称、份数、页数、件数、种类等以及收到的时间，由经办人员签名或者盖章。"可见证据收据上不需要加盖法院的印章。

综上，本题的正确答案为A。

（2004/2/43）5. 某化工企业生产国家明令淘汰的产品，某技术监督局依据《产品质量法》某条的规定作出罚款2000元的处罚决定。该企业不服，提起行政诉讼，法院经审查以技术监督局的处罚决定适用法律不当为由判决撤销了处罚决定。下列哪一说法是正确的？

A. 技术监督局不得再对该企业作出行政处罚

B. 技术监督局不得再对该企业作出罚款决定，但可以作出其他行政处罚

C. 技术监督局可以依据原处罚决定适用的《产品质量法》条文规定作出与原来不同的处罚决定

D. 技术监督局可以依据原处罚决定适用的《产品质量法》条文规定以外的相关条款作出与原来相同的处罚决定

【考点】行政诉讼的裁判执行

【黄文涛解析】A选项不当选、B选项不当选、C选项不当选、D选项当选。《行政诉讼法》第71条规定："人民法院判决被告重新作出行政行为的，被告不得以同一的事实和理由作出与原行政行为基本相同的行政行为。"同时《最高人民法院关于适用〈中华人民共和国行政诉讼法〉的解释》第90条第1款规定："人民法院判决被告重新作出行政行为，被告重新作出的行政行为与原行政行为的结果相同，但主要事实或者主要理由有改变的，不属于行政诉讼法第七十一条规定的情形。"处罚所依据的法律条文发生变化，就是处罚的主要事实或理由发生变化，所以技术监督局可以依据原处罚决定适用的《产品质量法》条文规定以外的相关条款作出与原来相同的处罚决定。不过本题出的不是很严谨，缺少了法院判决要求行政机关重新作出行政行为这一条件。

综上，本题的正确答案为D。

(2004/2/44) 6.1997年5月，万达公司凭借一份虚假验资报告在某省工商局办理了增资的变更登记，此后连续四年通过了工商局的年检。2001年7月，工商局以办理变更登记时提供虚假验资报告为由对万达公司作出罚款1万元，责令提交真实验资报告的行政处罚决定。2002年4月，工商局又作出撤销公司变更登记，恢复到变更前状态的决定。2004年6月，工商局又就同一问题作出吊销营业执照的行政处罚决定。关于工商局的行为，下列哪一种说法是正确的？

A. 2001年7月工商局的处罚决定违反了行政处罚法关于时效的规定

B. 2002年4月工商局的处罚决定违反了一事不再罚原则

C. 2004年6月工商局的处罚决定是对前两次处罚决定的补充和修改，属于合法的行政行为

D. 对于万达公司拒绝纠正自己违法行为的情形，工商局可以违法行为处于持续状态为由作出处罚

【考点】行政处罚的追诉时效；一事不再罚

【黄文涛解析】A选项当选、D选项不当选。《行政处罚法》第36条第1款规定："违法行为在二年内未被发现的，不再给予行政处罚；涉及公民生命健康安全、金融安全且有危害后果的，上述期限延长至五年。法律另有规定的除外。"万达公司提供虚假验资报告的违法行为发生在1997年5月，这一行为并非持续性的违法行为，只是违法行为的危害后果一直存在持续，所以行政处罚的追诉期应当从1997年5月开始计算。工商局在2001年7月作出行政处罚决定，已经超出了2年的处罚追诉期。

B选项不当选、C选项不当选。这两个选项是关于一事不再罚的判断，依据我所总结的一事不再罚三步走的推导思路，可以迅速解题：第一步，确定案件中有几个独立的处罚行为。2001年7月工商局的罚款决定时第一个处罚行为，但是2002年4月工商局作出的撤销变更登记行为并不属于行政处罚，而是将违法状态

大咖点拨区

扫码听课

恢复原状，应当属于行政许可的监督检查方式，所以第一步检验都没有通过，该行政行为没有违反一事不再罚原则。由此 B 选项可以排除。2004 年 6 月工商局的吊销营业执照行为是针对万达公司的新的处罚行为，于是第一步检验通过，需要继续检验；第二步，确定案件中两个独立的处罚行为是否针对同一个违法行为实施。从题目表述可以看出，2001 年 7 月和 2004 年 6 月的两个行政处罚行为都是针对万达公司提交虚假验资报告的行为作出，所以第二步检验通过；第三步，确定同一个违法行为违反了几个行政法规定，如果只违反一个行政法规定，则无论是给予同种或不同种的处罚都是违反一事不再罚，而如果违反了两个行政法规定，则给予不同种的处罚没有违反一事不再罚，给予同种的处罚违反了一事不再罚。本案中万达公司提交虚假验资报告的行为只违反了工商部门的行政法规定，因此无论是给予同种或不同种的处罚都违反了一事不再罚。可见工商局 2004 年 6 月的处罚决定违反了一事不再罚原则，属于违法的行政处罚行为。考生如果对于一事不再罚的推导思路仍不清楚，可以关注我的新浪微博（@黄文涛的行政法），在其中搜索"一事不再罚"并查看，我曾总结了一事不再罚的解题思路并进行过详细讲解。

综上，本题的正确答案为 A。

（2004/2/45）7. 在行政诉讼过程中，下列哪一行为人民法院须征得原告同意才能实施？

A. 允许被告改变具体行政行为　　B. 通知第三人参加诉讼

C. 追加被告　　D. 决定合并审理

【考点】 行政诉讼的程序

【黄文涛解析】 A 选项不当选。《最高人民法院关于适用〈中华人民共和国行政诉讼法〉的解释》第 81 条第 1 款规定："被告在一审期间改变被诉行政行为的，应当书面告知人民法院。"可见被告改变具体行政行为不需要法院同意，法院也就更不需要征得原告的同意。

B 选项不当选。《行政诉讼法》第 29 条第 1 款规定："公民、法人或者其他组织同被诉行政行为有利害关系但没有提起诉讼，或者同案件处理结果有利害关系的，可以作为第三人申请参加诉讼，或者由人民法院通知参加诉讼。"可见其中并没有规定法院需要征得原告的同意才能通知第三人参加诉讼。

C 选项当选。《最高人民法院关于适用〈中华人民共和国行政诉讼法〉的解释》第 26 条第 2 款规定："应当追加被告而原告不同意追加的，人民法院应当通知其以第三人的身份参加诉讼，但行政复议机关作共同被告的除外。"可见通常情况下如果原告不同意，法院不能直接追加被告。

D 选项不当选。《最高人民法院关于适用〈中华人民共和国行政诉讼法〉的解释》第 73 条规定："根据行政诉讼法第二十七条的规定，同一事实有下列情形之一的，人民法院可以决定合并审理：（一）两个以上行政机关分别对事实作出行政行为，公民、法人或者其他组织不服向同一人民法院起诉的；（二）行政机关就同一事实对若干公民、法人或者其他组织分别作出行政行为，公民、法人或者其他组织不服分别向同一人民法院起诉的；（三）在诉讼过程中，被告对原告作出新的行政行为，原告不服向同一人民法院起诉的；（四）人民法院认为可以合并审理的其他情形。"可见其中并没有要求法院在决定合并审理时必须征得原告的同意。

综上，本题的正确答案为 C。

（2004/2/46）8. 依据行政诉讼的有关规定，下列哪一证据材料在原告不能自行收集，但能够提供确切线索时，可以申请人民法院调取？

A. 涉及公共利益的证据材料   B. 涉及个人隐私的证据材料

C. 涉及中止诉讼事项的证据材料   D. 涉及回避事项的证据材料

【考点】行政诉讼的证据规则

【黄文涛解析】A 选项不当选、C 选项不当选、D 选项不当选。最高法院 2002 年《最高人民法院关于行政诉讼证据若干问题的规定》第 22 条规定："根据行政诉讼法第三十四条第二款的规定，有下列情形之一的，人民法院有权向有关行政机关以及其他组织、公民调取证据：（一）涉及国家利益、公共利益或者他人合法权益的事实认定的；（二）涉及依职权追加当事人、中止诉讼、终结诉讼、回避等程序性事项的。"可见涉及公共利益的证据、涉及中止诉讼事项的证据和涉及回避事项的证据都是由法院给调取，而非依据当事人的申请调取。

B 选项当选。最高法院 2002 年《最高人民法院关于行政诉讼证据若干问题的规定》第 23 条第 1 款规定："原告或者第三人不能自行收集，但能够提供确切线索的，可以申请人民法院调取下列证据材料：……（二）涉及国家秘密、商业秘密、个人隐私的证据材料；……"可见涉及个人隐私的证据是需要由当事人申请法院才能调取。

综上，本题的正确答案为 B。

（2004/2/47）9. 关于行政诉讼证据，下列哪一说法是正确的？

A. 人民法院依职权调取的证据，应当在法庭出示，由当事人质证

B. 涉及商业秘密的证据，可以不公开质证

C. 第二审程序中，所有第一审认定的证据无须再质证

D. 生效的人民法院判决书认定的事实无须质证，可以作为定案的证据

【考点】行政诉讼的证据规则

【黄文涛解析】A 选项不当选。最高法院 2002 年《最高人民法院关于行政诉讼证据若干问题的规定》第 38 条第 2 款规定："人民法院依职权调取的证据，由法庭出示，并可就调取该证据的情况进行说明，听取当事人意见。"可见对于法院依职权调取的证据不需要当事人质证。

B 选项不当选。最高法院 2002 年《最高人民法院关于行政诉讼证据若干问题的规定》第 37 条规定："涉及国家秘密、商业秘密和个人隐私或者法律规定的其他应当保密的证据，不得在开庭时公开质证。"可见对于涉及商业秘密的证据是不得在开庭时公开质证，而非"可以"不公开质证。

C 选项不当选。最高法院 2002 年《最高人民法院关于行政诉讼证据若干问题的规定》第 50 条规定："在第二审程序中，对当事人依法提供的新的证据，法庭应当进行质证；当事人对第一审认定的证据仍有争议的，法庭也应当进行质证。"可见在二审程序中，当事人对一审认定的证据如果仍有争议，还是需要质证。

D 选项当选。最高法院 2002 年《最高人民法院关于行政诉讼证据若干问题的规定》第 70 条规定："生效的人民法院裁判文书或者仲裁机构裁决文书确认的事实，可以作为定案依据。但是如果发现裁判文书或者裁决文书认定的事实有重大

问题的，应当中止诉讼，通过法定程序予以纠正后恢复诉讼。"可见对于生效的人民法院判决书认定的事实是无须质证的，可以直接作为定案证据。

综上，本题的正确答案为D。

（2004/2/49）10. 刘某与高达公司签订内销商品房预售契约，后某区房地产管理局对该预售契约作出预售预购备案登记。后刘某了解到高达公司向其销售的房屋系超出规划面积和预售面积的超层部分，刘某遂以区房地产管理局违法办理备案登记，造成自己购买的房屋为违法建筑为由提起行政诉讼。下列哪一说法不正确？

A. 区房地产管理局的备案登记行为不是对预售合同效力的确认行为

B. 备案登记行为没有对刘某的权利义务产生实际影响，不属于人民法院行政诉讼的受案范围

C. 高达公司与本案的审理结果有利害关系，可以作为第三人参加诉讼

D. 区房地产管理局在备案登记时没有尽到审查职责，应当对刘某的损失承担部分赔偿责任

【考点】 行政诉讼的受案范围；行政诉讼的第三人；行政赔偿的范围

【黄文涛解析】 A选项当选、B选项当选。《城市房地产管理法》第45条第2款规定："商品房预售人应当按照国家有关规定将预售合同报县级以上人民政府房产管理部门和土地管理部门登记备案。"同时《城市房地产开发经营管理条例》第26条第2款进一步规定："房地产开发企业应当自商品房预售合同签订之日起30日内，到商品房所在地的县级以上人民政府房地产开发主管部门和负责土地管理工作的部门备案。"可见商品房预售合同依法应当进行备案登记，房管部门的这一行为属于对商品房预售合同的行政确认行为，应属于行政诉讼的受案范围。

C选项不当选。《行政诉讼法》第29条第1款规定："公民、法人或者其他组织同被诉行政行为有利害关系但没有提起诉讼，或者同案件处理结果有利害关系的，可以作为第三人申请参加诉讼，或者由人民法院通知参加诉讼。"本案中，法院对该商品房预售预购备案登记行为的审查结果直接关系到高达公司是否符合商品房预售的条件，以及是否属于合法预售行为，因此高达公司与本案的审理结果具有利害关系，可以作为第三人参加诉讼。

D选项不当选。《国家赔偿法》第4条规定："行政机关及其工作人员在行使行政职权时有下列侵犯财产权情形之一的，受害人有取得赔偿的权利：……（四）造成财产损害的其他违法行为。"本案中区房地产管理局在备案登记行为就属于造成财产损害的其他违法行为，属于行政赔偿的范围。

注意：本题司法部当年公布的答案是D，这一答案是建立在认定商品房预售合同备案登记行为不属于行政诉讼受案范围的基础之上的。不过在2008年的考试卷二第44条C选项中，司法部公布的答案中已经改变了这一观点，改为认定商品房预售合同备案登记行为属于行政诉讼的受案范围，据此本题的答案也随之发生变化。

综上，本题的正确答案为AB。

（2004/2/50）11. 王某擅自使用机动渔船渡客。渔船行驶过程中，被某港航监督站的执法人员发现，当场对王某作出罚款50元的行政处罚，并立即收缴了该罚款。关于缴纳罚款，下列哪一做法是正确的？

A. 执法人员应当自抵岸之日起2日内将罚款交至指定银行

B. 执法人员应当自抵岸之日起5日内将罚款交至指定银行

C. 执法人员应当自抵岸之日起2日内将罚款交至所在行政机关，由行政机关在2日内缴付指定银行

D. 执法人员应当自抵岸之日起2日内将罚款交至所在行政机关，由行政机关在5日内缴付指定银行

【考点】行政处罚的执行程序

【黄文涛解析】A选项不当选、B选项不当选、C选项当选、D选项不当选。《行政处罚法》第71条规定："执法人员当场收缴的罚款，应当自收缴罚款之日起二日内，交至行政机关；在水上当场收缴的罚款，应当自抵岸之日起二日内交至行政机关；行政机关应当在二日内将罚款缴付指定的银行。"可见本案中港行监督机关的执法人员依法应当自抵岸之日起2日内将罚款交至所在行政机关，由行政机关在2日内缴付指定银行。

综上，本题的正确答案为C。

（2004/2/72）12. 位于大王乡的多金属硫铁矿区是国家出资勘察形成的大型硫铁矿基地。2003年5月，百乐公司向法定发证机关省国土资源厅申请办理该矿区采矿许可证。2003年11月1日，某市国土资源局以解决遗留问题为由另一家企业强力公司颁发了该矿区的采矿许可证。2004年1月，省国土资源厅答复百乐公司，该矿区已设置矿权，不受理你公司的申请。关于百乐公司的救济途径，下列哪些说法是正确的？

A. 就省国土资源厅的拒绝发证行为应当先申请行政复议才能提起诉讼

B. 就省国土资源厅的拒绝发证行为可以直接向人民法院提起诉讼

C. 就市国土资源局向强力公司的发证行为应当先申请行政复议才能提起诉讼

D. 就市国土资源局向强力公司的发证行为可以直接向人民法院提起诉讼

【考点】复议前置

【黄文涛解析】A选项不当选、B选项当选。《行政诉讼法》第12条规定："人民法院受理公民、法人或者其他组织提起的下列诉讼：……（三）申请行政许可，行政机关拒绝或者在法定期限内不予答复，或者对行政机关作出的有关行政许可的其他决定不服的；……"同时《行政复议法》第30条第1款规定："公民、法人或者其他组织认为行政机关的具体行政行为侵犯其已经依法取得的土地、矿藏、水流、森林、山岭、草原、荒地、滩涂、海域等自然资源的所有权或者使用权的，应当先申请行政复议；对行政复议决定不服的，可以依法向人民法院提起行政诉讼。"可见必须是具体行政行为侵犯相对人"已经取得"的自然资源权属，才有可能产生复议前置的情形。本案中百乐公司申请采矿许可证，并没有已经取得该矿产资源的权属，因此不符合复议前置的条件，对于省国土资源厅的拒绝发证行为可以直接起诉。

C选项不当选、D选项当选。《行政诉讼法》第25条第1款规定："行政行为的相对人以及其他与行政行为有利害关系的公民、法人或者其他组织，有权提起诉讼。"本案中百乐公司之所以拿不到采矿许可证，是因为市国土资源局已经向强力公司发证，所以百乐公司与该发证行为具有利害关系，有权作为行政诉讼原告起诉。同样依据上述《行政复议法》第30条第1款的规定，百乐公司也不符

合复议前置的要求，因而有权直接起诉。

综上，本题的正确答案为BD。

(2004/2/73) 13. 2002年4月2日，某银行与某公司签订贷款合同，约定银行贷款给公司，公司以土地使用权为抵押。2002年6月1日，公司办理土地使用权抵押登记手续，并取得土地管理局签发的抵押证书。后因公司未依约还款，某银行提起诉讼。2003年2月4日，法院作出民事判决，认定土地管理局在办理抵押证书时某公司并未取得土地使用权，该项抵押无效，判定银行无权主张土地使用权。关于本案，下列哪些说法是正确的？

A. 办理抵押登记的土地管理局应对银行损失承担赔偿责任

B. 法院的民事判决可以作为确认抵押登记行为无效的依据

C. 银行须在2005年2月4日之前行使赔偿请求权

D. 银行在向土地管理局请求赔偿之前，应当先确认抵押登记行为违法

【考点】 国家赔偿的程序；国家赔偿的范围

【黄文涛解析】 A选项当选。《国家赔偿法》第4条规定："行政机关及其工作人员在行使行政职权时有下列侵犯财产权情形之一的，受害人有取得赔偿的权利：……（四）造成财产损害的其他违法行为。"本案中由于土地管理局办理土地使用权抵押登记过程中的将该公司未取得土地使用权的土地办理了抵押登记，属于违法办理抵押登记的行政行为，其导致银行的债权受到损害，属于行政赔偿的范围。

B选项不当选。法院民事判决审查的是民事行为的合法性，而抵押登记行为属于行政行为，只能通过行政诉讼的途径审查其合法性。

C选项不当选。《国家赔偿法》第39条第1款规定："赔偿请求人请求国家赔偿的时效为两年，自其知道或者应当知道国家机关及其工作人员行使职权时的行为侵犯其人身权、财产权之日起计算，但被羁押等限制人身自由期间不计算在内。在申请行政复议或者提起行政诉讼时一并提出赔偿请求的，适用行政复议法、行政诉讼法有关时效的规定。"可银行应当自知道自身的权益受到侵害之日起2年内行使偿请求权。2003年2月4日法院作出民事判决认定因抵押无效银行无权主张土地使用权，但是题目没有说明此时银行是否已经知道，所以不能从该日起算2年的期限。该选项在2010年《国家赔偿法》修订后与原先的解析已经不一致。

D选项不当选。2010年《国家赔偿法》修订后，已经取消了确认违法程序作为请求国家赔偿的前置程序。

综上，本题的正确答案为A。

(2004/2/74) 14. 关于国家行政机构，下列哪些说法是不正确的？

A. 国家粮食局是国务院直属机构

B. 国务院台湾事务办公室是主管台湾事务的办事机构

C. 财政部的司级内设机构的增设由财政部审核，国务院机构编制管理机关批准

D. 国务院学位委员会是国务院组成部门

【考点】 中央行政机关的性质与设置程序

【黄文涛解析】 A选项当选。国家粮食局应该属于国务院组成部门管理的国

家行政机构。

B 选项不当选。国务院台湾事务办公室正是主管台湾事务的办事机构。

C 选项当选。《国务院行政机构设置和编制管理条例》第 14 条第 1 款规定："国务院行政机构的司级内设机构的增设、撤销或者合并，经国务院机构编制管理机关审核方案，报国务院批准。"可见司级内设机构的设置应该由国务院机构编制管理机关审核方案、国务院批准。而非设立机关审核、由国务院机构编制管理机关批准。

D 选项当选。国务院学位委员会属于国务院的议事协调机构。

综上，本题的正确答案为 ACD。

（2004/2/75）15. 关于行政处罚和行政许可行为，下列哪些说法是不正确的？

A. 行政处罚和行政许可的设定机关均应定期对其设定的行政处罚和行政许可进行评价

B. 法律、法规授权的具有管理公共事务职能的组织，可依授权行使行政处罚权和行政许可权

C. 行政机关委托实施行政处罚和行政许可的组织应当是依法成立的管理公共事务的事业组织

D. 行政机关依法举行听证的，应当根据听证笔录作出行政处罚决定和行政许可决定

【考点】行政处罚和许可的评价制度；行政处罚和许可的实施主体；行政处罚和许可的听证

【黄文涛解析】A 选项当选。《行政处罚法》第 15 条规定："国务院部门和省、自治区、直辖市人民政府及其有关部门应当定期组织评估行政处罚的实施情况和必要性，对不适当的行政处罚事项及种类、罚款数额等，应当提出修改或者废止的建议。"可见行政处罚的评估并非由设定机关进行，而是由国务院部门和省、自治区、直辖市人民政府及其有关部门进行。

B 选项不当选。《行政处罚法》第 19 条规定："法律、法规授权的具有管理公共事务职能的组织可以在法定授权范围内实施行政处罚。"可见法律、法规授权的具有管理公共事务职能的组织可以实施行政处罚。《行政许可法》第 23 条规定："法律、法规授权的具有管理公共事务职能的组织，在法定授权范围内，以自己的名义实施行政许可。被授权的组织适用本法有关行政机关的规定。"可见法律、法规授权的具有管理公共事务职能的组织也可以实施行政许可。

C 选项当选。《行政许可法》第 24 条第 1 款规定："行政机关在其法定职权范围内，依照法律、法规、规章的规定，可以委托其他行政机关实施行政许可。委托机关应当将受委托行政机关和受委托实施行政许可的内容予以公告。"可见行政许可只能委托给行政机关实施。

D 选项不当选。我国《行政处罚法》第 65 条规定："听证结束后，行政机关应当根据听证笔录，依照本法第五十七条的规定，作出决定。"《行政许可法》第 48 条第 2 款规定："行政机关应当根据听证笔录，作出行政许可决定。"

综上，本题的正确答案为 AC。

（2004/2/77）16. 某区 12 户居民以某区规划局批准太平居委会搭建的自行车棚影响通风、采光和通行权为由，向法院提起行政诉讼，要求法院撤销规划局的

批准决定。法院经审查，认定经规划局批准搭建的车棚不影响居民的通风、采光和通行权，且适用法律正确，程序合法。下列哪些说法是正确的？

A. 原告应推选 2 至 5 名诉讼代表人参加诉讼

B. 太平居委会为本案的第三人

C. 法院应判决驳回原告的诉讼请求

D. 法院应判决维持某区规划局的批准决定

【考点】行政诉讼的诉讼代表人；行政诉讼的第三人；行政诉讼的裁判类型

【黄文涛解析】A 选项当选。《最高人民法院关于适用〈中华人民共和国行政诉讼法〉的解释》第 29 条第 3 款规定："行政诉讼法第二十八条规定的代表人为二至五人。代表人可以委托一至二人作为诉讼代理人。"可见在行政诉讼原告一方人数众多的共同诉讼中，原告应当推选 2 至 5 名诉讼代表人，这一点是 2018 年《行政诉讼法解释》中的新规定。

B 选项当选。《行政诉讼法》第 29 条第 1 款规定："公民、法人或者其他组织同被诉行政行为有利害关系但没有提起诉讼，或者同案件处理结果有利害关系的，可以作为第三人申请参加诉讼，或者由人民法院通知参加诉讼。"本案中法院审查的规划局的批准决定直接关系到太平居委会搭建自行车棚的行为是否合法，所以太平居委会与被诉行政行为具有利害关系，可以作为第三人参加诉讼。

C 选项当选、D 选项不当选。2015 年 5 月 1 日《行政诉讼法》修订生效后，维持判决已经被取消，被告胜诉时的判决应适用驳回原告诉讼请求判决。

综上，本题的正确答案为 ABC。

（2004/2/78）17. 某市技术监督局根据举报，对力青公司进行突击检查，发现该公司正在生产伪劣产品，立即查封了厂房和设备，事后作出了没收全部伪劣产品并处罚款的决定。力青公司既不申请行政复议，也不提起行政诉讼，且逾期拒绝履行处罚决定。对于力青公司拒绝履行处罚决定的行为，技术监督局可以采取下列哪些措施？

A. 申请人民法院强制执行

B. 将查封的财物拍卖抵缴罚款

C. 通知银行将力青公司的存款划拨抵缴罚款

D. 每日按罚款数额的 3% 加处罚款

【考点】行政强制执行的程序；行政处罚的强制执行

【黄文涛解析】A 选项当选、C 选项不当选。《行政强制法》第 53 条规定："当事人在法定期限内不申请行政复议或者提起行政诉讼，又不履行行政决定的，没有行政强制执行权的行政机关可以自期限届满之日起三个月内，依照本章规定申请人民法院强制执行。"而在考试中，考生只需记住公安、国安、海关、税务和县级以上政府具有行政强制执行权，其他工作部门推定没有行政强制执行权，只能申请法院强制执行。技术监督局就属于没有强制执行权的工作部门，应当申请法院强制执行，无权通知银行将力青公司的存款划拨抵缴罚款。

B 选项当选。《行政强制法》第 46 条第 3 款规定："没有行政强制执行权的行政机关应当申请人民法院强制执行。但是，当事人在法定期限内不申请行政复议或者提起行政诉讼，经催告仍不履行的，在实施行政管理过程中已经采取查封、扣押措施的行政机关，可以将查封、扣押的财物依法拍卖抵缴罚款。"可见依据

扫码听课

行政强制法的规定，技术监督局采取查封措施后，可以依法将查封的财产拍卖递交罚款。本选项在《行政强制法》2012 年 1 月 1 日生效后发生了改动。

D 选项当选。《行政处罚法》第 72 条第 1 款规定："当事人逾期不履行行政处罚决定的，作出行政处罚决定的行政机关可以采取下列措施：（一）到期不缴纳罚款的，每日按罚款数额的百分之三加处罚款，加处罚款的数额不得超出罚款的数额；……"可见技术监督局在力青公司不履行罚款义务时，有权每日按罚款数额的 3% 加处罚款。

综上，本题的正确答案为 ABD。

（2004/2/79） 18. 2002 年 7 月 3 日，张某驾驶车辆携带所承包金矿自产 30 公斤黄金前往甲市销售，途中被甲市公安局截获。公安局以张某违反《金银管理条例》，涉嫌经营国家限制买卖物品为由，对张某采取刑事拘留措施，并扣押了涉案黄金。随后检察院批准对张某逮捕。2003 年 2 月，国务院发布决定，取消了涉及黄金生产销售的许可证，检察院遂以认定犯罪的法律、法规已经发生变化为由，作出不起诉决定，但并未返还扣押的黄金。张某不服，提出国家赔偿请求。关于此案，下列哪些说法是不正确的？

A. 检察院应当责令公安局返还扣押的黄金

B. 公安局与检察院为共同赔偿义务机关

C. 对张某被羁押期间的损失，国家应当承担赔偿责任

D. 对张某被扣押的黄金，应当返还

【考点】 国家赔偿的义务机关；国家赔偿的范围

【黄文涛解析】 A 选项当选。检察院与公安局之间并非领导关系，检察院无权责令公安局返还扣押的黄金。

B 选项当选。《国家赔偿法》第 21 条第 3 款规定："对公民采取逮捕措施后决定撤销案件、不起诉或者判决宣告无罪的，作出逮捕决定的机关为赔偿义务机关。"本案中检察院已经采取了批捕措施，应当由检察院作为赔偿义务机关。

C 选项当选。在本案中，张某被羁押时《金银管理条例》中涉及黄金生产销售的许可证规定仍然是有效的，这意味着对其的羁押行为有法律依据，是合法实施的羁押，不属于国家赔偿的范围。

D 选项不当选。《国家赔偿法》第 32 条第 2 款规定："能够返还财产或者恢复原状的，予以返还财产或者恢复原状。"可见对于扣押的黄金，应当返还给张某。

综上，本题的正确答案为 ABC。

（2004/2/80） 19. 1983 年 3 月 2 日，13 岁的张某被公安局传唤，当晚被放回。此后张某报名参军，参加招工、招干都因政审不合格而被拒绝。后了解到，当年县公安局在传唤后，因工作失误错误地将张某列为"监控对象"进行监控达 17 年。张某提出国家赔偿请求，对于张某的赔偿请求，下列哪些说法是正确的？

A. 将张某列为监控对象的行为，是一种不影响其权利义务的非强制行为

B. 对于张某在参军、招工、招干中遭受的损失，因法律没有明确规定，不予赔偿

C. 对于张某提出的精神损失，公安局不承担金钱赔偿责任

D. 对于张某为撤销错误监控打官司支付的 2000 元交通费损失，国家应予

赔偿

【考点】国家赔偿的范围

【黄文涛解析】A选项不当选。公安局将张某列为监控对象，导致起无法参军、招工、招干等，已经影响到了他的权利义务。

B选项当选。《国家赔偿法》第36条规定："侵犯公民、法人和其他组织的财产权造成损害的，按照下列规定处理：……（八）对财产权造成其他损害的，按照直接损失给予赔偿。"可见国家赔偿只赔偿直接损失，不赔偿间接损失。张某在参军、招工、招干中遭受的损失属于间接损失，不属于国家赔偿的范围。

C选项当选、D选项当选。《国家赔偿法》第35条规定："有本法第三条或者第十七条规定情形之一，致人精神损害的，应当在侵权行为影响的范围内，为受害人消除影响，恢复名誉，赔礼道歉；造成严重后果的，应当支付相应的精神损害抚慰金。"其中《国家赔偿法》第3条和第17条都是侵害人身权的行为，所以只有侵害人身权导致的损害才有可能会导致精神损失的金钱赔偿，本案中张某的情形不符合这一要求。不过张某为撤销错误监控打官司支付的2000元交通费损失属于直接损失，属于国家赔偿的范围。

综上，本题的正确答案为BCD。

（2004/2/96）20. 甲厂经某市采砂许可证的法定发放机关地质矿产局批准取得了为期5年的采砂许可证，并经某区水电局等部门批准，在区江河管理站划定的区域内采砂。后因缴纳管理费问题与水电局发生纠纷。随后，该水电局越权向乙厂颁发了采砂许可证，准予乙厂在甲厂已被划定的区域内采砂。下列说法正确的是：

A. 根据甲厂的申请，某市地质矿产局可以撤销水电局发给乙厂的采砂许可证

B. 水电局应当撤销给乙厂发放的采砂许可证

C. 若乙厂的采砂许可证被撤销，发放许可证的水电局应承担乙厂相应的经济损失

D. 甲厂可以要求水电局赔偿因向乙厂颁发许可证给自己造成的经济损失

【考点】行政许可的撤销主体；行政赔偿的范围

【黄文涛解析】A选项当选。《行政许可法》第69条第1款规定："有下列情形之一的，作出行政许可决定的行政机关或者其上级行政机关，根据利害关系人的请求或者依据职权，可以撤销行政许可：……（二）超越法定职权作出准予行政许可决定的；……"虽然依据这一条的规定，只有"作出行政许可决定的行政机关或者其上级行政机关"有权撤销超越职权颁发的许可证，但是当年司法部公布的答案中认为被超越职权行政机关市地质矿产局也有权撤销该许可证，而且历年考试中不止出现过一次（如2006年卷二第88题）。因此从司法部公布的历年答案中，我们可以归纳出这样一个结论：被超越职权的行政机关也有权撤销该行政许可。因此本案中市地质矿产局就属于被超越职权的机关，应有权撤销该许可。

B选项当选。同样依据上述《行政许可法》第69条的规定，水电局作为超越职权颁发许可证的机关，自身依据利害关系人的请求，也有权撤销该行政许可。

C选项当选、D选项当选。《国家赔偿法》第4条规定："行政机关及其工作人员在行使行政职权时有下列侵犯财产权情形之一的，受害人有取得赔偿的权利：……（四）造成财产损害的其他违法行为。"由于水电局超越职权的违法行

为导致乙厂的行政许可被撤销，给乙厂造成的损失属于本条所规定的"造成财产损害的其他违法行为"，属于行政赔偿的范围，应由水电局赔偿。同理，甲厂如果因水电局超越职权的行政许可行为导致了损害，也有权要求其赔偿。

综上，本题的正确答案为 ABCD。

（2004/2/97）21. 某县公安局以郭某因邻里纠纷殴打并致邱某轻微伤为由，对郭某作出拘留 10 天的处罚。郭某向法院提起诉讼。某县公安局向法院提交了处罚的主要证据，华某和邱某舅舅叶某二人的证言及该县中心医院出具的邱某的伤情证明。下列说法正确的是：

A. 华某的证言的证明效力优于叶言的证言

B. 某县公安局申请华某出庭作证，应当在开庭前提出

C. 若华、叶二人的证言相互矛盾，法庭应判决撤销某县公安局的处罚决定

D. 若一审法庭未通知邱某参加诉讼，二审法院应将案件发回重审

【考点】 行政诉讼的证据规则；二审的裁判类型

【黄文涛解析】 A 选项当选。最高法院 2002 年《最高人民法院关于行政诉讼证据若干问题的规定》第 63 条规定："证明同一事实的数个证据，其证明效力一般可以按照下列情形分别认定：……（七）其他证人证言优于与当事人有亲属关系或者其他密切关系的证人提供的对该当事人有利的证言。"本案中叶某是邱某的舅舅，属于与当事人有亲属关系，其证言效力要小于华某的证言效力。

B 选项不当选。最高法院 2002 年《最高人民法院关于行政诉讼证据若干问题的规定》第 43 条第 2 款规定："当事人在庭审过程中要求证人出庭作证的，法庭可以根据审理案件的具体情况，决定是否准许以及是否延期审理。"可见当事人也可以在庭审过程中申请证人出庭作证，而非必须在开庭前提出。

C 选项当选。从题目表述来看，华某和叶某的证言属于主要证据，相互矛盾则意味着本案的主要证据不足，法院有权判决撤销县公安局的处罚决定。

D 选项当选。《最高人民法院关于适用〈中华人民共和国行政诉讼法〉的解释》第 109 条第 3 款规定："原审判决遗漏了必须参加诉讼的当事人或者诉讼请求的，第二审人民法院应当裁定撤销原审判决，发回重审。"本案中邱某是利害关系人，属于行政诉讼中的第三人，因此如果一审遗漏了，则二审必须发回重审。

综上，本题的正确答案为 ACD。

（2004/2/98）22. 关于行政处罚和刑罚的折抵，下列说法正确的是：

A. 行政拘留可以折抵拘役

B. 行政拘留可以折抵有期徒刑

C. 没收违法所得可以折抵没收财产

D. 罚款可以折抵罚金

【考点】 行政处罚的适用规则

【黄文涛解析】 A 选项当选、B 选项当选、C 选项不当选、D 选项当选。《行政处罚法》第 35 条规定："违法行为构成犯罪，人民法院判处拘役或者有期徒刑时，行政机关已经给予当事人行政拘留的，应当依法折抵相应刑期。违法行为构成犯罪，人民法院判处罚金时，行政机关已经给予当事人罚款的，应当折抵相应罚金；行政机关尚未给予当事人罚款的，不再给予罚款。"可见四个选项中只有没收违法所得不能折抵没收财产。

扫码听课

扫码听课

大咖点拨区

综上，本题的正确答案为 ABD。

（2004/2/99）23. 某合资企业的甲、乙两股东就股权转让达成协议。后因情况发生变化，甲、乙两股东又签订了一项合同修正案，约定在该合同批准后一年内甲有权以一定的价格向乙回购已经出让的股权。2001 年 4 月 1 日，股权转让合同以及合同修正案一同获得批准。7 月 2 日，甲提出回购，乙不同意，并告知甲原审查批准机关于 2001 年 6 月 1 日又作出一批复，该批复指出，2001 年 4 月 1 日批复只是批准股权转让合同，未批准股权回购条款，股权回购时仍需报批。下列说法正确的是：

A. 甲有权申请法院强制执行审批机关 2001 年 4 月 1 日确认股权回购的批复

B. 甲乙之间关于股权回购的约定有效，甲可以对乙的违约行为提起诉讼

C. 审批机关 2001 年 6 月作出的批复并未设定新的权利义务，法院不应受理甲对该批复提起的诉讼

D. 甲在 2003 年 8 月对审批机关 2001 年 6 月 1 日作出的批复提起诉讼已经超过诉讼期限

【考点】行政强制执行的程序；行政诉讼的受案范围；行政诉讼的起诉期限

【黄文涛解析】A 选项不当选。《行政强制法》第 53 条规定："当事人在法定期限内不申请行政复议或者提起行政诉讼，又不履行行政决定的，没有行政强制执行权的行政机关可以自期限届满之日起三个月内，依照本章规定申请人民法院强制执行。"可见只有行政机关有权申请法院强制执行，甲无权申请法院强制执行。

B 选项当选。股权回购合同并非必须经过批准才能生效，甲乙两人已经达成合意，乙如果违约则甲有权通过民事诉讼要求乙承担法律责任。

C 选项当选。审批机关 2001 年 6 月 1 日作出的批复只是对 2001 年 4 月 1 日作出批复的解释说明，并没有设定新的权利义务关系，所以不属于行政诉讼的受案范围。

D 选项当选。《行政诉讼法》第 46 条规定："公民、法人或者其他组织直接向人民法院提起诉讼的，应当自知道或者应当知道作出行政行为之日起六个月内提出。法律另有规定的除外。因不动产提起诉讼的案件自行政行为作出之日起超过二十年，其他案件自行政行为作出之日起超过五年提起诉讼的，人民法院不予受理。"同时，《最高人民法院关于适用〈中华人民共和国行政诉讼法〉的解释》第 65 条规定："公民、法人或者其他组织不知道行政机关作出的行政行为内容的，其起诉期限从知道或者应当知道该行政行为内容之日起计算，但最长不得超过行政诉讼法第四十六条第二款规定的起诉期限。"在本案中，原审查批准机关于 2001 年 6 月 1 日作出批复时并没有告知甲，所以甲在被诉行政行为作出时属于"全不知"的情形，应当从其知道内容之日起 6 个月内起诉。从题目中我们可以看出甲是在 2001 年 7 月 2 日知道该行为的，所以甲应当从 2001 年 7 月 2 日起 6 个月内起诉，但是甲在 2003 年 8 月才起诉，已经超出了行政诉讼的起诉期限。对于行政诉讼起诉期限推导方法不清楚的考生，可以关注我的新浪微博（@黄文涛的行政法），搜索"行政诉讼起诉期限"，我在其中总结了行政诉讼起诉期限推导的思路，只要掌握推导思路，所有关于行政诉讼起诉期限推导的案例都能快速准确推导出来。

综上，本题的正确答案为 BCD。

（2004/2/100）24. 下列何种情形不符合法律、法规有关公务员任职和辞职的规定？

A. 李副市长兼任公安局长和安全局长

B. 市经济委员会张主任兼任投资公司董事长

C. 教育局高副局长辞职一年后经教育局批准到教育局所属的教育培训中心担任主任

D. 市政府批准办公厅机要处王处长辞职出国

【考点】公务员的兼职与辞职

【黄文涛解析】A 选项当选。考试当年仍生效的原《国家公务员暂行条例》第 49 条第 1 款规定："国家公务员原则上一人一职，确因工作需要，经任免机关批准，可以在国家行政机关内兼任一个实职。"不过现行《公务员法》中已经取消了这一规定。

B 选项当选。考试当年仍生效的原《国家公务员暂行条例》第 49 条第 2 款规定："国家公务员不得在企业和营利性事业单位兼任职务。"不过现行《公务员法》第 44 条规定："公务员因工作需要在机关外兼职，应当经有关机关批准，并不得领取兼职报酬。"可见目前并未一律禁止公务员的兼职行为。

C 选项当选。《公务员法》第 107 条第 1 款规定："公务员辞去公职或者退休的，原系领导成员、县处级以上领导职务的公务员在离职三年内，其他公务员在离职两年内，不得到与原工作业务直接相关的企业或者其他营利性组织任职，不得从事与原工作业务直接相关的营利性活动。"可见教育局高副局长辞职一年后不能到教育局所属的教育培训中心担任主任，因为这属于与原工作业务直接相关的营利性活动。

D 选项当选。《公务员法》第 86 条规定："公务员有下列情形之一的，不得辞去公职：……（二）在涉及国家秘密等特殊职位任职或者离开上述职位不满国家规定的脱密期限的；……"市政府办公厅机要处属于涉密岗位，在没有满脱密期限时不得批准其处长辞职。

综上，本题的正确答案为 ABCD。

原型客观真题汇编十二

（2003/2/23）1. 某地方性法规规定，企业终止与职工的劳动合同的，必须给予相应的经济补偿。某企业认为该规定与劳动法相抵触，有权作下列何种处理？

A. 向全国人大书面提出进行审查的建议

B. 向全国人大常委会书面提出进行审查的建议

C. 向国务院书面提出进行审查的要求

D. 向省人大书面提出进行审查的要求

【考点】法律规范冲突的解决机制

【黄文涛解析】A 选项不当选、B 选项当选、C 选项不当选、D 选项不当选。《立法法》第 99 条第 2 款规定："前款规定以外的其他国家机关和社会团体、企业事业组织以及公民认为行政法规、地方性法规、自治条例和单行条例同宪法或者法律相抵触的，可以向全国人民代表大会常务委员会书面提出进行审查的建

扫码听课

扫码听课

议，由常务委员会工作机构进行研究，必要时，送有关的专门委员会进行审查、提出意见。"可见当企业认为地方性法规与法律相抵触时，有权向"全国人民代表大会常委会"书面提出审查的建议，而非向其他机关提出。

综上，本题的正确答案为B。

（2003/2/24）2. 某市某区人民政府决定将区建材工业局管理的国有小砖厂出售。小砖厂的承包人以侵犯其经营自主权为由提出行政复议申请，本案的行政复议机关应当是下列哪一个？

A. 市国有资产管理局　　　　　　B. 市经济贸易局

C. 市人民政府　　　　　　　　　D. 区人民政府

【考点】复议机关的确定

【黄文涛解析】A选项不当选、B选项不当选、C选项当选、D选项不当选。《行政复议法》第13条第1款规定："对地方各级人民政府的具体行政行为不服的，向上一级地方人民政府申请行政复议。"本题案例中的行政决定是由区政府作出的，因此区政府就作为行政复议的被申请人，此时复议机关应该是区政府的上一级政府，也即市政府。

综上，本题的正确答案为C。

（2003/2/25）3. 某大学对教师甲的工资和职称问题作出处理意见。甲不服多次向有关部门上访。3年后，某大学根据市教委的要求，对甲反映的问题再次调查研究，形成材料后报市教委。市教委拟写了《关于甲反映问题及处理情况》的报告，呈报省教委，并抄送甲。该报告载明："我委原则上同意该校对甲的处理意见，现将此材料报请你委阅示。"甲不服，就市教委的报告向市政府申请行政复议。下列关于甲的复议申请的表述哪一个是正确的？

A. 属于行政复议范围，因该报告抄送甲，已经涉及到甲的权益

B. 不属于行政复议范围，因该报告还没有经过上级机关批准，没有对甲发生法律效力

C. 不属于行政复议范围，因该报告是下级向上级的报告，是内部行为

D. 不属于行政复议范围，因该报告是重复处理行为

【考点】行政复议的受案范围

【黄文涛解析】A选项不当选、B选项当选、C选项不当选、D选项不当选。《行政复议法》第6条规定："有下列情形之一的，公民、法人或者其他组织可以依照本法申请行政复议：……（十一）认为行政机关的其他具体行政行为侵犯其合法权益的。"可见只有具体行政行为侵害当事人的权益时，才属于行政复议的受案范围。本题案例中市教委的报告呈送给省教委，但是还没有经过省教委的批准，意味着这份报告尚未生效，也就没有对甲发生法律效力，故B选项当选。本题的难点在于C选项，市教委的呈报省教委的行为通常属于内部行为，但是由于它在呈报省教委时抄送给了甲，因此只要省教委批准，则该行政行为就意味着对甲直接发生了效力，成为具体行政行为。因此，市教委的行为并非严格意义上的内部行为，更准确地说应该是过程行政行为，也即在一个具体行政行为成立之前行政机关实施的预备性行为，故C选项不当选。

综上，本题的正确答案为B。

（2003/2/26） 4. 李某自 1997 年 4 月起开始非法制造、贩卖匕首，至次年 1 月停止。1998 年 8 月公安机关根据举报发现了李某的违法行为。下列哪一种说法是正确的？

　　A. 对李某违法行为的追究时效应从 1997 年 4 月起算

　　B. 公安机关不应对李某予以处罚

　　C. 李某系主动停止违法行为，可以从轻处罚

　　D. 若李某配合查处违法行为，应当减轻处罚

扫码听课

　　【考点】 治安违法行为的追诉时效；治安处罚的适用规则

　　【黄文涛解析】 A 选项不当选、B 选项当选。《治安管理处罚法》第 22 条规定："违反治安管理行为在六个月内没有被公安机关发现的，不再处罚。前款规定的期限，从违反治安管理行为发生之日起计算；违反治安管理行为有连续或者继续状态的，从行为终了之日起计算。"可见对于治安违法行为的处罚追诉期是从违法行为终了之日起算，李某是在 1998 年 1 月停止实施违法行为，因此追诉时效应该从 1998 年 1 月起算，而非从 1997 年 4 月起算，故 A 选项不当选。同时，公安机关在 1998 年 8 月才发现李某的违法行为，超出了《治安管理处罚法》规定的 6 个月追诉期，所以不能对李某进行处罚，故 B 选项当选。

　　C 选项不当选、D 选项不当选。《治安管理处罚法》第 12 条规定："已满十四周岁不满十八周岁的人违反治安管理的，从轻或者减轻处罚；不满十四周岁的人违反治安管理的，不予处罚，但是应当责令其监护人严加管教。"《治安管理处罚法》第 14 条规定："盲人或者又聋又哑的人违反治安管理的，可以从轻、减轻或者不予处罚。"可见法律中并没有规定对于主动停止违法行为要减轻处罚，也没有规定违法行为人配合查处的应减轻处罚。

　　综上，本题的正确答案为 B。

（2003/2/27） 5. 甲向法院提起行政诉讼，诉称某公安分局在他不在家的情况下，撬锁对其租住的房屋进行治安检查，之后未采取任何保护措施即离开，致使其丢失现金 5000 元，要求被告赔偿损失。甲向法院提供了其工资收入证明、银行取款凭单复印件、家中存有现金的同乡证言和房东听到其丢失现金的证言。下列说法哪一个是正确的？

　　A. 上述证据均系直接证据

　　B. 银行取款凭单复印件应加盖银行的印章

　　C. 房东的证言必须有房东的签名和租房协议原件

　　D. 上述证据在开庭审理前提交法院才有效

扫码听课

　　【考点】 行政诉讼的证据规则

　　【黄文涛解析】 A 选项不当选。本题中的证据均为间接证据，因为它们都没有直接证明"某公安分局在他不在家的情况下，撬锁对其租住的房屋进行治安检查，之后未采取任何保护措施即离开，致使其丢失现金 5000 元"的事实。

　　B 选项当选。最高法院 2002 年《最高人民法院关于行政诉讼证据若干问题的规定》第 10 条第 1 款规定："根据行政诉讼法第三十一条第一款第（一）项的规定，当事人向人民法院提供书证的，应当符合下列要求：……（二）提供由有关部门保管的书证原件的复制件、影印件或者抄录件的，应当注明出处，经该部门核对无异后加盖其印章；……"可见银行取款凭单的复印件只有加盖其印章后才

符合法律的要求。

C 选项不当选。最高法院 2002 年《最高人民法院关于行政诉讼证据若干问题的规定》第 10 条第 1 款规定："根据行政诉讼法第三十一条第一款第（一）项的规定，当事人向人民法院提供书证的，应当符合下列要求：（一）提供书证的原件，原本、正本和副本均属于书证的原件。提供原件确有困难的，可以提供与原件核对无误的复印件、照片、节录本；……"可见作为书证的租房协议虽然原则上应当提供原件，但是在确有困难时也可以提供复印件。

D 选项不当选。最高法院 2002 年《最高人民法院关于行政诉讼证据若干问题的规定》第 7 条第 1 款规定："原告或者第三人应当在开庭审理前或者人民法院指定的交换证据之日提供证据。因正当事由申请延期提供证据的，经人民法院准许，可以在法庭调查中提供。逾期提供证据的，视为放弃举证权利。"可见 D 选项的表述过于绝对，事实上证据经过法院准许，在法庭调查时提出也可以。

综上，本题的正确答案为 B。

（2003/2/28）6. 某市政府依王某申请，作出行政复议决定，撤销市国土房管局对王某房屋的错误登记，并责令市国土房管局在一定期限内重新登记。市国土房管局拒不执行该行政复议决定，王某有权采取下列哪一种措施？

A. 要求市政府责令市国土房管局限期履行

B. 申请市政府强制执行

C. 申请人民法院强制执行

D. 对市国土房管局不作为再次申请行政复议

【考点】复议决定的执行

【黄文涛解析】A 选项当选、B 选项不当选、C 选项不当选、D 选项不当选。《行政复议法》第 32 条第 2 款规定："被申请人不履行或者无正当理由拖延履行行政复议决定的，行政复议机关或者有关上级行政机关应当责令其限期履行。"可见当作为复议被申请人的市国土房管局不履行行政复议决定时，应当通过复议机关或其他上级机关责令其履行的方式实现复议决定确定的内容，复议申请人也就只能申请作为复议机关的市政府责令市国土房管局限期履行。

综上，本题的正确答案为 A。

（2003/2/29）7. 两刑警在追击某犯罪嫌疑人的过程中，租了一辆出租车。出租车不幸被犯罪嫌疑人炸毁，司机被炸伤，犯罪嫌疑人被刑警击毙。该司机正确的救济途径是下列哪一项？

A. 请求两刑警给予民事赔偿

B. 请求两刑警所在的公安局给予国家赔偿

C. 请求两刑警所在的公安局给予国家补偿

D. 要求犯罪嫌疑人的家属给予民事赔偿

【考点】国家赔偿与补偿的区别

【黄文涛解析】A 选项不当选、B 选项不当选、C 选项当选、D 选项不当选。在行政法中，有一条基本的规律需要考生把握：国家机关违法行为导致的损害引发国家赔偿，国家机关合法行为导致的损害引发国家补偿。本案中刑警追捕犯罪嫌疑人并租用出租车的行为属于职权行为，其导致的损害应由国家承担国家责任而不能由个体承担民事责任，故 A 选项和 D 选项排除。同时由于追捕行为属于合法的行为，因此引起的损害应该由国家承担补偿责任，故 C 选项当选。

综上，本题的正确答案为 C。

（2003/2/30）8. 张某被县公安局处以 15 日行政拘留，3 个月后张某向县政府申请行政复议，县政府以超过申请期限为由决定不予受理。张某遂以县公安局为被告向县法院提起行政诉讼，要求撤销县公安局的处罚决定。对于张某提起的诉讼，县法院的哪一种做法是正确的？

A. 以原告未经行政复议程序为由裁定不予受理

B. 通知原告变更诉讼被告，原告拒绝变更的，应当驳回诉讼请求

C. 通知原告变更诉讼请求，原告拒绝变更的，裁定不予受理

D. 予以受理

【考点】 复议前置；行政诉讼的被告资格；行政诉讼的受理程序

【黄文涛解析】 A 选项不当选。虽然原来的《治安管理处罚条例》第 39 条规定了治安案件属于复议前置，但是《治安管理处罚法》生效后已经废除了这一规定，因此治安处罚行为不需要复议前置。

B 选项不当选。《行政诉讼法》第 26 条第 3 款规定："复议机关在法定期限内未作出复议决定，公民、法人或者其他组织起诉原行政行为的，作出原行政行为的行政机关是被告；起诉复议机关不作为的，复议机关是被告。"可见在复议机关不作为时，张某可以选择原机关作为被告，也可以选择复议机关作为被告。本题案例中张某起诉县公安局的处罚决定，法院无需要求其变更诉讼被告。

C 选项不当选。《行政诉讼法》第 49 条规定："提起诉讼应当符合下列条件：……（三）有具体的诉讼请求和事实根据；……"可见对于行政诉讼而言，原告提起诉讼不需要提出"正确"的诉讼请求，而只要有"具体"的诉讼请求即可。所以即使原告诉讼请求有错误，法院也不需要通知原告变更诉讼请求。

D 选项当选。《行政诉讼法》第 46 条第 1 款规定："公民、法人或者其他组织直接向人民法院提起诉讼的，应当自知道或者应当知道作出行政行为之日起六个月内提出。法律另有规定的除外。"从本题案例表述看，张某起诉尚未超出行政诉讼的起诉期限，因此法院应当予以受理。

综上，本题的正确答案为 D。

（2003/2/69）9. 某区公安分局因追赃将甲厂的机器设备连同其产品、工具等物品一并扣押，经评估价值 10 万元。甲厂雇人看管扣押的设备等物品，共花费900 元。后市公安局通过复议决定撤销区公安分局的扣押决定，区公安分局将全部扣押物品退还甲厂。甲厂将所退物品运回厂内安装，自付运输、装卸费 800 元。甲厂提出国家赔偿请求。依据国家赔偿法的规定，下列哪些损失应予赔偿？

A. 5000 元的购买设备贷款利息

B. 设备被扣押期间 2 万元的企业利润损失

C. 800 元的运输、装卸费

D. 900 元的看管费

【考点】 国家赔偿的范围

【黄文涛解析】 A 选项不当选、B 选项不当选、C 选项当选、D 选项当选。《国家赔偿法》第 36 条规定："侵犯公民、法人和其他组织的财产权造成损害的，按照下列规定处理：……（八）对财产权造成其他损害的，按照直接损失给予赔

偿。"可见国家赔偿只赔偿直接损失，不赔偿间接损失。本题案例中5000元购买设备的贷款利息属于无论公安机关的扣押行为是否实施，都需要支付的款项，不属于直接损失，故A选项不当选。设备扣押期间2万元的利润损失属于企业的预期可得利益，这些利益还没有实际被企业获得，因此也不是直接损失，而是间接损失，故B选项不选。800元的运输、卸载费和900元的看管费都属于因公安机关扣押行为直接导致甲厂支出的款项，属于直接损失，国家应当予以赔偿。

综上，本题的正确答案为CD。

（2003/2/70）10. 我国《种子法》规定，违法经营、推广应当审定而未经审定通过的种子的，可处以1万元以上5万元以下罚款。某省人民政府在其制定的《某省种子法实施办法》中规定，违法经营、推广应当审定而未经审定通过的种子的，可处以3万元以上5万元以下罚款。下列说法哪些是正确的?
　　A. 《实施办法》超越了《种子法》的规定，无效
　　B. 《实施办法》没有超越《种子法》的规定，有效
　　C. 国务院若认为《实施办法》超越了《种子法》的规定，有权予以撤销
　　D. 受处罚人不服处罚申请行政复议的同时，可以对《实施办法》一并请求审查

【考点】行政处罚的设定；复议附带审查制度
【黄文涛解析】A选项当选、B选项不当选。《行政处罚法》第14条第1款规定："地方政府规章可以在法律、法规规定的给予行政处罚的行为、种类和幅度的范围内作出具体规定。"可见作为下位法的省政府规章在对上位法设定的行政处罚进行细化规定时，不得超出上位法规定的处罚幅度范围，这意味着不得改变上位法设定的处罚上限与下限。本题案例中省政府规章规定的幅度是3至5万，而作为上位法的《种子法》规定的处罚幅度是1至5万，可见省政府规章提高了上位法规定的处罚下限，属于违反上位法的规定，因而无效。从行政法理上而言，下位法在对上位法设定的处罚幅度细化时，只有两种是合法的：一种是点细化，如上位法设定1至5万的罚款幅度，下位法设定了3万的处罚，相当于将上位法的处罚幅度细化为一个处罚点；另一种是分段细化，如上位法设定1至5万的罚款幅度，下位法将上位法设定的处罚幅度区分为两种情形，情形一规定处罚幅度是1至3万，情形二规定处罚幅度是3至5万，两种情形加起来和上位法的处罚幅度一致。如对此仍不理解的考生，可以关注我的新浪微博（@黄文涛的行政法），通过微博和我交流。

C选项当选。《立法法》第97条规定："改变或者撤销法律、行政法规、地方性法规、自治条例和单行条例、规章的权限是：……（三）国务院有权改变或者撤销不适当的部门规章和地方政府规章；……"可见当国务院认为作为省级政府规章的《实施办法》超越了《种子法》的规定时，有权予以撤销。

D选项不当选。《行政复议法》第7条规定："公民、法人或者其他组织认为行政机关的具体行政行为所依据的下列规定不合法，在对具体行政行为申请行政复议时，可以一并向行政复议机关提出对该规定的审查申请：（一）国务院部门的规定；（二）县级以上地方各级人民政府及其工作部门的规定；（三）乡、镇人民政府的规定。前款所列规定不含国务院部、委员会规章和地方人民政府规章。规章的审查依照法律、行政法规办理。"可见行政复议中申请人只能就规章效力

以下的规范性文件申请附带审查，而《实施办法》属于规章，申请人无权申请附带审查。

综上，本题的正确答案为 AC。

（2003/2/71）11. 下列哪些情形属于国家赔偿的范围？

A. 警察王某之子玩弄王某手枪走火，致人伤残的

B. 章某因盗窃被判刑后，为达到保外就医目的而自伤的

C. 民事诉讼中，申请人提供担保后，法院未及时采取保全措施致使判决无法执行，给申请人造成损失的

D. 警察接到报警后，拒不出警造成财物被抢劫的

【考点】国家赔偿的范围

【黄文涛解析】A 选项不当选。《国家赔偿法》第 2 条第 1 款规定："国家机关和国家机关工作人员行使职权，有本法规定的侵犯公民、法人和其他组织合法权益的情形，造成损害的，受害人有依照本法取得国家赔偿的权利。"可见只有在行使职权过程中造成的侵害才属于国家赔偿的范围，警察王某之子玩弄手枪并不属于行使国家职权，因此不属于国家赔偿的范围。

B 选项不当选。《国家赔偿法》第 19 条规定："属于下列情形之一的，国家不承担赔偿责任：……（五）因公民自伤、自残等故意行为致使损害发生的；……"可见章某实施自伤行为，国家不需要承担责任。

C 选项当选。《国家赔偿法》第 38 条规定："人民法院在民事诉讼、行政诉讼过程中，违法采取对妨害诉讼的强制措施、保全措施或者对判决、裁定及其他生效法律文书执行错误，造成损害的，赔偿请求人要求赔偿的程序，适用本法刑事赔偿程序的规定。"可见法院在民事诉讼中未及时采取保全措施致使判决无法执行，属于民事司法赔偿的范围。

D 选项当选。《国家赔偿法》第 4 条规定："行政机关及其工作人员在行使行政职权时有下列侵犯财产权情形之一的，受害人有取得赔偿的权利：……（四）造成财产损害的其他违法行为。"D 选项中警察的不作为行为就属于此处的"造成财产损害的其他违法行为"，属于国家赔偿的范围。

综上，本题的正确答案为 CD。

（2003/2/72）12. 公安局以徐某经营的录像厅涉嫌播放淫秽录像为由，将录像带、一台 VCD 机和一台彩色电视机扣押，对徐某作出罚款 500 元的决定。徐某不服提起行政诉讼后，公安局向法院提交了有关录像带的鉴定结论。下列说法哪些是正确的？

A. 该鉴定结论中应当载明鉴定所使用的科学技术手段

B. 徐某认为鉴定结论有误口头申请重新鉴定，人民法院应予准许

C. 徐某要求鉴定人出庭接受询问，除有正当事由外鉴定人应当出庭

D. 徐某证明鉴定结论内容不完整，人民法院应不予采纳

【考点】行政诉讼的证据规则

【黄文涛解析】A 选项当选。最高法院 2002 年《最高人民法院关于行政诉讼证据若干问题的规定》第 32 条第 1 款规定："人民法院对委托或者指定的鉴定部门出具的鉴定书，应当审查是否具有下列内容：……（三）鉴定的依据和使用的科学技术手段；……"可见在该鉴定结论中应当载明鉴定所使用的科学技术

大咖点拨区

手段。

B选项不当选。最高法院2002年《最高人民法院关于行政诉讼证据若干问题的规定》第29条规定："原告或者第三人有证据或者有正当理由表明被告据以认定案件事实的鉴定结论可能有错误，在举证期限内书面申请重新鉴定的，人民法院应予准许。"可见徐某认为鉴定结论有误应当书面申请重新鉴定，不能口头申请。

C选项当选。最高法院2002年《最高人民法院关于行政诉讼证据若干问题的规定》第47条第1款规定："当事人要求鉴定人出庭接受询问的，鉴定人应当出庭。鉴定人因正当事由不能出庭的，经法庭准许，可以不出庭，由当事人对其书面鉴定结论进行质证。"可见徐某要求鉴定人出庭接受询问，除有正当事由外鉴定人应当出庭。

D选项当选。最高法院2002年《最高人民法院关于行政诉讼证据若干问题的规定》第62条规定："对被告在行政程序中采纳的鉴定结论，原告或者第三人提出证据证明有下列情形之一的，人民法院不予采纳：……（三）鉴定结论错误、不明确或者内容不完整。"可见当徐某证明鉴定结论内容不完整时，人民法院应不予采纳。

综上，本题的正确答案为ACD。

（2003/2/73）13. 甲乙两村因某一土地所有权发生争议，县人民政府将该土地确定为甲村所有，乙村在法定期限内没有向法院起诉，但仍继续占有并使用该片土地。下列说法哪些是正确的？

A. 甲村无权向人民法院申请强制执行

B. 县政府可以向人民法院申请强制执行

C. 甲村可以要求县政府履行法定职责

D. 甲村可以对乙村提起民事诉讼

【考点】行政裁决强制执行的程序

【黄文涛解析】A选项不当选、B选项当选。甲乙两村就土地所有权发生争议属于民事争议，县政府将土地权属确认给甲村所有，属于行政裁决行为，是具体行政行为的一种。《最高人民法院关于适用〈中华人民共和国行政诉讼法〉的解释》第158条第1款规定："行政机关根据法律的授权对平等主体之间民事争议作出裁决后，当事人在法定期限内不起诉又不履行，作出裁决的行政机关在申请执行的期限内未申请人民法院强制执行的，生效行政裁决确定的权利人或者其继承人、权利承受人在六个月内可以申请人民法院强制执行。"可见在特定情况甲村作为行政裁决确定的权利人，有权向法院申请强制执行。县政府作为作出行政裁决的行政机关，也有权申请法院强制执行。

C选项当选。县政府作出行政裁决之后，具有切实实现行政裁决确定的权利义务的法定职责，甲村因此有权要求县政府履行法定职责。

D选项不当选。县政府已经作出了行政裁决，行政裁决作为具体行政行为是国家机关作出的权威决定。此时甲村不能再对乙村提起民事诉讼，因为如果进入民事诉讼程序，法院作出的判决与行政裁决确定的内容相反的话，就无法确定依据行政裁决的结论抑或法院判决的结论。

综上，本题的正确答案为BC。

扫码听课

（2003/2/74） 14. 甲市刘某违反《治安管理处罚条例》，被乙市铁路公安分局给予拘留 10 天的处罚，刘某不服向乙市公安局申请复议，乙市公安局将处罚结果更改为罚款 200 元。刘某不服向法院提起行政诉讼。对此案有管辖权的法院有哪些？

A. 乙市铁路运输法院

B. 甲市刘某所在地基层人民法院

C. 乙市铁路公安分局所在地基层人民法院

D. 乙市公安局所在地基层人民法院

【考点】 行政诉讼的管辖法院

【黄文涛解析】 A 选项不当选。依据考试当年生效的最高法院 2000 年《行政诉讼法解释》第 6 条第 2 款规定："专门人民法院、人民法庭不审理行政案件，也不审查和执行行政机关申请执行其具体行政行为的案件。"可见作为专门法院的铁路运输法院不能审理行政诉讼案件。不过《最高人民法院关于适用〈中华人民共和国行政诉讼法〉的解释》第 3 条第 2 款规定："专门人民法院、人民法庭不审理行政案件，也不审查和执行行政机关申请执行其行政行为的案件。铁路运输法院等专门人民法院审理行政案件，应当执行行政诉讼法第十八条第二款的规定。"其中《行政诉讼法》第 18 条第 2 款是关于跨行政区域管辖的规定，可见目前铁路运输法院在符合法定条件下可以被指定为跨行政区域管辖行政诉讼案件的法院。但是本题中并没有明确这些条件，所以 A 选项在新的司法解释中仍然不当选。

B 选项不当选。本题为复议机关改变原行政行为的案件，依据《行政诉讼法》第 26 条第 2 款规定："经复议的案件，复议机关决定维持原行政行为的，作出原行政行为的行政机关和复议机关是共同被告；复议机关改变原行政行为的，复议机关是被告。"可见当复议机关改变原行政行为时，应该以复议机关为被告，也即告的是复议机关的行政行为，因为复议机关的改变行为相当于撤销了原行政行为，然后自己作出一个新的行政行为。在本案中刘某告的就是乙市公安局的罚款 200 元的处罚行为，因此不属于限制人身自由案件，也就不能由原告刘某的所在地法院管辖。

C 选项当选、D 选项当选。《行政诉讼法》第 18 条第 1 款规定："行政案件由最初作出行政行为的行政机关所在地人民法院管辖。经复议的案件，也可以由复议机关所在地人民法院管辖。"本题案例就属于经过复议的案件，依法由原机关（乙市铁路公安分局）所在地法院和复议机关（乙市公安局）所在地法院管辖。同时 B 选项解析中所述，本案被告是复议机关乙市公安局，属于普通的级别管辖案件，因此应该由基层法院管辖。由此推导，C 选项和 D 选项表述正确，当选。

综上，本题的正确答案为 CD。

（2003/2/75） 15. 某市某区公安分局认定赵某有嫖娼行为，对其处以拘留 15 天，罚款 3000 元。赵某不服申请复议，市公安局维持了原处罚决定。赵某提起行政诉讼。在第一审程序中，原处罚机关认定赵某有介绍嫖娼行为，将原处罚决定变更为罚款 1000 元。赵某对改变后的处罚决定仍不服。下列说法哪些是正确的？

A. 法院应继续审理原处罚决定

B. 法院应审理改变后的处罚决定

C. 审理原处罚决定还是改变后的处罚决定由法院决定

D. 原告对原处罚决定不申请撤诉的，法院应当对原处罚决定作出相应判决

【考点】行政诉讼中被告改变行政行为的程序；撤诉制度

【黄文涛解析】A选项不当选、D选项当选。《最高人民法院关于适用〈中华人民共和国行政诉讼法〉的解释》第81条第3款规定："被告改变原违法行政行为，原告仍要求确认原行政行为违法的，人民法院应当依法作出确认判决。"可见在被告改变原行政行为时，如果原告不申请撤诉，则法院应当继续审查原行政行为。A选项与D选项的表述内容类似，但是D选项的表述更为完整，所以应当选择D选项。

B选项当选、C选项不当选。《最高人民法院关于适用〈中华人民共和国行政诉讼法〉的解释》第81条第2款规定："原告或者第三人对改变后的行政行为不服提起诉讼的，人民法院应当就改变后的行政行为进行审理。"本题中仅仅说明了赵某对改变后的处罚决定仍不服，没有明确说明张某对改变后的处罚决定提起了行政诉讼，但是当年司法部公布的答案中选择了B选项，我们只能推定题目中的赵某对改变后的处罚决定提起了行政诉讼。这道题目的表述不是很严谨，容易使人产生误解。

综上，本题的正确答案为BD。

（2003/2/76）16. 关于规章制定，下列说法哪些是正确的？

A. 起草的规章直接涉及公民切身利益的，起草单位必须举行听证会

B. 部门规章送审稿，由国务院法制机构统一审查

C. 除特殊情况外，规章应当自公布之日起30日后施行

D. 规章应当自公布之日起30日内，由法制机构依法报有关机关备案

【考点】规章的制定程序

扫码听课

【黄文涛解析】A选项不当选。《规章制定程序条例》第16条第2款规定："起草的规章涉及重大利益调整或者存在重大意见分歧，对公民、法人或者其他组织的权利义务有较大影响，人民群众普遍关注，需要进行听证的，起草单位应当举行听证会听取意见。……"可见规章只有在对公民权利义务有较大影响时，起草单位才必须举行听证会，而非只要涉及公民切身利益就举行听证会。

B选项不当选。《规章制定程序条例》第19条规定："规章送审稿由法制机构负责统一审查。……"此处的法制机构是规章制定主体的法制机构，而非国务院的法制机构。

C选项当选。根据《规章制定程序条例》第32条规定："规章应当自公布之日起30日后施行；但是，涉及国家安全、外汇汇率、货币政策的确定以及公布后不立即施行将有碍规章施行的，可以自公布之日起施行。"可见除了涉及国家安全、外汇汇率、货币政策的确定以及公布后不立即施行将有碍规章施行等特殊情况外，规章应当自公布之日起30日后施行。

D选项当选。《规章制定程序条例》第34条规定："规章应当自公布之日起30日内，由法制机构依照立法法和《法规规章备案条例》的规定向有关机关备案。"可见规章应当依照之一规定自公布之日起30日内，由法制机构依法报有关机关备案。

综上，本题的正确答案为CD。

（2003/2/77）17. 按照《立法法》和相关法律的规定，下列哪些机关或者机构具有制定规章的权力？

A. 国务院办公厅

B. 国家体育总局

C. 国务院法制办公室

D. 审计署

【考点】规章的制定主体

【黄文涛解析】A 选项不当选、B 选项当选、C 选项不当选、D 选项当选。《立法法》第 80 条第 1 款规定："国务院各部、委员会、中国人民银行、审计署和具有行政管理职能的直属机构，可以根据法律和国务院的行政法规、决定、命令，在本部门的权限范围内，制定规章。"可见制定部门规章的主体包括：国务院工作部门和具有行政管理职能的直属机构。国务院办公厅既不是国务院工作部门，也不是直属机构，所以无权制定部门规章。国家体育总局属于具有行政管理职能的直属机构，具有部门规章制定权。国务院法制办公室属于国务院办事机构，协助总理办理专门事项，无权制定部门规章。审计署属于国务院的工作部门，依法有权制定部门规章。

综上，本题的正确答案为 BD。

（2003/2/78）18. 市城市规划局批准建设的居住小区整体结构设计违反了国家的有关法律规定，给原告甲村的利益造成严重损害，但是房屋及其配套设施等已经建成交付使用，撤销批准建设的具体行政行为将会给公共利益造成重大损失，人民法院应当如何处理？

A. 判决确认被诉具体行政行为违法

B. 判决被告对原告承担赔偿责任

C. 责令被诉行政机关采取相应的补救措施

D. 维持被诉具体行政行为

【考点】行政诉讼的裁判类型

【黄文涛解析】A 选项当选。《行政诉讼法》第 74 条规定："行政行为有下列情形之一的，人民法院判决确认违法，但不撤销行政行为：（一）行政行为依法应当撤销，但撤销会给国家利益、社会公共利益造成重大损害的；……"可见当撤销被诉行政行为会给公共利益造成重大损失时，法院应当作出确认违法判决。

B 选项当选、C 选项当选。《行政诉讼法》第 76 条规定："人民法院判决确认违法或者无效的，可以同时判决责令被告采取补救措施；给原告造成损失的，依法判决被告承担赔偿责任。"可见法院作出确认违法判决时，可以判决被告对原告承担赔偿责任，也可以责令被诉行政机关采取相应的补救措施。

D 选项不当选。《行政诉讼法》2015 年修订后，维持判决已经被取消。并且本案法院也不能作出支持被告的判决，因为毕竟被诉的行政行为是违法的，法院不能支持一个违法的行政行为。

综上，本题的正确答案为 ABC。

（2003/2/79）19. 上市公司蓝索公司因严重违规操作被证券监督管理委员会终止股票交易，对于该项决定，能够以蓝索公司名义提起行政诉讼的主体有哪些？

A. 拥有蓝索公司股票的股民

B. 蓝索公司的股东代表大会

C. 蓝索公司的主要债权人

D. 蓝索公司的董事会

【考点】行政诉讼的原告资格

大咖点拨区

扫码听课

【黄文涛解析】A 选项不当选、B 选项不当选、C 选项不当选、D 选项当选。《最高人民法院关于适用〈中华人民共和国行政诉讼法〉的解释》第 16 条第 1 款规定："股份制企业的股东大会、股东会、董事会等认为行政机关作出的行政行为侵犯企业经营自主权的，可以企业名义提起诉讼。"可见只有股东大会、股东会、董事会能代表公司提起行政诉讼。最高法院 2000 年《行政诉讼法司法解释》中曾规定"股东代表大会"可以起诉，但是在 2018 年的司法解释中删除了这一条款。

综上，本题的正确答案为 D。

（2003/2/80）20. 下列哪些国家侵权行为不适用消除影响、恢复名誉、赔礼道歉的责任方式？

A. 公安人员盘问过程中殴打刘某

B. 海关违法扣留张某 5 小时

C. 法院以转移被查封财产为由错误拘留陈某 15 日

D. 镇政府公布本镇有不良嗜好人员名单

【考点】国家赔偿的方式

【黄文涛解析】A 选项不当选、B 选项不当选、C 选项不当选、D 选项当选。《国家赔偿法》第 35 条规定："有本法第三条或者第十七条规定情形之一，致人精神损害的，应当在侵权行为影响的范围内，为受害人消除影响，恢复名誉，赔礼道歉；造成严重后果的，应当支付相应的精神损害抚慰金。"同时最高法院 2016 年《关于审理民事、行政诉讼中司法赔偿案件适用法律若干问题的解释》第 11 条规定："人民法院及其工作人员在民事、行政诉讼过程中，具有本解释第二条、第六条规定情形，侵犯公民人身权的，应当依照国家赔偿法第三十三条、第三十四条的规定计算赔偿金。致人精神损害的，应当依照国家赔偿法第三十五条的规定，在侵权行为影响的范围内，为受害人消除影响、恢复名誉、赔礼道歉；造成严重后果的，还应当支付相应的精神损害抚慰金。"依据这两条的规定，只有国家机关在行使职权时侵害了相对人的人身权（包括人身自由权和生命健康权）时，才适用消除影响、恢复名誉、赔礼道歉的责任方式。四个选项中只有 D 选项中镇政府的行为没有侵害相对人的人身权，所以不适用消除影响、恢复名誉、赔礼道歉的责任方式。

综上，本题的正确答案为 D。

（2003/2/96）21. 甲乙两人互殴，公安机关依据《治安管理处罚条例》进行调解处理。双方就医疗费赔付达成调解协议。事后，甲履行了协议而乙没有履行。甲依法可以选择的救济途径是：

A. 提起民事诉讼要求乙赔偿损失

B. 提起行政诉讼要求撤销该调解协议

C. 要求公安机关强制执行该调解协议

D. 提起行政附带民事诉讼要求撤销调解协议并判决乙赔偿损失

【考点】行政调解；行政诉讼的受案范围

【黄文涛解析】A 选项当选、B 选项不当选、C 选项不当选、D 选项不当选。《治安管理处罚法》第 9 条规定："对于因民间纠纷引起的打架斗殴或者损毁他人财物等违反治安管理行为，情节较轻的，公安机关可以调解处理。经公安机关调

扫码听课

解，当事人达成协议的，不予处罚。经调解未达成协议或者达成协议后不履行的，公安机关应当依照本法的规定对违反治安管理行为人给予处罚，并告知当事人可以就民事争议依法向人民法院提起民事诉讼。"在治安处罚中公安机关调解达成的当事人之间的协议属于民事协议，一方当事人不履行约定，另一方当事人只能提起民事诉讼。公安机关的调解行为属于行政调解，不是具体行政行为也就不能申请强制执行，故 C 选项不当选。同时依据《行政诉讼法解释》第 1 条第 2 款规定："下列行为行不属于人民法院行政诉讼的受案范围：……（二）调解行为以及法律规定的仲裁行为；……"行政调解行为不属于行政诉讼的受案范围，故 B 选项、D 选项都不当选。

综上，本题的正确答案为 A。

（2003/2/97）22. 公安局对甲作出治安拘留 10 天处罚决定后随即执行。甲申请复议，上级公安局作出维持原处罚的复议决定。甲向法院提起诉讼，第一审法院判决维持拘留决定，甲在上诉中又提出行政赔偿请求。第二审人民法院经审理，认定公安局对甲的拘留违法，应如何处理此案？

A. 撤销第一审判决，并撤销拘留决定，判令公安局赔偿甲的损失

B. 撤销第一审判决，并确认拘留决定违法，就赔偿问题进行调解，调解不成应将全案发回重审

C. 撤销第一审判决，并确认拘留决定违法，就赔偿问题进行调解，调解不成应将行政赔偿部分发回重审

D. 撤销第一审判决，并撤销拘留决定，并就赔偿问题进行调解，调解不成的，告知甲就赔偿问题另行起诉

【考点】行政诉讼二审的裁判类型

【黄文涛解析】A 选项不当选、B 选项不当选、C 选项不当选、D 选项当选。《行政诉讼法》第 74 条第 2 款规定："行政行为有下列情形之一，不需要撤销或者判决履行的，人民法院判决确认违法：（一）行政行为违法，但不具有可撤销内容的；……"可见只有在行政行为违法不具有可撤销内容时才作出确认违法判决，在本案中公安机关的拘留行为虽然已经履行，但是法院仍然可以判决撤销公安机关所保留的甲的案底材料，所以应当作出撤销判决，故 B 选项与 C 选项不当选。依据《最高人民法院关于适用〈中华人民共和国行政诉讼法〉的解释》第 109 条第 6 款规定："当事人在第二审期间提出行政赔偿请求的，第二审人民法院可以进行调解；调解不成的，应当告知当事人另行起诉。"故 D 选项当选。

注意：本题存在一定争议，因为公安机关作出的拘留决定被撤销后，是否具有可撤销内容是有不同意见的，有观点认为行政拘留行为实施后，不具有可撤销内容，法院确认拘留行为违法后，相应的案底材料是理所应当撤销的，不需要法院专门作出撤销判决。

综上，本题的正确答案为 D。

（2003/2/98）23. 卫生防疫站对王某经营的餐馆进行卫生检查，发现厨师在操作间未戴帽子，备用餐具有油腻及小飞虫，当场制作了检查笔录。两天后对王某处以 200 元罚款。王某不服向法院起诉，卫生防疫站向法院提供了检查笔录。下列何种说法是正确的？

A. 检查笔录应至少有 2 名执法人员的签名

B. 检查笔录应加盖卫生防疫站的公章

C. 检查笔录必须有当事人的签名

D. 法院对检查笔录进行审查时，制作笔录的执法人员必须出庭

【考点】行政诉讼的证据规则

【黄文涛解析】A选项当选。《行政处罚法》第42条第1款规定："行政处罚应当由具有行政执法资格的执法人员实施。执法人员不得少于两人，法律另有规定的除外。"同法第55条第2款规定："当事人或者有关人员应当如实回答询问，并协助调查或者检查，不得拒绝或者阻挠。询问或者检查应当制作笔录。"可见行政机关的检查笔录应当至少由2名执法人员的签名。

B选项不当选。最高法院2002年《最高人民法院关于行政诉讼证据若干问题的规定》第10条第1款规定："根据行政诉讼法第三十一条第一款第（一）项的规定，当事人向人民法院提供书证的，应当符合下列要求：……（四）被告提供的被诉具体行政行为所依据的询问、陈述、谈话类笔录，应当有行政执法人员、被询问人、陈述人、谈话人签名或者盖章。"可见对于检查笔录是不需要加盖行政机关的公章，只要由行政执法人员及相关人员签名即可。

C选项不当选。最高法院2002年《最高人民法院关于行政诉讼证据若干问题的规定》第15条规定："根据行政诉讼法第三十一条第一款第（七）项的规定，被告向人民法院提供的现场笔录，应当载明时间、地点和事件等内容，并由执法人员和当事人签名。当事人拒绝签名或者不能签名的，应当注明原因。有其他人在现场的，可由其他人签名。法律、法规和规章对现场笔录的制作形式另有规定的，从其规定。"可见现场笔录并非必须由当事人签名，当事人不愿意签名的，只要注明原因即可。

D选项不当选。最高法院2002年《最高人民法院关于行政诉讼证据若干问题的规定》第44条规定："有下列情形之一，原告或者第三人可以要求相关行政执法人员作为证人出庭作证：（一）对现场笔录的合法性或者真实性有异议的；（二）对扣押财产的品种或者数量有异议的；（三）对检验的物品取样或者保管有异议的；（四）对行政执法人员的身份的合法性有异议的；（五）需要出庭作证的其他情形。"可见在司法解释中并没有要求制作笔录的执法人员必须出庭。

综上，本题的正确答案为A。

（2003/2/99）24. 2001年5月某市公安局以涉嫌诈骗为由对甲进行刑事立案侦查。公安局将甲带至局内留置盘问48小时，搜查了甲的住处，扣押了搜出的现金10万元，冻结了搜出的20万元银行存款，并对甲实行监视居住。次年1月，公安局以甲刊登虚假广告、骗取学生学费为由，决定没收非法所得10万元，解除冻结。此后公安局一直未对甲诈骗一事作出处理，甲向法院提起行政诉讼。下列何种行为可以成为法院的审理对象？

A. 没收非法所得10万元   B. 扣押现金10万元

C. 冻结20万元银行存款   D. 留置盘问48小时

【考点】行政诉讼的受案范围

【黄文涛解析】A选项当选、B选项不当选、C选项不当选。《最高人民法院关于适用〈中华人民共和国行政诉讼法〉的解释》第1条第2款规定："下列行为不服不属于人民法院行政诉讼的受案范围：……（一）公安、国家安全等机关

扫码听课

依照刑事诉讼法的明确授权实施的行为；……"可见只有《刑事诉讼法》明确授予公安机关实施的行为才不属于行政诉讼的受案范围。在本案中，公安机关实施的没收甲财产的行为并没有《刑事诉讼法》的明确授权，而扣押与冻结则得到了刑事诉讼法的明确授权，法律依据是《刑事诉讼法》第139条规定："在侦查活动中发现的可用以证明犯罪嫌疑人有罪或者无罪的各种财物、文件，应当查封、扣押；与案件无关的财物、文件，不得查封、扣押。"以及《刑事诉讼法》第142条第1款规定："人民检察院、公安机关根据侦查犯罪的需要，可以依照规定查询、冻结犯罪嫌疑人的存款、汇款、债券、股票、基金份额等财产。有关单位和个人应当配合。"

D选项当选。公安机关的留置盘问行为是由《人民警察法》第9条第1款的授权："为维护社会治安秩序，公安机关的人民警察对有违法犯罪嫌疑的人员，经出示相应证件，可以当场盘问、检查；经盘问、检查，有下列情形之一的，可以将其带至公安机关，经该公安机关批准，对其继续盘问：（一）被指控有犯罪行为的；（二）有现场作案嫌疑的；（三）有作案嫌疑身份不明的；（四）携带的物品有可能是赃物的。"可见并非《刑事诉讼法》的明确授权，应当属于行政诉讼的受案范围。

综上，本题的正确答案为AD。

扫码听课

（2003/2/100） 25. 在某法院受理的一起交通处罚案件中，被告提供了当事人闯红灯的现场笔录。该现场笔录载明了当事人闯红灯的时间、地点和拒绝签名的情况，但没有当事人的签名，也没有其他证人签名。原告主张当时不在现场，并有一朋友为其出庭作证。根据原被告双方提供的证据，法院应如何认定？

A. 法院可以认定原告闯红灯　　　B. 法院可以认定原告没有闯红灯
C. 法院对原告是否闯红灯无法认定　　D. 法院需进一步调查后再作认定

【考点】行政诉讼的证据规则

【黄文涛解析】A选项当选、B选项不当选、C选项不当选、D选项不当选。最高法院2002年《最高人民法院关于行政诉讼证据若干问题的规定》第71条的规定："下列证据不能单独作为定案依据：……（二）与一方当事人有亲属关系或者其他密切关系的证人所作的对该当事人有利的证言，或者与一方当事人有不利关系的证人所作的对该当事人不利的证言；……"本案中原告仅提供了一份证据，并且提供的是朋友的证言，属于与其有密切关系的证人证言，依法不能单独作为定案证据。同时交警这一方提供的是一份现场笔录，依据最高法院2002年《最高人民法院关于行政诉讼证据若干问题的规定》第15条的规定："根据行政诉讼法第三十一条第一款第（七）项的规定，被告向人民法院提供的现场笔录，应当载明时间、地点和事件等内容，并由执法人员和当事人签名。当事人拒绝签名或者不能签名的，应当注明原因。有其他人在现场的，可由其他人签名。法律、法规和规章对现场笔录的制作形式另有规定的，从其规定。"可见即使没有当事人签名，这份现场笔录也是有效的，且不存在不能单独作为定案证据的情形，故法院可以依据交警提供的这份证据认定原告闯了红灯。

综上，本题的正确答案为A。

原型客观真题汇编十三

（2002/2/24）1. 李某在某特区打工时被机器轧断手臂，就赔偿问题与企业发生争议起诉至法院。根据该特区依据全国人大授权制定的地方性法规，李某只能得到 20 个月工资的赔偿额，而根据该特区所在省的地方性法规，他可以得到 25 个月的赔偿额。法院应如何处理本案？

A. 直接依据省地方性法规审理判决此案

B. 直接依据特区地方性法规审理判决此案

C. 提请全国人大常委会作出裁决后审理判决此案

D. 提请国务院作出裁决后审理判决此案

【考点】经济特区法规的优先适用规则

【黄文涛解析】A 选项不当选、B 选项当选、C 选项不当选、D 选项不当选。《立法法》第 74 条规定："经济特区所在地的省、市的人民代表大会及其常务委员会根据全国人民代表大会的授权决定，制定法规，在经济特区范围内实施。"同时，同法第 90 条第 2 款规定："经济特区法规根据授权对法律、行政法规、地方性法规作变通规定的，在本经济特区适用经济特区法规的规定。"可见经济特区的地方性法规中依据授权对地方性法规所做的变动性规定，在特区范围内是优先适用。

综上，本题的正确答案为 B。

（2002/2/25）2. 某工商局在办理完毕某企业变更法定代表人登记 1 年之后，发现办理登记的工作人员由于工作疏忽未认真核实有关材料，导致作出了错误的变更登记。在这种情况下，工商局应当如何处理？

A. 撤销变更登记，恢复到原来的登记状态

B. 吊销企业法人营业执照

C. 撤销企业法人营业执照，对于由此给企业造成的损失予以适当赔偿

D. 注销企业法人营业执照，给予企业适当补偿

【考点】行政许可的撤销、吊销、注销

【黄文涛解析】A 选项当选。《行政许可法》第 69 条规定："有下列情形之一的，作出行政许可决定的行政机关或者其上级行政机关，根据利害关系人的请求或者依据职权，可以撤销行政许可：（一）行政机关工作人员滥用职权、玩忽职守作出准予行政许可决定的；……"可见在颁发行政许可的过程中存在违法行为，应撤销行政许可。变更登记属于行政许可的一种，当行政机关的工作人员在进行行政许可时存在玩忽职守的行为导致作出错误的变更登记时，依法应当予以撤销变更登记，故 A 选项当选。

B 选项不当选。只有在实施行政许可的过程中出现违法行为，才是吊销行政许可，本题案例中的违法行为发生在颁发许可过程中，所以不能吊销。

C 选项不当选。由于本题案例中存在违法行为的是变更登记，而非企业法人营业执照，因此不能撤销企业法人营业执照。同时《行政许可法》第 76 条规定："行政机关违法实施行政许可，给当事人的合法权益造成损害的，应当依照国家赔偿法的规定给予赔偿。"可见只有在行政机关的违法行为导致当事人"合法权益"遭到侵害，才适用国家赔偿。如果当事人的违法权益（如企业提交申请材料

时存在造假）受到侵害责任不赔偿。

D 选项不当选。《行政许可法》第 70 条规定："有下列情形之一的，行政机关应当依法办理有关行政许可的注销手续：（一）行政许可有效期届满未延续的；（二）赋予公民特定资格的行政许可，该公民死亡或者丧失行为能力的；（三）法人或者其他组织依法终止的；（四）行政许可依法被撤销、撤回，或者行政许可证件依法被吊销的；（五）因不可抗力导致行政许可事项无法实施的；（六）法律、法规规定的应当注销行政许可的其他情形。"本题案例属于撤销行政许可的情形，在撤销之后才必须注销该行政许可。

综上，本题的正确答案为 A。

（2002/2/26）3. 王某因不服区公安分局行政拘留 10 天的处罚申请复议，市公安局认为处罚过轻，遂改为行政拘留 15 天的处罚，王某以市公安局为被告提起行政诉讼。对王某的诉讼请求，法院应当如何处理？

A. 决定受理此案

B. 要求原告将区公安分局列为共同被告

C. 要求原告将被告变更为区公安分局

D. 以被告不适格为由裁定不予受理

【考点】行政诉讼的被告资格

【黄文涛解析】 A 选项当选、B 选项不当选、C 选项不当选、D 选项不当选。《行政诉讼法》第 26 条第 2 款规定："经复议的案件，复议机关决定维持原行政行为的，作出原行政行为的行政机关和复议机关是共同被告；复议机关改变原行政行为的，复议机关是被告。"可见在复议机关改变原行政行为时，应当由复议机关作为被告。本题案例中王某以复议机关市公安局作为被告是正确的，故 A 选项当选。

综上，本题的正确答案为 A。

（2002/2/27）4. 某县人民法院以受贿罪判处陈某有期徒刑 7 年，陈某不服提出上诉。市中级人民法院经审理认为原判事实不清、证据不足，发回原审法院重新审判。原审法院经审理退回县人民检察院补充侦查。县人民检察院经补充侦查认定陈某构成犯罪证据不足，遂作出不起诉决定。陈某提起国家赔偿请求，本案的赔偿义务机关应为下列哪一机关？

A. 县人民检察院和县人民法院   B. 县人民法院和市中级人民法院

C. 市中级人民法院   D. 县人民检察院

【考点】刑事赔偿的义务机关

【黄文涛解析】 本题依据 2010 年修订《国家赔偿法》的规定无答案，赔偿义务机关应该是县法院。《国家赔偿法》第 21 条第 4 款规定："再审改判无罪的，作出原生效判决的人民法院为赔偿义务机关。二审改判无罪，以及二审发回重审后作无罪处理的，作出一审有罪判决的人民法院为赔偿义务机关。"可见在一审法院判决有罪，二审法院发回重审后作无罪处理的，应该由一审法院作为赔偿义务机关。本题案例中二审法院发回重审后，县检察院作出不起诉决定就属于作无罪处理，因此应当由一审法院作为赔偿义务机关。

综上，本题根据最新法律规定无答案。

扫码听课

（2002/2/28）5. 张某因不服税务局查封财产决定向上级机关申请复议，要求撤销查封决定，但没有提出赔偿请求。复议机关经审查认为该查封决定违法，决定予以撤销。对于查封决定造成的财产损失，复议机关正确的做法是什么？

A. 解除查封的同时决定被申请人赔偿相应的损失

B. 解除查封并告知申请人就赔偿问题另行申请复议

C. 解除查封的同时就损失问题进行调解

D. 解除查封的同时要求申请人增加关于赔偿的复议申请

【考点】行政复议决定的类型

【黄文涛解析】A选项当选、B选项不当选、C选项不当选、D选项不当选。《行政复议法》第29条第2款规定："申请人在申请行政复议时没有提出行政赔偿请求的，行政复议机关在依法决定撤销或者变更罚款，撤销违法集资、没收财物、征收财物、摊派费用以及对财产的查封、扣押、冻结等具体行政行为时，应当同时责令被申请人返还财产，解除对财产的查封、扣押、冻结措施，或者赔偿相应的价款。"可见复议机关在对涉及财产的具体行政行为进行复议时，如果认定该具体行政行为违法，有权主动决定被申请人对申请人的损失进行赔偿。

综上，本题的正确答案为A。

扫码听课

（2002/2/29）6. 某公安派出所对张某作出罚款200元的行政处罚决定，张某不服。张某向县人民政府和县公安局同时申请行政复议，但两机关超过复议期限后均未作出任何决定。张某遂决定向法院提起行政诉讼，要求撤销派出所的处罚决定。本案的适格被告应当是谁？

A. 公安派出所   B. 县公安局

C. 市公安局   D. 县人民政府

【考点】行政诉讼的被告资格

【黄文涛解析】A选项当选、B选项不当选、C选项不当选、D选项不当选。《行政诉讼法》第26条第3款规定："复议机关在法定期限内未作出复议决定，公民、法人或者其他组织起诉原行政行为的，作出原行政行为的行政机关是被告；起诉复议机关不作为的，复议机关是被告。"可见在复议机关不作为时，原告可以选择原机关或复议机关作为被告，当选择原机关作为被告时，起诉的是原机关的行政行为，当选择复议机关作为被告时，起诉的是复议机关的不作为。本题案例中明确说明张某起诉的是要求撤销派出所的处罚决定，因此行政诉讼的被告肯定是公安派出所，而不可能是复议机关。

综上，本题的正确答案为A。

扫码听课

（2002/2/30）7. 高某因不服市国土局行政处罚决定向法院提起诉讼。诉讼过程中，国土局撤销了原处罚决定，高某遂向法院申请撤诉，法院作出准予撤诉的裁定。两天以后，市国土局又以同一事实和理由作出了与原来相同的处罚决定，高某应当如何处理？

A. 重新起诉

B. 申请再审，请求法院撤销原准予撤诉的裁定

C. 撤回撤诉申请，请求法院恢复诉讼，继续审理本案

D. 对法院所作的撤诉裁定提出上诉

【考点】行政诉讼裁判的执行

【黄文涛解析】 A 选项当选、B 选项不当选、C 选项不当选、D 选项不当选。依据行政法理，在诉讼过程中国土局撤销了原处罚决定，这意味着原行政处罚行为已经不存在。后国土资源以同一事实和理由作出的虽然是与原处罚决定相同的处罚，但是从法理上看已经属于一个新的行政处罚行为，高某有权对新的行政处罚行为提起行政诉讼。

综上，本题的正确答案为 A。

大咖点拨区

（2002/2/69）8. 关于行政机关和机构的设立，下列哪些说法是<u>不正确</u>的？

A. 经国务院批准，省人民政府可以设立行政公署

B. 经市公安局批准，县公安局可以设立派出所

C. 经全国人大常委会批准，国务院可以设立直属机构

D. 经市人民政府批准，县人民政府可以设立区公所

【考点】 行政机关的设置程序

扫码听课

【黄文涛解析】 A 选项不当选。《地方各级人民代表大会和地方各级人民政府组织法》第 68 条第 1 款规定："省、自治区的人民政府在必要的时候，经国务院批准，可以设立若干派出机关。"本法条规定的派出机关就是行政公署，故 A 选项表述正确，当选。

B 选项当选。派出所作为县公安局的派出机构，其设立不需要经过市公安局的批准，只需要报请市公安局备案。

C 选项当选。《国务院行政机构设置和编制管理条例》第 8 条规定："国务院直属机构、国务院办事机构和国务院组成部门管理的国家行政机构的设立、撤销或者合并由国务院机构编制管理机关提出方案，报国务院决定。"可见直属机构的设立不需要全国人大常委会批准，而是由国务院自己决定。

D 选项当选。《地方各级人民代表大会和地方各级人民政府组织法》第 68 条第 2 款规定："县、自治县的人民政府在必要的时候，经省、自治区、直辖市的人民政府批准，可以设立若干区公所，作为它的派出机关。"可见区公所的设立应当由省级政府批准。

综上，本题的正确答案为 BCD。

（2002/2/70）9. 人民法院审理上诉行政案件，在哪些情况下必须作出发回重审裁定？

A. 原审判决遗漏被告的

B. 原审判决遗漏必须参加诉讼的第三人的

C. 原审判决遗漏诉讼请求的

D. 原审不予受理裁定确有错误的

【考点】 行政诉讼二审裁判类型

扫码听课

【黄文涛解析】 A 选项当选、B 选项当选、C 选项当选。《最高人民法院关于适用〈中华人民共和国行政诉讼法〉的解释》第 109 条第 3 款规定："原审判决遗漏了必须参加诉讼的当事人或者诉讼请求的，第二审人民法院应当裁定撤销原审判决，发回重审。"此处的当事人包括了被告和第三人，故 A 选项、B 选项当选。

D 选项不当选。《最高人民法院关于适用〈中华人民共和国行政诉讼法〉的解释》第 109 条第 1 款规定："第二审人民法院经审理认为原审人民法院不予立

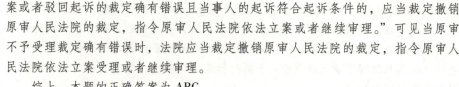

案或者驳回起诉的裁定确有错误且当事人的起诉符合起诉条件的，应当裁定撤销原审人民法院的裁定，指令原审人民法院依法立案或者继续审理。"可见当原审不予受理裁定确有错误时，法院应当裁定撤销原审人民法院的裁定，指令原审人民法院依法立案受理或者继续审理。

综上，本题的正确答案为 ABC。

（2002/2/72）10. 刘某对市辖区土地局依据省国土资源厅的规定作出的一项行政处理决定不服提起行政复议，同时要求审查该规定的合法性。在此情况下，下列哪些说法是正确的？

A. 市政府作为复议机关无权对省国土资源厅的规定进行处理

B. 区政府作为复议机关应当将省国土资源厅的规定转送市政府处理

C. 省政府有权对该规定进行处理

D. 市土地局作为复议机关应当将审查省国土资源厅规定的请求转送省国土资源厅处理

【考点】 行政复议的附带审查制度

【黄文涛解析】 A 选项不当选。《行政复议法》第 12 条第 1 款规定："对县级以上地方各级人民政府工作部门的具体行政行为不服的，由申请人选择，可以向该部门的本级人民政府申请行政复议，也可以向上一级主管部门申请行政复议。"区土地局作出具体行政行为后，作为行政复议的被申请人，复议机关应该是区政府或市土地局，市政府不能作为复议机关。

B 选项不当选、C 选项当选、D 选项当选。《行政复议法》第 7 条第 1 款规定："公民、法人或者其他组织认为行政机关的具体行政行为所依据的下列规定不合法，在对具体行政行为申请行政复议时，可以一并向行政复议机关提出对该规定的审查申请：（一）国务院部门的规定；（二）县级以上地方各级人民政府及其工作部门的规定；（三）乡、镇人民政府的规定。"本题案例中省国土资源厅的规定属于可以申请附带审查的范围。同时《行政复议法》第 26 条规定："申请人在申请行政复议时，一并提出对本法第七条所列有关规定的审查申请的，行政复议机关对该规定有权处理的，应当在三十日内依法处理；无权处理的，应当在七日内按照法定程序转送有权处理的行政机关依法处理，有权处理的行政机关应当在六十日内依法处理。处理期间，中止对具体行政行为的审查。"市政府无权处理省国土资源厅的规定，它们之间没有隶属关系，故 B 选项不当选。省政府作为省国土资源厅的上级机关，有权处理下级机关制定的规定，故 C 选项当选。市土地局作为复议机关可以将省国土资源厅的规定转交给省国土资源厅自身审查，省国土资源厅自身有权审查，故 D 选项当选。

综上，本题的正确答案为 CD。

（2002/2/73）11. 市规划局批准房地产企业大力公司在一片旧居民区开发商品房，规划范围内的居民认为自己由于历史原因没有办理土地使用权证，但已经在该片土地上居住 40 年，规划局在大力公司尚未取得土地使用权证的情况下批准建房是违法的。如果居民不服提起诉讼，下列有关本案原告资格的说法，哪些是错误的？

A. 居民不是土地合法使用权人，不具备原告资格

B. 法院审查的对象是行政行为的合法性，居民权益是否合法不影响其享有原

告资格

C. 规划行为是针对大力公司的，居民不是规划行为的相对人，故不具备原告资格

D. 居民在批准规划阶段不具备原告资格，一旦实施强制拆迁行为便享有原告资格

【考点】行政诉讼的原告资格

【黄文涛解析】A 选项当选、B 选项不当选、C 选项当选、D 选项当选。《行政诉讼法》第 25 条第 1 款规定："行政行为的相对人以及其他与行政行为有利害关系的公民、法人或者其他组织，有权提起诉讼。"可见我国《行政诉讼法》中规定只要社会主体与被诉行政行为具有利害关系就具有原告资格，是否具有原告资格与社会主体自身权益是否合法没有直接的关联，故 A 选项当选、B 选项不当选。同时，也并非只有行政相对人可以作为行政诉讼的原告，规划行为虽然针对大力公司，但是这一规划行为直接影响到了居民居住的权利，所以居民具有原告资格，并且这一原告资格自批准规划阶段就已经具备，因为行政机关的批准规划行为作为具体行政行为一经生效就对利害关系人产生了实际影响，故 C 选项当选、D 选项当选。

综上，本题的正确答案为 ACD。

（2002/2/74）12. 某房地产开发公司未经有关部门批准在河道边建造起价值 5000 万的商品房。市防洪指挥部领导小组认为该片住宅违反了《防洪法》的有关规定，作出予以拆除的处罚决定并于第二天强行爆破拆除，但没有下达任何书面决定。房地产开发公司认为该处罚决定主体和程序均不合法，遂向法院提起行政诉讼。法院经审理发现具体行政行为确实违法。对此，下列哪些处理是错误的？

A. 撤销该处罚决定，并判令被告赔偿原告损失

B. 确认处罚决定违法，责令被告采取相应的补救措施

C. 撤销该处罚决定，判令被告重新作出处罚决定

D. 驳回原告诉讼请求

扫码听课

【考点】行政诉讼的裁判类型

【黄文涛解析】A 选项当选、B 选项不当选、C 选项当选、D 选项当选。《行政诉讼法》第 74 条第 2 款规定："行政行为有下列情形之一，不需要撤销或者判决履行的，人民法院判决确认违法：（一）行政行为违法，但不具有可撤销内容的；……"同时同法第 76 条规定："人民法院判决确认违法或者无效的，可以同时判决责令被告采取补救措施；给原告造成损失的，依法判决被告承担赔偿责任。"本题案例中商品房已经被爆破，意味着拆除决定所确定的内容已经被实现，不具有可撤销的内容，故法院应当判决确认违法，同时可以判决责令被告采取补救措施。

综上，本题的正确答案为 ACD。

（2002/2/75）13. 刘某因超载被公路管理机关执法人员李某拦截，李某口头作出罚款 20 元的处罚决定，并要求当场缴纳。刘某要求出具书面处罚决定和罚款收据，李某认为其要求属于强词夺理，拒绝听取其申辩。关于该处罚决定，下列哪些说法是错误的？

A. 该处罚决定不成立，刘某可以拒绝

扫码听课

B. 该处罚决定违法，刘某缴纳罚款后可以申请复议或者提起诉讼

C. 该处罚决定不成立，刘某缴纳罚款后可以申请复议或者提起诉讼

D. 该处罚决定无效，刘某可以拒绝

【考点】行政处罚的不成立

【黄文涛解析】B选项当选、D选项当选。2021年修订前的旧《行政处罚法》第41条曾规定："行政机关及其执法人员在作出行政处罚决定之前，不依照本法第三十一条、第三十二条的规定向当事人告知给予行政处罚的事实、理由和依据，或者拒绝听取当事人的陈述、申辩，行政处罚决定不能成立；当事人放弃陈述或者申辩权利的除外。"（修订后的《行政处罚法》已经删除该规定）可见在行政处罚中，如果行政机关执法人员拒绝听取被处罚人的陈述申辩意见，行政处罚决定不能成立。从行政法理上看，行政行为不成立意味着该行政行为在法律上不承认其存在，那么判断一个不存在的行为是违法的或是无效的，都是错误的。因为行政行为的存在是判断其合法性和效力的前提，故B选项和D选项表述错误，都当选。

A选项不当选、C选项不当选。行政处罚决定不成立意味着法律上不承认该行为存在，所以被处罚人有权拒绝履行处罚决定确定的义务，故A选项表述正确，不当选。同时行政处罚决定虽然是不成立的，但是不能因此剥夺被处罚人申请救济的权利，故C选项表述正确，不当选。

综上，本题的正确答案为BD。

（2002/2/76）14. 根据《国家赔偿法》的规定，下列哪些情形，国家承担赔偿责任？

A. 公安干警追捕逃犯时依法鸣枪示警误伤过路行人的

B. 领有工商局颁发的营业执照的个体户制售伪劣产品造成消费者人身损害的

C. 王某因犯盗窃罪被判处3年有期徒刑，刑期执行2年后经审判监督程序被认定犯罪时不满14周岁而不负刑事责任的

D. 法院在执行过程中未经评估机构估价而低价格将财物变卖给他人的

【考点】国家赔偿的范围

【黄文涛解析】A选项不当选。公安干警追捕逃犯时依法鸣枪属于合法的行为，由此导致的损害应该是国家补偿而非国家赔偿。

B选项不当选。工商局颁发营业执照的行为并没有违法情形，个体户拿到营业执照后制售伪劣产品造成消费者人身损害属于其自身的违法行为所导致的损害，并非工商局颁发营业执照所导致的，因此不属于国家赔偿范围。

C选项当选。最高人民法院、最高人民检察院2016年《关于办理刑事赔偿案件适用法律若干问题的解释》第7条规定："根据国家赔偿法第十九条第二项、第三项的规定，依照刑法第十七条、第十八条规定不负刑事责任的人和依照刑事诉讼法第十五条、第一百七十三条第二款规定不追究刑事责任的人被羁押，国家不承担赔偿责任。但是，对起诉后经人民法院错判拘役、有期徒刑、无期徒刑并已执行的，人民法院应当对该判决确定后继续监禁期间侵犯公民人身自由权的情形予以赔偿。"可见王某因不满14周岁被审判监督程序认定不负刑事责任，但之前刑期已经执行了2年，这2年的刑期是王某本不需要承担的，所以属于国家赔偿的范围。

D选项当选。《国家赔偿法》第38条规定："人民法院在民事诉讼、行政诉讼过程中，违法采取对妨害诉讼的强制措施、保全措施或者对判决、裁定及其他生效法律文书执行错误，造成损害的，赔偿请求人要求赔偿的程序，适用本法刑事赔偿程序的规定。"D选项的案例是法院在执行生效法律文书时的违法行为，属于国家赔偿的范围。

综上，本题的正确答案为CD。

（2002/2/77）15. 被告人经审判监督程序改判无罪前的哪些情形，国家不承担赔偿责任？

A. 执行刑罚中被依法减刑的，对于被减刑部分的刑罚

B. 执行刑罚中被保外就医的，对于保外就医期间的刑罚

C. 被判处有期徒刑缓刑的

D. 被判处管制刑罚的

【考点】 国家赔偿的范围

【黄文涛解析】 A选项当选、B选项当选。在国家赔偿的刑事司法赔偿中，只有对受害人实际关押的期限才属于赔偿的范围，减刑与保外就医都没有对受害人实施实际关押，因此不属于赔偿范围。

C选项当选、D选项当选。最高人民法院1996年《关于人民法院执行〈中华人民共和国国家赔偿法〉几个问题的解释》第4条规定："根据赔偿法第二十六条、第二十七条的规定，人民法院判处管制、有期徒刑缓刑、剥夺政治权利等刑罚的人被依法改判无罪的，国家不承担赔偿责任，但是，赔偿请求人在判决生效前被羁押的，依法有权取得赔偿。"可见在判处有期徒刑缓刑或管制，都没有将受害人实际关押，都不属于国家赔偿的范围。

综上，本题的正确答案为ABCD。

（2002/2/78）16. 行政诉讼过程中，在哪些情形下，人民法院可以按照撤诉处理？

A. 原告经合法传唤无正当理由拒不到庭的

B. 上诉人认为法院偏袒被告未经法庭许可中途退庭的

C. 原告申请撤诉，法院裁定不予准许，经合法传唤拒不到庭的

D. 被告改变原具体行政行为，原告不撤诉的

【考点】 行政诉讼的撤诉

【黄文涛解析】 A选项当选。《行政诉讼法》第58条规定："经人民法院传票传唤，原告无正当理由拒不到庭，或者未经法庭许可中途退庭的，可以按照撤诉处理；被告无正当理由拒不到庭，或者未经法庭许可中途退庭的，可以缺席判决。"可见在原告经合法传唤无正当理由拒不到庭时可以按照撤诉处理。

B选项当选。《行政诉讼法》第58条规定："经人民法院传票传唤，原告无正当理由拒不到庭，或者未经法庭许可中途退庭的，可以按照撤诉处理；被告无正当理由拒不到庭，或者未经法庭许可中途退庭的，可以缺席判决。"同时考试当年生效的最高法院2000年《行政诉讼法司法解释》第49条第1款规定："原告或者上诉人经合法传唤，无正当理由拒不到庭或者未经法庭许可中途退庭的，可以按撤诉处理。"可见二审过程中上诉人未经法庭许可中途退庭的，法院也可以按撤诉处理。虽然2018年最高法院的司法解释将这一条删除，但是从法理上而言

大咖点拨区

扫码听课

扫码听课

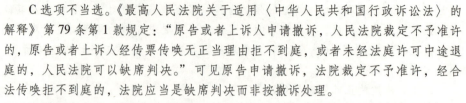

二审中上诉人未经法庭许可中途退庭可以按撤诉处理。

C选项不当选。《最高人民法院关于适用〈中华人民共和国行政诉讼法〉的解释》第79条第1款规定："原告或者上诉人申请撤诉，人民法院裁定不予准许的，原告或者上诉人经传票传唤无正当理由拒不到庭，或者未经法庭许可中途退庭的，人民法院可以缺席判决。"可见原告申请撤诉，法院裁定不予准许，经合法传唤拒不到庭的，法院应当是缺席判决而非按撤诉处理。

D选项不当选。《最高人民法院关于适用〈中华人民共和国行政诉讼法〉的解释》第81条第3款规定："被告改变原违法行政行为，原告仍要求确认原行政行为违法的，人民法院应当依法作出确认判决。"可见被告改变原具体行政行为，原告不撤诉的，法院要继续审理原具体行政行为并作出判决。

综上，本题的正确答案为AB。

（2002/2/79）17. 下列哪些情形下复议机关和行政诉讼的被告是重合的？

A. 公安派出所作出劳动教养决定的

B. 街道办事处向居民摊派管理费的

C. 税务所未经税务局局长批准拍卖扣押的货物抵缴税款的

D. 市政府打假办公室以自己的名义对企业给予没收企业营业执照处罚的

【考点】复议机关的确定；行政诉讼的被告资格

【黄文涛解析】A选项不当选、C选项不当选、D选项不当选。《最高人民法院关于适用〈中华人民共和国行政诉讼法〉的解释》第20条第2款规定："法律、法规或者规章授权行使行政职权的行政机关内设机构、派出机构或者其他组织，超出法定授权范围实施行政行为，当事人不服提起诉讼的，应当以实施该行为的机构或者组织为被告。"可见在行政机关的内设机构或派出机构实施超越职权作为时，应当以其自身为被告。最高法院曾在2000年《行政诉讼法解释》第22条第2款规定："行政机关的内设机构或者派出机构在没有法律、法规或者规章授权的情况下，以自己的名义作出具体行政行为，当事人不服提起诉讼的，应当以该行政机关为被告。"因此在2018年新司法解释生效前，派出机构和内设机构作出行政行为时确定被告是区分种类越权和幅度越权的不同，但是2018年新的司法解释生效后，该条款被删除，确定行政诉讼被告时不再区分种类越权和幅度越权（行政复议中还要区分），在超越职权作为时统一由派出机构和内设机构自身作为被告，只有在派出机构和内设机构没有得到授权实施行为时，才是以其所属的行政机关作为被告。对这一问题存在争议，争议的来龙去脉可以关注我的微信公众号（黄文涛的行政法），在公号主页的精品文萃栏目中，我专门撰写了一篇文章介绍，欢迎大家查阅。

同时《行政复议法实施条例》第14条规定："行政机关设立的派出机构、内设机构或者其他组织，未经法律、法规授权，对外以自己名义作出具体行政行为的，该行政机关为被申请人。"可见在行政机关的内设机构或派出机构实施超越职权时，应该以行政机关自身作为行政复议的被申请人。A选项中公安派出所作出的劳动教养决定超越了《治安管理处罚法》规定的"警告和500元以下罚款"授权，属于超越职权作出行政行为，应当以其自身作为被告。同时应该以其所属的公安局作为被申请人，此时复议机关就是公安局的上级公安机关或同级政府，所以复议机关和被告没有重合。同理，C选项和D选项都属于派出机构或内设机构实施超越职权作为的情形，复议机关和被告都没有重合。

B 选项不当选。街道办事处属于派出机关（注意不是派出机构），它是依据《地方各级人民代表大会和地方各级人民政府组织法》第 68 条第 3 款所设立的，该条规定："市辖区、不设区的市的人民政府，经上一级人民政府批准，可以设立若干街道办事处，作为它的派出机关。"可见街道办事处具有组织法上的授权，因此自身可以成为行政主体，也就可以成为行政诉讼的被告和行政复议的被申请人。由此，街道办事处向居民谈判管理费时，行政诉讼的被告是自身。同时《行政复议法》第 15 条第 1 款规定："对本法第十二条、第十三条、第十四条规定以外的其他行政机关、组织的具体行政行为不服的，按照下列规定申请行政复议：（一）对县级以上地方人民政府依法设立的派出机关的具体行政行为不服的，向设立该派出机关的人民政府申请行政复议；……"所以街道办事处作为行政复议的被申请人时，应该由设立它的政府作为复议机关，因此被告与被申请人也不重合。本题选项在《行政复议法实施条例》2007 年实施后发生了改变。

综上，本题根据最新的法律规定无答案。

（2002/2/95）18. A 市张某到 C 市购货，因质量问题，张某拒绝支付全部货款，双方发生纠纷后货主即向公安机关告发。C 市公安机关遂以诈骗嫌疑将张某已购货物扣留，并对张某采取留置盘问审查措施。两天后释放了张某，但并未返还所扣财物。张某欲提起行政诉讼。本案中哪些法院对此案有管辖权？

A. C 市基层人民法院　　　　　　B. C 市中级人民法院
C. A 市基层人民法院　　　　　　D. A 市中级人民法院

【考点】行政诉讼的管辖法院

【黄文涛解析】A 选项当选、B 选项不当选、C 选项当选、D 选项不当选。在考试中，我为考生总结的确定行政诉讼案件管辖法院的基本规律是三步走：第一步，依据案件的被告确定级别管辖；第二步，依据案件类型确定地域管辖；第三步，将前两步的结论合并。在本题案例中，张某起诉告的是作出扣留和留置盘问行为的 C 市公安机关，并非特殊被告，因此级别管辖为基层法院，由此可以排除 B 选项和 D 选项。同时，本县张某起诉状告 C 市公安机关的留置与扣押财物行为，依据《最高人民法院关于适用〈中华人民共和国行政诉讼法〉的解释》第 8 条第 2 款的规定："对行政机关基于同一事实，既采取限制公民人身自由的行政强制措施，又采取其他行政强制措施或者行政处罚不服的，由被告所在地或者原告所在地的人民法院管辖。"本案可以由原告所在地法院和被告所在地法院管辖，C 市所在地法院就是本案的被告所在地法院。并且由于同一司法解释第 8 条第 1 款规定："行政诉讼法第十九条规定的'原告所在地'，包括原告的户籍所在地、经常居住地和被限制人身自由地。"A 市所在地法院就是本案原告的户籍所在地法院，也具有管辖权。综上，C 市基层法院就是本案被告所在地的基层法院，具有管辖权，故 A 选项当选。A 市基层法院就是本案原告户籍所在地的基层法院，具有管辖权，故 C 选项当选。考生们如果对确定行政诉讼案件管辖的问题仍不清楚，可以关注我的新浪微博（@黄文涛的行政法），在其中搜索"管辖法院"一词，我曾专门撰文对此问题进行详细总结。

综上，本题的正确答案为 AC。

大咖点拨区

扫码听课

扫码听课

（2002/2/96）19. A市张某到C市购货，因质量问题，张某拒绝支付全部货款，双方发生纠纷后货主即向公安机关告发。C市公安机关遂以诈骗嫌疑将张某已购货物扣留，并对张某采取留置盘问审查措施。两天后释放了张某，但未返还所扣财物。如张某寻求救济，下列哪种说法是正确的？

A. 张某可直接向法院起诉

B. 张某可先提起复议，对复议决定不服再起诉

C. 张某只能申请复议，不能提起行政诉讼

D. 张某既可以直接起诉，也可以先经复议，对复议决定不服再起诉。

【考点】复议与诉讼的衔接关系

【黄文涛解析】A选项当选、B选项当选、D选项当选。《行政诉讼法》第44条第1款规定："对属于人民法院受案范围的行政案件，公民、法人或者其他组织可以先向行政机关申请复议，对复议决定不服的，再向人民法院提起诉讼；也可以直接向人民法院提起诉讼。"可见对于行政机关作出的具体行政行为，通常情况下社会主体可以直接起诉，也可以经过复议后再起诉。

C选项不当选。《行政诉讼法》第44条第2款规定："法律、法规规定应当先向行政机关申请复议，对复议决定不服再向人民法院提起诉讼的，依照法律、法规的规定。"目前并没有法律、法规规定本题案例中公安机关的行为需要复议前置。

综上，本题的正确答案为ABD。

（2002/2/97）20. A市张某到C市购货，因质量问题，张某拒绝支付全部货款，双方发生纠纷后货主即向公安机关告发。C市公安机关遂以诈骗嫌疑将张某已购货物扣留，并对张某采取留置盘问审查措施。两天后释放了张某，但未返还所扣财物。张某欲提起行政诉讼。如果法院受理起诉，可能作出的是何种判决？

A. 维持判决 B. 撤销判决 C. 赔偿判决 D. 确认判决

【考点】行政诉讼的裁判类型

【黄文涛解析】A选项不当选。2015年修订生效的《行政诉讼法》中已经取消了维持判决。

B选项当选。《行政诉讼法》第70条规定："行政行为有下列情形之一的，人民法院判决撤销或者部分撤销，并可以判决被告重新作出行政行为：（一）主要证据不足的；（二）适用法律、法规错误的；（三）违反法定程序的；（四）超越职权的；（五）滥用职权的；（六）明显不当的。"如果法院经过审理发现公安机关的扣押张某财物的行为存在上述法条中的违法情形，可以作出撤销扣押决定的判决。

C选项不当选。本题案例中张某提起的是行政诉讼，并没有表明张某同时提起的行政赔偿请求，故法院不能作出赔偿判决。

D选项当选。《行政诉讼法》第74条第2款规定："行政行为有下列情形之一，不需要撤销或者判决履行的，人民法院判决确认违法：（一）行政行为违法，但不具有可撤销内容的；……"本题案例中法院如果发现公安机关的留置行为违法，那么由于并不存在可撤销的内容，因此法院可以作出确认留置行为违法的判决。

综上，本题的正确答案为BD。

（2002/2/98）21. 某村村民吴某因家里人口多，住房紧张向乡政府提出建房申请。经乡人民政府土地员刘某批准后，即开始划线动工。周围左邻申某与右邻崔某发现吴某占用了自己使用多年的宅基地，即同吴某交涉。吴某申辩说建房是按批准文件划线动工，不同意改变施工计划。如申某与崔某申请复议，应当向下列什么机关提出？

A. 乡政府作为复议机关
B. 县政府作为复议机关
C. 县政府土地管理局作为复议机关
D. 县政府法制局作为复议机关

【考点】复议机关的确定

【黄文涛解析】A 选项不当选、B 选项当选、C 选项不当选、D 选项不当选。本题案例中虽然是乡政府土地员刘某作出的批准行为，但是刘某代表是乡政府，因此行政复议的被申请人应该是乡政府。依据《行政复议法》第 13 条第 1 款规定："对地方各级人民政府的具体行政行为不服的，向上一级地方人民政府申请行政复议。"乡政府作为复议被申请人时应当以其上一级政府县政府作为复议机关。

综上，本题的正确答案为 B。

大咖点拨区

扫码听课

（2002/2/99）22. 某村村民吴某因家里人口多，住房紧张向乡政府提出建房申请。经乡人民政府土地员刘某批准后，即开始划线动工。周围左邻申某与右邻崔某发现吴某占用了自己使用多年的宅基地，即同吴某交涉。吴某申辩说建房是按批准文件划线动工，不同意改变施工计划。申某与崔某申请复议，经过复议后，谁有可能作为原告提起行政诉讼？

A. 如果维持原决定，申某有权提起行政诉讼
B. 如果维持原决定，崔某有权提起行政诉讼
C. 如果改变原决定，吴某有权提起行政诉讼
D. 如果改变原决定，土地管理员刘某有权提起行政诉讼

【考点】行政诉讼的原告资格

【黄文涛解析】A 选项当选、B 选项当选、C 选项当选、D 选项不当选。《行政诉讼法》第 25 条第 1 款规定："行政行为的相对人以及其他与行政行为有利害关系的公民、法人或者其他组织，有权提起诉讼。"同时《最高人民法院关于适用〈中华人民共和国行政诉讼法〉的解释》第 12 条规定："有下列情形之一的，属于行政诉讼法第二十五条第一款规定的'与行政行为有利害关系'：……（二）在行政复议等行政程序中被追加为第三人的；……"本题案例中申某、崔某和吴某都是与乡政府的复议决定有利害关系，因为乡政府的复议决定直接关系到吴某是否能否继续建房，也关系到申某和崔某的权益诉求是否能否得到认可，故他们三位都具有行政诉讼的原告资格。

扫码听课

综上，本题的正确答案为 ABC。

（2002/2/100）23. 某村村民吴某因家里人口多，住房紧张向乡政府提出建房申请。经乡人民政府土地员刘某批准后，即开始划线动工。周围左邻申某与右邻崔某发现吴某占用了自己使用多年的宅基地，即同吴某交涉。吴某申辩说建房是按批准文件划线动工，不同意改变施工计划。申某与崔某如果提起行政诉讼，法

扫码听课

院对此事应如何处理？

A. 受理，因属于行政诉讼的受案范围

B. 不受理，因土地权属纠纷属于民事纠纷

C. 受理，可以行政诉讼附带解决权属纠纷

D. 受理，但只解决行政纠纷，对于权属纠纷，告知当事人提起民事诉讼

【考点】行政诉讼案件的受理；行政附带民事诉讼程序

【黄文涛解析】A选项当选。《行政诉讼法》第44条第1款规定："对属于人民法院受案范围的行政案件，公民、法人或者其他组织可以先向行政机关申请复议，对复议决定不服的，再向人民法院提起诉讼；也可以直接向人民法院提起诉讼。"本题案例中乡政府的批准行为属于行政机关作出的行政行为，如果当事人经过复议后不认可乡复议决定，认为侵犯了其权益起诉，法院应当受理。

B选项不当选、C选项当选、D选项当选。《行政诉讼法》第61条第1款规定："在涉及行政许可、登记、征收、征用和行政机关对民事争议所作的裁决的行政诉讼中，当事人申请一并解决相关民事争议的，人民法院可以一并审理。"本题案例中行政机关作出的是行政许可行为，在当事人申请时，法院可以一并解决权属的民事争议。

综上，本题的正确答案为AC。

第三编　黄文涛 100 道精选客观模拟金题库

说明：本编汇集了黄文涛老师精心编写的 100 道行政法客观模拟题，考生们可以作为复习后的练手使用。

1. 律师慕容跃在执业期间采用不正当手段承揽业务，宋城区司法局拟对其作出停止执业三个月的行政处理决定，据此以下说法正确的是？①

A. 该行政处理决定属于行政处罚行为

B. 如果上位法未设定，则地方性法规有权设定该种行政处理决定

C. 如果慕容跃系初次违法且危害后果轻微并及时改正的，则宋城区司法局应当不予作出该行政处理决定

D. 如果慕容跃举出充足的证据证明自己不存在主观过错，则宋城区司法局应当不予作出该行政处理决定

E. 如果慕容跃的违法行为终止后 2 年内宋城区司法局未发现的，则不能再作出该种行政处理决定

F. 如果慕容跃有违法所得的，则宋城区司法局应当在作出该行政处理决定的同时全部予以没收。

G. 宋城区司法局如果认为案件具有一定社会影响，有权依法将该行政处理决定向社会主动公开。但是如果该行政处理决定被法院判决撤销，则宋城区司法局应在 3 日内撤回该行政处理决定并说明理由。

H. 宋城区司法局应当采用录制视频的方式将作出该行政处理决定的全过程进行记录，归档保存。

2. 宇文法是宋城区城管局的执法队员，一日在拆除违法建筑时与户主欧阳龙发生争执，后宋城区公安局以宇文法殴打欧阳龙为由对其拘留 2 日并处罚 2000元。宇文法不服申请宋城区政府复议，复议撤销了处罚决定。欧阳龙不服复议决定，提起行政诉讼。以下说法正确的是？②

A. 本案的被告为宋城区公安局与宋城区政府

B. 宇文法为本案第三人

C. 本案的审理对象是宇文法殴打欧阳龙行为的合法性

D. 宇文法作为公职人员无权起诉宋城区公安局的处罚决定

3. 2019 年 5 月 5 日，慕容跃因涉嫌故意伤害罪被汉洲市公安局依据《刑事诉讼法》的规定予以刑事拘留，2019 年 5 月 7 日汉洲市检察院批捕。提起公诉后，一审法院判决无罪。就此以下说法正确是？③

A. 本案的赔偿义务机关应该是汉洲市公安局

B. 慕容跃可以向法院提起赔偿诉讼要求赔偿义务机关进行赔偿

---

① 答案：ABDEG。　② 答案：B　③ 答案：D

C. 慕容跃向赔偿义务机关申请处理后，如果对处理决定不服就可以向法院内设的国家赔偿委员会申请处理

D. 如果法院的赔偿委员会是在 2021 年作出生效赔偿决定，则限制人身自由的赔偿金应当依据 2020 年的职工日平均工资计算。

4. 以下关于行政诉讼制度表述正确的是？①

A. 法院在审理慕容越不服宋城区公安局处罚决定而起诉的案件时，第三人欧阳龙由于疫情对影响没有参加诉讼，之后欧阳龙认为法院判决对其不利，则有权在知道权益受到损害之日起 3 个月内向上一级法院申请再审

B. 在 200 户拆迁户起诉唐城县政府的行政诉讼中，应推选 1 至 5 名诉讼代表人参加诉讼，并可以委托 1 至 2 名诉讼代理人

C. 慕容越起诉宋城区市场监管局的处罚案件中，应由宋城区市场监管局对处罚行为的合法性承担举证责任。如果慕容越起诉的是宋城区市场监管局拒绝颁发许可证的行为，是由慕容越承担被诉不作为行为合法性的举证责任

D. 行政诉讼中原告有权申请法院调取涉及商业秘密的证据

5. 宋城区水利局要求正本采砂场停止违规采砂，并通过切断其电源的方式强制其停止采砂。正本采砂场被迫停产 3 个月并起诉宋城区水利局，法院判决水利局败诉。于是正本采砂场拟申请国家赔偿，以下正确的是？②

A. 采砂场应先申请水利局处理

B. 停产期间采砂场减少的收入属于赔偿范围

C. 采砂场投入的机器设备购置资金属于赔偿范围

D. 如果采砂场在对水利局强制执行行为提起行政诉讼的同时申请法院判决其对自身损失进行赔偿，则应由水利局先行处理赔偿事宜

6. 司马过对唐城县公安局对其作出的罚款 2000 元的处罚决定不服，提起行政诉讼，据此以下说法正确的是？③

A. 诉讼中当事人提交的处罚决定书属于物证

B. 唐城县公安局应在收到起诉书副本后 10 日内提交所有的证据和依据

C. 如果司马过在起诉时要求法院判决被告对自身损失进行赔偿，则法院应一并立案、一并审理。且如果司马过是在二审中提出赔偿请求的，二审法院应告知其另行起诉

D. 法院应从双方提供证据的真实性、关联性与合法性三个方面对证据效力进行审核认定。

7. 汉州市政府委托明池街道办事处与慕容跃签订房屋征收补偿协议，后慕容跃发现协议约定的补偿安置面积少于汉州市政府文件中确定的补偿安置面积，于是提起行政诉讼，以下表述正确的是？④

A. 本案的被告应是汉州市政府

B. 法院审理本案时可适用民法典的相关规定

C. 如果慕容跃起诉时要求撤销该协议，法院经过审理认为符合法定可撤销情形的，可以判决撤销该协议

D. 如果协议中约定了仲裁条款，原则上法院应当确认仲裁条款无效。

---

① 答案：D　② 答案：A　③ 答案：D　④ 答案：ABCD

8. 中原省秦州市的工商行政管理局和产品质量监督局要合并成市场监管局，下列表述正确的是？①

A. 由秦州市政府批准

B. 由中原省政府批准

C. 由秦州市编制管理委员会审核方案

D. 由秦州市政府提出方案

9. 宋城区市场监管局在执法时，发现清源公司在出售假冒伪劣的蜂蜜，于是对出售的蜂蜜进行扣押，以下说法错误的是？②

A. 在实施扣押时，应当场制作扣押决定书和清单并交付当事人

B. 执法人员应制作现场笔录，且当事人须签字

C. 在扣押蜂蜜时，应告知当事人享有陈述、申辩的权利

D. 执法人员必须在当事人在场的情况下才能实施扣押。

10. 唐城县政府拟建设一座高铁站，将规划区域范围内慕容跃的私人房屋予以征收，并依法给予了慕容跃适当的补偿。这体现了以下哪一行政法的基本原则？③

A. 权责统一原则   B. 合理行政原则

C. 高效便民原则   D. 诚实守信原则

11. 秦州市市民司马过在汉州市唐城区游玩时因与欧阳龙争抢座位发生斗殴，将欧阳龙打伤。汉州市唐城区公安局对司马过作出罚款 1000 元的处罚决定。司马过不服申请复议，复议机关维持了原机关的行为，司马过于是向法院起诉，以下说法正确的是？④

A. 如果本案的复议机关是唐城区政府，则应由中级法院管辖

B. 如果本案的复议机关是汉州市公安局，则应由基层法院管辖

C. 如果本案的复议机关是唐城区政府，则唐城区政府所在地法院不具有管辖权

D. 如果本案的复议机关是汉州市公安局，则汉州市公安局所在地法院具有管辖权。

12. 国务院在 2020 年 3 月 12 日发布了《国务院关于授权和委托用地审批权的决定》，关于该《决定》以下表述正确的是？⑤

A. 自然资源部有权依据该《决定》制定规章

B. 在行政诉讼中，原告能申请法院附带审查该《决定》

C. 该《决定》属于行政法规，因此制定的程序依据《行政法规制定程序条例》进行

D. 法院审理行政诉讼案件应当依据该《决定》进行裁判。

13. 欧阳龙因涉嫌抢劫罪被秦州市宋城区公安局刑事拘留，后宋城区检察院予以批捕。宋城区法院审理后判决有期徒刑 2 年，欧阳龙上诉后秦州市中院判决发回重审，法院重审后判决欧阳龙无罪。欧阳龙申请国家赔偿，以下表述正确的是？⑥

A. 赔偿义务机关应为宋城区检察院

B. 欧阳龙应先要求赔偿义务机关处理，在处理过程中可以就赔偿事宜进行协商

C. 赔偿义务机关处理后，欧阳龙还需要经过复议程序

D. 欧阳龙应当在 6 个月内申请国家赔偿。

14. 以下关于行政诉讼制度表述错误的是?①

A. 在行政诉讼中，如果原告申请撤诉，则法院应当准许

B. 行政诉讼二审的审查对象只有被诉行政行为的合法性

C. 行政诉讼中如果被告采取相应的补救、补偿措施，可以视为改变了被诉行政行为

D. 法院在受理行政诉讼案件时，如果发现起诉人提交的材料有欠缺，应裁定不予立案。

15. 欧阳龙在清源公司工作，一日下班途中发生交通事故死亡，其妻子慕容跃向唐城区社保局申请工伤认定，区社保局作出工伤认定。清源公司对区社保局的认定不服，向唐城区政府申请行政复议，以下表述正确的是?②

A. 在复议案件中，慕容跃是复议的第三人

B. 清源公司有权委托代理人参加复议

C. 区社保局的工伤认定的法律性质为行政裁决

D. 如果区政府经过复议后认为工伤认定不合法，在作出复议决定后可以给区社保局制作行政复议建议书。

16. 以下选项体现了比例原则的是?③

A. 行政机关应当采取符合法律目的的行政措施

B. 行政机关应当听取当事人的陈述申辩意见

C. 行政机关应当采取对当事人损害最小的方式实施行政行为

D. 行政机关合法变更自身的行政行为后应当给予当事人合法权益的损失以行政补偿。

17. 国家市场监管总局对清源公司滥用市场支配地位的行为予以罚款 3 亿元，清源公司对处罚不服申请复议，据此以下说法正确的是?④

A. 本案的复议机关为国务院

B. 复议机关在复议时应当进行实地调查

C. 本案属于重大的行政处罚案件，复议应采取听证方式进行，而非书面方式审理

D. 复议过程中清源公司与国家市场监管总局可以达成和解协议。

18. 以下关于行政处罚的说法正确的是?⑤

A. 唐城区市场监管局拟对清源火锅店作出罚款 5000 元的处罚决定，有权当场作出

B. 在上述案例中，唐城区市场监管局的执法人员调查取证时应当主动出示执法证件，并应当在立案之日起 60 日内作出相应的决定

C. 在上述案例中，在证据可能灭失的情况下，执法人员有权直接对证据先行登记保存，并且 7 日内及时作出处理决定

---

① 答案：ABD ② 答案：AB ③ 答案：AC ④ 答案：D ⑤ 答案：DG

D. 在上述案例中，如果唐城区市场监管局拟责令清源火锅店停止营业，则应告知听证权利，当事人应在 5 日内提出听证申请

E. 在上述案例中，如果不当场收缴时候难以执行时，唐城区市场监管局有权当场收缴罚款

F. 在上述案例中，如果清源火锅店到期不缴纳罚款，则唐城区市场监管局有权每日加处 3% 的罚款，清源火锅店提起行政复议或诉讼的，加处罚款不停止执行。

G. 在上述案例中，如果经过了听证程序，则唐城区市场监管局在作出行政处罚决定之前应当经过法制审核。

H. 在上述案例中，唐城区市场监管局有权采用传真的方式送达行政处罚决定书。

19. 慕容跃在电信公司办理电话卡时被收取了 100 元的卡费，她认为该收费行为没有法律依据，于是向宋城区物价局投诉，要求对电信公司进行查处并让其返还 100 元卡费。物价局依据省政府制定的《关于处理电信类投诉举报案件的规定》作出了答复，其中称"省通信管理局发布的《电信业务收费规定》中规定办卡可以收取工本费 100 元/张。"但没有对慕容跃的投诉要求作出处理。慕容跃不服宋城区物价局的答复，认为没有解决自己的投诉问题，于是起诉宋城区物价局，并要求法院一并审查省通信管理局的《电信业务收费规定》。据此以下表述正确的是？①

A. 慕容跃具有行政诉讼的原告资格

B. 法院有权启动附带审查程序审查《电信业务收费规定》的合法性

C. 如果法院依法启动的附带审查程序，则规范性文件的制定机关有权出庭陈述意见

D. 物价局的答复属于信访处理行为。

20. 欧阳龙向清池镇政府陆续提出 100 多次政府信息公开申请，要求镇政府公开本镇水利设施修建工程的信息，清池镇政府认为欧阳龙的申请公开信息的数量与频次已经超过合理范围，则以下表述错误的是？②

A. 镇政府有权要求欧阳龙缴纳信息处理费

B. 镇政府应在 20 个工作日内作出是否公开信息的答复

C. 镇政府有权要求欧阳龙说明理由

D. 如果镇政府拒绝公开，则欧阳龙有权提起行政诉讼。

21. 现代法治政府建设要求行政机关实施行政管理活动应当高效便民，以下那些选项体现了这一要求？③

A. 唐城区政府实施电子政务，将政府各部门的行政许可事项通过网络的方式进行

B. 宋城区交警大队在实施行政处罚时告知当事人享有陈述、申辩的权利，并认真听取当事人的申辩意见

C. 汉洲市教育局要求工作人员对于前来咨询的市民给予耐心、全面的答复

D. 秦州市城管局对违法实施强拆的工作人员进行行政处分，予以责任追究。

———————————

① 答案：AC　② 答案：B　③ 答案：AC

笔记区

22. 以下那些选项体现了合法行政的原则?①

A. 汉洲市城管局在对欧阳龙的违法建筑拆除前,对其进行了催告

B. 唐城县建设规划局发现清源公司申请建筑工程规划许可证时提供了伪造的证件,于是决定撤回该许可证

C. 宋城区生态环境局发现正本工厂没有启用清污设备进行生产,于是决定吊销其排污许可证。正本工厂申请听证,宋城区生态环境局拒绝举行听证会

D. 中原省政府制定的规章中授予本省文化执法大队对网吧违法行为予以罚款的权力。

23. 国家能源局是国家发展和改革委员会管理的国家局,依据行政组织法的规定,以下正确的是?②

A. 它的行政职能是主管国务院的某项专门事项

B. 它的成立应当由国务院机构编制管理机关提出方案,报国务院决定

C. 它的编制管理内容包括人员的数量定额和领导职务

D. 它承担跨国务院行政机构的重要业务工作的组织协调任务。

24. 教育部拟合并自身内部两个处级内设机构,下列说法正确的是?③

A. 国务院机构编制管理机关审核方案,报国务院批准

B. 国务院编制管理机关提出方案,由国务院讨论通过后总理报全国人大或其常委会批准

C. 国务院机构编制管理机关提出方案,报国务院决定

D. 由教育部自己决定,报国务院机构编制管理机关备案。

25. 以下行政行为不属于行政诉讼受案范围的是?④

A. 2018年6月,秦州市房管局向清源公司颁发了一房屋的产权证书,清源公司认为产权证上登记的房屋面积错误起诉秦州市房管局要求撤销该证书,经法院审理后驳回了清源公司的诉讼请求。2019年5月,清源公司以该房屋开发商对房屋面积申报不实为由向秦州市房管局提出申请,要求注销房屋产权证书。秦州市房管局下属产权监理处回复认为"证据不足,不予注销",清源公司对回复不服起诉

B. 汉洲市老中医夏侯门为自己发明的治疗腰腿疼病的特效跌打丸申请"夏侯氏"的商标,被驳回申请。后夏侯门向商标评审委员会申请复审,同样被裁定驳回申请。于是夏侯门起诉状告商标评审委员会

C. 唐城县政府将司马过的房屋拆除后,迟迟不支付房屋征收补偿协议中约定的补偿款,司马过向法院起诉

D. 秦州市政府颁布一个通知,其中规定该市内凡是没有获得初中毕业证书的人申领结婚证,一律不予颁发,欧阳龙对秦州市政府的该通知不服向法院起诉

E. 中原省教育厅在其组织的"工程造价技能比赛"中指定了清源公司生产的软件作为比赛的专用软件,生产同样软件的正本公司不服向法院起诉中原省教育厅的指定行为

F. 宋城县政府将本县交通局对公共交通的管理权调整给建设局,某民营公交公司不服起诉宋城县政府的决定。

———————————

① 答案:AD ② 答案:B ③ 答案:D ④ 答案:DFG

C. 上访户司马过对宋城县信访局作出的信访复查决定不服提起行政诉讼。

26. 全国爱国卫生运动委员会是国务院议事协调机构，下列说法正确的是？①

A. 这一机构内部可以设立司、处两级内设机构

B. 这一机构的撤销由国务院机构编制管理机关决定

C. 这一机构可以在特殊情况下，经国务院同意规定临时性的行政管理措施

D. 这一机构议定事项经国务院同意，由有关的行政机构按各自的职责负责办理。

27. 欧阳龙认为唐城县政府违法征收了其房屋，向汉州市政府申请行政复议。汉州市政府维持了唐城县政府的征收行为，欧阳龙不服向法院起诉，本案的管辖法院是？②

A. 汉州市政府所在地的基层法院

B. 唐城县政府所在地的基层法院

C. 唐城县政府所在地的中级法院或汉州市政府所在地的中级法院

D. 房屋所在地的中级法院

28. 秦州市宋城县在机构改革中决定将本县的招商局改名为经济发展局，以下说法正确的是？③

A. 应该由宋城县招商局提出方案

B. 宋城县机构编制管理机关审核

C. 应报秦州市市政府批准

D. 应报宋城县人大常委会备案。

29. 以下做法符合我国《公务员法》中公务员聘用制度的是？④

A. 汉洲市政府大数据办公室拟聘用欧阳龙为部门主管，双方签订了聘用合同，约定聘用期为 10 年

B. 秦州市教育局聘用了慕容跃担任机关保密局的科员

C. 唐城县政府招收了 3 名聘任制公务员，实行协议工资制，每人年薪约定为 30 万

D. 宋城区商务局聘任制公务员司马过与单位发生聘任合同纠纷，直接向法院提起民事诉讼

30. 欧阳龙系汉州市唐城区的居民，常住在明城区。流感期间欧阳龙出差到宋城县，被宋城县卫生局的工作人员强制隔离在宋城县火车站 2 日，欧阳龙对宋城县卫生局的强制隔离行为不服起诉，本案的管辖法院是？⑤

A. 唐城区法院　　　　　　　　B. 汉州市中级法院

C. 宋城县法院　　　　　　　　D. 明城区法院

31. 以下哪些情形违反了公务员法中关于回避制度的规定？⑥

A. 欧阳龙担任家乡所在地级市的市长

B. 端木考是宋城县特种设备监管局局长，其儿子在本县经营一家电梯公司

C. 宇文法是唐城区市场监管局的执法人员，参与了对其舅舅经营的一家企业违法行为的调查工作

D. 司马过是汉洲市市场监管局的局长，其妻在该局所属的市场监管所担任普

---

① 答案：CD　　② 答案：D　　③ 答案：C　　④ 答案：C　　⑤ 答案：ACD　　⑥ 答案：ABC

笔记区

通职工

32. 下列做法不属于公务员交流制度的是？①
A. 司马过系秦州市规划局副局长，转至机关事务管理局担任副局长
B. 宇文法系某高校行政人员，被聘为某区市场监督管理局的办公室主任
C. 端木考系某大型国有企业总经理，调入汉州市国有资产管理委员会任处长
D. 夏侯门系秦州市建设局副处长，到当地一大型水利建设项目挂职担任工程总指挥

33. 小店店主欧阳龙一日晚上通过监控设备发现店内进入了小偷，于是拨打当地派出所的电话报警，但是派出所警员因夜深没有及时赶到，店内物品遭到重大损失。欧阳龙于是向派出所所属的唐城区公安局申请行政复议，唐城区公安局拒绝受理复议申请，据此以下说法正确的是？②
A. 欧阳龙此时可以转向唐城区政府申请复议
B. 欧阳龙可以起诉唐城区政府
C. 欧阳龙可以起诉唐城区公安局
D. 欧阳龙可以起诉派出所

34. 清池镇政府与正本旅游公司签订旅游开发协议，约定开发当地的星河湾。后唐城县政府发布通知禁止在星河湾开发旅游服务项目，于是清池镇政府通知正本旅游公司解除了开发协议，正本旅游公司不服起诉。据此以下说法正确的是？③
A. 正本旅游公司有权依据民事诉讼时效起诉
B. 法院审理本案时可以进行调解
C. 法院经过审理发现该解除行为合法，则应判决驳回正本旅游公司的起诉
D. 如该协议正常履行过程中，正本旅游公司拒绝履行协议的义务，则清池镇政府有权起诉该公司

35. 关于行政法规的决定与公布，下列说法正确的是？④
A. 行政法规均应由国务院常务会议审议通过
B. 行政法规草案在国务院常务会议审议时，可由起草部门作说明
C. 行政法规草案经国务院审议报国务院总理签署前，不得再作修改
D. 行政法规公布后由国务院法制机构报全国人大常委会备案

36. 下列案件中行政复议机关和行政诉讼被告重合的是？⑤
A. 秦州市公安局决定没收司马过的非法财产
B. 中原省政府决定征收清源公司所在的土地
C. 宋城区物价局决定对正本公司罚款2000元
D. 唐城县教育局作出决定，拒绝公开欧阳龙申请公开的政府信息

37. 汉洲市宋城县公安局下属的明池乡派出所民警抓获了盗窃农用具的宇文法，以宋城县公安局的名义对宇文法作出罚款100元的决定，此时宇文法可以通过什么途径获取救济？⑥
A. 宇文法可以向宋城县公安局申请复议
B. 宇文法可以向宋城县政府申请复议
C. 宇文法可以起诉明池乡派出所

① 答案：BD　② 答案：ACD　③ 答案：B　④ 答案：B　⑤ 答案：B　⑥ 答案：BD

D. 宇文法可以起诉宋城县公安局

38. 秦州市质量监督局发现某中外合资企业生产的机器设备质量不合格，决定对该公司罚款 10 万元。处罚决定作出后，中方投资者接受了处罚决定，但是外方投资者认为处罚决定违法，侵害了公司的利益，也侵害了自身的利益，于是决定向法院起诉，据此以下正确的是？①

　　A. 外方投资者只能以合资公司的名义起诉

　　B. 外方投资者可以自己的名义起诉

　　C. 法院受理外方投资者起诉后，应追加未起诉的中方投资者为共同原告

　　D. 外方投资者只能以保护自己的权益为由提起诉讼

39. 关于行政法规与规章的制定程序，以下表述正确的是？②

　　A. 行政法规的年度立法工作计划只需报国务院批准后即可公布

　　B. 规章制定机关应当向社会公开征集规章制定项目建议

　　C. 行政法规年度立法工作计划与年度规章制定工作计划在实施过程中都可以根据实际情况进行调整

　　D. 制定政治性法律的配套行政法规或规章都应当报党中央。

40. 以下行政机关实施的行为属于具体行政行为的是？③

　　A. 唐城县交警大队发布通知，要求所有车辆绕行本县的一条公路

　　B. 宋城区政府发布通知，要求通知附件所列的企业在规定时间内关闭，逾期将强行关闭

　　C. 秦州市交通局发布通知，要求所有驶过市内高架桥的货车必须在限重以下

　　D. 汉洲市政府发布通知，规定 2018 年前颁发的食品经营许可证有效期改为 2 年。

41. 关于具体行政行为的基础理论，以下说法正确的是？④

　　A. 具体行政行为一旦成立则必定生效

　　B. 具体行政行为被撤销后，则自始无效

　　C. 具体行政行为产生确定力，则必定已经产生拘束力

　　D. 具体行政行为效力终止必定是因为其违法。

42. 慕容跃拥有一间房屋，2000 年因工作调动，慕容跃将房屋借给朋友欧阳龙居住，自己同儿子慕容羽搬往外地。2009 年初欧阳龙向当地房管局提出确认房屋所有权归于自己的申请，并于 2009 年 1 月 7 日从房屋管理部门处取得相应的确权证明书。2018 年 6 月慕容跃病逝后将房屋留给儿子慕容羽。2019 年 3 月 5 日慕容羽得知房屋被房管部门确权给欧阳龙后要求欧阳龙退出房屋，欧阳龙拒绝并拿出房屋所有权属证明抗辩。以下正确的有？⑤

　　A. 慕容跃和慕容羽长时间未主张权利，致使实际所有权人发生变化，因此房屋应该归属于欧阳龙

　　B. 慕容羽如果在 2019 年 5 月 16 日向法院提起诉讼要求撤销 2009 年房屋管理部门给欧阳龙出具的确权证明，法院不应受理，因为已超出了起诉期间

　　C. 如果慕容羽不知道该确权行为的内容，2009 年 1 月 7 日至 2014 年 1 月 7 日是慕容羽对房管局提起行政诉讼的最长期限

笔记区

笔记区

D. 本案中慕容羽的起诉期限是 2019 年 3 月 5 日起 6 个月内。

43. 关于行政处罚、行政许可和行政强制行为,下列说法错误的是?①

A. 行政处罚、行政许可和行政强制都可由法律设定

B. 行政处罚、行政许可和行政强制都可以委托给具有管理公共事务职能的事业组织实施

C. 行政处罚、行政许可和行政强制的设定机关均应定期对其设定的处罚、许可、强制进行评价

D. 行政处罚、行政许可和行政强制都应该举行听证程序,根据听证笔录作出决定。

44. 依据我国行政法律规范的相关规定,以下说法错误的是?②

A. 国务院起草的行政法规中,如果涉及重大利益调整,对社会主体的权利义务有较大影响,则在起草过程中应当举行听证会

B. 行政机关作出行政处罚决定时,如果被处罚人申请听证,则应当举行听证会

C. 对于重大复杂的行政复议案件,复议申请人提出复议申请时,复议机关应当采用听证方式审理

D. 行政机关对于关系重大的案件实施行政强制执行时,应当采取听证方式听取当事人的申辩意见。

45. 依据我国的《行政强制法》,以下关于行政强制程序表述正确的是?③

A. 宋城区卫生局对司马过作出罚款 1 万元的处罚后,司马过在法定期限内没有缴纳罚款,则宋城区卫生局可以不经过催告程序直接开始加处罚款

B. 唐城县市场监管局在扣押慕容跃的财物之前应当对慕容跃进行催告

C. 正本公司拒绝拆除违法搭建的厂房,行政机关在进行强拆过程中不得适用断水、断电的方式迫使其履行义务

D. 汉洲市城管局拟拆除欧阳龙搭建的违法建筑,欧阳龙对城管局的拆除决定不服提起行政诉讼,此时拆除程序应当停止。

46. 依据我国《行政许可法》的规定,以下说法正确的是?④

A. 欧阳龙在申请驾驶执照时提供了虚假的申请材料,并获取。后交警部门在审查时发现,此时有权撤回该驾驶执照

B. 注册会计师宇文法死亡,此时颁发注册会计师证的行政机关应当将其许可证依法注销

C. 清源火锅店违法在火锅底料中添加罂粟壳,造成重大食品安全事故,当地的市场监管局有权吊销其营业执照

D. 正本公司在申请危险品运输许可证时提交了虚假材料并被发现,则三年之内不得再申请该项行政许可。

47. 以下关于我国行政复议与诉讼制度表述正确的是?⑤

A. 宋城县林业局对司马过滥伐林木行为进行顶格处罚 2000 元,司马过不服向宋城县政府申请行政复议,宋城县政府在复议过程中可以进行调解

B. 汉州市政府出台"禁摩令",禁止摩托车进入市区范围。宇文法骑摩托车

---

① 答案:BCD ② 答案:ABCD ③ 答案:AD ④ 答案:BC ⑤ 答案:AD

进入市区时被交警扣车并罚款，宇文法对"禁摩令"不服有权提起行政诉讼

C. 唐城区政府与慕容跃签订了房屋征收补偿协议后，慕容跃拒绝搬迁，则唐城区政府有权起诉慕容跃

D. 秦州市政府以公共利益的需要为由解除了与清源公司签订的特许经营协议，清源公司不服起诉秦州市政府，法院应以行政诉讼的程序受理。

48. 元道村与晋道村就两村之间的一片土地权属发生纠纷，申请所在地的明池乡政府处理。明池乡政府将土地裁决给元道村，晋道村不服行政裁决向法院起诉，并申请法院一并解决权属争议，据此以下说法正确的是?①

A. 晋道村提出申请后，法院可以一并审理行政裁决的合法性和土地的权属归属问题

B. 晋道村不申请法院一并解决民事争议时，法院也有权主动附带审查土地权属争议

C. 法院审理该案时民事部分应当单独立案

D. 法院审理本案，可以适用相关的民事法律规范。

49. 依据我国的法律规定，以下表述正确的是?②

A. 秦州市市场监管局作出处罚决定，没收了清源公司价值50万的机器设备，由于数额较大，应当告知清源公司享有听证的权利

B. 汉州市公安局对欧阳龙作出了罚款3000元的处罚决定，不需要告知听证权利

C. 唐城县卫生局对慕容跃作出了罚款100元的处罚决定，该处罚决定既可以当场作出，也可以当场收缴

D. 宋城区公安局对宇文法作出了罚款50元的处罚决定，宇文法接受处罚，该处罚决定可以当场作出，但不能当场收缴

50. 以下违反一事不再罚的案件有哪些?③

A. 端木考搬入某村，因无法居住私自开挖地基建房，当地国土部门认为其违反了国土行政管理法规，对其罚款5000元，后当地建设局认为其违反了建设行政管理法规，对其罚款2000元

B. 汉州市城管执法大队发现某商家违法将商品放在店外道路边销售，责令其改正并处罚200元。商家立即改正。当天下午，城管执法人员巡逻时发现该商家还在占道销售商品，于是又对其处罚200元。商家认为该处罚违反了一事不再罚

C. 司马过等四人在某酒店赌博，接到举报后公安机关将其当场抓获，当场没收了赌资并要求司马过等人缴纳罚款5万元，之后回到公安局制作处罚决定书并送达给司马过等人。司马过不服向上级公安机关申请复议，上级公安机关认为该处罚决定违反了法定程序，将处罚决定撤销并要求原机关重新作出处罚。原机关补正程序后再次作出与原处罚相同的处罚决定。司马过不服起诉，认为第二次处罚已经违反了"一事不再罚"

D. 汉州市海关发现慕容跃涉嫌走私，于是作出没收走私物品，并处罚款1000元的处罚决定

E. 清源公司对采购部经理工作中产生的一次严重工作失误处罚5000元，后

---

① 答案：AD　② 答案：AC　③ 答案：A

又撤销了该经理的职务，该经理认为违反了一事不再罚原则

51. 以下关于政府信息公开表述正确的是？①

A. 公立高校等事业单位也应依据《政府信息公开条例》的规定公开信息

B. 欧阳龙申请唐城区政府公开涉及清源公司商业秘密的信息，唐城区政府一律不能公开

C. 慕容跃申请宋城区政府信息公开时，应采用书面的形式申请，特殊情况下可以采用口头形式提出

D. 司马过申请清池乡政府信息公开时，乡政府有权以其申请信息内容不明确为由拒绝公开

52. 以下案件属于国家赔偿范围的是？②

A. 唐城县公安局的刑警在开车追捕逃犯时，不慎将车开入路边商店橱窗造成店家损失

B. 宋城区公安局看守所聘用的看管人员玩忽职守，导致看守所的羁押人员慕容跃被牢头殴打致死

C. 汉洲市交通执法人员在执法时，当事人欧阳龙逃跑时摔倒骨折

D. 秦州市法院在审理民事案件过程中，违法对旁听人员夏侯门进行司法拘留

53. 为了落实节能减排的政策目标，唐城县政府委托清池镇政府与正本造纸厂签订了《资产转让协议》，后政府一方支付了一部分补偿款后停止支付，正本造纸厂提起行政诉讼，以下表述正确的是？③

A. 如果协议中约定到正本造纸厂所在地的基层法院起诉，则应从其约定

B. 清远公司是正本造纸厂的股东，如果认为该协议侵害了自身权益，则有权提起行政诉讼

C. 法院经过审查如果认为被告没有签订该协议的主体资格，存在明显重大违法，则判决确认该协议无效

D. 法院如果认为被告没有履行该协议约定的义务，但是已经无能力履行，则可以判决被告采取补救措施。如果给原告造成损失，判决被告给予赔偿。如果原告要求按照约定的违约金条款赔偿，法院应予支持

54. 依据我国《国家赔偿法》的规定，以下表述错误的是？④

A. 宋城区城管局违法拆除了司马过家的建筑，造成司马过家人精神上的极大痛苦，在国家赔偿中应当赔偿其"精神损害抚慰金"

B. 唐城县公安局认为宇文法涉嫌违法，将其刑事拘留，2天后发现宇文法并无违法事实，于是将其释放，宇文法有权要求唐城县公安局赔偿限制人身自由2天的费用

C. 汉洲市市监局在执法过程中扣押了清源公司的机器设备，在扣押过程中造成了机器的损毁，清源公司要求国家赔偿应当先要求有权机关确认该扣押行为违法

D. 端木考在被秦州市公安局行政拘留期间死亡，其家人申请国家赔偿时应当证明秦州市公安局的行为与端木考死亡之间的因果关系

55. 当事人对以下行政机关的行为不服，有权直接提起行政诉讼的是？⑤

---

① 答案：C ② 答案：BD ③ 答案：BCD ④ 答案：ABCD ⑤ 答案：CD

A. 宋城区税务局认为个体户司马过缴纳税款的数额过低，要求其缴纳所欠的税款的决定

B. 宋城区税务局将清源公司的缴税方式由定额缴纳变更为自行申报的决定

C. 宋城区税务局要求正本公司缴纳滞纳金的决定

D. 宋城区税务局对逃税的慕容跃进行处罚的决定

56. 关于行政复议与诉讼的衔接，以下说法错误的是？①

A. 公安机关依据《出入境管理法》的规定将非法入境的外籍人员遣送出境，被遣送人员不服有权直接提起行政诉讼

B. 秦州市政府决定撤回颁发给正本公司的出租车经营许可证，正本公司不服向中原省政府申请复议，省政府维持了秦州市政府的决定后，正本公司有权向国务院申请最终裁决

C. 宇文法向汉州市卫生局申请行政复议，复议过程中撤回了复议申请，则宇文法不能再向法院提起行政诉讼

D. 唐城县市场监管局将个体户司马过的生产设备扣押，司马过对扣押行为不服有权直接起诉

57. 司马过拥有一片林场的山林权证。林改期间宇文法提出对该片林场的权属争议。经两人所在村委会协调，司马过同意把部分林场给与宇文法并签订了协议。但是后来司马过反悔，于是宇文法请所在地的明池乡政府调处，明池乡政府依宇文法提交的协议书复印件，向宇文法发放了林权证。司马过不服，向所在地的宋城县政府申请复议，在宋城县政府作出维持决定后向法院起诉。下列哪些选项是正确的？②

A. 司马过申请复议的程序是必经程序

B. 在行政诉讼中宋城县政府为第三人

C. 在行政诉讼中，协议书属于书证

D. 本案的行政诉讼被告应该是明池乡政府

58. 以下那些案件法院不予受理？③

A. 宇文法向中原省政府申请公开财政补贴的分配情况，遭到拒绝后起诉

B. 端木考向秦州市政府申请公开已经在政府公报上公开过的信息，遭到拒绝后起诉

C. 司马过向汉州市市场监管局申请将政府信息依据规定格式整理后向其公开，遭到拒绝后起诉

D. 欧阳龙认为唐城县政府没有主动公开县机关的工作职能情况，直接向法院起诉

59. 依据我国《行政许可法》的规定，以下表述正确的是？④

A. 法律、法规、规章的修改都可以作为撤回行政许可的理由

B. 因为行政机关工作人员滥用职权而颁发的行政许可被撤销，应当对被许可人进行赔偿

C. 行政许可被撤销后必须经过注销程序

D. 行政机关违法颁发行政许可如果被撤销，可能会给公共利益造成重大损

① 答案：ABC ② 答案：AC ③ 答案：BCD ④ 答案：ACD

失，此时不能撤销该行政许可

60. 下列行政机关行为中属于行政诉讼受案范围是?①

A. 清源公司与汉州市政府签订了《公路专营权协议》，汉州市政府承诺在经营之日起 10 年内，清源公司享有某条公路的收费权。后汉州市政府领导换届，新任市领导否决了协议的有效性，宣布将公路的收费权收回国有，清源公司不服向法院起诉

B. 某国元首来我国访问，外交部为了保证交通便利将机场高速戒严 2 小时，正本快运公司因此耽误业务，造成经济损失 2 万余元，提起行政诉讼

C. 秦州市是重要的苹果生产基地，秦州市林业局为规范秋季收购，公布参考价格，但由于市场预测出现较大误差导致定价偏低，消息闭塞的果农们因此遭受了一定损失，果农起诉状告秦州市林业局

D. 汉州市纪检委接到群众举报，发现市财政局综合处欧阳龙在某中学改建过程中未实行公开招标，在群众中造成了十分恶劣的影响，遂给予欧阳龙撤职的行政处分，欧阳龙不服起诉

E. 清池乡政府为让农民尽快富起来，向全乡农民发出《倡议书》，号召农民种植花木，还在晋道村试点，作强制性推广。元道村 66 户农民则主动响应清池乡政府的号召，纷纷弃粮种花，可是经营一年后不但没有赢利，反而亏损。于是元道村 66 户农民以清池乡政府为被告，向当地法院提起行政诉讼

F. 宇文法为部队伤残人员，复员转业后向当地民政局申领伤残补助金遭拒绝，提起行政诉讼告当地民政局

61. 下列关于行政法规解释的说法正确的是?②

A. 属于行政法规条文本身的问题应该由国务院法制机构解释

B. 行政法规的法条在具体应用中的问题应该由国务院法制机构解释

C. 最高法院可以请求国务院对行政法规条文本身的问题作出解释

D. 对具体应用行政法规的问题，省级政府法制机构可以请求国务院法制机构解释

62. 秦州市唐城区公安局下属派出所因宇文法饲养大型犬扰乱社会秩序，对其处以罚款 1000 元。宇文法不服处罚决定申请复议，本案的复议机关是?③

A. 唐城区公安局 B. 唐城区政府
C. 秦州市政府 D. 秦州市公安局

63. 下列机构设置事项应当由本级政府提方案，上一级政府机构编制管理机关审核，报上一级政府批准的是?④

A. 汉洲市环境保护局改名为生态环境局

B. 秦州市工商行政管理局与市质量监督局合并成为市场监管局

C. 唐城县招商局内部增设一个招商科

D. 宋城县清池乡政府内部增设一个环保办公室

64. 汉州市政府决定对花园小区进行旧城改造，在该小区发布了通知，通知中要求小区内的居民在通知发布之日起 2 个月内搬迁，并与汉州市签订征收补偿协议。该通知的法律性质是?⑤

---

① 答案：AF ② 答案：BD ③ 答案：AB ④ 答案：ABD ⑤ 答案：C

A. 行政协议　　　　　　　　　　B. 行政强制

C. 单方行政行为　　　　　　　　D. 抽象行政行为

65. 汉州市宋城区居民司马过运输货物到秦州市明城区，与秦州市唐城区居民欧阳龙产生冲突，并在打斗中将欧阳龙致伤。秦州市明城区公安局对司马过留置盘问24小时，并处以罚款2000元。司马过不服留置与罚款行为向明城区政府申请复议，明城区政府驳回司马过对留置行为的复议申请，同时维持了明城区公安局的处罚决定，司马过不服提起行政诉讼。据此下列正确的是?①

A. 秦州市公安局也可以作为本案的复议机关

B. 本案的级别管辖法院是秦州市中级法院

C. 本案也可以由汉州市宋城区法院管辖

D. 如果欧阳龙认为对司马过的处罚过轻而起诉，则秦州市唐城区法院也有管辖权

66. 清源公司因走私红酒被汉州市海关发现，汉州市海关作出没收走私红酒并罚款10万元处罚。清源公司向上级海关中原省海关申请行政复议，中原省海关作出复议决定将罚款10万元改为罚款5万元。清源公司仍然认为罚款过重，向法院提起行政诉讼。本案的管辖法院是?②

A. 汉州市海关所在地的基层法院　　B. 中原省海关所在地的中级法院

C. 汉州市海关所在地的中级法院　　D. 中原省海关所在地的基层法院

67. 关于行政法规与规章制定程序，以下表述正确的是?③

A. 对公民、法人或其他组织权利义务会产生重大影响的行政法规起草时应当举行听证会

B. 原则上起草机关起草的行政法规和规章的草案和说明都应当向社会公布征求意见，期限不少于30日

C. 法制机关在审查行政法规和规章的送审稿时都应当向社会公布征求意见，期限不少于30日

D. 审议通过后的行政法规和规章都应该在国务院公报上公布

68. 以下关于地方行政机关编制管理的说法正确的是?④

A. 地方政府机构编制的总额由省级政府机构编制管理委员会决定

B. 地方各级机构编制管理委员会之间是领导关系

C. 省级政府有权依据本省的实际情况调整下属各级政府之间的编制分配

D. 地方政府的议事协调机构不单独确立编制

69. 以下关于行政协议的表述正确的是?⑤

A. 为了落实环保法定职责，唐城县政府与清源纸业公司签订了《资产转让协议》，由县政府受让清源纸业公司的资产，使其退出造纸行业。清源纸业公司依约关闭造纸厂后，唐城县政府只支付了协议中的一部分款项，此时清源纸业公司有权提起行政诉讼要求其履行协议约定的付款义务

B. 欧阳龙与宋城区政府签订《征地拆迁补偿安置协议》后，认为在签约时受到了蒙蔽，协议中约定的补偿款过少，于是提起行政诉讼状告宋城区政府要求解除协议，法院不应当作为行政案件受理，而是应当作为民事案件受理

---

① 答案：AC　② 答案：BC　③ 答案：B　④ 答案：D　⑤ 答案：AD

C. 在 B 选项的案例中，法院受理案件后应当由被告宋城区政府承担证明不存在解除协议事由的举证责任

D. 在 B 选项的案例中，法院受理案件后可以依法进行调解。

70. 依据行政诉讼法及司法解释的规定，以下表述正确的是？①

A. 宋城区花园小区建成后，宋城区规划局批准开发将小区内的绿地改建为商业中心，小区业主不服，应当召开业主大会，由业主大会代表全体业主提起行政诉讼起诉宋城区规划局

B. 唐城县检察院发现县环保局没有查处清源公司违法排污的行为，有权作为原告直接向法院提起行政诉讼

C. 欧阳龙购买了正本超市的一袋面包，发现面包过期，于是向宋城区市场监管局投诉，但是市场监管局认为案件过小不予理睬，欧阳龙有权作为原告起诉宋城区市场监管局

D. 清源公司投资设立的圆梦慈善基金会因违法进行被民政局吊销许可证，清源公司有权作为原告起诉民政局

71. 以下关于行政诉讼原告资格问题的表述正确的是？②

A. 民营企业正本公司因违法经营被唐城区市场监管局吊销营业执照，正本公司的法定代表人有权以正本公司的名义提起行政诉讼

B. 个体工商户乐乐奶茶店被宋城区市场监管局处罚后，店主欧阳龙有权以登记的"乐乐奶茶店"名义提起行政诉讼

C. 清池乡政府批准了司马过建设宅基地的房屋，但是建好后阻碍了隔壁邻居夏侯门家的采光，夏侯门有权作为原告起诉清池乡政府

D. 宇文法殴打了端木考后，公安局对宇文法进行了处罚，但是端木考认为处罚过轻，有权提起行政诉讼

72. 以下关于行政协议相关案件的说法正确的是？③

A. 宋城区自然资源局举行采矿权拍卖，并由正本公司竞拍成功。同时参与拍卖的清源公司认为自己的出价比正本公司高，宋城区自然资源局应当与自己签订采矿区的出让协议。则清源公司具有提起行政诉讼的原告资格

B. 唐城县政府与清源公司签订《管道燃气特许经营协议》，将该县管道天然气特许经营权独家授予清源公司，期限为 30 年。后来县政府领导班子换届后，又与正本公司签订特许经营协议，将本县管道天然气特许经营权也授予正本公司。清源公司不服，起诉县政府与正本公司签订的行政协议，法院经审查认为存在明显重大违法，则应判决确认该行政协议违法，并要求县政府采取补救措施

C. 欧阳龙与拆迁指挥部签订《产权调换补偿协议书》，约定拆迁指挥部对其宅基地房屋所在区域进行旧房改造，回迁后补偿其两套住房。后回迁时只给了欧阳龙一套住房，欧阳龙不服起诉。法院审理发现当地政府制定的安置补偿标准中规定拆迁时最多只能补偿一套住房，则法院可以认定《协议书》中关于补偿两套住房的条款没有法律依据，行政机关签订该条款明显重大违法，判决确认该条款无效

D. 清源公司与唐城县政府签订特许经营协议，约定由清源公司投资建设天然

---

① 答案：CD ② 答案：ABCD ③ 答案：ACD

气供应站。但是协议生效后清源公司经多次催促一直没有开工建设。唐城县政府认为它的行为已经侵害了公共利益，于是决定解除协议。清源公司不服起诉，法院认为县政府的行为合法，则判决驳回清源公司的诉讼请求

73. 关于行政法规、规章的制定程序，以下说法正确的是?①

A. 行政法规草案只能由国务院组织有关部门起草

B. 审议通过后的行政法规应公布在国务院公报、中国政府法制信息网及全国性报纸上

C. 部门规章公布后应该由本部门办公室报请国务院备案

D. 行政法规实施过程中关于具体条文的解释应该由省级政府或国务院各部门请求国务院解释

74. 宋城区公安局对聚众赌博的司马过作出拘留2日的决定，司马过不服向上级公安局汉洲市公安局和同级政府宋城区政府申请行政复议，但是两个行政机关都拒绝受理，于是司马过向法院起诉要求撤销拘留决定，本案的适格被告是?②

A. 汉洲市公安局

B. 宋城区政府

C. 汉洲市公安局和宋城区政府都可以作为被告

D. 宋城区公安局

75. 清源餐馆因为使用地沟油被唐城县市场监管局处以罚款1万元，清源餐馆不服向上级机关秦州市市场监管局申请行政复议。秦州市市场监管局经过复议认为唐城县市场监管局的处罚数额符合法律要求，但是在处罚决定作出时程序上存在问题，于是作出确认原处罚决定违法的复议决定，清源餐馆不服起诉。据此以下说法正确的是?③

A. 清源餐馆起诉应该以唐城县市场监管局作为被告

B. 清源餐馆起诉应该以秦州市市场监管局作为被告

C. 清源餐馆可以选择唐城县市场监管局或者秦州市市场监管局作为被告

D. 清源餐馆起诉应以唐城县市场监管局和秦州市市场监管局作为共同被告

76. 宋城县卫生局对非法行医的欧阳龙作出罚款1000元的决定，欧阳龙不服向上级机关汉洲市卫生局申请复议，汉洲市卫生局拒绝受理复议申请。于是欧阳龙向宋城县政府申请复议，宋城县政府受理后经过复议，决定将罚款1000元改为罚款5000元。欧阳龙不服向法院起诉，以下表述正确的是?④

A. 欧阳龙起诉可以以宋城县卫生局作为被告

B. 欧阳龙起诉可以以汉洲市卫生局作为被告

C. 欧阳龙起诉可以以宋城县政府作为被告

D. 欧阳龙起诉可以以宋城县卫生局和汉洲市卫生局作为共同被告

77. 以下行政行为属于行政强制执行的是?⑤

A. 唐城县林业局要求慕容跃补种被其砍伐的林木

B. 宋城区税务局查封了涉嫌偷税的正本公司的机器设备

C. 汉洲市市场监管局拍卖了清源公司的一批建材抵缴其所欠的罚款

D. 秦州市交警要求汽车修理厂将宇文法非法改造的汽车恢复原状，并要求宇

---

① 答案：BD　② 答案：D　③ 答案：D　④ 答案：BC　⑤ 答案：CD

文法承担改造费用

78. 关于政府信息公开，下列说法正确的是？①

A. 司马过因研究需要向汉州市政府申请市领导的工作职能分工，应当提交身份证明

B. 属于主动公开的政府信息，应该自信息形成或变更之日起 30 个工作日内公开

C. 对于没有主动公开政府信息的，政府信息公开申请人可以直接向法院起诉

D. 行政机关在信息公开程序中征询第三方意见的时间应当包含在答复申请人的期限内

79. 汉洲市城市建设规划局给正本建筑公司颁发了建筑工程规划许可证，正本建筑公司据此建设了一条高速公路。但是建好后的这条高速公路占用了晋道村的集体所有土地，晋道村对此不服起诉汉洲市城市建设规划局。法院审理本案作出判决，以下表述错误的是？②

A. 法院应当判决驳回晋道村的诉讼请求

B. 法院应当判决撤销规划许可行为

C. 法院应当判决维持规划许可行为

D. 法院应当判决确认规划许可行为违法

80. 中原省人民代表大会拟起草一份地方性法规，以下说法正确的是？③

A. 该地方性法规中有权设定强制隔离的行政强制措施

B. 该地方性法规中有权设定吊销营业执照的行政处罚

C. 该地方性法规中有权设定出租车经营的相关行政许可

D. 该地方性法规在上位法已经设定拍卖的行政强制执行时，有权在上位法设定的范围内进行细化规定

81. 依据我国政府信息公开相关规定，下列说法正确的是？④

A. 司马过发现刚建成的一条高压电线横穿自己的房屋的平台，于是向汉州市规划局申请，要求公开高压电线建设时的相关规划信息，汉州市规划局受理了该申请，但逾期未作出答复，司马过对该行政行为不服提起诉讼的，应当以汉州市规划局为被告

B. 上例中如果汉州市规划局在公开规划信息前与汉州市建设局沟通，决定以汉州市建设局的名义公开该规划信息，司马过对公开的信息不服应该以汉州市规划局作为被告

C. 某参加注册会计师考试的考生向注册会计师协会申请公开自己的考试试卷批改情况，遭到拒绝，可以以注册会计师协会作为行政诉讼的被告起诉

D. 清源公司对秦州市卫生局拒绝主动公开卫生检查调查结果信息不服，向法院提起行政诉讼的，应当以秦州市卫生局为被告

E. 唐城县政府经过汉州市政府批准后，发布公告征收元道村土地，元道村村民不服申请行政复议，复议机关维持了征地行为，元道村村民不服应该以汉州市政府为被告起诉

82. 我国《公务员法》中规定的行政处分种类包括？⑤

---

① 答案：A　② 答案：ABC　③ 答案：C　④ 答案：ACD　⑤ 答案：AC

A. 降级   B. 降职   C. 撤职   D. 责令辞职

E. 免职

83. 以下哪些情形符合我国《公务员法》中行政处分制度的规定?①

A. 慕容跃受到记大过处分,处分期间为 12 个月

B. 欧阳龙的撤职处分被解除后,其原职级应当自动恢复

C. 夏侯门在受到降级处分期间,应表现突出被晋升职级

D. 司马过在工作中出现错误后,受到监察机关的政务处分,此时其所在的行政机关不能再给予行政处分

84. 2019 年 3 月 2 日,秦州市环保局对清源化工厂违法排放污染气体的行为作出了罚款 2 万元的处罚决定。以下说法正确的是?②

A. 清源化工厂应当在知道处罚决定之日起 6 个月内申请行政复议

B. 如果复议机关在 2019 年 5 月 16 日作出复议决定,但复议决定书中没有告知清源化工厂起诉期限,则清源化工厂应当在收到复议决定书之日起 15 日内提起行政诉讼

C. 如果秦州市环保局的处罚决定中没有告知清源化工厂起诉期限,则清源化工厂应当在收到处罚决定书之日起 2 年内起诉

D. 如果清源化工厂在法定期限内起诉,则法院应在立案之日起 6 个月内审结。

85. 宋城县清池乡元道村村民司马过自 1997 年外出,其宅基地一直荒芜。2007 年 1 月 2 日,清池乡政府作出一项决定,收回司马过的宅基地及房产,并转归宇文法使用。2018 年 10 月 1 日,司马过回到石桥村,得知其宅基地被清池乡政府收回后,于同年 10 月 15 日向宋城县法院提起行政诉讼,要求宋城县法院撤销清池乡政府的决定,并返还其宅基地及房产。如下正确的是?③

A. 本案已经超出的起诉期限

B. 本案没有超出起诉期限

C. 司马过如果在 2028 年 5 月 2 日才知道清池乡政府的决定,则应从知道起 6 个月内起诉

D. 司马过应该自 2018 年 10 月 1 日知道宅基地被收回之日起 6 个月内起诉

86. 关于行政法规和规章制定,下列说法正确的是?④

A. 起草的行政法规直接涉及公民切身利益的,起草单位必须举行听证会

B. 部门规章送审稿,由国务院法制机构统一审查

C. 除特殊情况外,行政法规应当自公布之日起 30 日后施行

D. 部门规章应公布在本部门公报或国务院公报、中国政府法制信息网及全国性报纸上

87. 以下关于行政诉讼程序说法错误的是?⑤

A. 司马过向宋城区卫生局申请政府信息公开,遭到拒绝后向法院起诉,法院认为事实清楚、权利义务关系明确、争议不大,应在征得当事人同意的前提下启动简易程序

B. 唐城县公安局对宇文法的打架斗殴行为进行处罚,宇文法不服起诉,法院

笔记区

发现该处罚决定程序轻微违法，此时可以启动调解程序

C. 一审法院作出行政诉讼判决后，原告端木考没有提出上诉，判决生效。半年后端木考发现审判人员存在受贿现象，于是申请再审，此时法院应当启动再审程序

D. 清源公司排放的污水污染了元道村的灌溉水渠，给元道村的村民造成的损失。村民申请当地生态环境局处理，生态环境局作出行政裁决，要求清源公司赔偿村民1万元。清源公司对行政裁决不服，提起行政诉讼，同时申请法院解决其与元道村村民之间的赔偿纠纷，法院应对两种争议分别立案，一并审理

88. 以下行为中违反行政诉讼法及其司法解释的是？①

A. 宋城区教育局对司马过处以罚款1000元、吊销教师资格证的处罚，司马过不服向上级机关汉州市教育局申请复议。汉州市教育局复议后决定撤销吊销教师资格证的处罚，同时维持罚款1000元的处罚。司马过仍不服，向法院提起行政诉讼应该以汉州市教育局作为被告

B. 唐城县交警大队依据县政府颁布的《关于严禁货车行驶本县阳光大桥的通知》，对货车司机宇文法处以罚款500元的处罚。宇文法不服提起行政诉讼，同时要求法院审查县政府的通知。法院经过审查认为该通知违反上位法，于是判决撤销该通知

C. 汉州市法院在审理一起行政诉讼案件时适用了调解程序，并主动公开了调解过程

D. 秦州市国土局维持了宋城区国土局作出的土地征收决定，端木考不服复议决定起诉，法院经过审理后撤销了原土地征收决定，此时秦州市国土局的复议维持决定自然无效

89. 依据《行政诉讼法》的规定，以下表述表述错误的是？②

A. 《行政诉讼法》中规定行政诉讼的立法目的是维护和监督行政机关依法行使行政职权

B. 《行政诉讼法》中规定行政诉讼二审程序原则上应当书面审理

C. 《行政诉讼法》中规定行政诉讼应以事实为根据，以法律为准绳

D. 《行政诉讼法》中规定同级检察院对于同级法院作出的生效行政诉讼判决可以提出抗诉

90. 以下关于行政诉讼的判决表述正确的是？③

A. 法院审理行政诉讼案件时发现被告宋城区安监局作出的处罚决定存在没有法律依据的重大明显违法情形，此时法院判决确认无效

B. 唐城县市监局对个体户欧阳龙罚款500元，欧阳龙不服向汉洲市市监局申请复议，汉洲市市监局将罚款改为罚款300元，欧阳龙不服起诉。法院经过审理判决撤销了汉洲市市监局的复议决定，此时唐城县市监局的处罚决定自动恢复法律效力

C. 法院审理行政诉讼案件时发现被告秦州市物价局的处罚决定明显不当，此时法院有权判决撤销

D. 慕容跃提起行政诉讼起诉汉洲市市监局的处罚决定，要求法院判决撤销处

---

① 答案：ABCD　② 答案：ABD　③ 答案：AC

罚。法院经过审查认为该处罚行为明显重大违法，属于无效行政行为，此时法院应当要求慕容跃变更诉讼请求为确认被诉行政行为无效

笔记区

91. 清源公司将承建的建筑工程承包给无特种作业操作资格证书的司马过，司马过在操作时引发事故。中原省建设厅作出暂扣清源公司安全生产许可证三个月的决定，之后汉州市安全监督管理局又对清源公司罚款三万元。清源公司对汉州市安全监督管理局罚款不服，向法院起诉。下列选项是正确的?①

A. 中原省建设厅的暂扣决定属于行政强制措施

B. 汉州市安全监督管理局不能适用简易程序作出罚款三万元的决定

C. 中原省建设厅作出暂扣安全生产许可证决定前，应为清源公司组织听证

D. 因汉州市安全监督管理局的罚款决定违反一事不再罚要求，法院应判决撤销

92. 依据我国《行政处罚法》与《治安管理处罚法》的规定，以下说法正确的是?②

A. 宋城县教育局对于初次违法且危害后果轻微并及时改正的民办培训学校可以不予处罚

B. 唐城区公安局对参与赌博的司马过进行罚款200元时，有权当场作出

C. 治安违法行为人端木考的违法行为在3个月内未公安机关发现，则不予处罚

D. 汉州市教育局对宇文法处以200元罚款后，有权当场收缴

93. 依据我国的行政法律规范规定，以下表述正确的是?③

A. 欧阳龙申请汉洲市房管局对宋城区房管局的房屋登记行为进行复议，在法定期限内宋城区房管局没有提交相关的材料，则汉洲市房管局应当确认宋城区房管局的登记行为违法

B. 法院在审理行政诉讼案件时，发现被告唐城县城管局的行政行为对原告宇文法产生了损害，此时有权判决要求被告对原告进行赔偿

C. 法院审理了行政诉讼案件后，认为被告秦州市安监局的处罚决定合法，于是作出维持处罚决定的判决

D. 法院经过审理认为被告汉洲市卫生局的不作为行为违法，可以判决要求其在一定期限内履行法定职责

94. 依据我国行政法律规范的规定，下列说法正确的是?④

A. 司马过因行政机关处罚决定晚送达了一天提起行政诉讼，法院经过审理后应判决确认被告行为违法

B. 汉州市市场监管局根据《产品质量法》的规定对生产劣药的正本企业处罚1万元，法院判决撤销并要求汉州市市场监管局重作行为，市场监管局于是根据《药品管理法》的规定仍对正本企业处罚1万元，这一处罚没有违反行政机关重作行为不得重复原则

C. 宇文法起诉公安局作出处罚行为，要求法院撤销该处罚行为。行政诉讼期间法院发现该行政行为明显重大违法而无效，此时法院应当驳回宇文法的诉讼请求

---

① 答案：B ② 答案：AB ③ 答案：D ④ 答案：AB

笔记区

D. 行政诉讼原告端木考要求法院判决确认被诉行政行为无效，法院认为被诉行为并非无效，则应当裁定驳回起诉

95. 行政诉讼中法院经过审理，认为被告宋城区城建局拒绝颁发许可证的行为违法，于是判决要求宋城区城建局在判决生效后 15 日内履行法定职责。但是判决生效后，宋城区城建局没有履行法院的判决，原告司马过向法院申请强制执行。以下表述正确的是？①

A. 法院有权对宋城区城建局按日处以 100 元罚款

B. 法院有权将宋城区城建局的不履行判决行为公告

C. 司马过应当在判决书确定的履行期满后 1 年内申请法院强制执行

D. 如果宋城区城建局的行为造成了恶劣社会影响，法院有权对直接责任人实施司法拘留

96. 汉州市一家化工厂在生产过程中违法排污，导致附近村民耕种的庄稼遭受污染，村民要求化工厂对其损失进行赔偿，化工厂拒绝。于是村民向环保局举报，环保局调查后对化工厂罚款 2 万元，要求一周内缴纳。同时作出行政裁决，要求化工厂赔偿村民损失 1 万元。据此以下选项正确的是？②

A. 如果化工厂在一周内没有缴纳罚款，则环保局可以在 3 个月内向法院申请强制执行

B. 如果化工厂起诉状告罚款决定，在诉讼中罚款决定不停止执行

C. 如果法院生效判决驳回原告的诉讼请求，环保局应当自收到判决书之日起 3 个月内申请法院强制执行

D. 如果化工厂在起诉期限内没有起诉行政裁决行为，环保局在法定期限内也没有申请法院强制执行行政裁决决定，则村民可以在 6 个月内以自己的名义申请法院强制执行该决定

97. 以下行政机关的行政行为符合《行政许可法》的是？③

A. 正本建筑公司获取了建筑工程规划许可证后，因政府规划的变动需要，原地将改建高速公路，于是行政机关撤销了该规划许可证

B. 清源公司依照法定程序破产后，其营业执照被行政机关注销

C. 司马过在申请出租车营运证时提交了伪造的驾驶证，获取营运证 1 年后被发现，此时行政机关吊销了其出租车营运证

D. 宋城县司法局给不符合要求的宇文法颁发了律师执业证，后司法局撤销了该执业证

98. 宋城区安监局对正本公司处以罚款 2 万元，正本公司不服向上级机关汉洲市安监局申请行政复议。据此以下说法正确的是？④

A. 如果汉洲市安监局复议维持了原处罚决定，正本公司拒绝缴纳罚款，则应该由汉洲市安监局依法强制执行

B. 如果汉洲市安监局复议改变了原处罚决定为罚款 1 万元，正本公司拒绝缴纳罚款，则应该由宋城区安监局依法强制执行

C. 如果汉洲市安监局复议撤销了原处罚决定，宋城区安监局拒绝履行复议决定，则正本公司有权向法院提起行政诉讼

---

① 答案：BD ② 答案：BD ③ 答案：BD ④ 答案：D

D. 如果宋城区安监局拒绝履行复议决定，则宋城区政府有权责令其履行

99. 宇文法向唐城区社保局申请公开自身的社会保险信息，以下说法错误的是?①

A. 宇文法申请信息公开时应当说明信息的用途

B. 唐城区社保局应当在 20 个工作日内答复，最多延长 20 个工作日

C. 宇文法申请时应当提供自己的身份证明

D. 唐城区社保局应当依据宇文法要求的形式公开政府信息，不得采用其他形式公开

100. 依据《行政处罚法》的规定，以下表述正确的是?②

A. 外国人在我国实施的行政违法行为不适用《行政处罚法》的规定

B. 行政机关依据规章的授权，可以书面委托法定的组织实施行政处罚权，受委托组织不得再委托其他组织或个人实施

C. 县级政府有权将县级政府部门的行政处罚权交由乡镇政府、街道办事处行使

D. 涉及公民生命健康安全的行政违法行为的处罚追诉期限为 3 年

E. 秦州市政府制定了本市行政执法机关处罚裁量基准后，应当向社会公布

F. 宋城区教育局发现正本民办培训学校实施的招生行为依据最新修订的法规已经不属于违法行为，则应当适用违法行为发生时的法律规范

G. 唐城县交警在县城主干道上设置的监控探头的位置应当向社会公示

H. 在突发疫情等重大公共卫生事件中，为了控制引发的社会危害，行政执法机关有权快速、从重处罚相关违法行为

笔记区

客观题　主观题

内部嘟学班

🎥 录播课 ＋ 📺 直播课

全年保姆式课程安排

| 01 针对在职在校学生设置 | 02 拒绝懒惰没计划效率低 |
| 03 全程规划督学答疑指导 | 04 学习任务按周精确到天 |

你仅需好好学习其他的都交给我们

- ✅ 每日督学管理
- ✅ 专辅1V1答题
- ✅ 主观题1V1批改
- ✅ 个人学习计划
- ✅ 个人学习档案
- ✅ 阶段测评模拟
- ✅ 考点背诵任务

扫码立即
咨询客服

扫码下载
小嘟AI课APP

客观题　主观题

面授密训班

内部密训课程　内部核心资料　揭示命题套路

直击采分陷阱　传授答题思路　强化得分能力

全封闭
管理

专题式
密训

专辅跟班
指导

阶段模拟
测评

点对点
背诵检查

手把手
案例批改

1V1
督学提醒

扫码立即
咨询客服

扫码下载
小嘟AI课APP